普通高等教育人工智能系列教材

制造业人工智能系统概论

主　编　张青雷
副主编　段建国
参　编　秦际赟　周　莹　王　琴
　　　　刘　震

机械工业出版社

本书全面介绍了制造业人工智能系统的概念、系统组成及系统框架，同时，以案例为引导对于整个系统中的不同技术及各种技术在制造业人工智能系统中的作用与应用进行了介绍。全书分 10 章，内容包括人工智能系统在制造业中的作用、增材制造、工业机器人、物联网、工业互联网、工业区块链、大数据与云计算、人工智能算法、数字孪生技术、沉浸式扩展现实。

本书以制造过程中数据流作为主线，详细介绍了不同的新兴技术在制造业人工智能系统中的作用，并且提供了丰富的应用案例，从理论与实践两方面解决了与后续课程的衔接问题，具有系统性、实用性强，内容新颖的特点。

本书可作为普通高等院校机械工程、自动化智能制造及人工智能等相关专业的本科生及研究生的教材，也可作为工程技术人员的参考用书。

本书配有电子课件，欢迎选用本书作教材的老师登录 www.cmpedu.com 注册下载，或发 jinacmp@163.com 索取。

图书在版编目（CIP）数据

制造业人工智能系统概论/张青雷主编. —北京：机械工业出版社，2022.10（2024.6 重印）

普通高等教育人工智能系列教材
ISBN 978-7-111-71390-6

Ⅰ.①制⋯　Ⅱ.①张⋯　Ⅲ.①人工智能-应用-制造工业-高等学校-教材　Ⅳ.①F407.4-39

中国版本图书馆 CIP 数据核字（2022）第 144201 号

机械工业出版社（北京市百万庄大街 22 号　邮政编码 100037）
策划编辑：吉　玲　　　　责任编辑：吉　玲　侯　颖
责任校对：肖　琳　张　薇　封面设计：张　静
责任印制：刘　媛
涿州市般润文化传播有限公司印刷
2024 年 6 月第 1 版第 2 次印刷
184mm×260mm · 19 印张 · 477 千字
标准书号：ISBN 978-7-111-71390-6
定价：59.80 元

电话服务　　　　　　　　网络服务
客服电话：010-88361066　机　工　官　网：www.cmpbook.com
　　　　　010-88379833　机　工　官　博：weibo.com/cmp1952
　　　　　010-68326294　金　书　网：www.golden-book.com
封底无防伪标均为盗版　机工教育服务网：www.cmpedu.com

前　言

随着科技革命与产业革命的深入推进，制造业作为立国之本、强国之基，在国际竞争中的核心地位不断凸显。21 世纪以来，尤其是 2008 年全球金融危机以后，发达国家特别是科技强国纷纷重新审视"去工业化"政策，包括制造业外包政策和"重服务轻制造"的思想，重振制造业成了各国经济政策和产业结构迭代升级的主旋律。

近几年，我国加快制造业升级的脚步，将包括新一代信息技术产业、高档数控机床和机器人、航空航天装备、海洋工程装备及高技术船舶、先进轨道交通装备、节能与新能源汽车、电力装备、农机装备、新材料、生物医药及高性能医疗器械在内的产业作为未来制造业升级的重点突破对象。高端制造业的发展不能看成是低端制造业的简单延伸，而要通过制造业与人工智能技术的深度结合、制造技术与信息技术的结合，对制造过程进行迭代升级，实现制造业的跨越式发展。在制造业与人工智能技术的结合、制造技术与信息技术的结合中，制造过程中所产生的数据流在其中起着关键的作用。针对新兴人工智能技术、信息技术与制造业的结合，本书提出了制造业人工智能系统的概念。该系统以制造过程中的数据流为基础，实现制造过程具有对于信息自感知、自决策与自执行的能力。

本书以智能化制造技术作为主线，介绍了人工智能系统在制造业中的应用，着重讲解了九种新型数字基础设施和技术（增材制造、工业机器人、物联网、工业互联网、工业区块链、大数据与云计算、人工智能算法、数字孪生技术、沉浸式扩展现实）在制造业中的应用。九种新型数字基础设施和技术，以数据要素作为驱动，相互串联，从而实现制造业的智能化。对于我国来说，加快制造业的智能化，是培育我国经济增长新动能的必由之路，是抢占未来经济和科技发展制高点的战略选择，对推动我国制造业供给侧结构性改革，打造我国制造业竞争新优势，实现制造强国的目标具有重要战略意义。

本书第 1 章主要介绍人工智能系统在制造业中的作用，以及制造业人工智能系统的含义、系统的体系组成与框架结构。第 2 章主要对增材制造技术进行介绍，主要包括 3D 打印的定义、工艺过程、五种典型的 3D 打印技术（叠层制造技术、熔融沉积成形技术、立体光固化成形技术、选择性激光烧结技术、三维打印技术）与 3D 打印材料。第 3 章主要对工业机器人的类型以及关键技术（传感器、机械设计、程序设计、导航与定位以及路径规划）进行介绍。第 4 章主要对物联网的定义、研究方向、体系结构、关键技术与物联网的应用进行介绍。第 5 章主要介绍工业互联网技术，包括工业互联网的体系架构、功能作用、核心技术与平台架构，及工业互联网的应用场景与平台案例。第 6 章主要对工业区块链技术进行介绍，包括区块链的概念，其在工业领域中的优势、机遇、挑战与技术特点，工业区块链的技术体系与在制造业中的应用。第 7 章主要对大数据与云计算的定义与特征、大数据与云计算的关系、大数据与云计算的基础技术及两种技术在工业生产中的应用进行了介绍。第 8 章对人工智能算法进行了介绍，主要包括机器学习与深度学习算法的原理与方法，以及人工智能算法的应用。第 9 章的内容主要包括数字孪生技术的概念、意义及其应用价值，数字孪生技术的体系架构、系统组成、孪生模型、数字孪生的使能技术和数字孪生工具，以及数字孪生在工业生产中的应用。第 10 章主要对两种沉浸式扩展现实技术进行了介绍，即增强现实技术与虚拟现实技术，主要内容包括增强现实技术与虚拟现实技术的定义与特征，两者的区别、原理与系统组成，增强现实技术与虚拟现实技术的关键技术及其在工业领域的应用。

  本书第 1 章由张青雷编写，第 2 章和第 3 章由段建国编写，第 4 章和第 5 章由秦际赟编写，第 6 章和第 7 章由周莹编写，第 8 章由王琴编写，第 9 章和第 10 章由刘震编写。全书由张青雷统稿。

  由于编者水平有限，书中难免出现错误，敬请广大读者批评指正。

编 者

目 录

前言
第1章 人工智能系统在制造业中的作用 ... 1
1.1 制造业对人工智能的需求 ... 1
1.2 人工智能概述 ... 2
1.2.1 人工智能的定义 ... 2
1.2.2 人工智能的发展历程 ... 3
1.2.3 人工智能的研究与应用领域 ... 4
1.3 制造业人工智能系统 ... 6
1.3.1 制造业人工智能系统的含义 ... 6
1.3.2 制造业人工智能系统的体系组成 ... 7
1.3.3 制造业人工智能系统的框架结构 ... 9
第2章 增材制造 ... 16
2.1 3D打印在生活与工业中的应用 ... 16
2.1.1 3D打印在日常生活中的应用 ... 16
2.1.2 3D打印在制造领域的应用 ... 19
2.2 3D打印概述 ... 23
2.2.1 3D打印的定义 ... 23
2.2.2 3D打印的发展历程与现状 ... 23
2.2.3 3D打印工艺过程 ... 24
2.3 3D打印主要技术 ... 25
2.3.1 叠层制造技术 ... 25
2.3.2 熔融沉积成形技术 ... 27
2.3.3 立体光固化成形技术 ... 28
2.3.4 选择性激光烧结技术 ... 30
2.3.5 三维打印技术 ... 33
2.4 3D打印材料 ... 35
参考文献 ... 36
第3章 工业机器人 ... 38
3.1 工业机器人在工业中的应用 ... 38
3.2 工业机器人概述 ... 43
3.2.1 工业机器人的发展现状 ... 44
3.2.2 工业机器人的分类 ... 44
3.2.3 工业机器人的发展趋势 ... 49
3.3 工业机器人关键技术 ... 50
3.3.1 传感器部分 ... 50
3.3.2 机械设计部分 ... 57
3.3.3 程序设计部分 ... 61
3.3.4 导航与定位 ... 62
3.3.5 路径规划 ... 64
参考文献 ... 67
第4章 物联网 ... 70
4.1 身边的物联网 ... 70
4.2 物联网概述 ... 71
4.2.1 物联网的定义 ... 71
4.2.2 物联网的发展历程 ... 72
4.2.3 物联网的研究方向 ... 72
4.2.4 物联网的体系结构 ... 73
4.3 物联网关键技术 ... 74
4.3.1 感知层关键技术 ... 74
4.3.2 网络层关键技术 ... 80
4.4 物联网应用 ... 85
4.4.1 物联网在制造领域的应用 ... 85
4.4.2 物联网在其他领域的应用 ... 86
参考文献 ... 94
第5章 工业互联网 ... 96
5.1 工业互联网和生活的联系 ... 96
5.2 工业互联网概述 ... 98
5.2.1 工业互联网的发展背景与历程 ... 98
5.2.2 工业互联网的体系架构 ... 99
5.2.3 工业互联网的功能作用 ... 100
5.2.4 工业互联网的挑战 ... 107
5.3 工业互联网技术体系 ... 109
5.3.1 工业互联网核心技术 ... 111
5.3.2 工业互联网平台架构 ... 112
5.4 工业互联网应用场景 ... 116

5.4.1 工业生产过程的应用 …………… 116
5.4.2 企业运营管理的应用 …………… 117
5.4.3 生产资源优化配置的应用 ……… 117
5.4.4 产品生命周期管理的应用 ……… 118
5.5 工业互联网应用案例 ……………………… 118
5.5.1 工业互联网在制造领域的应用 … 118
5.5.2 工业互联网在其他领域的应用 … 130
参考文献 ……………………………………… 139

第6章 工业区块链 …………………… 142
6.1 区块链与金融的联系 …………………… 142
6.2 工业区块链概述 ………………………… 143
  6.2.1 区块链的概念 …………………… 143
  6.2.2 区块链的发展历程 ……………… 145
  6.2.3 区块链技术在工业领域中的优势 …………………………… 146
  6.2.4 区块链技术在工业领域中的机遇 …………………………… 148
  6.2.5 区块链技术在工业应用中面临的挑战 …………………………… 149
  6.2.6 工业区块链的技术特点 ………… 151
6.3 工业区块链技术体系 …………………… 152
  6.3.1 区块链系统的总体框架 ………… 152
  6.3.2 区块链的开源技术框架 ………… 157
  6.3.3 工业区块链的技术方向 ………… 160
  6.3.4 工业区块链技术开发工具平台 … 165
6.4 工业区块链的应用案例 ………………… 174
  6.4.1 区块链在飞机制造中的应用 …… 175
  6.4.2 区块链在汽车制造中的应用 …… 176
参考文献 ……………………………………… 177

第7章 大数据与云计算 …………… 179
7.1 身边的大数据与云计算 ………………… 179
7.2 大数据与云计算概述 …………………… 180
  7.2.1 大数据的定义与特征 …………… 180
  7.2.2 大数据的发展历史 ……………… 181
  7.2.3 云计算 …………………………… 182
  7.2.4 大数据与云计算的关系 ………… 184
7.3 大数据基础技术与分析技术 …………… 184
  7.3.1 大数据基础技术 ………………… 184
  7.3.2 大数据分析技术 ………………… 188
7.4 云计算基础技术 ………………………… 196
  7.4.1 虚拟机技术 ……………………… 196
  7.4.2 云存储技术 ……………………… 197
7.5 大数据与云计算的应用 ………………… 199
  7.5.1 大数据与云计算在制造业中的应用 …………………………… 199
  7.5.2 大数据与云计算在其他行业中的应用 …………………………… 200
参考文献 ……………………………………… 203

第8章 人工智能算法 ……………… 205
8.1 人工智能与生活 ………………………… 205
8.2 人工智能基础算法 ……………………… 206
  8.2.1 机器学习 ………………………… 206
  8.2.2 深度学习 ………………………… 214
8.3 人工智能算法的应用 …………………… 223
  8.3.1 人工智能算法在制造领域的应用 …………………………… 223
  8.3.2 人工智能算法在其他领域的应用 …………………………… 224
参考文献 ……………………………………… 225

第9章 数字孪生技术 ……………… 227
9.1 生活中的数字孪生 ……………………… 227
9.2 数字孪生概述 …………………………… 228
  9.2.1 数字孪生的概念 ………………… 229
  9.2.2 数字孪生概念的不同形态 ……… 230
  9.2.3 数字孪生的意义 ………………… 231
  9.2.4 数字孪生的发展背景与历程 …… 232
  9.2.5 数字孪生的应用价值 …………… 234
9.3 数字孪生基础技术 ……………………… 237
  9.3.1 数字孪生体系架构 ……………… 237
  9.3.2 数字孪生系统组成 ……………… 238
  9.3.3 数字孪生模型 …………………… 239
  9.3.4 数字孪生使能技术 ……………… 240
  9.3.5 数字孪生工具 …………………… 246
9.4 数字孪生在工业生产中的应用 ………… 249
  9.4.1 数字孪生在产品全生命周期中的应用 …………………………… 249
  9.4.2 数字孪生在分布式制造中的应用 …………………………… 250
  9.4.3 数字孪生在先进制造业企业中的应用 …………………………… 253
参考文献 ……………………………………… 253

第10章 沉浸式扩展现实 ………… 255
10.1 身边的增强现实技术与虚拟现实技术 …………………………………… 255
  10.1.1 生活中的增强现实技术 ……… 255
  10.1.2 生活中的虚拟现实技术 ……… 256
10.2 增强现实技术与虚拟现实技术概述 …………………………………… 257

10.2.1 增强现实技术的定义与特征 …… 257
10.2.2 虚拟现实技术的定义与特征 …… 258
10.2.3 增强现实技术与虚拟现实技术的区别 ……………………………… 258
10.2.4 增强现实技术与虚拟现实技术的发展历史与现状 …………… 258
10.3 增强现实技术与虚拟现实技术基础 ………………………………… 263
10.3.1 增强现实技术原理 …………… 263
10.3.2 虚拟现实技术原理 …………… 266
10.3.3 增强现实系统的组成 ………… 271
10.3.4 虚拟现实系统的组成 ………… 272
10.4 增强现实与虚拟现实关键技术 …… 275
10.4.1 交互技术 ……………………… 275
10.4.2 显示技术 ……………………… 279
10.4.3 识别、跟踪和定位技术 ……… 281
10.4.4 界面可视化技术 ……………… 283
10.5 增强现实技术与虚拟现实技术在工业领域的应用 ……………………… 283
参考文献 …………………………………… 292

第 1 章

人工智能系统在制造业中的作用

导读

近年来人工智能系统的应用和发展呈现出新的趋势——人工智能系统实现了从实验技术向产业化发展的转变。在制造业中，人工智能系统的应用不仅变得日益广泛，而且对制造业的影响也日渐凸显。一方面，人工智能系统在近期将逐步淘汰某些制造业部门。这将使得制造业中一些传统机械设备及与之配套的零部件制造可能面临市场萎缩的风险，同时，不具备人工智能的传统电子信息产品也将面临巨大的升级压力。另一方面，从长远来看，人工智能系统将彻底地改变制造业。人工智能与传统制造业产品的融合，不仅可以丰富产品功能、提升产品性能，最终还将彻底颠覆产业结构。

本章知识点

- 制造业人工智能系统关键技术概述
- 制造业人工智能系统架构及功能

1.1 制造业对人工智能的需求

日本东京以西的富士山下的一个小镇，大约有9000居民，该小镇的FANUC工厂每月可生产5000个机器人。可能你会问，生产这些机器人需要多少人力？答案是"零"，因为该工厂是一个无人工厂，工厂里机器可完成制造、测试和检测多重工序。

许多人都会认为这样的设施仅存在于未来的畅想或科幻小说之中，而FANUC却用实际的技术将这一畅想照进现实。FANUC的22个子工厂均实现了"熄灯工厂"，在这里，机械化设备可实现全天候运营，智能机器人创造了计算机化的时代。如同人类一样，这些机器人能够自我学习，并拥有机器视觉，证明了人工智能系统在制造过程中的作用。

目前，人工智能（Artificial Intelligence，AI）已经将我们带入了一个制造领域的新维度。与过去机械参与工厂车间生产不同的是，今天的机器人不再仅仅执行单调的机械任务，它们是工业4.0时代下的智能参与者。

为什么人工智能系统对制造业至关重要？主要原因是数字化在制造领域发挥着越来越重要的作用。在科学家看来，以数据为基础，从定制产品的虚拟设计、产品的改进到设备的实时维护，再到智能供应链和新商业模式的创造，人工智能赋予了制造业更强的生命力。

毫无疑问，人工智能是制造业在未来增长和成功的关键。在最近的福布斯关于人工智能调查中，44%的制造业受访者认为 AI 在未来五年内对制造"非常重要"，而近 49%的人认为它"绝对至关重要"，并且认为其关系到企业的成败。

现今，由于先进制造技术与信息技术的发展，数据和分析相"结合"，人与机器人的合作取得了突破。人工智能给制造业带来了两大关键性革命。

1. 制造过程的智能化

对于人类来说，即使是最敏锐的检查员也无法检测到小于人类头发半径宽度的细微差异，但配备了比肉眼更灵敏的摄像头的机器不会错过任何一个细节。

硅谷创业公司 LANDING.AI 研制了一种用于生产线的机器视觉工具，利用非常小的样本量训练机器的学习算法，可以在远超出人类视觉分辨率的情况下发现电路板等产品的微小缺陷。如果发现问题或缺陷，它会立即发出警报，这被称为"自动化问题识别"的 AI 流程。计算机不仅可以"看到"缺陷，而且可以处理信息并从中学习。

Instrumental、Maana 和 Augury 等创业公司收集和分析由物联网生成的海量数据，使用机器学习技术，检测设备和机器的异常与风险，并进行预警。我国的三一重工通过研究中国制造业竞争优势，打造了"终端+云端"的工业大数据软硬平台"树根互联"，为以智能化为核心的工业变革打下基础。

2. 设计过程的智能化

对于制造商而言，人工智能还可以通过称为智能化设计的新过程发挥作用。设计师或工程师将设计目标、材料、制造方法和成本限制的参数输入到智能化设计软件中；然后，该软件探索解决方案的所有可能的排列，并快速"生成"设计备选方案；最后，它利用机器学习来测试和学习，从而确定每次迭代中哪些方案是有效的。智能化设计软件可以帮助人类完成难以实现的复杂建模过程。例如，通过智能化设计软件，可以尝试优化飞机的机翼设计，或新电动车的扰流板或电池设计。

1.2 人工智能概述

"人工智能"这一概念最早是由明斯基、麦卡锡、罗切斯特和申农等一批科学家提出的。在 1956 年夏天的一次聚会上，一群科学家讨论和研究了一系列与使用机器模拟智能有关的问题。从此，"人工智能"作为一门新兴学科正式诞生。这门学科的诞生距今已有 60 多年，经过这几十年的不断发展，人工智能已经成为一门涉猎广泛的前沿学科。让计算机能够像人类的大脑一样进行思考，自始至终都是人工智能不断努力的目标。

1.2.1 人工智能的定义

人工智能的定义可划分为"人工"和"智能"。"人工"即人力所能制作的，"人工系统"表达的也是字面意思。然而，如何定义"智能"却存在诸多争议。人工智能之所以存在不同的定义，源于人们对于"智能"这个概念有不同的理解。美国麻省理工学院的温斯顿教授认为"人工智能就是研究如何使计算机去完成过去只有人才能做的智能工作。"，而同在麻省理工的尼尔逊教授却认为"人工智能是与知识相关的学科，它是一门关于如何表达知识以及如何获取和使用知识的科学。"

这里给出的定义是，人工智能首先研究人类智能的活动规律，并以此为依据构建具有一定智能的人工系统，研究相应的理论、方法和技术去模拟人类某些智能的行为，通过计算机的软件和硬件去完成需要人类智力才能胜任的工作。

1.2.2 人工智能的发展历程

世界上第一台神经网络计算机诞生于 1950 年，它的创作者是马文·明斯基与他的同学邓恩·埃德蒙，这被后人定义为人工智能的起点。同年，身为计算机之父的阿兰·图灵设想，如果一台机器能够与人类开展对话而不能被辨别出机器身份，那么这台机器就具有智能。阿兰·图灵提出了图灵测试这一举世瞩目的想法，并大胆预测拥有智能的机器将切实可行地出现在人类未来的生活中。"人工智能"一词最早是由计算机专家约翰·麦卡锡在 1956 年达特茅斯学院举行的一次会议上提出的。麦卡锡与明斯基于同年来到麻省理工学院，并创立了世界上第一个人工智能实验室——MIT AILAB 实验室。自从达特茅斯学院的会议确立了人工智能这一专业术语后，大批学者投入到了这个领域并开展了深入研究，人工智能自此开启了高速发展的纪元。

20 世纪 50 年代，人工智能得到了迅速的发展。在此期间，人工智能被广泛应用于数学和自然语言领域，成功地解决了数学和英语中的许多问题。这极大地鼓舞了人工智能领域的学者们，有的学者甚至乐观地预期人工智能将在 20 年之内完成人们能做的一切。

但是问题随之而来，主要集中在三个方面：首先，当时的计算机性能不足以支持许多程序在人工智能领域的应用。其次，早期的人工智能程序只能应对和解决复杂性低、处理对象少的特定问题。当面对复杂性高的问题时，程序就会不堪重负。最后，由于当时没有足够大的数据库来承载数据，因此无法支持程序进行深度学习，也使得机器无法读取足够量的数据进行智能化。另外，因为当时科研人员未能对人工智能的研究难度做出合理评估，致使人工智能与美国国防高级研究计划署的合作计划以失败告终。社会舆论给人工智能的发展带来了很大的压力，许多原本计划投入于人工智能的研究经费也被转移到了其他项目中，人工智能的发展遇到了阻碍。

卡内基梅隆大学于 1980 年为数字设备公司设计了一套运用人工智能程序的"专家系统"，命名为 XCON。XCON 作为计算机智能系统，具有一套完整、专业的知识和经验，可以简单地理解为"知识库和推理机"的组合。XCON 开创了业界先河，自此衍生出了 Lisp Machines、Symbolics、Aion、IntelliCorp 等一系列的硬件公司和软件公司。当时仅专家系统产业的价值就高达 5 亿美元。然而，到了 1987 年，苹果和 IBM 公司生产的台式机性能都超过了 Symbolics 等厂商生产的通用计算机，专家系统风光不再。

自 20 世纪 90 年代中期起，人们对 AI 开始抱有客观、理性的认知，并且随着 AI 技术，尤其是神经网络技术的发展，人工智能技术的发展开始进入平稳发展时期。1997 年 5 月 11 日，IBM 的计算机系统"深蓝"对战国际象棋世界冠军卡斯帕罗夫，并一举获胜，这在公众领域引起了轰动。并且辛顿（Hinton）于 2006 年在神经网络的深度学习领域取得突破，这让人们重新对人工智能的发展燃起希望。

2011 年，IBM 开发了人工智能程序"沃森"（Watson），这个程序存储了 2 亿页数据，可以从看似相关的答案中提取与问题相关的关键词。沃森参加了一个智力竞赛节目，击败了两位人类冠军。目前，"沃森"已被 IBM 广泛应用于医疗诊断领域。

2016 年—2017 年，Google DeepMind 公司开发的人工智能围棋程序 AlphaGo 战胜围棋冠军，引发深度学习大热。AlphaGo 是一款由 Google DeepMind 开发的人工智能围棋程序，其本身具有自我学习的能力，可以大量搜集名人棋谱和围棋的对弈数据，并以此为借鉴，学习和模仿人类下棋。2017 年，AlphaGo Zero（第四代 AlphaGo）在无任何数据输入的情况下，自学围棋 3 天后就以 100∶0 的战绩击败了第二代 AlphaGo，并继续自学 40 天，战胜了曾经战胜人类高手的第三代 AlphaGo。目前，DeepMind 也已涉足医疗保健等相关领域。

近几年，人工智能引领了最新一轮的商业革命。以谷歌、微软、百度等互联网巨头为首的公司及许多的初创科技公司，纷纷投入人工智能产品的研发与制造。随着人工智能技术的日趋成熟和大众的广泛接受，掀起又一轮的智能化狂潮，人工智能为现代文明和未来文明搭建桥梁指日可待。

1.2.3 人工智能的研究与应用领域

人工智能虽然涵盖的领域很广，但作为一个"年轻"的领域，很难面面俱到。因此，人工智能广泛借鉴了各个领域的思想和方法来弥补自身的不足。如今，随着人工智能理论的发展，应用效果良好，人工智能的应用领域越来越广泛。从应用的角度来看，人工智能的研究主要包括以下几个方面。

1. 专家系统

专家系统是利用人工智能技术收集某一领域的人类专家所提供的知识和经验，然后进行推理和判断。在决策过程中，它模拟人类专家来解决一些需要专家决策的复杂问题。专家系统作为一个储备了大量专业知识与经验的程序系统，目前在许多领域已取得了显著效果。专家系统是以传统计算机程序为基础的一次技术上的攉升，它与传统计算机程序存在本质上的区别。专家系统经常要解决一些没有算法解的问题，并且具备在信息基础不精确、不完全或不确定的情况下做出结论的能力。预测、解释、设计、诊断、监控、规划、指导、控制与维修等问题都在专家系统的能力范畴之内。

2. 自然语言理解

自然语言理解的目的是使人类能够通过自然语言与计算机系统进行有效的交流。目前，由于技术尚不完善，计算机系统与人之间的交互只能使用各种非自然语言，并且受到严格的限制。因此，如何使计算机系统理解自然语言是人工智能领域的重要研究课题之一。

人机之间实现自然语言通信不仅意味着计算机系统可以理解自然语言文本的意义，而且意味着它能够理解和生成自然语言文本中表达的思想、意图等一系列信息。如何理解与生成语言是一个极为复杂的解码和编码问题。如果一个计算机系统能够顺利地理解自然语言，它需要像人类一样系统地掌握上下文知识和信息，并能利用信息发生器进行推理。理解语言和文字的计算机系统的基础是人工智能的思想。

3. 自动程序设计

自动程序设计是软件工程和人工智能相结合的研究课题，它能根据给定问题的原始描述自动生成满足要求的程序。自动程序设计的主要内容分为两方面，分别是程序综合和程序验证。程序综合可以实现自动编程，用户不需要向机器解释操作过程，只需要对机器下达工作指令，机器就可以自动完成工作；程序验证即程序自动完成正确性检查。

目前，自动程序设计的基本途径主要是程序变换和程序验证。程序变换是通过对给定的输入、输出条件进行逐步变换，以构成所要求的程序。程序验证是利用一个已验证过的程序系统来自动证明某一给定程序的正确性。假设程序 P 的输入是 x，它必须满足输入条件 $\varphi(x)$；程序的输出是 $z=P(x)$，它必须满足输出条件 $\Phi(x,z)$。判断程序的正确性有三种类型，即终止性、部分正确性和完全正确性。

自动程序设计方向在现阶段已经取得了一些初步的进展，计算机科学工作者已经开始重视程序变换技术。例如，德国默森技术大学的程序变换系统 CIP 和英国爱丁堡大学的程序自动变换系统 POP-2 等。

4. 机器人学

机器人学以机械结构学、人工智能和传感技术为基础。近些年，机器人的研究发展主要可分为三个阶段：第一阶段的机器人为程序控制机器人，它的运作方式是"示教—再现"，即进行数次学习后将学习成果进行再现，它主要可以代替人类完成重复、沉重和繁复的工作；第二阶段的机器人为自适应机器人，它通过自身配备的传感器来获取作业环境的简单信息，它可以在一定程度上适应环境，即便操作对象产生了微小的变化也可以继续完成作业；第三阶段的机器人为分布式协作机器人，它配备了多种类型的传感器，主要有听觉、视觉、触觉，分布式协作机器人的灵敏度较高，可以在多个方向平台上感知多维信息，并能精确感知和实时分析周身的环境信息，同时它具有一定的自主学习、自主判断与自主决策能力，能协同控制自己的多种行为，不仅能处理环境发生的变化，还能与其他机器人进行交互。

机器人学的研究从功能上划分主要涉及两个方面：一是模式识别，模式识别的功能是指在机器人配备视觉和触觉功能的条件下，让它能够辨别出空间景物的实体和阴影，甚至可以辨别两幅图像的微小差别；二是运动协调推理，机器人运动协调推理是指机器人在接受外界刺激后驱动机器人保持平衡的过程。

人工智能因为机器人学而得到进一步的发展。在人工智能研究中，机器人学的研究所带来的一些技术可以用来建立外界状态模型，描述外界状态变化的过程。

5. 模式识别

模式识别是研究如何用计算机帮助或者替代人类的感知模式。例如文字、语言、符号、声音、图像、图片、景象和物体等都是模式的实体存在形式，它们具体的采集和测量可以用化学、物理和生物传感器来进行。但模式往往表现为具有时间和空间分布的信息，即从事物而不是事物本身获得的信息。人脑具备分类、聚类和判断的能力，这种能力体现在人们在日常生活中，在认知和观察事物的过程中，人们总是根据使用的目的，下意识地思考和发现它与其他事物和现象的异同。人脑的这种思维能力就构成了模式识别的能力。

模式识别呈现多样性和多元化趋势，可以在不同的概念粒度上进行，其中生物特征识别成为模式识别的新高潮，包括语音识别、文字识别、图像识别、人物景象识别和手语识别等。人们还要求通过识别语种、乐种和方言来检索相关的语音信息，通过识别人种、性别和表情来检索所需要的人脸图像，通过识别指纹（掌纹）、人脸、签名、虹膜和行为姿态来识别身份。这种识别技术普遍利用小波变换、模糊聚类、遗传算法、贝叶斯理论和支持向量机等方法进行识别对象分割、特征提取、分类、聚类和模式匹配。模式识别是一门新兴的科学，其理论基础和研究范围也在不断拓展。

6. 智能控制

智能控制就是在控制领域内引入人工智能技术，进而建立智能控制系统。美籍华人科学家傅京孙于 1965 年率先提出在学习控制系统中引入人工智能的启发式推理规则。建立实用智能控制系统的技术经历十几年的发展逐渐走向成熟。将人工智能与自动控制结合起来的思想由傅京孙于 1971 年提出。将人工智能、运筹学与控制论相结合的思想由美国的萨里迪斯（G. N. Saridis）于 1977 年提出。将人工智能、信息论、控制论和运筹学结合起来的思想由我国蔡自兴教授于 1986 年提出。迄今为止，以这些思想为基石，许多可以用于构建不同领域智能控制系统的理论和技术已经被开发出来。

智能控制主要具备两个特点：首先，智能控制的控制过程由非数学广义模型和传统数学模型的知识表示，并用知识进行推理来指导求解过程；其次，智能控制的核心在于高层控制，其任务是组织决策和规划实际的环境或过程，以实现问题的广义求解。

7. 智能规划

智能规划作为人工智能研究领域的一个分支，近年来发展迅速。智能规划的主要思想是对周围环境进行识别和分析，根据要实现的目标推断出若干可选操作和资源约束，为达到目标制定一个全面的计划。建立高效、实用的智能规划系统是智能规划研究的主要目的。

格林（G. Green）于1969年通过归结定理证明的方法来进行规划求解，并设计了QA3系统，被大多数智能规划研究者认为是第一个规划系统。美国斯坦福研究所的菲克斯（R. E. Fikes）和尼尔森（Nilsson）于1971年设计了STRIPS系统。这个系统的突出贡献是引入了STRIPS操作符的概念，使得规划问题求解变得明朗清晰，因此在智能规划的研究中具有重要的地位和意义。接下来，WARPLAN、HACKER、ABSTRIPS、INTERPLAN、NON-LIN、NOAH等规划系统自1977年先后出现。尽管这些以NOAH系统为代表的部分排序规划技术被证明具有完备性，即能解决所有的经典规划问题，但由于大量实际规划问题并不遵从经典规划问题的假设，所以部分排序规划技术未得到广泛的应用。在20世纪80年代中期，为了消除规划理论与实际应用间存在的差距，规划技术的研究重点转向发展开拓非经典的实际规划问题。但不变的是，经典规划技术，特别是部分排序规划技术，仍然是发展新规划技术的基础。

1.3 制造业人工智能系统

随着信息技术与网络技术的发展，制造业人工智能系统的概念变得越来越流行。所谓制造业人工智能系统，是基于物联网、云计算、人工智能等新一代信息技术与先进制造技术深度融合，贯穿设计、生产、管理、服务等制造活动各个环节，具有信息深度自感知、智慧优化自决策、精准控制自执行等功能的先进制造过程、系统与模式的总称。该系统，源于人工智能的研究，是知识和智力在制造领域应用的总和，知识是智能的基础，智力是指获取和运用知识求解的能力。制造业人工智能系统不仅能够在实践中不断地充实知识库，而且还具有自学习功能，通过搜集与理解环境信息和自身的信息，并进行分析判断和规划自身行为的能力。

1.3.1 制造业人工智能系统的含义

制造业人工智能系统对于企业、研究院所，乃至整个工业生态都有很重要的意义。

对于企业来说，通过制造业人工智能系统可以在产品设计阶段就模拟出该产品的整个生命周期，同时利用仿真模型计算出最优的生产流程，在实际生产中，将工厂的实际生产数据和仿真数据不断对比，实时校正生产线运行参数，保证了生产线的稳定运行，最终可以实现产品开发周期短、产品成本低、生产率高。

对于高校和研究院所而言，研究的仿真模型和AI算法往往缺乏实际项目或者实际数据的支撑。现在有了制造业人工智能系统，高校最新研究的算法模型可以直接在云上提供一个简易试用版，应用云服务的企业可以搜索到所有针对自己行业的模型，试用之后效果良好的话可以快速进入深度合作。这也有利于减小工业实际应用和学术理论之间的鸿沟。

对于整个工业生态来说，制造业人工智能系统带来的改变将是巨大的。宏碁集团创办人施振荣先生曾经提出过一个"微笑曲线"理论。横坐标代表行业上、中、下游，分别是研发、制造和营销，纵坐标表示利润，"微笑曲线"是形似微笑嘴型的一条曲线，两端朝上，在产业链中，附加值更多体现在两端，即设计和销售，处于中间环节的制造附加值最低。近年来，大型制造型企业正处于"转型"之中，纷纷利用制造业人工智能提高附加值。拿机器人行业举个例子，现在一些机械臂供应商提供的不单单是产品，还有与产品相关的一系列智能服务，如系统自诊断、设备预测性维护等增值服务。只有这样，才能保证在企业在智能制造时代有足够的竞争力。

制造业人工智能系统的本质，其实就是让"硬邦邦"的制造业变"软"，制造业的核心资产从硬件分流到软件上。有些企业主也许已经意识到，厂里一条标准生产线的数字化模型，完整的数字化生产状态信息（如振动、温度、电流等），如果将这些数字信息充分利用起来，能极大地提高生产率，甚至开辟新的商业模式，其价值绝不亚于该生产线硬件本身。制造业人工智能系统其实也是工业技术的软件化，由软件来控制数据的自主流动，解决复杂产品的不确定性，可以说是使制造业从第二产业向第三产业迁移，这也是历史的必然。

目前，针对制造业的人工智能系统并没有一个统一的准确定义，根据各个工业大国提出的智能制造战略和国内外智库的权威文章，我们可以初步这么理解：制造业人工智能系统，其核心是数字化、网络化和智能化。制造业人工智能系统是一种由智能机器和人类专家共同组成的人机一体化智能系统，它在制造过程中能进行智能活动，诸如分析、推理、判断、构思和决策等。通过人与多种信息化、智能化技术的合作共事，扩大、延伸和部分地取代人类专家在制造过程中的脑力劳动。它把制造自动化的概念更新、扩展到柔性化、智能化和高度集成化。毫无疑问，与智能技术的结合是制造业的发展方向。在制造过程的各个环节几乎都广泛应用各种智能技术。

目前，针对制造业人工智能系统，有研究者提出了相应的体系架构，如图1-1所示。在该体系架构中，整个生产过程通过包括感应与执行系统在内的控制系统来将生产过程中的数据传递给各个不同的功能域。各功能域以数字化的形式可以实现对于生产过程中各不同部分之间的数据连接，同时实现分布式数字管理、工业分析和智能与弹性控制等功能。然而，该体系架构偏向于基于算法实现制造过程的智能化。目前，随着各种电子信息技术与人工智能技术的发展，越来越多的智能技术可以应用于生产之中以实现制造过程的智能化，因此制造业的人工智能系统的体系架构有待改进。

1.3.2 制造业人工智能系统的体系组成

未来制造业是制造业与人工智能技术的深度融合，其主要内容包括智能产品设计、智能生产、智能工厂、智能物流。制造业与人工智能技术的结合可以产生一种具有信息自感知、自决策、自执行等功能的先进制造过程、系统与模式，从而提高制造效率，降低制造成本。人工智能技术在制造业应用本身具有四个主要特征：以智能工厂为具体的载体；以制造过程智能化为核心；以端到端数据流为基础；以万物互联为支撑。

1）智能工厂，是人工智能系统在制造业应用的具体载体。智能工厂的具体含义是，生产程序无须人工管理，零件和机器可以实现相互之间的交流，提高生产率，降低生产过程的错误率。智能工厂主要通过构建智能化生产系统、网络化分布生产设施以实现生产过程的智

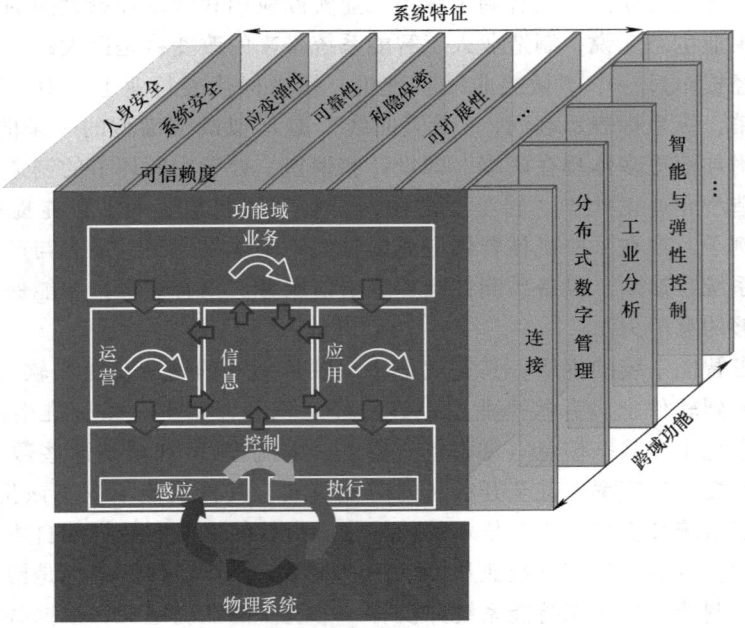

图 1-1 制造业的人工智能系统体系架构

能化。通过和信息技术的结合，智能工厂具有了自主能力，可以对生产过程进行采集、分析、判断、规划，并且利用仿真及多媒体技术展示设计与制造过程。在生产过程中，系统中的各个组成部分可自行组成最佳系统，使得生产过程具备协调、重组及扩充的特性，同时具备自我学习、自我维护的能力。

对于不同行业，由于生产流程的不同，加之各个行业智能化情况的不同，智能工厂有三种不同的建设模式。第一种模式是从生产过程数字化到智能工厂。这种模式在石化、钢铁、冶金、建材、纺织、造纸、医药、食品等流程制造领域有广泛的应用。对于这些领域的企业来说，企业发展制造业人工智能系统的内在动力在于产品品质可控，侧重从生产数字化建设起步，基于品控需求从产品末端控制向全流程控制转变。第二种模式是从智能制造生产单元到智能工厂。这种模式在机械、汽车、航空、船舶、轻工、家用电器和电子信息等离散制造领域有广泛的应用。对于这些领域的企业来说，企业发展智能制造的核心目的是拓展产品价值空间，侧重从单台设备自动化和产品智能化入手，基于生产率和产品效能的提升实现价值增长。第三种模式是从个性化定制到互联智能工厂。这种模式在家电、服装等消费品制造领域非常流行。对于这些企业来说，可以通过人工智能技术充分满足消费者的多样化需求，同时实现规模经济生产，并通过互联网平台开展大规模个性定制模式创新。

2) 制造过程智能化，是实现智能生产的关键。该过程追求的是高效、绿色的制造模式，其特点是制造流程的智能优化决策和加工过程的自主控制。当前，制造企业员工通常依靠知识和经验决定企业综合生产指标、制造流程的生产指标、运行指标和生产指令。制造过程智能化的目标是使上述系统成为人机合作智能化决策系统。为了实现该目标，制造过程智能化主要包括三个部分，分别为智能优化决策、虚拟制造流程和生产状况识别与自优化决策。制造过程智能化可以实时感知市场信息、生产条件和制造流程的生产状况，以企业高效化和绿色化为目标，实现企业目标、计划调度、运行指标、生产指令与控制指令一体化优化决策，实现远程与移动可视化监控决策过程，通过自学习与自优化，实现人与智能优化决策系统的协同，使管理者在动态变化环境下得以精准优化决策。

3）端到端数据流，在这个概念中"端"一般是指客户和企业，端到端是指从客户到企业，端到端数据流是指数据在客户和企业之间相互流通，它是智能制造的基础。在这个过程中，数据从客户需求端出发，一直到满足客户需求端，提供端到端服务，端到端的输入端是市场，输出端也是市场。这个端到端的数据传输过程必须非常快捷，非常有效，中间没有阻碍，流程很顺畅。如果端到端的数据流可以实现快速的传递，那么可以降低生产过程中的人工成本、财务成本与管理成本，也就是说，降低了整个生产过程的运作成本。总而言之，端到端的数据流就是对生产过程内部进行最简单、最科学的管理体系改革，形成一支最精简的队伍。

4）万物互联，简单来说，是指将两个以上的通信网络通过一定的方法，用一种或多种网络通信设备相互连接起来，以构成更大的网络系统。万物互联的目的是实现不同网络中的用户互相通信、共享软件和数据等。制造业人工智能系统的实现需通过传统制造过程、现代信息技术和人工智能算法的结合。在这个过程中，需要实现设备和设备、设备和生产者、生产者相互之间，生产者与客户之间的相互通信联系。这个通信联系的过程均是通过网络之间的相互连接实现的。因此，万物互联是人工智能系统在制造业领域应用的支撑。

1.3.3 制造业人工智能系统的框架结构

本书结合智能工厂、制造过程智能化、端到端的数据流、万物互联的相关关键技术，着重介绍制造业人工智能系统的九种核心技术，包括增材制造、工业机器人、物联网、工业互联网、工业区块链、大数据与云计算、人工智能算法、增强现实与虚拟现实以及数字孪生。

这九种技术从逻辑上来说可以分为四个层面，分别为物理层、连接层、分析层和服务层。如果将具有人工智能系统的制造过程看成一个人，物理层代表人的四肢，为智能化制造的实现提供工具；连接层则代表人的神经系统，为智能化的制造过程中各个环节与"大脑"提供"信息"；分析层则代表人的大脑，能够对数据进行分析，能够使制造过程实现"自主思考"，进行"决策"；服务层则是对"决策"进行执行与实现。

1）物理层主要起着提供数据、执行制造过程的作用，其主要包括工业机器人技术与增材制造（又称3D打印）技术。人工智能系统在制造业领域的应用是以数据为基础的，数据在其中起着贯穿整体的作用。工业机器人技术与3D打印技术则可以实现对制造基础数据的收集，为人工智能系统在制造业领域的应用提供足够的"养分"。同时，系统优化后的决策能够反馈回工业机器人与3D打印设备，实现制造过程的整体优化。

2）连接层主要包括三种技术，即工业区块链技术、工业互联网技术与物联网技术。在智能化的制造过程中，人工智能对各个环节的优化是以制造过程的大量数据的采集为基础的，而这就客观上需要设备之间实现联网，并且能够对各个设备的工具实现实时监控。工业区块链技术、工业互联网技术与物联网技术可以帮助实现该目的。这三种技术可以通过各种信息传感设备，实时采集任何需要监控、连接、互动的物体或过程等信息，与互联网结合形成的一个巨大网络。其目的是实现物与物、物与人，以及所有的物品与网络的连接，方便识别、管理和控制。在这三种技术中，物联网技术着重于实现制造设备之间的数据联通，而工业互联网则偏向于实现设备与计算机之间的连接，工业区块链技术偏向于保证数据的安全性。

3) 分析层包含大数据与云计算以及人工智能算法，其主要起着基础运算的作用，是人工智能系统在制造业应用的基础，其目的是帮助实现制造过程的智能化，降低制造过程的时间、材料、能源、物流等环节的成本，使得制造过程能够"自主思考"。这需要对制造过程的各个环节进行优化，优化的基础就是人工智能算法，但是人工智能算法的实现需要大量的数据以帮助实现制造过程的"自主思考"，同时，这些数据需要经过筛选与分类，才能为智能算法所用。大数据与云计算技术能够帮助制造过程进行数据的收集、整理与分析，为智能化制造过程的实现提供"养分"。大数据应用于工业之中被称为工业大数据。工业大数据是将设备数据、活动数据、环境数据、服务数据、经营数据、市场数据和上下游产业链数据等原本孤立、海量、多样性的数据相互连接，实现人与人、物与物、人与物之间的连接，尤其是实现终端用户与制造、服务过程的连接。通常来讲，工业大数据可以根据业务场景对实时性的要求，实现数据、信息与知识的相互转换，使其具有更强的决策力、洞察发现力和流程优化能力。云计算技术则可以实现对工业大数据的存储，有助提高数据处理的效率。实现对数据的初步处理后，则需要对数据进行优化，以降低制造过程的时间、材料、能源、物流等环节的成本，使得制造过程能够"自主思考"。这就需要一种能够对制造过程各个环节进行优化的技术，人工智能算法可以帮助实现制造过程各个环节的优化，使各个环节能够实现"自主思考"，为制造过程中的各个环节的优化提供理论基础。可以说，大数据与云计算技术以及人工智能算法是智能化制造的"大脑"。

4) 服务层主要是实现制造过程的虚实交互的过程。对于智能化的制造过程来说，其最终目的是要帮助设备的运行人员决策，这就需要实现制造过程与人员之间的虚实交互。因此，服务层主要包含的技术是增强现实、虚拟现实技术与数字孪生技术。这三种技术通过现代的电子技术，基于分析层所做出的决策，实现制造过程与人员之间的虚实交互，以帮助运行人员进行科学合理的决策，提高制造过程的效率。

1. 物理层代表技术

(1) 增材制造　从制造方式上看，制造技术可以分为三类：一种是等材制造，铸、锻、焊等加工工艺在制造过程中重量基本不变；一种是减材制造，车、铣、刨、磨等通过切削去除材料，达到设计形状；还有一种是增材制造，在制造过程中材料逐步地累加，形成需要的形状。3D 打印就是增材制造技术，是近些年发展起来的一项颠覆性的创新技术。其原理是将计算机设计出的三维模型分解成若干层平面切片，然后把打印材料按切片图形逐层叠加，最终堆积成完整的物体。

相较于传统的加工方式，3D 打印拥有很多优势。3D 打印可以打印许多材料、任意复杂形状、任意批量，可以应用于工业和生活各领域，可以在车间、办公室及家里实现制造。从理论上来讲，3D 打印无处不在，无所不能。3D 打印支持产品快速开发，可以制造形状复杂的零件，所想即所得。3D 打印直接由设计数据驱动，不需要传统制造必需的工装夹具、模具等生产准备，编程简单。在产品创新设计与设计验证中，特别方便，可以使产品开发周期与费用至少降低 50%。3D 打印是节材制造技术，例如航空航天等大型复杂结构件，传统上往往采用切削加工，95%~97% 的昂贵材料被切除，相比而言，3D 打印仅在需要的地方堆积材料，材料利用率接近 100%，大大节约了材料和制造成本。3D 打印是个性化制造技术，可以快速、低成本实现单件制造，使单件制造的成本接近批量制造。因此，3D 打印特别适用于个性化医疗和高端医疗器械，如人工骨、手术模型、骨科导航模板等。3D 打印还是再制造技术，可以用于被磨损零部件的再制造，如飞机发动机叶片、轧钢机轧辊等。3D 打印开拓创新设计的新空间，可以制造传统制造技术无法实现的结构，能够将数十个、数百个，甚至更多的零件组装的产品一体化一次制造出来，大大简化了制造工序，节约了制造和装配成本。同时，3D 打印是创业者最欢迎的工具，它展现了全民创新的通途。另外，互联网+3D 打印的制造模式也很值得关注，通过收集大众的个性化需求，由个人完成设计，设计方案由 3D 打印件进行验证，再由虚拟制造组织生产，最终由互联网来完成配送。

（2）工业机器人 一想到工业机器人，大家的想法都是庞大而复杂的智能机器，具有机械、人工智能、控制技术等。工业机器人在 20 世纪 60 年代也经过了很长时间的发展，之后才慢慢在工业化领域中广泛应用。如今，工业机器人是制造业自动化生产不可或缺的重要设备，在制造业中起关键作用。在工业机器人的带动下，大部分制造业的生产人员转变为技术人员；同时，产品质量的稳定性及生产率都有很大的提高，并且缩短了各类产品生产周期；对员工的工作环境也有了良好的改善。近些年，各国逐渐将工业机器人应用到制造业的各个环节之中，产生了良好的经济及社会效益。如今工业机器人在汽车、物流、机械等各个行业都被广泛利用，是一种高效的生产设备。

智能化的制造过程，由于其具有信息自感知、自决策与自执行能力，使得工业机器人等生产设备在制造领域具有广泛的应用。例如，工业机器人等设备由于其在生产领域的广泛的应用与其本身所具有的传感器网络，可以使得各个机器人之间相互连接，同时接受生产者的指令，快速地完成从进料到加工的全过程，极大地提高了生产率，实现制造过程的智能化。

2. 连接层代表技术

（1）物联网 物联网技术，简单来说就是物物相连的互联网，它指通过各种信息传感设备，实时采集任何需要监控、连接、互动的物体或过程等各种需要的信息，与互联网结合形成的一个巨大网络。其目的是实现物与物、物与人，所有的物品与网络的连接，方便识别、管理和控制。物联网是互联网、传统电信网等信息承载体，它是能够让所有能行使独立功能的普通物体实现互连互通的网络。物联网一般为无线网，而由于每个人周围的设备可以达到 1000～5000 个，所以物联网可能要包含 500M～1000M 个物体。在物联网上，每个人都可以应用电子标签将真实的物体上网连接，在物联网上都可以查出它们的具体位置。通过物联网可以用中心计算机对机器、设备、人员进行集中管理、控制，也可以对家庭设备、汽车进行遥控，以及搜索位置、防止物品被盗等，类似自动化操控系统，同时透过收集这些小数据，最后可以聚集成大数据，实现重新设计道路以减少车祸、灾害预测、犯罪防治与流行病控制等社会的重大改变，从而实现物物相连。物联网将现实世界数字化，能够拉近分散的信息，统合整理物与物的数字信息，应用范围十分广泛。物联网的应用领域主要包括运输和物流领域、工业制造、健康医疗领域、智能环境（家庭、办公、工厂）领域、个人和社会领域等，具有十分广阔的市场和应用前景。

在智能化的制造过程中，物联网由于其将万物相连的特性，将在该领域发挥重要作用。物联网技术可以在制造领域帮助实现端到端数据流的联网互通，可以说物联网是制造业智能化的基础之一。在制造业领域，透过物联网架构，未来的制造管理人员将可以清楚掌握产销流程、提高生产过程的可控性、减少生产在线人工的干预、实时正确地搜集生产线数据，以及制定合理的生产计划编排与生产进度，这些都是制造业者提升竞争力及生产力所必须掌握的要素。为了实现智能化的制造过程，工业化以及信息化的深度融合十分重要，在这个融合过程中，物联网起到关键作用。物联网技术非常重视物品以及物品之间的信息沟通，并且通过传感器系统将物品的信息传送到传感网络之中；随后，应用计算机对这些数据进行收集与计算；计算后，进行整理分析和总结，将这些信息反馈到生产线之中；最后，通过这些分析出的信息调整和控制生产线的产品生产过程。对物品以及机器通过传感器进行信息收集，再运用互联网进行科学计算，最后反馈调整。可以说，物联网推动了智能制造的发展。

（2）工业互联网　　工业互联网是全球工业系统与高级计算、分析、感应技术以及互联网连接融合的一种新兴技术。工业互联网的本质是通过开放的、全球化的工业级网络平台把设备、生产线、工厂、供应商、产品和客户紧密地连接和融合起来，高效共享各种要素资源，从而通过自动化、智能化的生产方式降低成本、增加效率，帮助制造业延长产业链，推动制造业转型发展。工业互联网通过智能系统之间的连接最终将人机连接，结合软件和大数据分析，重构全球工业、激发生产力。

（3）工业区块链　　区块链技术是新兴技术，其核心是分布式数据存储、点对点传输、共识机制和加密算法。这些技术特点能促进供应链协同，从而赋能制造业发展。对于制造业来说，智能化的制造过程是由信息流牵引实物流，但产业链上各环节间的信息很难隔环共享，供销商信息严重不对称，使得实物流阻力很大。针对此问题，产生了一个新兴技术。即工业区块链技术。工业区块链技术基于分布式网络记账，使得无须通过第三方即可进行点对点交易，大幅降低了制造业产业链各环节之间的交易成本，提高协同效率。因此，利用工业互联网与工业区块链技术，可以实现智能化制造过程中各个环节的信息安全传递，将有用的信息通过人工智能算法实现制造过程的优化。

3. 分析层代表技术

（1）工业大数据与云计算　　在制造业中，大数据的应用被称为工业大数据。工业大数据是将大数据理念应用于工业领域，是将设备数据、活动数据、环境数据、服务数据、经营数据、市场数据和上下游产业链数据等原本孤立、海量、多样性的数据相互连接，实现人与人、物与物、人与物之间的连接，尤其是实现终端用户与制造、服务过程的连接。工业大数据技术通过对工业数据新的处理模式，根据业务场景对实时性的要求，实现数据、信息与知识的相互转换，使其具有更强的洞察力、流程优化能力和决策力。云计算是一种按使用量付费的模式，这种模式提供可用的、便捷的、按需的网络访问。用户在使用时进入可配置的计算资源共享池（包括网络、服务器、存储、应用软件、服务），这些资源能够被快速提供，只需投入很少的管理工作，或与服务供应商进行很少的交互。

大数据和云计算的相同点在于它们都是数据存储和处理服务，都需要占用大量的存储和计算资源，因而都要用到海量数据存储技术、海量数据管理技术等。随着数据量的递增、数据处理复杂程度的增加，相应的性能和扩展瓶颈将会越来越大。在这种情况下，云计算所具备的弹性伸缩和动态调配、资源的虚拟化、按需使用，以及绿色节能等基本要素正好契合了新型大数据处理技术的需求。在数据量爆发增长以及对数据处理要求越来越高的当下，实现大数据和云计算的结合，才能最大限度地发挥二者的优势，满足用户的需求，带来更高的商业价值。简单来说，大数据的超大容量自然需要容量大、速度快、安全的存储，满足这种要求的存储离不开云计算。高速产生的大数据只有通过云计算的方式才能在可等待的时间内对其进行处理。同时，云计算是提高对大数据分析与理解能力的一个可行方案。大数据的价值也只有通过数据挖掘才能从低价值密度的数据中发现其潜在价值，而大数据挖掘技术的实现离不开云计算技术。总之，云计算是大数据处理的核心支撑技术，是大数据挖掘的主流方式。

制造业企业有着大量的数据。从内部而言，积累了大量的内源数据，包括运维、管理、流程、质量等；而在互联网时代，外源数据更多，包括供应商、竞争对手、客户反馈等。事实上，制造业企业不缺数据，问题在于数据质量低下，采集手段不科学，造成数据丰富但信息贫乏。目前，表现出两大问题：第一是数据的有效利用率很低；第二是缺乏分析能力，需要大量的工具。工业大数据给了制造商一个看世界的新角度。通过大数据的视角，能够给制造商带来新的优势，这就是工业大数据成为创新驱动的核心动力来源。在智能制造的工业大数据中，数据类型具有多样性的特点。大量的数据不是大数据，单一的数据类型也不足以构成大数据。在智能化的制造过程中，大数据分析需要利用通用的数据模型，将库存记录、交易记录和财务记录等结构性商业系统数据与预警、流程参数和质量事件、社交媒体或其他协作平台获得的文本信息、图像数据、地理或地质信息等非结构性操作系统数据，以及供应商、公共网络数据结合起来，进而通过先进的分析工具发现新的创新点。

在工业大数据的实践中，制造业企业在力求降低生产过程中的浪费，提高制造工业环保与安全水平，根据生产状况实现系统自我调整、自适应，以及全面服务个性化需求的过程中，都会实时产生大量数据。在现代工业供应链中，随着大数据应用的普及，制造商可以感受到从采购、生产、物流到销售市场都是大数据的战场。大数据可以帮助制造商实现客户的分析和挖掘，它的应用场景包括了实时监控、交易、服务、后台服务等。其载体包括手机、传感器、穿戴设备、3D打印机和平板计算机等。传感器数据属于工业大数据之一，这些机器数据可以帮助制造企业找到已经发生的问题，协助预测类似问题未来重复发生的概率与时间，帮助企业保障生产，满足法律法规的要求，提升环保水平，改善客户服务。因此，利用大数据的工具，通过数据分析和挖掘，生产企业可以了解问题产生的过程、造成的影响和解决的方式，找到创造附加价值的新形式。利用大数据的工具和思维，帮助制造业实现商业模式的转变，改造和提升客户体验，完善内部操作流程，实现整个生产过程的智能化，并且帮助实现产品与生产过程的创新。

（2）人工智能算法　人工智能算法是近些年十分流行的一个概念，它是研究、开发用于模拟、延伸和扩展人的智能的理论、方法、技术及应用系统。人工智能算法的目的是呈现智能的思考过程，并生产出一种新的能以与人类智能相似的方式做出反应的智能机器。该领域的研究包括机器人、语言识别、图像识别、自然语言处理和专家系统等。随着物联网、大数据与云计算等技术的发展，人们迫切需要人工智能算法来解放人的大脑，人们对智能化的生活越来越渴望，从智能穿戴、智能家居到无人化工厂等，越来越多的智能化产品成为人们对未来生活方式的一种寄托。对于智能化的制造过程来说，人工智能算法可以说是其基础，是实现整个制造过程自主思考能力的关键。

当前，在智能化制造过程的各个环节中，人工智能算法均得到了广泛应用。利用人工智能算法，不仅可以进行工程设计、工艺过程优化、生产调度优化、故障诊断等，同时也可以将神经网络和模糊控制技术等先进的计算机智能方法应用于产品配送、生产调度等方面，从而实现整个生产过程的智能化。人工智能算法，由于其本身具有自感知、自学习、自决策、自执行与自适应的特点，尤其适合于解决特别复杂和不确定的问题，能够在智能制造过程中起到关键作用。目前，大多数智能化的制造过程并未达到很高的智能层次，仅仅是停留在初级的智能层次。目前，智能化的制造过程主要具有数据采集、数据处理、数据分析的能力，能够准确执行指令，能够实现闭环反馈。智能化的制造过程的最终目的是实现真正的智能，未来的整个系统需要借助人工智能算法，如机器学习、深度学习，实现真正意义上的生产过程的自主决策，打造一个闭环的智能制造能力。

4. 服务层代表技术

（1）增强现实与虚拟现实技术　近些年，增强现实与虚拟现实技术是 IT 行业的一个热点，在游戏领域十分受人们的关注。所谓增强现实，它是一种将真实世界信息和虚拟世界信息"无缝"集成的新技术，是把原本在现实世界的一定时间和空间范围内很难体验到的实体信息（视觉、声音、味觉、触觉等信息），通过计算机等科学技术，模拟仿真后再叠加，将虚拟的信息应用到真实世界，被人类感官所感知，从而达到超越现实的感官体验。真实的环境和虚拟的物体实时地叠加到同一个画面或空间同时存在。增强现实技术不仅展现了真实世界的信息，而且将虚拟的信息同时显示出来，两种信息相互补充、叠加。增强现实技术包含了多媒体、三维建模、实时视频显示及控制、多传感器融合、实时跟踪及注册、场景融合等诸多新技术与新手段。也就是说，增强现实技术能将数字世界与物理世界进行结合，而这种结合将会给智能制造领域带来诸多的改变。

虚拟现实技术是利用计算机模拟产生一个三维空间的虚拟世界，提供用户关于视觉等感官的模拟，让用户感觉仿佛身临其境，可以即时、没有限制地观察三维空间内的事物。用户进行位置移动时，计算机可以立即进行复杂的运算，将精确的三维世界影像传回产生临场感。该技术集成了计算机图形、计算机仿真、人工智能、感应、显示及网络并行处理等技术的最新发展成果，是一种由计算机技术辅助生成的高技术模拟系统。

增强现实技术与虚拟现实技术在制造业领域有非常多的应用。数字世界和物理世界的结合能够帮助制造业厂商更好、更直观地了解产品在现实世界的运作和使用情况，同时，也可以让厂商针对产品提供独特的服务方式。增强现实技术与虚拟现实技术能够在产品设计研发的全生命周期中被应用，在产品设计、产品监控以及指导运营商与技术人员如何正确使用并维护产品方面，打造全新的工作方式。在产品的全生命周期管理中，增强现实技术与虚拟现实技术可以有力地帮助制造企业对工作方式进行变革。无论大型制造工厂，还是电力、水务以及燃气公司，现场作业人员都需要频繁地进行设备的点检与维护。然而在这些领域，都存在着一些具有共性的挑战，那就是已有投资得不到充分利用，大范围、跨地区的管理复杂，设备数据的收集难度大，经验丰富的操作人员稀缺。将增强现实技术与虚拟现实技术应用在现场作业与工厂设备维护等领域，可以帮助企业应对上述挑战，从而实现现场作业方式的变革。总体来说，增强现实技术与虚拟现实技术将为包括制造业在内的各行各业人员带来工作方式的持续性变革，并致力于推动技术的传承。增强现实与虚拟现实带来的变革主要体现在可以帮助实现智能制造过程的虚拟化，使得制造过程可视化，提高生产率，并且降低设备故障率。

（2）数字孪生　数字孪生指在信息化平台内模拟物理实体、流程或者系统，可通俗地理解为实体系统在信息化平台中的双胞胎。借助数字孪生技术，可以在信息化平台上了解物理实体的状态，甚至可以对物理实体里面预定义的接口元件进行控制。目前，很多研究公司预计，数字孪生将是未来制造业的关键。国际数据公司 IDC 预测，到 2022 年，60% 的制造商将使用数字孪生来监控产品和资产性能，并提高产品质量，60% 的跨国公司将利用数字孪生来提供特殊的客户体验。

对于制造业来说，要实现制造过程的智能化，并且提供其解决方案，需要在设备、数据、连接、流程和人员的集成结构中提供完整的、上下文相关的实时数据。数字孪生将所有数字信息可用的不同资产和技术结合在一起，从而在信息空间提供对物理实体相应性能的实时仿真优化和控制。同时，完整的数字孪生体支持产品生命周期，包括产品设计、可生产性、所有车间活动以及使用。制造业数字孪生体负责处理与制造相关的生命周期部分。对于数字孪生来说，要达到它所能提供的生产率的潜力，需要对整个流程甚至工厂进行建模。这样就可以对整个生产系统进行分析，确定可以改进的地方，甚至预测将会发生什么。数字孪生涵盖了从传感器和资产到完整的生产线或工厂，甚至包括多个工厂的网络在内的所有内容。它包含具有不同类型和数据结构的模型层，包括3D模型、规格和实时数据。利用数字孪生技术，可以帮助制造业产品实现整个流程的智能化，改造和提升客户体验。

智能化制造是新一代信息通信技术与先进制造技术深度融合的一个新兴概念。智能化制造本身贯穿于设计、生产、管理、服务等制造活动的各个环节，它具有自感知、自学习、自决策、自执行、自适应等功能。对于我国来说，加快制造业的智能化，是培育我国经济增长新动能的必经之路，是抢占未来经济和科技发展制高点的战略选择，对推动我国制造业供给侧结构性改革，打造我国制造业竞争新优势，实现制造强国具有重要战略意义。制造业智能化本身的产业链涵盖工业机器人、工业互联网、增材制造，以及将上述各个环节有机结合的集成技术。接下来，本书将基于智能制造的特点，对制造业人工智能系统的九项关键技术，即工业机器人、增材制造、工业互联网、工业区块链、物联网、大数据与云计算、人工智能算法、增强现实与虚拟现实、数字孪生进行介绍。

第 2 章 增材制造

导读

近几年，增材制造技术（3D打印技术）逐渐兴起，该技术能够帮助人们以更低的劳动力成本和更灵活的方式定制出传统制造工艺无法生产或者生产成本更高的产品。这使得大规模的个性化定制生产成为可能。

本章知识点

- 什么是 3D 打印
- 3D 打印的主要过程
- 五种主要的 3D 打印技术
- 四种主要的 3D 打印材料

2.1 3D 打印在生活与工业中的应用

3D 打印技术作为一种近些年兴起的技术，在医疗、服装与建筑等日常生活领域均有广泛的应用，同时，在工业制造领域，3D 打印技术也有广泛的应用。

2.1.1 3D 打印在日常生活中的应用

1. 3D 打印在医疗领域的应用

随着 3D 打印技术的发展和逐渐完善，医疗领域也开始逐步应用这种技术，尤其是医学模型的制造。医学模型在医生教学和临床试验等方面的使用量大、用途广泛，是相当重要的医学用具。医学模型复杂多样，不同的年龄、性别等特征都会使其相应的医学模型具有一定的区别。使用传统加工工艺方法制造的医学模型原料多为石膏等材料，很容易在临床试验和日常的医学活动中受到损坏。而使用 3D 打印技术制造的医学模型，采用的是塑料和粉末状金属等黏性材料，会很大程度上提升医学模型的质量和抗损坏能力，还会加快模型制造的速度，提高医学模型的精细程度，满足在临床试验教学中的个性化需求，增强医护人员的应变能力，能应对不同特征和情况的患者。

除了医学模型，3D 打印技术在个性化医疗器材方面也有广泛的应用。由于自身数字化的优势，3D 打印技术可以满足医疗器材对于个性化的需求。现在，3D 打印技术在义齿、义眼、假肢、支架、骨科植入物等方面都有应用。如图 2-1 所示为 3D 打印的人类关节。以义齿为例，目前我国绝大部分人都有着不同程度的牙齿问题，安装义齿和拔除废弃牙齿等一些操作虽然看似简单，但一个高水准的牙医每次在做这些事情时也不能说具有绝对的把握，何况我国目前的高水平牙医数量也并不充足。牙医在操作时利用 3D 打印技术制作的手术导板，可以很轻松地将义齿植入和将废齿拔除，而不像以前一样全凭自身的经验和手法。3D 打印技术还可以应用到制造义齿上，能够制造出更适合每一名患者的义齿，如图 2-2 所示。3D 打印技术在义齿和牙医手术导板上的应用减轻了患者在接受治疗时所受的痛苦。

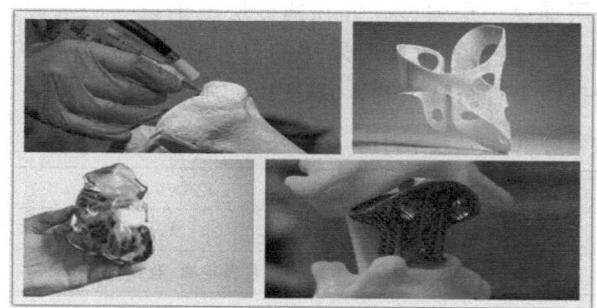

图 2-1　3D 打印的人类关节

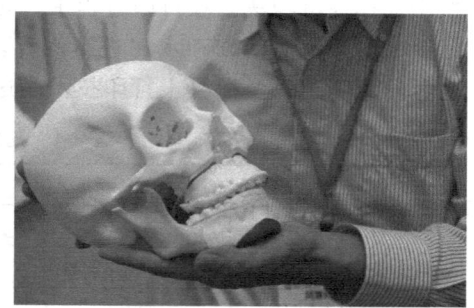

图 2-2　3D 打印的义齿

2．3D 打印在服装领域的应用

3D 打印技术具有灵活性的特点，这个特点非常适用于打印复杂的图案。因此，在服装领域，3D 打印技术也有广泛的运用。3D 打印技术首先由国外的服装设计师运用于服装领域之中。由荷兰设计师创立的 Iris Ven Herpen 是世界上 3D 打印服装最出名的服装品牌之一。该公司设计出了"水花飞溅"的透明材质礼服，细腻复杂而立体的类似人体骨骼的服饰和"獠牙利齿"兽牙高跟鞋等一系列引人瞩目的服装。这些复杂设计都是通过 3D 打印技术实现的。图 2-3 所示即为 3D 打印的服装。

除了服装制作，3D 打印还被用来加工日常消费品和珠宝。荷兰 Kyttanen 公司最先将 3D 打印技术投入到日常消费产品制造中。黎巴嫩著名 3D 打印制造商 VANINA 公司在 2015 年推出了一个名为"概念珠宝"（Conceptual Jewelry）的珠宝系列，这个系列的设计师将树叶作为灵感来源，并从中提取了树叶的天然形状，运用再生纸配合 3D 打印技术制造珠宝，如图 2-4 所示。

图 2-3　3D 打印的服装

图 2-4　3D 打印的珠宝制品

3D 技术在国内的服装设计作品中也可以寻得其身影。2014 年 10 月,来自武汉纺织大学的黄李勇教授在梅赛德斯奔驰中国国际时装周上发布了个人服装品牌(EXCHANGE YOUR MOOD)的 3D 打印饰品,并于 2015 年 3 月在巴黎国际时装周上展出,受到了消费者及业界人士的一致关注与喜爱。

3. 3D 打印在建筑领域的应用

1997 年,科学家 Joseph Pegna 最早将 3D 打印技术引入建筑领域。他选择的打印技术类似于选择性沉积法。在打印过程中,先在基层铺设一层薄砂,并在薄砂层上铺设一层水泥,最后喷射蒸汽对薄砂和水泥进行固化。目前,在建筑领域普遍采用的打印技术有:D 型工艺、轮廓工艺以及混凝土打印技术。这三种打印工艺略有不同,其适用范围见表 2-1。

表 2-1 建筑领域常用 3D 打印技术对比

技术名称	D 型工艺	混凝土打印	轮廓工艺
有无模板	无	无	无
使用材料	氧化镁粉末	高性能打印混凝土	砂浆做轮廓、胶凝做填充
黏合剂	氯化镁水溶液	无	无
喷嘴直径	0.15mm	9~20mm	15mm
喷嘴数量	6300	1	1
单层厚度	4~6mm	6~25mm	13mm
抗压强度	235~242MPa	100~110MPa	暂无
抗折强度	14~19MPa	12~13MPa	暂无

2019 年 1 月,清华大学的徐卫国教授团队运用自主研发的机械臂 3D 打印混凝土技术,建成目前世界上规模最大的混凝土 3D 打印步行桥,如图 2-5 所示。这座步行桥的桥梁结构借鉴了我国古代经典桥梁——赵州桥的结构方式,采用单拱结构承受荷载,拱脚间距 14.4m、桥梁全长 26.3m、宽度 3.6m,最多可以承载 600 人的重量。

图 2-5 3D 打印步行桥

在桥梁的打印过程中,由两台机械臂 3D 打印系统完成了这座桥梁的整体打印工程。工程造价仅为普通桥梁的 2/3,全部构件仅用 450h 就可以完成打印,不仅大大节省了工程花费,也极大地节约了人力。该桥梁构件预埋有实时监测系统,其中包括桥梁应力状态监控系统和高精度的应变状态监控系统,可以迅速、准确地获取桥梁构建的受力及变形状态的相关数据,对于实时跟踪和研究新型混凝土材料性能以及打印构件的结构力学性能具有实际的参考价值和作用。

构件进行材料打印时使用的复合材料是一种聚乙烯纤维混凝土添加多种外加剂组合而成的新型复合材料。这种材料经过多次材料配比特性试验及打印实验,目前已形成具备可控的流变性特点,满足打印需求。新型混凝土材料的抗压强度达到 65MPa,抗折强度达到 15MPa。

混凝土 3D 打印系统(见图 2-6)集成了创新技术,具有工作安全性好、打印效率高、成形精度高、可持续运行等优点。该系统的独特创新性主要集中在三个方面:①独有的新型复合打印材料具有稳定可控的流变功能;②安装在机器臂前端的打印头同时具备搅拌和挤压推送材料的作用;③操作系统可同时将形体结构设计、路径规划、泵送、前端控制、机器臂运动等各打印系统连接为一体,协同工作。这三种特性在国内外均处于领先地位。

图 2-6 混凝土 3D 打印系统

2.1.2 3D 打印在制造领域的应用

3D 打印技术由于其突出的技术特点,已迅速融入现代制造体系中。它既可以独立发展,在直接整体成型方面独树一帜,又能与铸造、机加工、热等静压等传统制造工艺交叉融合,改造和提升传统的制造业。

1. 3D 打印直接整体成型

在汽车和飞机等制造领域,3D 打印技术可以实现大型复杂异形关键零件的快速整体制造,以加速关键零件的开发与制造,提高其创新能力和水平。如通过 3D 打印可以直接用碳纤维复合材料整体成形汽车与飞机的外壳。在汽车制造中采用 3D 打印技术,汽车壳体厚度可以按需求变化,实现最优轻量化。此外,3D 打印可以实现更为复杂的汽车轮廓而无须考虑制造工艺,因而可以实现更好的气动性能。图 2-7 所示为 3D 打印的汽车,整车仅有 50 个零件(常规制造仅仪表板就有上千个零件),减重 50%。图 2-8 所示为英国南安普顿大学研

图 2-7 3D 打印汽车

图 2-8 3D 打印飞机

发的世界上第一架 3D 打印飞机，该飞机翼展 1.98m，最高飞行速度可达 160.93km/h，不需要任何螺钉连接，组装简单。

3D 打印技术还可以用于直接成形复杂的高性能塑料零件。美国 F/A-18 战斗机中的管道系统、波音公司飞机的入口管道均采用 3D 打印技术直接制造而成。美国 AeroMet 公司使用激光 3D 打印技术制造的承力结构件在 F/A-18 战斗机上实现了装机验证。美国宇航局 3D 打印的高温合金喷嘴可承受高达 3315℃ 的温度。美国 GE 公司运用 3D 打印技术，将由 20 个零件组成的发动机喷嘴集成为一个零件进行打印，质量减小 25%，效率提高 15%，使得 GE 的发动机性能提升了一代。

此外，3D 打印技术可以实现绿色可持续化的制造。据统计，48% 的温室气体排放是由制造业造成的，采用 3D 打印技术可以有效地减少温室气体的排放。图 2-9 所示为飞机客舱的零件，其中图 2-9a 为机加工，图 2-9b 为 3D 打印成型。从表 2-2 可以看出，3D 打印所需原材料的质量只有机加工的 1/8，最终产品质量为机加工的 3/8，而能耗和温室气体排放量只有机加工的 1/5，成功实现减材、减重、减排。

表 2-2　机加工与 3D 打印产品对比

制造工艺	产品质量/kg	原材料质量/kg	能耗/MJ	碳排放量/kg
机加工	0.80	2.40	680.3	102
3D 打印（SLM）	0.31	0.33	138.6	21

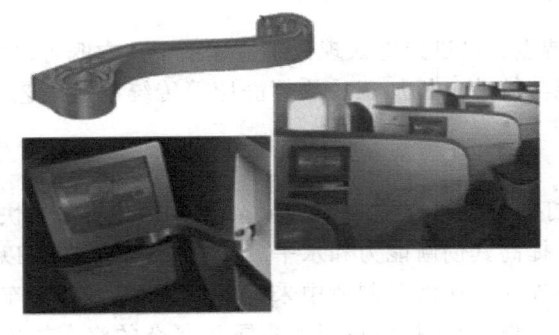

a) 机加工　　　　　　　　　　　　　　b) 3D 打印

图 2-9　机加工与 3D 打印飞机零件对比

2. 3D 打印与传统铸造工艺相结合

3D 打印技术与传统铸造工艺相结合，加快了航空航天等领域关键零件的开发与制造，实现了航空航天、国防等领域大型复杂异形关键零件的快速、低成本制造，提高了相关领域的创新能力与水平。

坦克上的涡轮盘，过去采用熔模铸造的方式进行加工，即首先用模具制造出蜡模，然后再配合铸造工艺进行铸造。3D 打印技术出现后，可以直接打印出蜡模，节约了相关模具制造的时间和费用。如图 2-10 所示为某大型运输机的钛合金零件发动机机匣铸造过程，该机匣直径为 1.2m、最小壁厚为 3mm，由于其结构复杂，过去都采用先分开铸造然后焊接的方法制造。而采用 3D 打印技术，在用 CAE 软件仿真模拟后，可以整体打印出内机匣的熔模，最后整体浇铸出来。这样，不仅整体质量减小了 20%，缺陷减少了 90%，制造效率还比传统工艺提高了 6 倍以上。不仅如此，3D 打印技术在核电泵整体快速精密铸造和六缸柴油发

a) 仿真模拟

b) 内机闸熔模

c) 内机闸铸件

图 2-10　3D 打印某大型运输机的钛合金零件发动机机匣过程

动机缸盖整体成型等领域的应用均取得了良好效果。

3. 3D 打印与传统模具制造工艺结合

3D 打印与传统模具制造工艺结合，能够提高复杂模具的冷却效率，减少产品缺陷，缩短制造周期，大幅降低制造成本。传统的注塑冷却采用打直孔的方式进行冷却，冷却效果不理想。随着对产品生产率和质量的要求越来越高，现在的注塑模通常带有随形冷却流道。目前，机加工与激光选区熔化（Selective Laser Melting，SLM）相结合的方式在模具和工业刀具领域得到了广泛应用。例如在机加工的底座上，可通过 SLM 技术加工随形冷却流道，以达到较优的冷却效果。

经试验对比发现，3D 打印出的随形冷却模具冷却效果显著：冷却周期可从 24s 缩减到 7s，缩短 70%；平均注射温度从 95℃ 降至 68℃；温度梯度由 12℃ 减小到 4℃（温度梯度过大，成形的塑料制品会产生翘曲变形）；制造速率提高到 3 件/min；缺陷率由 60% 降至 0%。

图 2-11 所示为机加工与 SLM 结合和 SLM 直接成形对比。

a) 机加工与SLM结合

b) SLM直接成形

图 2-11　机加工与 SLM 结合和 SLM 直接成形对比

4. 3D 打印与传统热等静压工艺结合

传统热等静压技术（Hot Isostatic Pressing，HIP）是一种集高温、高压于一体的生产技术。其将粉末材料放置到密闭的容器中，向制品施加各向同等的压力，同时施以高温，在高温、高压的作用下，粉末材料得以致密化。热等静压技术主要有两个用途：对粉末直接加热、加压烧结成型；对成型后的铸件，包括钛合金、高温合金等需要缩松、缩孔的铸件进行致密化处理，以提高铸件的整体力学性能。与 3D 打印技术结合以后，零件可以整体成形，零件性能与锻件接近。图 2-12 所示为一种具有特殊要求的零件，外壳部分形状复杂，内部填充材料需要具有特殊性能。首先使用 3D 打印技术制作外壳，然后在其内部装入异质粉末材料，最后通过热等静压技术实现两种不同种类材料的无缝连接成形。该技术对于航空航天领域特殊零件的制造具有重要的意义，如航天器的外壳外部由陶瓷制成，可以耐高温，内部为金属材料，具有高韧性，采用 3D 打印技术与热等静压技术相结合的方法制作，可以避免对两种材料进行粘接，且能减小总体质量，减少缺陷。

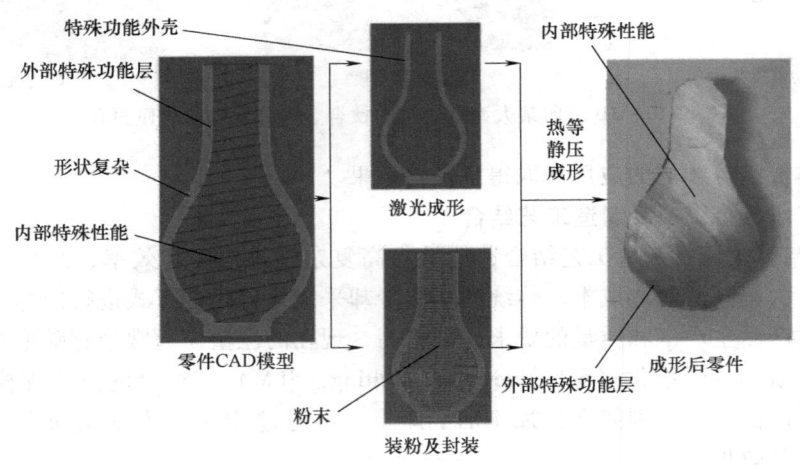

图 2-12　3D 打印与热静压结合成形过程

用传统方法很难对钛合金、镍基高温合金、陶瓷等材料的高性能异形复杂结构零件进行加工，而通过将 3D 打印与热等静压结合起来的方式就可以很好地解决这个技术难点。

5. 3D 打印与机加工复合

针对目前 3D 打印零件表面粗糙度高的问题，诞生了 3D 打印与传统机加工技术相结合的复合成形技术。图 2-13 所示为日本松浦金属激光造型复合加工机 LUMEX Advance-25，它通过 3D 打印与机加工复合的方式，零件的表面质量得到明显改善。如果在 3D 打印之后进行后加工，内部孔腔的复杂结构仍然难以加工，只有边打印边机加工才能取得较低的表面粗糙度。图 2-14a 所示为纯激光 3D 打印加工的表面粗糙的制件，图 2-14b 所示为复合成形技术加工的精细制件。

图 2-13　日本松浦金属激光造型复合加工机 LUMEX Advance-25

a) 纯激光三维打印　　　b) 复合成形技术加工

图 2-14　纯 3D 打印与复合成形技术对比

2.2 3D 打印概述

"3D 打印技术"为增材制造技术（Additive Manufacturing，AM）的俗称，又称为快速原型技术（Rapid Prototyping Manufacturing，RPM）。其工作原理是根据一定厚度将三维几何对象拆分为若干较薄的平面层，并根据零部件或物体的三维模型数据，利用相应 3D 打印材料逐层进行加工，最终累积而成所需的立体模型，而后利用成形设备以材料堆积的方式制造实体的技术。在制造过程中，理论上使原材料的利用率接近 100%，节省了资源。多样的加工方式和材料选择使 3D 打印技术能良好地适应生产计划的变动，广泛应用于制造、生物医学、艺术、建筑、航空航天等领域。

2.2.1 3D 打印的定义

3D 打印技术是指借助于相关计算机软件，以数字化模型文件为基础，选取粉末状金属、液体状或塑料等黏合材料，利用特定的快速成形设备，通过分层加工、叠加成形的方式制作出真实的三维实体产品的技术。

3D 打印技术属于"增材加工"技术，与传统的"减材加工"技术（如模具制造技术）的制造理念截然不同。传统的制造技术一般是在原材料基础上，通过车、铣、刨、磨等工艺方法，将多余部分去除，得到零部件，进而通过焊接、拼装等装配组合技法形成最终产品，整个生产研制过程需消耗大量的人力、物力和财力。而 3D 打印技术的整个生产研制过程不再需要模具和机床等设备，便可借助计算机辅助设计软件，通过逐层堆叠累积的方法生成理论上任何形状的产品，大大缩短了产品的生产研制周期，并且通过"增材加工"大大减少了材料耗材，使生产率得到有效提高，生产成本大大降低。

2.2.2 3D 打印的发展历程与现状

3D 打印技术的思想可以追溯到 20 世纪 70 年代末，美国的 Hebert（1978）、日本的小玉秀男（1981）、美国的 Hull（1986）以及日本的丸谷洋二（1983）各自独立提出材料层层叠加成形的概念。20 世纪 80 年代后，科学家与工程师提出了多种不同的材料层层叠加成形技术。

1986 年，Chuck Hull 获得光固化立体成形（SLA）技术专利授权，这是世界上第一种成熟的 3D 打印技术。该技术利用紫外光照射光敏树脂，使得树脂一层层凝固成形。随后，Hull 创立了全球第一家 3D 打印设备生产公司（3D Systems 公司），该公司于 1987 年生产出了第一代基于光固化立体成型技术的 SLA-1 3D 打印机。

1988 年，美国人 Crump 提出了熔融沉积成形（FDM）技术。该技术将塑料丝熔化，并经由打印头挤出，实现层层堆积成形。之后，Crump 成立了 Stratasys 公司。

1989 年，美国人 Deckard 研发出了选区激光烧结成形（SLS）技术。该技术是利用高强度激光将粉末材料一层层烧结成形。其成形件强度高、韧性好，可以直接当作产品使用。

1993 年，三维打印成形（3DP）技术由麻省理工学院的 Sachs 发明，陶瓷、金属等粉末可通过该技术喷射黏结剂被逐层粘结成形。

1995 年，激光熔化成形（SLM）技术由德国 Frauhofe 激光研究所研发成功。该技术是利用激光束将粉末材料逐层快速熔化、凝固成形。

1995 年，美国麻省理工学院的 Dave 等提出电子束选区熔化成形（SEBM）技术的设想，利用电子束将金属粉末熔化、凝固成形。2001 年，瑞典的 Arcam 公司申请了这项专利，并于 2003 年生产出第一代基于 SEBM 技术的 EBM-S12 打印机。

2000 年，可在办公室环境使用的 3D 打印机被以色列人 Gothait 创办的公司研发出来。这种打印机将液态光敏树脂喷射在基板上，再用紫外线将液态光敏树脂进行逐层固化叠加，最终得到三维实体模型。

2015 年，连续液体界面制造（CLIP）技术由美国北卡罗来纳大学的研究人员发明。该技术运用投影设备，用紫外线连续、逐层地固化液体树脂的底部。由于底部液体树脂不直接接触空气，所以 CLIP 技术很大程度上提升了树脂的固化速度。

国内 3D 打印技术起步比较晚。目前，国内 3D 打印企业的规模普遍较小，技术水平仍需提高。培育大型企业，提高技术水平，改变"小而散"的发展格局对于促进国内 3D 打印产业的发展非常重要。2012 年，中国 3D 打印技术产业联盟创立。该组织的成立改变了国内 3D 打印行业"小而散"的发展现状，也为国内 3D 打印产业的发展营造了新的发展氛围。

2.2.3 3D 打印工艺过程

3D 打印工艺过程分为三个阶段，分别是前处理、打印和后处理。

1. 前处理阶段

前处理阶段是打印的准备阶段，该阶段主要包括三维造型的数据源获得以及对数据模型的分层处理。该阶段是获得良好产品的关键所在。

前处理阶段包括 3D 建模、载入模型、模型文件检验和修复、确定摆放位置、确定分层参数、存储分层文件共六个步骤。

目前，对产品进行 3D 建模有两种途径：一种是利用三维 CAD 软件进行三维建模，另外一种是利用三维扫描仪进行三维建模。常见的三维建模软件特点以及三维扫描仪简介分别见表 2-3 和表 2-4。

表 2-3 常见三维 CAD 软件及其特点

常见三维软件名称	特　点
AutoCAD	用于二维绘图、详细绘制、设计文档和基本三维设计
3D Studio Max	拥有全功能的 3D 建模、动画、渲染和视觉特效解决方案，被广泛用于制作游戏以及电影和视频内容
CATIA	支持从项目前阶段、具体的设计、分析、模拟、组装到维护在内的全部工业设计流程。被广泛应用于航空航天、汽车制造、造船、机械制造、电子/电器、消费品行业
SolidWorks	采用参数化驱动的设计模式，可以通过修改相关的参数来完善设计方案。支持设计中的动态修改，使设计更加灵活
SolidEdge	采用 Siemens PLM Software 公司自己拥有专利的 Parasolid 作为软件核心，将普及型 CAD 系统与世界上最具领先地位的实体造型引擎结合在一起，是基于 Windows 平台、功能强大且易用的三维 CAD 软件

表 2-4 常见三维扫描仪器

接触式三维扫描仪	坐标测量机	
非接触式三维扫描仪		照相式
	激光式	机载型激光扫描系统
		地面型激光扫描仪系统
		手持型激光扫描仪

产品建立 3D 模型之后就需要将模型数据输入打印设备。目前，3D 打印设备能够识别的数据格式包括 STL、SLC、AMF 等。目前，STL 是一种应用较广泛的数据格式。该格式是通过大量三角形小平面逼近曲面来表现产品的三维模型，STL 的数据精度取决于将产品模型离散化时三角形的数目。由于三角形的近似逼近使得 STL 文件存在曲面误差。此外，该数据格式还不包括数据产品的颜色、纹理、材料等属性。近年来，AMF 格式弥补了这些缺点。表 2-5 简要地对 STL 格式与 AMF 格式进行了对比。

表 2-5 STL 格式与 AMF 格式的对比

	STL 格式	AMF 格式
数据格式	不支持颜色、材料等信息	能记录颜色、材料等信息
读取进度	缓慢	较快
文件体积	庞大	较小
精度	不高	较为准确

当 STL 文件生成后，要将 STL 文件输入打印设备之中，日常使用的 CAD 软件基本都有 STL 文件输出接口。在 STL 文件输出过程中会出现一些错误，需对文件进行数据处理。

2. 打印阶段

打印阶段是指打印设备开启后，启动控制软件，读取前处理阶段的分层数据文件，而进行打印的过程。

3. 后处理阶段

后处理阶段是指打印结束后，去除支撑结构，进行后处理的过程。不同的打印技术后处理过程有所不同。下面第 2.3 节不同的打印技术中将具体说明。

2.3 3D 打印主要技术

3D 打印是将材料通过分层加工、叠加成形而生产产品的一种技术。根据分层加工、叠加成形的方法不同，目前主流的 3D 打印技术有叠层实体制造（LOM）技术、熔融沉积成形（FDM）技术、立体光固化成形（SLA）技术、选择性激光烧结（SLS）技术、三维打印技术等。这些技术都是基于先将产品离散分层，而后层层堆积叠加的原理而产生的。

2.3.1 叠层制造技术

叠层实体制造（Laminated Object Manufacturing，LOM）技术是指利用背面带有黏胶的纸材通过相互粘结而打印产品的技术。

1. LOM 技术的原理及特点

图 2-15 所示为叠层制造技术的原理示意，它由计算机、加工平面、升降工作台、热压轴、激光切割器、收料轴、供料轴和料带等组成。其中，计算机用于接收和存储工件的三维模型。在存储过程中，计算机沿工件模型的高度方向提取一系列的横截面轮廓线，并且发出控制指令。接下来，原材料存储及供料机构将原材料逐步送至工作台的上方，热压机构将一层层的材料粘结在一起。同时，激光器按照计算机提取的横截面轮廓线，在工作台上方材料处切割出轮廓线，并将无轮廓区切割成小方网格以便在成形之后剔除。在每一层材料成形之后，工作台会降低一个材料厚度，以便送进、粘结和切割新的一层材料，最终形成工件

原形。

LOM 打印机外观如图 2-16 所示。

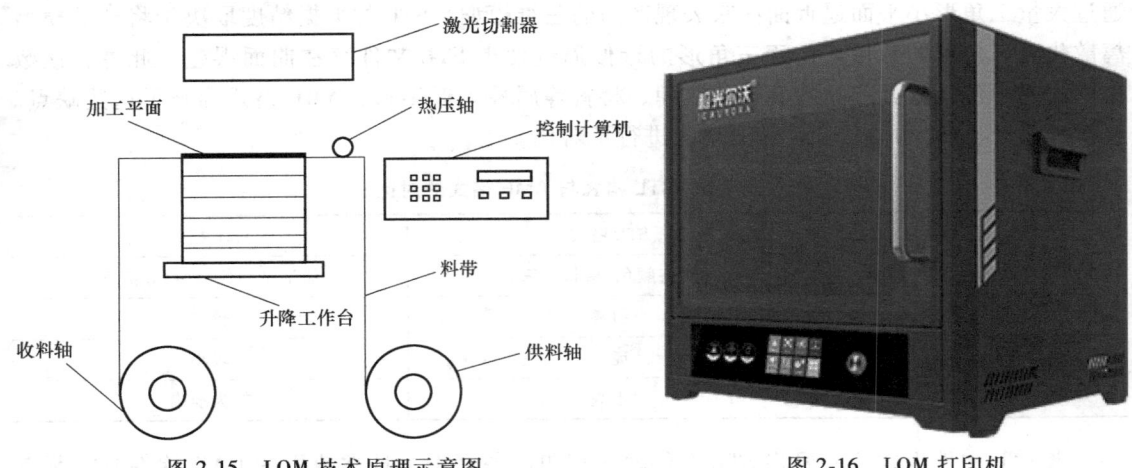

图 2-15　LOM 技术原理示意图　　　　图 2-16　LOM 打印机

2. LOM 技术的一般工艺过程

LOM 技术成形工艺与其他工艺一样包括前处理、打印与后处理阶段。

（1）前处理阶段　在 LOM 工艺中，需配备将产品数据模型、激光切割系统、机械传动系统和控制系统连接起来的专用切片软件。在加工前，必须在三维模型上，用切片软件沿产品模型的高度方向，以一定的间隔进行切片处理，以提取界面轮廓。间隔的范围为 0.05～0.5mm，通常选用 0.1mm 左右，在此取值下能得到非常光滑的成形曲面。

（2）打印阶段　在打印过程中，需要设定的主要参数包括激光切割速度、加热辊温度与压力、激光能量、切碎网格尺寸等。

在叠层的制作过程中，工作台（或称升降台）要频繁地带动起降，为实现产品与工作台之间的连接，需要先制作基底，通常是 3～5 层。接着，根据模型工艺参数，LOM 成形机沿着模型高度的水平面将纸逐层"切割"成一定厚度的片层，并采用激光切割等方法将纸逐层堆叠在制造的模型上形成零件原型。

（3）后处理阶段　从 LOM 成形机上取下的原型埋在材料方块中，需进行后置处理。LOM 成形后，工件无须专门的支撑结构，但是有网格状废料需要在成形后剥离。通常采用手工剥离的方法。余料去除过程是整个成形过程中的重要一环，为保证原型的完整和美观，要求工作人员熟悉原型，并有一定的技巧。为了使工件表面状况或机械强度等方面完全满足最终需要，保证其尺寸稳定性、精度等方面的要求，需要对清理后的原型进行修补、打磨、抛光和表面涂覆等。

3. LOM 的耗材

LOM 工艺中的耗材主要包括薄层材料和黏结剂。

目前，LOM 薄层材料主要是纸材。对于纸材的性能一般有以下要求：

1）抗湿性：保证纸原料（卷轴纸）不会因时间长而吸水，从而保证热压过程中不会因水分的损失而产生变形或粘结不牢。

2）良好的浸润性：确保涂胶性能优良。

3）抗拉强度：确保在加工过程中不被拉断。

4) 收缩率小：确保热压过程中不会因部分失水而导致变形。

5) 剥离性能好：由于纸张在剥离过程中会产生损伤，所以要求纸的厚度方向抗拉强度较小。

6) 易打磨：确保表面的光滑。

7) 稳定性：成形零部件可长期存放。

LOM 技术的成形材料主要是涂有热熔胶的纸材。隔层之间的粘结由热熔胶保证。LOM 纸材对热熔胶的基本要求如下：

1) 在 70℃~100℃ 开始熔化，在室温下固化。

2) 在反复"熔融—固化"的条件下具有良好的物理稳定性。

3) 纸材的黏结强度要足够强。

4) 纸材应具有良好的废料分离性能。

2.3.2 熔融沉积成形技术

熔融沉积成形（Fused Deposition Modelling，FDM）技术是指将丝状热熔型材料融化以用于打印产品的技术。

1. FDM 技术的原理及特点

图 2-17 所示为 FDM 技术的基本原理。它是通过电加热的方式将丝状材料（如石蜡、塑料、低熔点金属丝）加热到略高于熔化温度；由程序控制给丝头沿 X 轴方向移动，而工作台则沿 Y 轴和 Z 轴方向移动，给丝头均匀地将熔化材料涂抹在工作台上；冷却后，将形成零件的一层横截面；然后，给丝头将向上移动一层并进行下一层涂抹。通过这种方式不断重复地逐层堆叠，实体零件最终形成。

FDM 打印机的外观如图 2-18 所示。

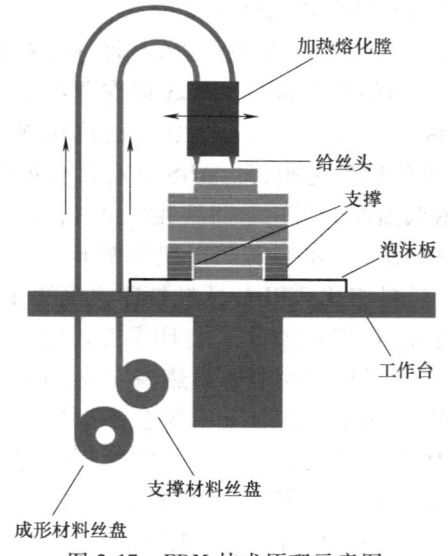

图 2-17 FDM 技术原理示意图

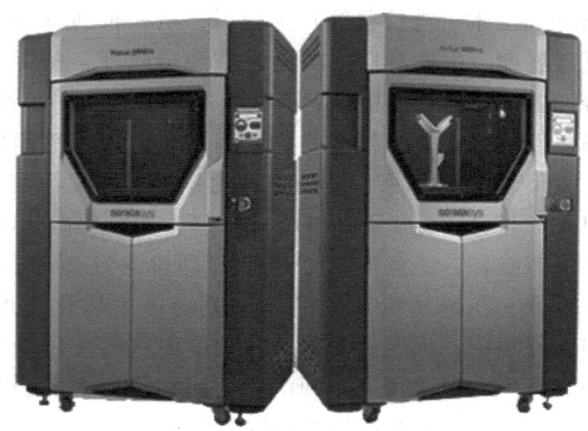

图 2-18 FDM 打印机

FDM 技术原理简单，具有以下几个优点：

1) 成本低：FDM 技术用液化器代替了激光器，设备费用低；原材料的利用效率高且没有毒气或化学物质污染，使得成本大大降低。

2）材料丰富：可选用多种材料，如各种色彩的工程塑料 ABS、PC、PPS 及医用 ABS 等。

3）原型尺寸稳定性高：不产生翘曲收缩，不受湿度影响变形，适合测试装配件设计。

由于 FDM 技术原理的简单性，该技术也具有以下缺点：

1）原型的表面有明显的条纹，成形后最高精度为 0.127mm，精度相对较低。

2）沿成形轴垂直方向的强度相对较强，水平方向强度弱。不适合做功能性产品。

3）需要配合设计制作支撑结构。

4）需要对整个截面进行扫描涂覆，成形时间较长，成形速度比 SLA 慢 7% 左右。

2. FDM 技术的一般工艺过程

FDM 技术成形工艺与其他工艺一样包括前处理、打印与后处理阶段。由于 FDM 技术的特点，支撑制作起着关键作用。

（1）前处理阶段　在 FDM 技术的前处理阶段中，系统必须对产品的三维模型做支撑处理。若未做支撑处理，在分层制造过程中当上层界面大于下层界面时，上层界面多出的部分将会出现悬空或者悬浮，对产品成形的精度造成影响。

（2）打印阶段　FDM 技术在打印阶段包括支撑制作与产品制作两部分。支撑制作可以用相同的材料或不同性质的材料制成。现在通常采用双给丝头独立加热。一个给丝头用来喷涂成形材料以制造零件，另一个给丝头用来喷涂支撑材料以进行支撑。

（3）后处理阶段　FDM 技术的后处理主要包括两部分：去除支撑部件和对零件进行打磨。

3. FDM 的耗材

FDM 技术使用的材料包括成形材料和支撑材料两部分。成形材料的技术要求是：熔融温度低、黏结性好、黏度低、收缩率小。支撑材料的技术要求是：能承受一定高温、具有水溶性或酸溶性、与成形材料不浸润、熔融温度较低、具有良好的流动性。

目前，应用在 FDM 打印机上常用的成形材料包括 PLA、ABS、尼龙和 PC，每种材料各有优劣。其中，在桌面打印机耗材中 PLA 与 ABS 是最常用的两种材料。PLA 以农业经济作物（如玉米、马铃薯等）为原料，是一种新型的生物降解材料，它具有较良好的抗拉强度及延展度，也拥有良好的光泽性和透明度，相容性和可降解性也很好。ABS 具有优良的综合性能，冲击韧度极好，有优良的耐磨性、耐热性、耐低温性、耐化学药品性、电气性能和染色性。PLA 具有极低的收缩率，因此 PLA 打印模型较 ABS 更不容易产生翘曲变形，在打印大尺寸模型或者平面模型时优势更加明显。与 ABS 材料相比，PLA 材料打印温度更低，PLA 丝材打印温度在 180℃~210℃，ABS 丝材打印温度在 200℃~240℃。打印温度较低除了更加节能外，还意味着对 FDM 打印机的要求更低。PLA 材料打印模型的耐热温度较 ABS 成品更低，在超过 60℃ 的环境中就会产生软化变形。在一些需耐热的应用场合，这被视为 PLA 材料的一大应用缺陷。在无须耐热的应用场合或作为一般性造型验证或实验创作的模型制作中，PLA 可以得到广泛的应用。PLA 材料的热变形特性也是 PLA 材料的一大特色，基于此可以进行某些造型应用上的特殊设计，如对已成形的模型进行二次创作或在设计时就考虑可变形因素预留造型余量做二次成形处理。

2.3.3　立体光固化成形技术

立体光固化成形（Stereo Lithography Appearance，SLA）技术是最早出现并且实现商业化的一种 3D 打印技术。该技术进行固化成形的理论依据是液态光敏树脂的光聚合原理。在 355nm 波长和一定强度的紫外线照射下液态光敏树脂原料能快速发生光聚合反应，分子交联急剧增加，形成空间网状结构，实现了点到线、线到面的顺序凝固。

1. **SLA 技术的原理及特点**

图 2-19 所示为立体光固化成形制造技术的原理示意。紫外线在计算机的控制下按零件的各分层界面信息对液态光敏树脂表面逐点扫描，被扫描的树脂层产生光聚合反应而固化，形成一个零件薄层，而未被激光扫描的薄层仍是液态树脂。当一层固化完成后，工作台下移一个层厚的距离，在原先固化好的树脂表面再敷上一层新的液态树脂，然后进行下一层扫描，新固化的一层会粘在前一层上，直至整个工件全部扫描完毕。

SLA 打印机的外观如图 2-20 所示。

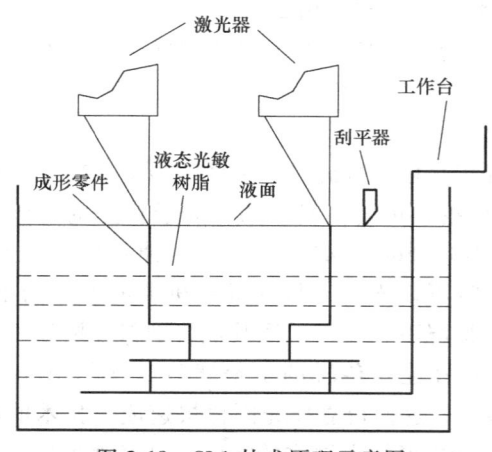

图 2-19 SLA 技术原理示意图

图 2-20 SLA 打印机

SLA 技术是最早的 3D 打印技术。SLA 技术经过多年发展具有以下显著特点：
1) 系统工作稳定，整个成形过程自动运行，可完全实行无人值守。
2) 成形精度高，一般均在 0.1mm 以内，这是其他的成形技术所无法达到的。
3) 成形尺寸大，可以加工 600mm×600mm 以内的大尺寸工件。
4) 表面质量好，所成形的工件表面光滑，减少了后处理的工作量，在很多场合甚至无须进行后处理即可直接投入使用。
5) 系统分辨率高，能构建复杂结构的工件，可以加工复杂表面的薄壁件，壁厚最小可达 0.5mm，这也是其他成形技术所无法实现的。
6) 加工速度极快。
7) 材料消耗后，可采用添加的方法进行补充，因此，材料利用率极高，接近 100%。

2. **SLA 技术的一般工艺过程**

SLA 技术的前处理阶段与其他技术基本相同，打印阶段要用石蜡材质进行固化，后处理阶段需对零件进行清洗。

（1）前处理阶段 在前处理阶段，主要对零件三维模型进行数据转换、定位、提供支撑和切片分层。

（2）打印阶段 打印阶段如需支撑，由不同探头进行同步喷射。液态光敏树脂仅在预热过程中达到要求后才能作为实体材料用以打印产品，否则打印探头无法正常添加实体材料，甚至可能会堵塞探头的喷嘴，造成设备损坏。SLA 技术支撑材料一般选用石蜡，起到支撑和固定的作用。支撑材料利用了石蜡在不同的温度下固、液态之间的相互转变原理。温度高于其熔点范围时由固态转变为液态，从喷嘴喷出；喷出后温度逐渐降低至凝固点范围时开始由液态转变为固态，填补空洞或悬空部位，从而起到支撑的作用。且石蜡的熔点是 47℃~64℃，后处理时很容易通过加热熔化掉。

（3）后处理阶段　打印过程结束后，要进行原型清理、支撑拆除、后固化和必要的打磨等后处理过程，其主要流程包括：

1）零件制作结束后，工作台升出液面，停留 5~10min 以干燥留在表面的树脂与零件内部多余树脂。

2）清洗表面树脂，将零件浸入酒精、丙酮等有机溶剂中。

3）将零件放入加热箱中，温度设为 75℃~80℃，去除支撑用石蜡。

4）把零件放在紫外线固化箱内进行整体固化，对于强度要求不高的零件，可以不做后固化处理。

3. SLA 的耗材

SLA 所用的材料为液态光敏树脂，其性能的好坏直接影响到成形零件的强度、韧性等重要指标，进而影响到 SLA 技术的应用前景。经过科技人员的不懈努力，光敏树脂的性能有了极大的提高。目前，最常用的光敏树脂型号是 DSM Somos14120，这是一种新近开发的、专门用于 SLA 成形机的低黏度液态光敏树脂。平时可以直接存放在成形机器的树脂槽中，常态下十分稳定，在避免阳光和荧光灯直接照射的情况下，无须采取其他特别保存措施，常温下可保存 3 年。Somos14120 光敏树脂的许多材料性能与传统的工程塑料（包括 ABS 与 PBT）近似，能制作高强度、坚硬、防水的功能零件，这使得立体光固化快速成形技术的应用范围得到了极大拓展。目前，通过立体光固化快速成形技术制作的零件，已经被大量地应用于汽车、医疗、家电等领域内，SLA 技术成为这些领域的企业开发新产品不可缺少的手段之一。

2.3.4 选择性激光烧结技术

选择性激光烧结（Selective Laser Sintering，SLS）技术是指利用计算机控制激光束，以激光器为热源对金属粉末、非金属粉末或者复合物粉末薄层进行扫描烧结堆积，最终形成三维实体零件的技术。

1. SLS 技术原理及特点

图 2-21 所示为 SLS 技术的原理。整个工艺装置由激光扫描系统、滚筒、供粉缸、工作缸、粉末运输系统等构成。其原理是：激光束在计算机控制下，对分层截面轮廓进行扫描，有选择性地烧结粉末材料，结成一层实体轮廓，然后重新叠加一层新的粉末，激光束再扫描新粉层，层层叠加循环往复，直到三维零件能够完整成形。冷却后将其取出，去除多余粉末，即可获得所需原型。

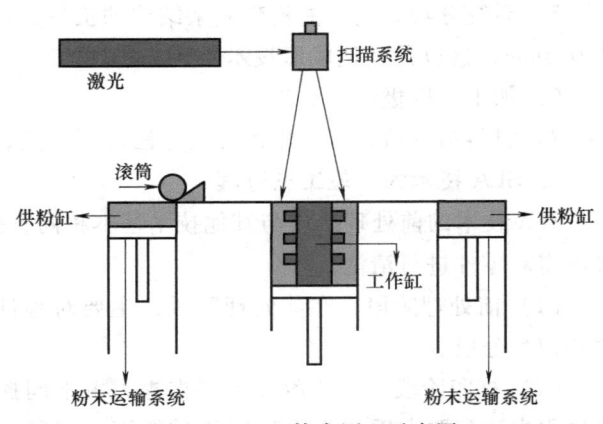

图 2-21　SLS 技术原理示意图

SLS 打印机外观如图 2-22 所示。

SLS 技术与其他 3D 打印技术相比，其使用的材料更为广泛，凡是能通过激光受热使原子间形成黏结的粉末性材料，在理论上都可以成为 SLS 技术的成形材料。相比其他 3D 打印技术，SLS 技术具有以下优点：

1）成形件致密度高，机械性能优异，可媲美精密铸造。

2）产品取材宽泛。受热可以黏结的粉末材料范围广泛，这些材料理论上都可能被用于 SLS 技术。

图 2-22 SLS 打印机

3）生产周期短。用时几小时到几十小时不等。且生产过程中可随时修正更改。对小批量、单件零件的生产和新产品的开发很适用。

4）高精度成形。当粉末材料的粒径小于 0.1mm 时，成形的精度可达 1%。

5）应用范围广。因其选材多样化，可以用于汽车、造船、航空航天、通信、医疗等行业。

同时，由于其高温特性，SLS 技术具有如下缺点：

1）表面粗糙度的值为 0.1~0.2mm，需要后处理。

2）加工室需要氮气保护，以避免产生有毒气体。

2. SLS 技术的一般工艺过程

SLS 技术的一般工艺过程依据其加工材料的不同而不同。

1）金属材料直接烧结工艺流程。主要分为六个阶段：三维模型—分层切片—激光烧结—分层原型零件—金属件—后处理。

2）金属材料间接烧结工艺流程。主要分为三个阶段，分别是制作 SLS 原型（绿件）、制作粉末烧结件（褐件）和处理熔渗后的金属。SLS 原型的制作阶段又可分为四个步骤：CAD 三维模型—分层切片—激光烧结—RP 原型（绿件）。这个制作阶段的关键在于如何选用合理的粉末配比和加工工艺参数。粉末烧结件的制作阶段又可分为两个步骤：二次烧结（800℃）—三次烧结（1080℃）。该制作阶段的关键在于通过燃烧掉原型中的有机杂质以获得形状和强度相对准确的金属结构体。金属熔渗阶段共两步：金属熔渗—金属件。这个阶段的关键在于选用适合的熔渗材料及工艺来获得较为精密的金属零件。

3）高分子粉末材料烧结工艺流程。主要分为前处理、粉层烧结叠加和后处理三个阶段。

3. SLS 的耗材

SLS 技术的烧结材料取粉末材料，材料种类繁多。其性能可以对成形件的精度、物理性能和化学性能造成直接影响，还会使制件的综合性能跟随受到影响。SLS 烧结材料当前主要采用金属粉末、尼龙、覆膜砂、陶瓷粉末等。

（1）金属粉末材料 金属粉末可以直接烧结成理想的塑性。金属粉末烧结成形已成为当下热点。金属粉末依照成分可划分为以下三种类型。

1）单一成分金属粉末。

目前，主要使用的单一金属粉末有 Sn、Zn、Fe 等。通常被用在低熔点金属粉末的烧结上。而对于高熔点金属粉末，其对操作环境的要求较高，需要在大功率激光器外加保护气体条件下工作，但是所能达到的性能却非常单一，无法满足所需的各种性能指标。

2）多组元混合金属粉末。

其由高、低熔点的两种金属和其他元素混合而成。熔点较低的金属粉末起到黏结剂的作用，熔点较高的金属粉末被用来作为合金的基体。在 SLS 成形过程中，低熔点材料被激光能量熔化，浸润固相，冷却后低熔点的液相凝固后将高熔点的固相黏结在一起。多组元混合金属粉末采用的低熔点材料以 Sn 为主，强度和熔点相对较低，性能较差。提高性能的主要方法为采用更高熔点的金属来提高合金基体强度。因此，人们越来越多地关注和研究高熔点金属粉末。

3）金属和有机黏结剂的混合粉末。

二者按一定比例均匀混合而成。烧结后的成形件密度和强度都较低，必须经过后处理来提高其物理性能。

（2）尼龙　尼龙（Polyamide，PA）是一种结晶态的聚合物，具有韧性高、耐磨度高、烧结性能佳、耐热性能好等优良特性。但是纯 PA 在烧结时得到的成形件强度变形率较大，所以改变其收缩率，已经成为当今研究的一个热点。

四种最广泛使用 PA 材料如下：

1）DTM 标准尼龙，可被直接制成耐蚀性和耐热性俱佳的零件。

2）DTM 精细尼龙，在标准 DTM 的基础上，降低表面粗糙度，提高精度，更多被用来制造测试型和概念型零件。

3）原型复合尼龙材料，是一种在原基础上经玻璃强化后形成的一种改性材料，加工性能愈加完善，且其耐热性、耐蚀性和表面精度都得到了相对提高。

4）DTM 医用级精细尼龙，能通过高温蒸压被蒸汽消毒 5 个循环。

（3）覆膜砂　覆膜砂是采用热固性树脂，在其中加入锆砂和石英砂混合后所制。经过 SLS 技术获得的制件可直接用来制造金属零件。对于复杂件的制作，更多的选择锆砂，因其具有更好的铸造性能。采用 SLS 技术制得砂型（芯）尺寸精度高（CT6~8 级），表面质量好（粗糙度值达到 $3.2 \sim 6.3 \mu m$），接近金属铸造。

（4）陶瓷粉末材料　陶瓷粉末材料的烧结温度很高，难以直接用激光烧结成形。因此，用于 SLS 工艺的陶瓷粉末材料是加有黏结剂的陶瓷粉末。在激光烧结过程中，利用熔化的黏结剂将陶瓷粉末黏结在一起，形成一定的形状，然后再通过后处理以获得足够的强度。常用的黏结剂有以下三类：

1）有机黏结剂：如聚甲基丙烯酸甲酯（PMMA）。用 PMMA 包覆 Al_2O_3、ZrO_2、SiC 等陶瓷粉末材料，经激光烧结成形后，再经过脱脂及高温烧结等后处理，可以快捷地制造精密铸造用工程陶瓷零件。

2）无机黏结剂：如磷酸二氢氨（$NH_4H_2PO_4$）。在烧结时熔化、分解、生成 P_2O_5，P_2O_5 继续与陶瓷基体 Al_2O_3 反应，最终生成 $AlPO_4$。$AlPO_4$ 是一种无机黏结剂，可将陶瓷粉末黏结在一起。

3）金属黏结剂：如铝粉。在烧结过程中铝粉熔化，熔化的铝可将 Al_2O_3 粉末黏结在一起；同时，还有一部分铝粉会在激光烧结过程中氧化，生成 Al_2O_3，并释放出大量的热，促进 Al_2O_3 熔融、黏结。

2.3.5 三维打印技术

三维打印（Three Dimensional Printing，3DP）技术于 1993 年问世，发明者是美国麻省理工学院的 Emanual Sachs 教授。3DP 的工作原理与传统的喷墨打印机相似，采用的都是陶瓷、金属、塑料等粉末材料，工艺与 SLS 也颇为相似。不同之处在于，3DP 使用的粉末不是通过激光烧结粘结在一起，而是通过喷头喷射黏结剂将工件的界面打印并层层堆积成形。

1. 3DP 技术的原理及特点

图 2-23 所示为选择性激光烧结制造技术的原理。在整个工艺过程中，控制喷头用黏结剂将切片分层好的零件的每一层截面打印在基体粉末原料之上，层层叠加，从下至上，直到把一个零件的所有层打印完毕得到打印坯，并经过一定的后处理（如烧结等）而得到最终的打印制件。

3DP 打印机外观如图 2-24 所示。

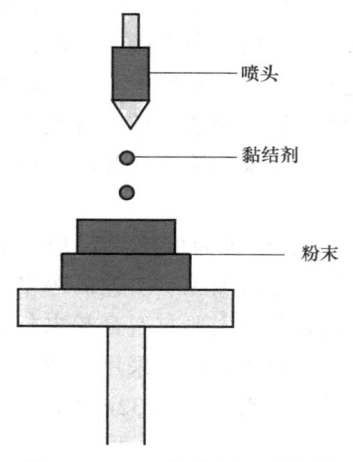 

图 2-23　3DP 技术原理示意图　　　　　　图 2-24　3DP 打印机

相比于其他 3D 打印技术，3DP 技术的优点有：
1）加工速度较快。
2）设备的制造成本与运行成本较低。
3）可制造彩色零部件。
4）成形材料具备无毒、无味、无污染、多品种、低成本、高性能的特点。
5）柔性高，生产过程可不受限于零件的形状结构等多种因素，可制造完成各种形状复杂的零件。

同时，该技术也还存在以下缺点：
1）成形精度不高：3DP 法的成形精度分为打印精度和烧结等后处理的精度。打印精度主要受喷头距粉末床的高度、喷头的定位精度以及铺粉情况的影响；而在烧结等过程中产生的收缩变形、裂纹与孔隙等都会影响制件的精度与表面质量。
2）制件强度较低：由于采用粉末黏结原理，初始打印产品强度不高，而经过后续烧结的打印制件强度也会受到烧结气氛、烧结温度、升温速率、保温时间等多方面因素的影响。因此，确定合适的烧结工艺也是决定打印制件强度的关键所在。

2. 3DP 技术的一般工艺过程

3DP 技术的工艺过程大致可分为三大阶段，分别是前处理、打印和后处理。在操作过程中首先将打印零件的设计模型格式转化为 STL 格式。然后，对模型和零件进行切片，将打印数据直接输入打印机中进行原型打印。在打印过程中，在工作台上均匀地铺上一层粉末材料，然后喷头按照原型截面形状将黏结材料有选择性地打印到已经铺好的粉末上，使粉末粘结在一起，形成截面轮廓。当一层粉末材料打印完后，工作台高度下降到下一个原型截面的高度，然后喷头再重复上面的每一个步骤，直至完成。最后，需把打印零件从工作台上取下，进行后处理，实施高温烧结等打印工艺。

3. 3DP 的耗材

目前，3DP 技术所应用的打印原材料大体上有石膏粉末、陶瓷粉末、金属粉末、复合材料粉末、石墨烯等。各种类型的粉末材料都要求尺寸分布均匀、球形度高、与黏结剂作用后固化迅速等。在 3D 打印所用粉末的粒径范围内，粉末直径越小，流动性越差，但所得制件的质量和塑性越好；粉末直径越大，流动性越好，但打印精度较差。

粉末材料的优劣直接影响到最终制件的打印质量。随着技术的不断发展，在这些基体粉末中往往加入不同的添加剂以保证打印精度和打印强度。例如加入卵磷脂，可保证打印制件形状并且还可以减少打印过程中粉末颗粒的飘扬；混入 SiO_2 等一些粉末，可以增加整体粉末的密度，减小粉末之间的孔隙，提高黏结剂的渗透程度；加入聚乙烯醇、纤维素等，可起到加固粉床的作用；加入氧化铝粉末、滑石粉等，可以增加粉末的滚动性和流动性。

目前常用的打印材料有以下几种。

（1）石膏粉末　3DP 技术应用石膏粉末较早，且应用工艺较为成熟。石膏粉末具有产品价格低廉、环保安全、成形精度高等优点，在生物医学、食品加工、工艺品等多个行业中都有较为广泛的研究和应用。目前，石膏粉末打印研究发展方向主要有石膏粉末打印工艺参数优化和石膏粉末改性等。国内学者以高强度石膏粉为主要粉体材料，采用合适的水基黏结剂进行三维打印试验，经不断优化调整打印工艺参数，得到了密度为 $1132kg/m^3$、抗压强度在 10MPa 以上、成形精度为 0.08mm 的打印工艺制件。

（2）陶瓷粉末　陶瓷材料由于其硬度强度高和脆性大的特点，在航空航天、电子产品、医学等领域应用较广。其成形方式一般是通过模具挤压，整个过程成本高、周期长。但采用 3DP 法来打印陶瓷制品，省去了制模过程，可以大大降低成本、扩高生产率。国外有学者以 Al_2O_3、ZrO_2 混合物为粉体材料，碳墨水为黏结剂，打印制得了 1200 层具有方孔和悬臂的零件，但烧结过后出现了开裂和变形的情况。有研究表明，3DP 技术用陶瓷粉末所得制件精度相对较差，因而多用于陶瓷基复合材料零件的制造。

（3）金属粉末　金属材料的 3DP 打印近年来逐渐成为整个 3D 打印行业内的研究重点，尤其是在航空航天、国防等一些重大领域。与传统的选择性激光烧结方法相比，3DP 法设备成本低和能耗低的优势便体现出来。因为金属零件一般需要较好的精度和机械强度，所以这就对粉体材料特性和工艺流程提出了更高的要求。

（4）复合材料粉末　目前，采用 3D 打印制作复合材料零部件逐渐成为热门，但能够制作复合材料的 3D 打印方法较少，而 3DP 就是其中的一种。国内外研究人员通常将混合好的复合材料粉末置于打印机工作平台，喷射黏结剂直接打印成形。国外有学者利用 3DP 技术打印出羟基磷灰石/双 GMA 复合材料制件，经过 1300℃ 烧结后具有较高的抗弯强度。还有采用将打印好的非金属预制体渗入其他非金属、金属或合金的方法来制备复合材料产品的，如使用多孔氧化铝和糊精混合物作为 3DP 打印的粉末材料，打印坯经 1600℃ 高温烧结后在 1300℃ 无压条件下渗入 Cu 和 Cu_2O 混合粉末，形成了致密的 Al_2O_3/CuO 复合材料。

（5）石墨烯　近年来，石墨烯材料作为目前最薄、强度最大、导电导热性能最强的一种新型纳米材料被人们发现和认知。国内外学者由此也提出将 3DP 技术应用于石墨烯产品的制备。包括全球石墨烯行业巨头 Lomiko 金属公司在内的多家公司都建立起合作关系，来开发多种基于石墨烯的 3DP 新材料，美国石墨烯公司也与乌克兰国家科学院合资公司研究出了首个 3DP 石墨烯材料。

2.4　3D 打印材料

常用的 3D 打印材料包括聚合物材料、金属材料、陶瓷材料、工程塑料材料。

1. 聚合物材料

3D 打印用聚合物材料主要包括光敏树脂、热塑性聚合物及水凝胶等。光敏树脂是最早应用于 3D 打印的材料之一，适用于光固化成形（SLA）技术，主要成分是能发生聚合反应的小分子树脂（预聚体、单体），其中添加有光引发剂、阻聚剂、流平剂等助剂，能够在特定的光照（一般为紫外线）下发生聚合反应实现固化。热塑性聚合物是最常见的 3D 打印材料之一，常见的 3D 打印用热塑性聚合物有丙烯腈-丁二烯-苯乙烯塑料（ABS）、聚乳酸（PLA）、尼龙（PA）、聚碳酸酯（PC）、聚苯乙烯（PS）、聚己内酯（PCL）、聚苯砜（PPSF）、热塑性聚氨酯（TPU）和聚醚醚酮（PEEK）等。

2. 金属材料

金属构件 3D 打印技术自问世以来，就与其配套材料的发展紧密相关。近年来，金属构件 3D 打印所使用的特种金属粉体材料的发展备受业界关注，如钛合金、高温合金（镍基、钴基、铁基）、铝合金、镁合金、不锈钢等金属粉末。小尺寸不锈钢、高温合金等金属构件的激光直接快速成形技术现今已经实现，用于高温合金、钛合金等新型材质大型金属构件的激光快速成形技术将会是未来发展的主要研究方向。

（1）不锈钢　不锈钢是一种既耐空气、蒸汽、水等弱腐蚀介质又耐酸、碱、盐等化学浸蚀性介质腐蚀的钢，也被称为不锈耐酸钢。因其粉末成形性好且制造成本低廉，是较早开始应用于 3D 打印的金属材料。如著名的德国 EOS 公司，很早就将不锈钢列为其 3D 打印机的一种基本原材料。

（2）高温合金　高温合金是化学上泛指以铁、镍、钴为基，能在 600℃ 以上的高温及一定应力的作用下长期高温工作的一类新型金属材料。因为高温合金本身具有较高的高温强度、良好的导热抗氧化、耐蚀性、疲劳性能、断裂韧性等综合性能，所以被广泛应用于石油、化工、船舶、航空航天等行业中。高温合金由于通常应用于复杂、恶劣的工作环境，其加工表面完整性对于其性能的发挥和应用至关重要。但是高温合金在本质上是典型的难加工金属材料，加工硬化的程度严重，并且其具有高抗剪切应力和低热导率，这些特性与钛合金类似。金属粉末 3D 打印技术的成功出现能够很好地从根本上解决其加工难的问题。3D 打印技术对于铸态高温合金来说，同样也能有效地解决其偏析严重、组织不均匀的加工难题。

（3）钛合金　钛合金是目前航空航天领域被广泛使用的一种新的重要结构材料。其具有强度高、热强度高、耐蚀性好、低温性能好的优点。但钛合金的制造工艺性能差，难以进行切削加工，生产工艺复杂，在很大程度上阻碍了钛合金的推广应用。而金属粉末的 3D 打印技术可以从根本上解决这些技术问题，尤为突出的是，应用于航天航空领域的钛合金3D打印技术在近年来得到突飞猛进的发展。

3. 陶瓷材料

陶瓷材料是人类使用的最古老的材料之一，但在3D打印领域它却属于比较"年轻"的材料。这是因为陶瓷材料大多熔点很高甚至无熔点（如SiC、Si_3N_4），难以利用外部能场进行直接成形，大多需要在成形后进行后处理（烘干、烧结等）才能获得最终的制品，这便限制了陶瓷材料3D打印的推广。然而，陶瓷材料具有硬度高、耐高温、物理化学性质稳定等聚合物和金属材料不具备的优点，因而在航天航空、电子、汽车、能源、生物医疗等行业有广泛的应用前景。作为一种不需要模具的成形方式，3D打印比传统的成形方式有更高的结构灵活性，有利于陶瓷的定制化制造且能提高陶瓷零件的性能。

4. 工程塑料材料

工程塑料是目前3D打印技术最常用的材料之一，可广泛用于制造工业零件或外壳，具有较好的力学性能和物理性能。工程塑料常见的材料有尼龙、聚碳酸酯（PC）、丙烯腈-丁二烯-苯乙烯共聚物（ABS）类材料等。ABS具有较好的强度、韧性和冲击韧度，是FDM技术常用的一种成形材料，可以进行机加工、电镀和喷漆。该类材料的颜色种类非常多，常见的有黑、白、灰、红、蓝等，因而其在汽车、家电及电子消费品等多个领域有着广泛的应用。

表2-6总结了3D打印材料的类型与具体应用技术。3D打印材料主要分为挤出型、线型、粒状型、层压型与光聚合型。不同的材料类型适合于不同的3D打印技术。

表2-6　3D打印材料总结

类型	3D打印技术	基本材料
挤出型	熔融沉积式（FDM）	热塑性材料
线型	电子束自由成形制造（EBF）	几乎任何合金
粒状型	直接金属激光烧结（DMLS）	几乎任何合金
	选择性激光熔化成形（SLM）	钛合金
	选择性热烧结（SHS）	钛合金、不锈钢、铝
	选择性激光烧结（SLS）	热塑性粉末、金属粉末、陶瓷粉末
层压型	分层实体制造（LOM）	纸、塑料薄膜、金属膜
光聚合型	光固化成形（SLA）	光敏聚合物
	数字光处理（DLP）	液态树脂

参 考 文 献

[1]　宫玲，王维治. 3D打印技术在医疗领域的应用［J］. 中国社区医师，2018（34）：14-16.
[2]　郭日阳. 3D打印技术及产业前景［J］. 自动化仪表，2015，36（3）：5-8.
[3]　卢秉恒，李涤尘. 增材制造（3D打印）技术发展［J］. 机械制造与自动化，2013，42（4）：1-41.
[4]　李昕. 3D打印技术及其应用综述［J］. 凿岩机械气动工具，2014（4）：36-41.
[5]　徐人平. 快速原型技术与快速设计开发［M］. 北京：化学工业出版社，2008.
[6]　崔俊星. 浅析工业制造中的3D打印机［J］. 中国新技术新产品，2016（3）：25.
[7]　尹博，赵鸿，王金彪，等. 钛合金电弧增材制造技术研究现状及发展趋势［J］. 航空精密制造技术，2016，52（4）：1-3.
[8]　李权，王福德，王国庆，等. 航空航天轻质金属材料电弧熔丝增材制造技术［J］. 航空制造技术，2018，61（3）：74-82.

[9] 邵坦,李轶峰,吴强,等. 机器人电弧熔丝增材制造扫描路径生成算法研究[J]. 热加工工艺,2019,48(5):220-230.

[10] 王华明. 高性能大型金属构件激光增材制造:若干材料基础问题[J]. 航空学报,2014,35(10):2690-2698.

[11] 李勇,巴发海,许鹤君. 3D打印技术的发展和挑战[J]. 理化检验(物理分册),2018(54):799-804.

[12] 张晓莲,邱双,刘业勤. 3D打印技术的国内外现状及其发展趋势[J]. 内燃机与配件,2017(12):121-122.

[13] 向友来,杜艾,谢志勇,等. 3D打印技术应用于加工微靶零件[J]. 强激光与粒子束,2016,28(12):77-83.

[14] 王运赣,王宣. 三维打印技术:修订版[M]. 武汉:华中科技大学出版社,2014.

[15] 李跃林. 3D打印于新产品的研发及模具制造上的应用[J]. 山东工业技术,2017(1):256.

[16] 王文涛,刘燕华. 3D打印制造技术发展趋势及对我国结构转型的影响[J]. 科技管理研究,2014,(6):22-30.

[17] 赵秋云,楚恩惠. 3D打印机在各领域的发展前景[J]. 软件导刊(教育技术),2015(5):81-82.

[18] 李小丽,马剑雄,李萍,等. 3D打印技术及应用趋势[J]. 自动化仪表,2014,35(1):1-5.

[19] 张迪涅,杨建明,黄大志,等. 3DP法三维打印技术的发展与研究现状[J]. 制造技术与机床,2017(3):38-43.

[20] 刘厚才,莫健华,刘海涛. 三维打印快速成形技术及其应用[J]. 机械科学与技术,2008(9):1184-1190.

[21] 江洪,康学萍. 3D打印技术的发展分析[J]. 新材料产业,2013(10):30-35.

[22] 杨晋宁. 复杂零件的3D打印实现技术研究[D]. 兰州:兰州理工大学,2017.

[23] 刘碧瑶. 3D打印技术在家具制造产业的应用及发展研究[D]. 哈尔滨:东北林业大学,2016.

[24] 王广春. 快速原型与快速模具制造技术研究[D]. 济南:山东大学,2001.

[25] 李玲,王广春. 叠层实体制造技术及其应用[J]. 山东农机,2005(3):17-19.

[26] 单忠德. 基于快速原型的金属模具制造工艺研究[D]. 北京:清华大学,2002.

[27] 权利军. 纤维增强3D打印复合材料的制备及力学性能[D]. 杭州:浙江理工大学,2016.

[28] 陈双,吴甲民,史玉升. 3D打印材料及其应用概述[J]. 物理,2018(11):715-724.

[29] 刘孟林. 温度对熔融沉积成型表面质量影响的研究[D]. 沈阳:沈阳建筑大学,2012.

[30] 刘碧华. 基于FDM打印技术的PLA模型二次成型及应用[J]. 艺术科技,2017(12):115-116.

[31] 徐旺. 3D打印:从平面到立体[M]. 北京:清华大学出版社,2014.

[32] 王玉,张靖翔,张宝强,等. 3D打印石墨烯基功能材料的研究进展[J]. 中国材料进展,2018(8):58-69.

[33] 叶文丹. 基于SLA技术的3D打印机控制软件系统设计与实现[D]. 武汉:华中科技大学,2015.

[34] 朱奕盈. 走近3D打印技术[J]. 卷宗,2017(1):2-5.

[35] 王葵,姜海,蒋克容. 立体光固化快速成型技术的应用及发展[J]. 新技术新技艺,2008(2):55-56.

[36] 金嘉琦,宋君峰,孙凤,等. 立体光固化成型技术的节材研究[J]. 机械工程师,2015(8):123-125.

[37] 杨洁,王庆顺,关鹤. 选择性激光烧结技术原材料及技术发展研究[J]. 黑龙江科学,2017(13):30-33.

[38] 郭飞,梁园,杨朝航,等. 轴动式激光固化3D打印技术的研究与实践[J]. 自动化仪表,2017,38(8):14-16;22.

[39] 史玉升. 3D打印技术的工业应用及产业化发展[J]. 机械设计与制造工程,2016(2):11-13.

第 3 章 工业机器人

导读

机器人在日常生活中的应用非常广泛,在生产和生活中发挥着越来越重要的作用,并且已经完全融入人们的生活之中。工业机器人,作为制造领域的机器人,推进着工业制造业的发展与变革。近些年,工业机器人应用向一般工业逐步延伸,同时汽车、3C 领域对于工业机器人的需求也持续增长。得益于此,全世界的工业机器人行业近几年增长迅速。通过我国市场的数据来看,2020 年 12 月,全国工业机器人产量为 29706 台,同比增长 32.4%。2020 年,全球工业机器人市场规模达到了 657 亿元。随着主要经济体自动化革新的进展,全球工业机器人的使用密度大幅提高。

本章知识点

- 工业机器人的特点
- 串联机器人、并联机器人与混联机器人的区别
- 按自由度分类机器人
- 工业机器人硬件部分的三个组成
- 工业机器人程序设计的功能
- 工业机器人导航技术分类
- 工业机器人路径规划基本方法

3.1 工业机器人在工业中的应用

在众多制造业领域中,工业机器人应用最广泛的领域是汽车及汽车零部件制造业,并不断向机械加工行业、电子电气行业、橡胶及塑料工业、食品工业、木材与家具制造业等其他领域扩展。在工业生产中,焊接机器人、磨抛加工机器人、激光加工机器人、喷涂机器人、搬运机器人、机床机器人、真空机器人等工业机器人都已被大量应用。

1. 汽车制造业

在我国,50% 的工业机器人应用于汽车制造业,其中 50% 以上为焊接机器人;在发达国家,汽车工业机器人占机器人总保有量的 53% 以上。据统计,世界各大汽车制造厂,年产每万辆汽车所拥有的机器人数量为 10 台以上。随着机器人技术的不断发展和日臻完善,工业机器人必将对汽车制造业的发展起到极大的促进作用。图 3-1 所示为汽车制造业装配机器人。

图 3-1　汽车制造业装配机器人

2. 电子电气制造业

工业机器人较为普遍地应用于电子类的 IC、贴片元器件等领域。在电子电气领域，它们在分拣装箱、激光塑料焊接（见图 3-2）、撕膜系统、高速码垛等一系列流程中有着优异的表现。

3. 塑料工业

塑料普遍应用于汽车和电子工业以及消费品和食品工业。随着塑料原材料通过注塑机和工具被加工成精细耐用的成品或半成品，工业机器人越发成为这个过程中不可或缺的一部分。工业机器人提高了各种工艺的经济效益，不仅适用于净室环境标准下作业，而且也适用于注塑机完成高强度作业。工业机器人集合了高效、快速、结实、灵活、耐用及承重力强等优点于一身，使得塑料企业在市场中具有相当的竞争优势。图 3-3 所示为塑料工业机器人。

图 3-2　激光塑料焊接机器人

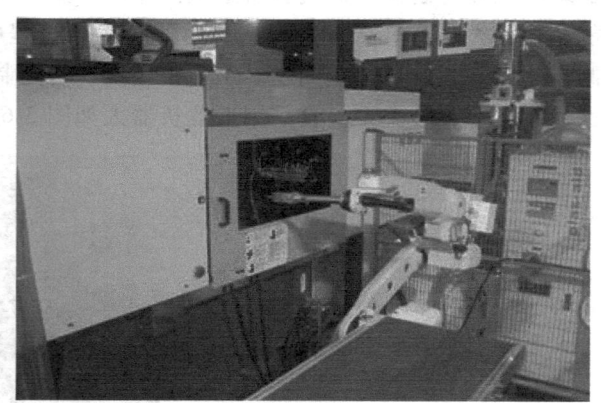

图 3-3　塑料工业机器人

4. 铸造业

铸造业需要在高污染、高温等极端的工作环境下进行多班作业，工人和机器需要面对沉重的负担。因此，绿色铸造的发展和推广受到越来越多企业的重视。工业机器人可以改善工作环境，提高工作效率，提高产品精度和质量，降低成本和浪费，获得灵活、高速、耐用的生产工艺，满足绿色铸造的特殊要求。铸造业从浇注、搬运延伸到清理、码垛等工作都有工业机器人的一席之地。铸造业机器人如图 3-4 所示。

5. 家用电器制造业

在人力成本大幅增加、人口红利逐渐消失、精密制造水平提升等客观因素的推动下，工业机器人应用于家电这种劳动密集型产业已成为必然。使用工业机器人可以连续、可靠地完成生产任务，而不需要转移重型零件，使生产、加工、搬运、计量和检验更加经济、有效。机器人可以持续保证生产线物料的顺畅流动，始终保持高质量的生产标准。家用电器制造业机器人如图 3-5 所示。

图 3-4　铸造业机器人

图 3-5　家用电器制造业机器人

6. 食品制造业

食品产品向精致化和多元化方向发展已经成为一种趋势，大批量生产单品种的产品越来越少，而小批量生产多品种的产品则越来越多。食品生产厂的大部分包装工作，特别是工序较复杂的包装物品的排列、装配等工作传统上是由人工操作的。人工操作不仅难以保证包装的统一性和稳定性，而且容易造成产品的污染。机器人的应用可以集成传感器技术、人工智能、机器人制造等高新技术，自动适应生产过程中产品加工的各种变化，真正实现智能控制，从而有效避免这些问题。工业机器人在食品制造业中的应用主要包括：包装、拣选、码垛、加工等几种类型。食品制造业机器人如图 3-6 所示。

图 3-6　食品制造业机器人

7. 冶金行业

冶金行业都离不开铸造厂和金属加工。为了保证生产的经济效益和竞争力，减少员工的繁重劳动，必须依靠自动化和多班作业。因此，工业机器人在冶金行业得到了广泛的应用。工业机器人在冶金行业的工作范围主要包括钻孔、铣削、切割、折弯和冲压等。除此之外，工业机器人还可以通过缩短焊接、安装、卸料过程的工作周期来提高生产率。焊接机器人如图 3-7 所示。

8. 玻璃制造业

玻璃在电子、通信、化学、医药和化妆品工业中都有广泛应用。而现代玻璃制造业对于建筑工业和其他工业分支来说也是不可或缺的。在玻璃制造业中，工业机器人具有广泛的应用，特别是对于洁净度要求非常高的玻璃。玻璃制造业机器人如图 3-8 所示。

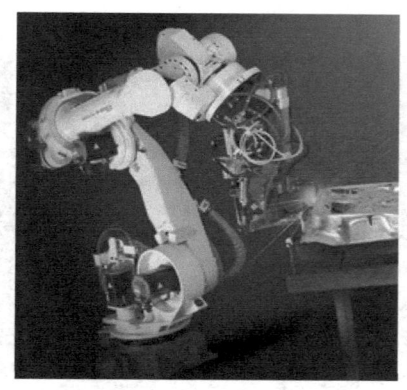

图 3-7 焊接机器人

图 3-8 玻璃制造业机器人

9. 烟草制造业

为了适应市场的变化，烟草制造业在不断随着科技革新而改变，以保持企业在市场经济中的竞争力。烟草企业的自动化技术改造重点从改造制丝线、更新卷接包设备转向建立自动化立体仓库物流系统，即采用自动立体仓库和 AGV 技术实现卷烟生产过程原辅料及成品的自动输送和仓储。这些改变将更有效地适应市场的变化，提高企业在市场经济中的竞争力。在烟草制造业中，传统的人工管理和人工搬运有易出错、不准时的缺点，已不能适应生产发展的需要。因此，需要先进的自动化物流系统来完成卷烟原、辅料的配送。采用工业机器人对其卷烟成品进行码垛作业，用 AGV 搬运成品托盘，不仅提高了自动化水平，而且节省了大量人力，减少了烟箱破损。烟草制造业搬运机器人如图 3-9 所示。

图 3-9 烟草制造业搬运机器人

10. 化工行业

化工行业是工业机器人的主要应用领域。在化工领域，洁净技术直接影响着产品的合格率，需要洁净的生产环境以适应现代化工产品精密化、高质量、高纯度和微型化的需求。因此，在化工领域，洁净机器人将随着化工生产场合对于环境清洁度要求的提高得到更进一步的运用。化工行业机器人如图 3-10 所示。

11. 金属成形制造

金属成形机床是机床工具的重要组成部分。成形加工通常与高劳动强度、噪声污染、金属粉尘等联系在一起，有时会处于高温、高湿甚至有污染的环境中。该工作简单枯燥，企业招工困难。工业机器人与成形机床集成，不仅可以解决企业用人难的问题，更可提高加工的效率、精度和安全性，具有很大的发展空间。工业机器人在金属成形领域主要有数控折弯机集成应用、压力机冲压集成应用、热模锻集成应用、焊接应用等几个方面。图 3-11 所示为金属加工机器人。

图 3-10　化工行业机器人

图 3-11　金属加工机器人

12. 医药行业

医药机器人在医药行业中的应用范围愈发广泛。在一些生产环节的实际操作中，医药机器人将逐步替代人工，这既能帮助药企节约成本，又能安全、可控地保障药企的生产。随着制药设备智能化趋势的增强，一些制药设备企业逐步投入研究开发医药机器人，以顺应制药设备智能化的发展趋势，实现药品生产的智能化。

医药机器人广泛应用于检测、灌装、无菌转运、医药物流仓储等环节。例如，无菌转运机器人可以在封闭无菌的玻璃站内作业，这将更大程度地保证操作者和产品的安全。这种机器人可以适应更为严苛的环境需求，提供更为严格的路径精度、更宽的工作范围、更准确的运动控制、更短的节拍时间、更灵活的安装方式以及更周全的保护。同时，药品在生产过程中可利用机器人模制融熔塑料容器，并在 A 级无菌环境中进行灌装和封口。还可以通过机器人在进行最终包装前，对容器进行印花、质检和泄漏检查。利用医药机器人进行药品生产，使制药设备实现了智能化，提高了生产柔性、可靠性和操作安全水平，很大程度上降低了药企的人工成本。医药机器人如图 3-12 所示。

医药机器人不仅在医药生产上应用广泛，在制药包装领域中也扮演着重要的角色。现在市场对铝塑膜包装的需求量与日俱增，因此需要更多的高灵活性包装生产线以适应不同产品、不同包装形式的生产需求。机器人通过内置的质量系统

图 3-12　医药机器人

赢得了人们的信赖，同时对传送工位提供了技术支持，加快实现包装产品的转型。

医药机器人随着智能化趋势的深入，可以根据不同的生产情况完成不同的工作。机器人系统也能搭配不同的传感器、不同的检测设备来实现不同的生产效果。医药产品在未来定能实现智能化、安全可控化地生产目标。

13. 物流仓储业

每个企业在运营过程中都需要考虑如何快速地处理仓库储备的货物。根据数据显示，传统企业的生产成本 25%以上消耗在物料仓储、搬运管理等物料流程中，而物流周期则占企业生产周期的 90%以上。为节约生产成本、提高生产率，现在越来越多的企业开始选择使用物流机器人来完成货物的处理工作。移动机器人如图 3-13 所示。

仓库物流机器人可以实现机器人搬运货架，即仓库拣货人员无须到货架上拣货，而货架会自行移动，这种模式称为"货到人"拣选。部分功能强大的机器人系统通过与工业快速读码设备配合，进行自动分拣工作，将包裹运送至条码对应的出货口，实现自动化分拣。配合包裹分拣系统可同时调度多台机器人，分拣效果更优。

图 3-13　移动机器人

菜鸟在 2017 年的"双十一"活动中使用了智能仓储机器人来进行分拣快递，一系列拣货、上下架、盘点等环节通过智能机器人的"货到人"模式一气呵成，拣货效率为人工作业的 3~4 倍，为电商平台完成超过 10 万订单量的拣货，同时极大程度地缩短了消费者接收快递的时间。

3.2　工业机器人概述

工业机器人是一种可完成各种作业、具备自动控制操作和移动功能的可编程操作机。工业机器人是现代制造业自动化的重要装备，集合了机械、电子、控制、计算机、传感器、人工智能等先进技术。工业机器人由三大部分组成：机械本体、传感器和控制部分。整个工业机器人系统包括六个子系统：驱动系统、机械结构系统、感知系统、机器人-环境交互系统、人机交互系统以及控制系统。

从功能角度来看，工业机器人具有以下四个显著特点：

1）仿人功能。工业机器人通过各种传感器感知工作环境，达到自适应能力。在功能上模仿人的腰、臂、手腕、手等部位以达到工业自动化的目的。

2）可编程。工业机器人作为柔性制造系统的重要组成部分，可编程能力是其对适应工作环境改变能力的一种体现。

3）通用性。工业机器人一般分为通用与专用两类。通用工业机器人只需要更换不同的末端执行器就能完成不同的工业生产任务。

4）良好的环境交互性。智能工业机器人在无人为干预的条件下，对工作环境有自适应控制能力和自我规划能力。

机器人技术的发展日新月异，工业机器人的应用范围也随之越来越大。目前工业机器人主要应用在装配、搬运、码垛、点焊、弧焊、喷漆、检测、研磨抛光、激光加工等相关领域。同时，工业机器人技术在制造业的应用范围越来越广泛，已经从传统制造业推广到其他制造业，进而推广到诸如采矿、建筑、农业、灾难救援等各种非制造行业。汽车工业是工业机器人应用最为广泛的领域。据了解，美国60%的工业机器人被用于汽车生产，全世界用于汽车工业的工业机器人已经达到总用量的37%，用于制造汽车零部件的工业机器人约占24%。

3.2.1 工业机器人的发展现状

第一台电子可编程的工业机器人在1954年由美国的乔治·德沃尔设计发明，此项专利于1961年发表，美国通用汽车公司在1962年将其投入生产，第一代机器人由此诞生，机器人自此成为人类生产和生活中的一部分。工业机器人在劳动力价格高昂的日本得到迅速发展，无论是工业机器人的产量还是拥有量，日本都是世界之最。20世纪80年代，随着世界工业生产技术高度自动化和集成化的快速发展，工业机器人得到了进一步的发展。在这一时期，工业机器人在世界工业经济发展中发挥着关键作用。现在，工业机器人作为一种标准设备在世界工业界被广泛应用。

目前，工业机器人已成为柔性制造系统（FMS）、计算机集成制造系统（OMS）、工厂自动化（FA）的集成自动化工具。据预测，工业机器人产业将是继汽车、计算机之后出现的一种新的大型高技术产业。过去的10年，工业机器人的技术水平取得了惊人的进步，传统的功能型工业机器人已趋于成熟，各国科学家正在致力于研制具有完全自主能力的、拟人化的智能机器人。相比于10年前，机器人的价格降低了约80%，目前仍在持续降低。现役机器人的平均寿命在10年以上，有的甚至高达15年以上，并且它们易于重新使用。由于机器人及自动化成套装备对提高制造业自动化水平，提高产品质量、生产率，增强企业市场竞争力和改善劳动条件等起到了重大的作用，加之成本大幅度降低和性能高速提升，工业机器人增长速度较快。

在国际上，随着工业机器人技术在制造业应用范围越来越广阔，其标准化、模块化、智能化和网络化的程度也越来越高，功能越来越强，正向着成套技术和装备的方向发展。工业机器人自动化生产线成套装备已成为自动化装备的主流及未来的发展方向。与此同时，工业机器人的智能化水平日益提升，发展方向也愈加广泛和深远，工业机器人已经不再单一应用于传统制造业，面向范围已经逐步涉及农业、建筑、采矿、灾难救援等非制造行业，机器人在国防军事、生活服务、医疗卫生等领域均开始占据一席之地。日常被人们所熟知的家用服务机器人、医疗机器人以及军事方面的无人侦察机（飞行器）、警备机器人等都是工业机器人应用日益广泛的实例。工业机器人在一定程度上改变了现有的生产模式，为人们的生产和生活带来了便捷与高效。工业机器人的研发与应用已经成为世界各国关注的高科技热点。

3.2.2 工业机器人的分类

对于工业机器人，可以根据其应用领域、功能、机械结构和自由度等进行分类。

1. 按照应用领域分类

工业机器人按照应用领域的分类见表3-1。

表 3-1　工业机器人按照应用领域的分类

应用领域	机器人种类
制造业	搬运机器人、码垛机器人、焊接机器人、喷涂机器人、装配机器人、数控机器人、高压水切割机器人、真空机器人等
采矿业	特殊煤层采掘机器人、凿岩机器人、地压机器人等
建筑业	喷浆机器人、压路机器人等
食品业	清洁机器人、包装机器人、加工机器人等
服务业	移动机器人、净化机器人、仿真机器人等

2. 按照功能分类

工业机器人按照功能的分类见表 3-2。

表 3-2　工业机器人按照功能分类

分类	功能
操作型机器人	能自动控制,可重复编程,多功能,有多个自由度,可固定或运动,用于相关自动化系统中
程控型机器人	按预先要求的顺序及条件,依次控制机器人的机械动作
示教再现型机器人	通过引导或其他方式,先教会机器人动作,输入工作程序,机器人则自动重复进行作业
数控型机器人	不必使机器人动作,通过数值、语言等对机器人进行示教,机器人根据示教后的信息进行作业
感觉控制型机器人	利用传感器获取的信息控制机器人的动作
适应控制型机器人	机器人能适应环境的变化,控制其自身的行动
学习控制型机器人	机器人能"体会"工作的经验,具有一定的学习能力,并能将所"学"的经验用于工作中
智能机器人	以人工智能决定其行动的机器人

3. 按照机械结构分类

（1）串联机器人　对于串联机器人来说，其所有运动杆不形成一个封闭的结构链，相反，它的结构是一个开放的运动链。串联机器人具备工作空间大、运动分析较为容易的特点，这些特点可有效避免耦合效应发生在驱动轴之间。但串联机器人必须要独立控制其机构各轴，并且其机构运动时的精确度需要搭配编码器和传感器来提升。一个轴的坐标原点会由另一个轴的运动而改变。关节机器人是当今工业领域中最常见的工业机器人的形态之一，也可被称为关节手臂机器人或关节机械手臂。它在自动装配、搬运、喷漆、焊接等许多工业领域的机械自动化作业中都发挥着重要作用。六关节串联机器人是一种典型的串联机器人，拥有 6 自由度的关节，各关节轴线相互平行或垂直，如图 3-14 所示。它的连杆一端装在固定的支座上（底座），另一端呈自由状态，在自由端安装各种工具后，就可以实现机器人作业。相互连接的两个连杆在关节的作用下产生相对运动。

串联机器人根据运动副的不同可以

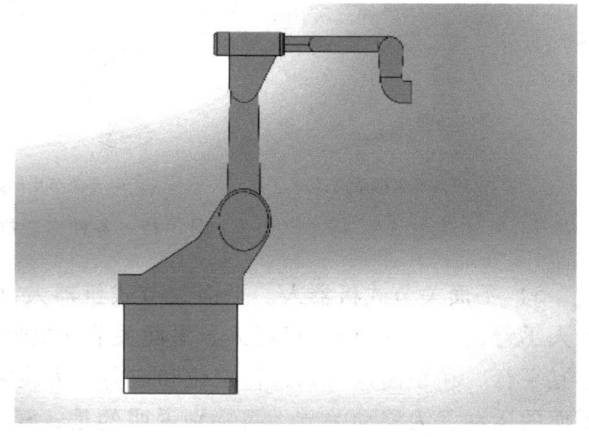

图 3-14　六关节串联机器人

分为直角坐标系机器人、圆柱坐标系机器人、球面坐标系机器人、多关节坐标系机器人以及平面关节式机器人等。

1）直角坐标系机器人。直角坐标系机器人（见图3-15a）是通过沿着三个相互垂直的轴线移动来实现手部空间的位置变化。直角坐标系机器人适用于高精度的装配、检测作业和生产设备的上下料。

2）圆柱坐标系机器人。见图3-15b展示了圆柱坐标系机器人的结构。圆柱坐标系机器人有一个转动关节和两个移动关节，末端操作器的安装轴线的位姿用（z, r, θ）坐标表示。圆柱坐标系机器人的动作空间呈圆柱形，其空间位置机构的主要构成有旋转基座、竖直移动轴和水平移动轴。

3）球面坐标系机器人。球面坐标系机器人（见图3-15c）有一个移动关节和两个转动关节，末端操作器的安装轴线的位姿用（θ, φ, r）坐标表示。球面坐标系机器人的工作空间呈球面的一部分。可借由机械手里外伸缩移动，在垂直平面内摆动以及绕底座在水平面内移动来完成操作。

4）多关节坐标系机器人。多关节坐标系机器人（见图3-15d）的主要结构包含底座、大臂和小臂。其肘关节是大臂和小臂间的转动关节，肩关节是大臂和底座间的转动关节。底座可以绕竖直轴线转动，这部分是腰关节。多关节坐标系机器人是一种拟人化机器人，应用范围广泛。

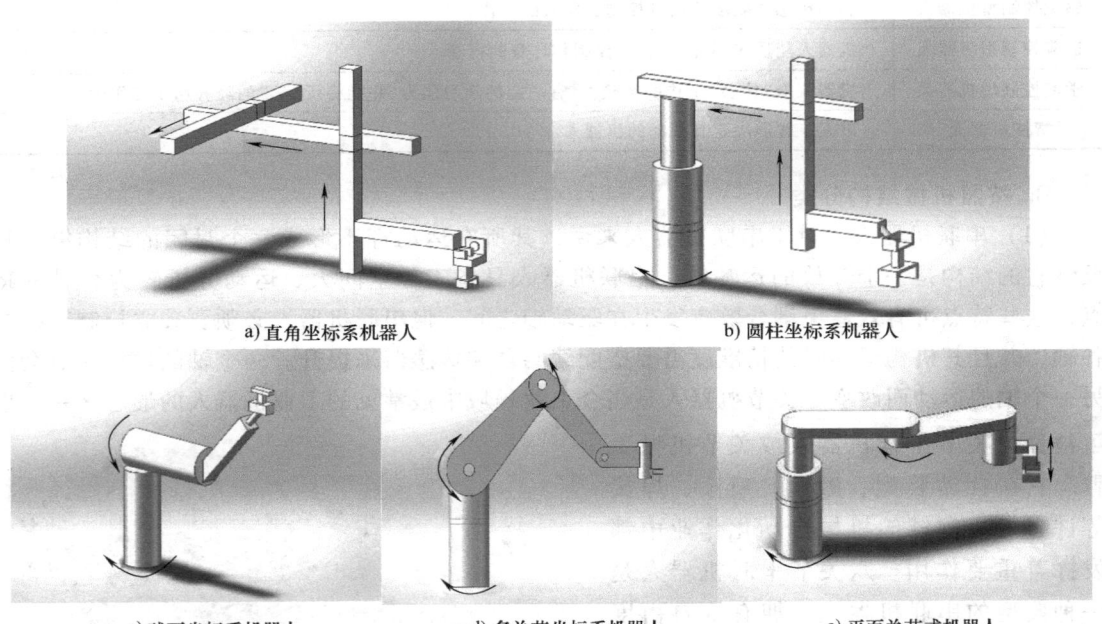

a) 直角坐标系机器人　　b) 圆柱坐标系机器人

c) 球面坐标系机器人　　d) 多关节坐标系机器人　　e) 平面关节式机器人

图3-15　各种串联机器人示意图

5）平面关节式机器人。平面关节式机器人（见图3-15e）是一种应用于装配作业的机器人手臂，又称SCARA机器人。平面关节式机器人共有三个关节：第一、第二关节的轴线相互平行，在平面内可以进行定位和定向，为旋转关节；第三关节用于完成末端件在垂直于平面的运动，为移动关节。需特别说明的是，SCARA的串接两杆结构，可以像人类的手臂一样伸进有限空间中作业然后收回，这项功能适用于搬动和取放如集成电路板等物品。

其第一关节和第二关节可转动,第三关节可以根据工作不同的需要,制造成相应不同的形态。平面关节式机器人的工作范围由其特定的形状决定,类似于一个扇形区域。它被主要应用于搬取零件和装配的工作。现今,塑料工业、汽车工业、电子产品工业、药品工业和食品工业等领域都出现了 SCARA 机器人的身影。

(2) 并联机器人 并联机器人的运动平台和基座之间至少由两根活动连杆连接,是一个封闭的运动链,如图 3-16 所示。并联机器人和传统工业用串联机器人在应用上可形成互补。并联机器人定位精度较高,不易产生动态误差,无累积误差。并且它的结构稳定、紧密,大部分轴向力由输出轴承受,具有刚性高、承载能力大的特点。需要注意的是,对于并联机器人的位置求解,正解比较困难,而反解较容易。一个轴运动不会对另一个轴的坐标原点造成影响。

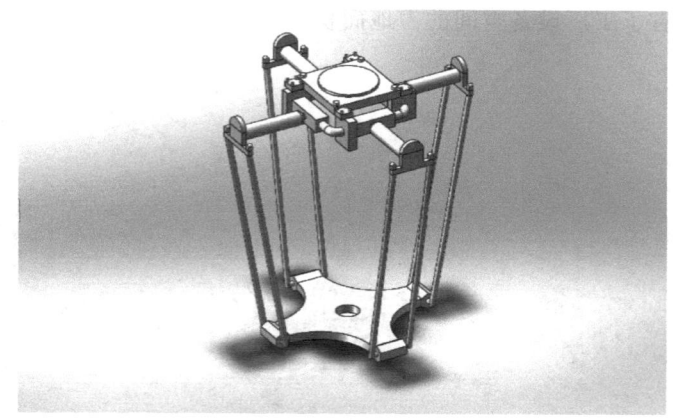

图 3-16 并联机器人

(3) 混联机器人 混联机器人作为一种新兴结构,是以并联机构为基础,嵌入具有多个自由度的串联机构,而形成的一个复杂的混联系统。混联机器人结构设计复杂,属于对并联机器人的补偿和优化。此类机器人继承了并联机器人刚度大、承载能力强、高速度、高精度的特点,同时也具有串联机器人运动空间大、控制简单、操作灵活等特性,多用于高运动精度的场合。在应用工艺上,除常用于食品、医药、3C、日化、物流等行业中的理料、分拣、转运外,凭借多角度拾取优势扩大了工业机器人的应用范围。目前,常见的有 3P-2R 和 3P-3R 两种组成结构。

1) 混联五轴 3P-2R 结构。混联五轴 3P-2R 结构是由三自由度的并联机构与二自由度的串联机构组成,将并联机构的快速处理、高精度与串联末端拾取位姿灵活的特点相结合。图 3-17 为混联五轴 3P-2R 结构机器人示意图,该机器人具有五自由度,可以满足灵活作业要求。

2) 混联六轴 3P-3R 结构。另一系列

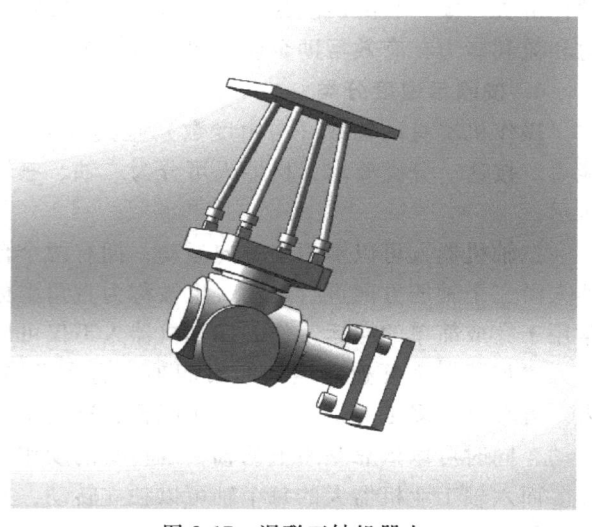

图 3-17 混联五轴机器人

混联六轴由 3P-3R 结构是由三自由度的并联机构与三自由度的串联机构组成，实现了六自由度更大空间的运行，在保持了原有并联机构特点之外，增加了拾取物品位姿随机、末端摆放自由灵活、理料与分拣双工艺结合的特点。该结构机器人可以通过 3D 相机完成立体物料的视觉信息捕捉，根据物料在三维空间内的位置与角度进行判断，实现立体空间抓取的问题，解决了以往机器人只能进行平面抓取的弊端。该结构可实现对堆叠来料的快速理料，同时也开拓了对不规则、不平整来料进行涂胶、注塑等工艺，丰富了更多应用场景。

图 3-18 展示了混联六轴分拣机器人的基本结构。这种机器人的末端 J4、J5、J6 轴可分别进行空间±360°、±150°旋转，末端执行器能开展空间六自由度操作，这使其在配合 3D 视觉识别系统时，可根据堆叠物料的位姿和定位坐标去调整末端执行器姿态进行空间六自由度的抓取，完成分拣作业。一机两用，无须额外增加工序，这不仅解决了分拣工艺的难点，而且在很大程度上节省了工厂设备空间的占地面积。

图 3-18　混联六轴机器人

混联机器人能更加有效地结合市场需求，满足客户个性化定制需要，建立行之有效的自动化解决方案。它的出现为工业机器人应用拓宽了视野，提升了我国制造业企业的核心竞争力和盈利能力，有效帮助企业加快转型升级。

4. 按照自由度分类

操作机本身的轴数（自由度数）是其分类的重要依据，能最直观地反映机器人的工作能力。按这一分类要求，机器人可分为二轴、三轴、四轴、五轴、六轴等机器人，如图 3-19 所示。

二轴机器人可以沿两个方向运动，拥有两个自由度。三轴机器人的三个轴可以使工业机器人沿三个轴的方向进行运动，也被称为直角坐标系或者笛卡儿工业机器人。这种机器人通常用于完成简单的搬运工作。四轴机器人不仅可以沿着 x、y、z 轴进行转动，而且比三轴机器人增加了一个可独立运动的第四轴。通常 SCARA 工业机器人也被认为是四轴工业机器人。五轴是许多工业机器人的常用配置，这些工业机器人可以通过 x、y、z 三个空间轴进行转动，同时可以依靠基座上的轴实现转身的动作，手部有可以灵活转动的轴，增加了其灵活性。而六轴工业机器人的每个轴可以独立转动，并且可以穿过 x、y、z 轴，它与五轴工业机器人的最大区别就是多了一个可以自由转动的轴。

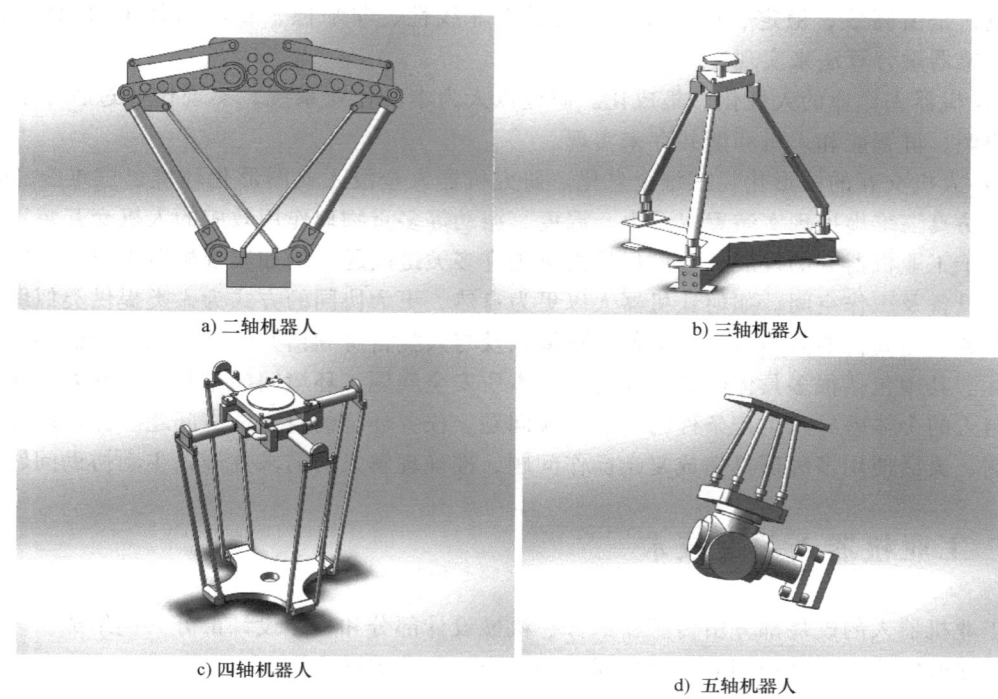

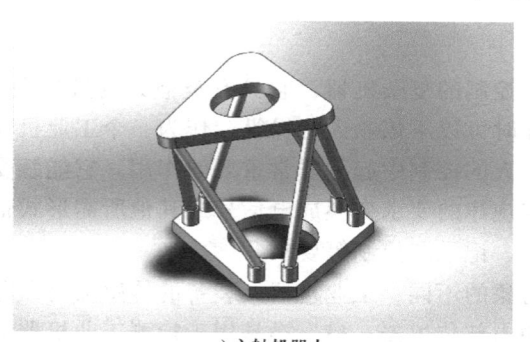

图 3-19 按照自由度分类机器人

3.2.3 工业机器人的发展趋势

通过这些年中外知名企业上市和正在研制的产品来看,智能化、网络化、柔性化、人性化、编程图形化是新一代工业机器人的发展方向,并在下述方面表现出强劲的发展态势和极大的提升空间。

1)机器人结构的模块化、可重构化。研究机器人结构、控制与感知的可重构技术,通过快速重构技术,生成适应新环境、新任务的机器人系统,可体现出良好的作业柔性。

2)机器人控制系统的开放化、网络化。研究机器人控制系统的可扩展性、互操作性、可移植性,使机器人由独立系统向群体系统发展。

3)机器人驱动系统的数字化、分散化。通过分布式控制、远程联网和现场控制,实现机器人驱动系统的数字化和网络化,提高机器人运动控制能力。

4)机器人多传感器融合的实时化、实用化。机器人协同感知系统具有实时化、实用化的特点，是由高效、稳定、可行（特别是针对非线性、非平稳、非正态分布的现实信息）的多传感器融合算法来实现。

5）机器人作业的人性化、集成化。研究以人为本的作业系统，实现作业过程中机器人群体协调、群智能和人机和谐共存来实现。

6）人机交互的图形化、三维全息化。研究机器人全浸入式图形化环境、三维全息环境建模、仿真三维虚拟现实装置以及力、温度、振动等多重物理作用效应的人机交互装置。

对于工业机器人的发展，今后仍然需解决许多关键问题，例如实现机器人与人共同使用工具、设备及工作空间。如何让机器人以更为自然、更为协同的方式为人类提供类似助手等多项服务，达到机器人与人类生活行为环境以及与人类自身和谐共处的状态是我们共同追求的目标。其中包括很多具体问题，如机器人本质安全问题、环境间的绝对安全共处问题、机器人与人的个体差异及生产条件的自主适应问题、任务环境的自主适应问题、操作多样化器具问题、灵活使用多种器具完成复杂操作问题、准确理解人的需求并施以主动协助问题等。

3.3 工业机器人关键技术

工业机器人的硬件部分由传感器部分、机械设计部分和程序设计部分共同组成。软件部分中的导航定位与路径规划对工业机器人的工作也起着关键作用。

3.3.1 传感器部分

工业机器人是由计算机控制的复杂机器，它具有类似人的肢体及感官功能，动作灵活，有一定程度的智能，在工作时可以不依赖人的操纵。作为一个工业机器人感知外部环境的重要工具，传感器在工业机器人的控制中起了非常重要的作用。它能感受到被测量信息，并能将感受到的各种信息按一定规律的要求变换成电信号或其他所需形式信息输出，以满足信息的传输、处理、存储、显示、记录和控制等要求。

一般来说，根据检测对象的不同，工业机器人装备的传感器可以分为两类：一类是用于检测工业机器人自身状态的内部传感器；另一类是用于检测工业机器人相关环境参数的外部传感器。

所谓内部传感器就是装在工业机器人身上以测量其自身状态相关信息的功能元件。具体检测对象包括工业机器人的关节线位移、角位移等几何量，速度、角速度、加速度等运动量，力、力矩、倾斜角和振动等物理量。这些测量信息将在工业机器人整个控制系统中作为反馈信号使用。内部传感器通常由位置传感器、速度传感器、姿态传感器等组成。

外部传感器主要用来检测机器人所处环境及目标状况，从而使得机器人能够与环境发生交互作用并对环境具有自我校正和适应的能力。机器人的外部传感器主要包括触觉传感器、听觉传感器和视觉传感器等。广义来看，机器人外部传感器就是具有人类五官的感知能力的传感器。

1. 内部传感器

（1）位置传感器　位置传感器（Position Sensor）可用来测量机器人的自身位置。它测量的不是一段距离的变化量，而是通过检测确定是否已到达某一位置。它能感受被测物的位置并转换成可用输出信号。

位置传感器不需要产生连续变化的模拟量，只需要产生能反映某种状态的开关量。通过检测方式位置传感器可划分为接触式和接近式。

1) 接触式传感器。接触式传感器也叫接触开关，是能确定两个物体是否接触的一种传感器。常见的有行程开关、二维矩阵式位置传感器等。其中，行程开关是最常用的位置传感器。

行程开关是利用机械运动部件碰撞其触头来实现接通或分断控制电路，达到一定的控制目的。通常，这类开关被用来限制机械运动的位置或行程，使运动机械按一定的位置或行程实现自动停止、反向运动、变速运动或自动往返等。机械手掌内侧安装二维矩阵式位置传感器可用于检测自身与某个物体的接触位置。

2) 接近式传感器。接近式传感器也叫接近开关，是指当目标物体与其接近到设定距离时就发出"动作"信号的开关，它无须和物体直接接触。它利用位移传感器对接近物体的敏感特性实现控制开关的目的，是用来判别在某一范围内是否有某种物体的一种传感器。它既有接触式传感器的特性，同时具有动作可靠、性能稳定、频率响应快、应用寿命长、抗干扰能力强、防水、防震、耐腐蚀等特点。接近开关有很多种类，主要有电磁式、光电式、差动变压器式、电涡流式、电容式、干簧管式、霍尔式等。其中，霍尔式传感器是应用最为广泛的接近式传感器。

(2) 速度传感器　速度传感器用于测量机器人自身的速度，可分为旋转式速度传感器和磁电式转速传感器。

1) 旋转式速度传感器。旋转式速度传感器按安装形式可划分为接触式和非接触式两类。

① 接触旋转式速度传感器。接触旋转式速度传感器直接接触运动物体，当运动物体接触到旋转式速度传感器时，传感器的滚轮被摩擦力带动实现转动。滚轮上装载转动脉冲传感器，发送出一连串的脉冲。每个脉冲代表着一定的距离值，借此可测出线速度。

接触旋转式速度传感器具有使用方便、结构简单的特点。但是接触滚轮与运动物体的接触会造成滚轮的外周磨损，从而影响滚轮的周长。另外，由于每个传感器的脉冲数是固定的，外周的磨损会对脉冲数造成影响，从而影响传感器的测量精度。为提高测量精度，必须在二次仪表中增加补偿电路。需要注意的是，接触式会难免产生滑差，滑差的存在也是影响测量正确性的因素。

② 非接触旋转式速度传感器。非接触旋转式速度传感器与运动物体不产生直接接触。非接触式测量原理很多，主要有激光测速与雷达测速。

激光测速传感器的原理是利用激光对被测物体进行两次有特定时间间隔的激光测距，取得在该时段内被测物体的移动距离，从而得到该被测物体的移动速度。激光测速传感器具有测量距离远、测量范围广、非接触、测量精度高、响应时间短等特点，因此应用十分广泛。

雷达测速传感器的原理是基于多普勒效应，利用发送与接收信号的频率差，通过公式计算出物体运动的速度。雷达测速传感器是测速领域的主流传感器，具有体积小、感应灵敏、集成化程度高、不受气候/温度/光线影响以及测速范围广等特点，且采用了平面微带天线技术。

2) 磁电式转速传感器。磁电式转速传感器主要利用磁阻元件来完成转速测量。磁阻元件的一个特性是其阻抗值会随着磁场的强弱而变化。通常，磁电式转速传感器通过其内部装有的磁性铁而预先带有一定的磁场，当金属的检测部位靠近传感器时，金属的检测部位与传感器的磁场变化会使得传感器的磁阻抗也跟着发生变化，根据磁阻抗变化的时间间隔可获取该时段内被测物体的移动距离。

（3）姿态传感器　姿态传感器是用来检测机器人与地面相对关系的传感器。当机器人可以进行自由的移动时，如移动机器人，就需要安装姿态传感器。姿态传感器设置在机器人的躯干部分，它用来检测移动中的姿态和方位变化，保持机器的正确姿态，并且实现指令要求的方位。姿态传感器是基于微机电系统（MEMS）技术的高性能三维运动姿态测量系统。它包含三轴陀螺仪、三轴加速度计（IMU），三轴电子罗盘等辅助运动传感器，通过内嵌的低功耗 ARM 处理器输出校准过的角速度、加速度、磁数据等，通过基于四元数的传感器数据算法进行运动姿态测量，实时输出以四元数、欧拉角等表示的零漂移三维姿态数据。

常用的姿态传感器是陀螺仪，它的工作原理是：利用高速旋转转子能够保持其运动姿态不变的性质，将转子通过一个被称为万向接头的支撑机构安装在机器人上方，以实现对姿态的检测。陀螺仪主要包含气体速率陀螺仪和光陀螺仪。气体速率陀螺仪利用了姿态变化时气流也发生变化这一现象。光陀螺仪利用光程的变化，即在光学环路转动时，光学环路的光程在不同的行进方向上相对于环路在静止时的光程都会产生变化，检测出两条光路的相位差或干涉条纹的变化。由此测出光路旋转角速度。

姿态传感器对于控制机器人的行为操作发挥着重要作用。移动机器人要求有更高的计算能力，而计算机处理的信息必须通过传感器获得，因此新一代移动机器人需要更多的、性能更好的、功能更强的、集成度更高的姿态传感器。

2. 外部传感器

（1）触觉传感器　人的触觉是指分布于人体全身皮肤上的神经细胞接收来自外界的温度、湿度、压力、振动等方面的感觉。在机器人中使用触觉传感器的目的在于获取机械手与工作空间中物体接触的有关信息。例如，触觉信息可以用于物体的定位和识别以及控制机械手加在物体上的力。机器人触觉是模仿人的触觉功能而来，它是机器人和与其接触的对象物之间的直接感觉，通过触觉传感器与被识别物体相接触或相互作用来完成对物体表面特征和物理性能的感知。

机器人触觉的主要功能有检测与识别。检测功能是指对操作物进行物理性质检测，如粗糙度、硬度等，使机器人能够灵活地控制手爪及关节来操作对象物。识别功能是指识别对象物的形状。

触觉包括接触觉、滑觉、压觉和力觉。接触觉属于接触图形的检测，意指手指与被测物是否产生接触；压觉是垂直于机器人和对象物接触面上的力感觉；力觉是机器人动作时各自由度的力感觉。

1）接触觉传感器。接触觉传感器是一种可用于判断机器人（主要指四肢）是否接触到外界物体，或者测量被接触物的物体特征的传感器。接触觉传感器的类型包括微动开关式、导电橡胶式、含碳海绵式、碳素纤维式、气动复位式等。

① 微动开关。微动开关由弹簧、触点和压杆构成，其触头接触外界物体后离开基板，造成信号通路断开，从而测到与外界物体的接触。这种常闭式（未接触时一直接通）微动开关的优点是使用方便、结构简单；其缺点是易产生机械振荡和触头易氧化。

② 导电橡胶式。导电橡胶式传感器以导电橡胶为敏感元件，当导电橡胶式接触觉传感器的触头接触外界物体受压后，压迫导电橡胶，使它的电阻发生改变，从而使流经导电橡胶的电流发生变化。这种传感器的缺点是由于导电橡胶的材料配方存在差异，出现的漂移和滞后特性也不一致；其优点是具有柔性。

③ 含碳海绵式。该传感器在基板上装有海绵构成的弹性体，在海绵中按阵列布以含碳海绵。接触物体受压后，含碳海绵的电阻减小，测量流经含碳海绵电流的大小，可确定受压程度。这种传感器也可用作压力觉传感器。其优点是结构简单、弹性好、使用方便；其缺点是碳素分布的均匀性直接影响测量结果，以及受压后恢复能力较差。

④ 碳素纤维式。碳素纤维式传感器以碳素纤维为上表层，下表层为基板，中间装以氨甲酸酯和金属电极。接触外界物体时，碳素纤维受压而与电极接触导电，测量电流的大小就可确定受压的程度。其优点是柔性好，可装于机械手臂曲面处，但滞后较大。

⑤ 气动复位式。气动复位式传感器有柔性绝缘表面，受压时产生变形，脱离接触时则由压缩空气作为复位的动力。与外界物体接触时其内部的弹性圆泡（铍铜箔）与下部触点接触而导电，测量该电流的大小就可确定受压的程度。其优点是柔性好、可靠性高，但需要压缩空气作为传感器的复位动力源。

2）滑觉传感器。滑觉传感器用于判断和测量机器人抓握或搬运物体时物体所产生的滑移。它实际上是一种位移传感器。按有无滑动方向检测功能可分为无方向性、单方向性和全方向性三类。

① 无方向性传感器。无方向性传感器的结构由蓝宝石探针、金属缓冲器、压电罗谢尔盐晶体和橡胶缓冲器组成。探针在物体滑动时产生振动，经由罗谢尔盐转换为相应的电信号。缓冲器用于达到减小噪声的功效。

② 单方向性传感器。当物体滑移时滚筒会产生转动，从而致使光电二极管接收到透过码盘（装载于滚筒的圆面上）的光信号，物体的滑动可以通过滚筒的转角信号测出。这就是单方向性传感器的工作原理。

③ 全方向性传感器。全方向性传感器是表面包有绝缘材料的金属球，金属球分成经纬分布的导电区与不导电区。全方向性传感器对制作工艺要求较高。当传感器接触物体并产生滑动时，球发生转动，球面上的导电区与不导电区交替接触电极，从而产生通断信号，滑移的大小和方向可以通过对通断信号的计数和判断测出。

3）压觉传感器。压觉传感器安装于机器人手指上，是用于感知被接触物体压力值大小的传感器。压觉传感器又称为压力觉传感器，可分为单一输出值压觉传感器和多输出值的分布式压觉传感器。压觉传感器现今多数正处在实验室研究阶段，如何利用材料物性原理去开发压觉传感器是当下普遍关注的方向。

我们日常见到的碳素纤维便是压觉传感器的一种。碳素纤维的优点是片丝细、重量小、机械强度高。碳素纤维的纤维片阻抗会在受到某一处的压力时发生变化，借由这种变化，就可以测量出压力。导电橡胶也是一种典型的材料，导电橡胶受到压力后，阻抗随压力变化而变化，由此可测量压力。导电橡胶的优点是柔性好、有利于机械手抓握；缺点是灵敏度低、机械滞后性大。

4）力觉传感器。所谓力觉是指机器人作业过程中对来自外部力的感知。它和压觉不同，力觉是对垂直于力接触表面的力、三维力和三维力矩的感知。机器人力觉传感器是模仿人类四肢关节功能的机器人获得实际操作时的大部分力信息的装置，是机器人主动柔顺控制必不可少的，它直接影响着机器人的力控制性能。分辨率、灵敏度和线性度高，可靠性好，抗干扰能力强是机器人力觉传感器的主要性能要求。就传感器安装部位而言，力觉传感器可分为腕力传感器、关节力传感器、握力传感器、脚力传感器、手指力觉传感器等。

力觉传感器可通过检测弹性体变形来间接测量得出所受力。通常把力觉传感器用固定的三坐标形式装在机器人的关节处，这样可更好地满足控制系统的需求。目前出现的六维力觉传感器可实现全力信息的测量，因其主要安装于腕关节处又被称为腕力觉传感器。腕力觉传感器大部分采用应变电测原理。按其弹性体结构形式可分为两种：筒式和十字形腕力觉传感器。其中，筒式具有结构简单、弹性梁利用率高、灵敏度高的特点；而十字形的传感器结构简单、坐标建立容易，但加工精度要求较高。

力觉传感器根据力的检测方式的不同，可分为应变片式（检测应变或应力）、利用压电元件式（压电效应）及差动变压器、电容位移计式（用位移计测量负载产生的位移）。其中，应变片式力觉传感器最普遍，商品化的力觉传感器大多是这一种。压电元件很早就用在刀具的受力测量中，但它不能测量静态负载。电阻应变片式压力传感器是压变片式的一种，是利用金属拉伸时电阻变大的现象，将它粘贴在加力方向上，可根据输出电压检测出电阻的变换。

5）先进触觉传感技术。触觉传感器在近几年特别受关注，主要是由于两个与机器人学完全不相关的应用领域：人机界面（触摸屏显示器），即通信设备和计算机；医学，即微创和远程手术和治疗以及组织特征。虚拟现实应用也在触觉传感发展中发挥着作用。尽管如此，先进触觉传感技术的发展并不理想。与视觉相反，触摸并不能产生很好的量化信号。但是先进触觉传感技术发展不理想的一个重要原因是缺乏目标和详细的规范。

近些年来，硅或聚合物基微机电系统（MEMS）对触觉传感的实现特别有吸引力，因为它们不仅能产生高密度的传感器阵列，而且能产生同时包含传感器、所需调节电子电路，甚至用于信号采集、数字信号处理和测试的硬件的设备。

最近开发的大部分触觉传感器都或多或少地使用了MEMS技术，它们主要是聚合物与有机材料基或硅基组成的传感器。基于聚合物的传感器通常使用压阻橡胶作为力传感元件。由于其单位面积的制造成本较低，基于聚合物的传感器比基于硅的传感器更适用于广域触觉传感器，但具有空间分辨率低（约2mm）的缺点。

硅微机械触觉传感器利用硅的高拉伸强度，降低机械滞后和低热膨胀系数。大多数MEMS触觉传感器都是基于压阻或电容单元，通过集成使用CMOS技术制作的开关矩阵，可以减少导线数量。CMOS技术还可以集成Taxels阵列调节电路。硅微机械触觉传感器的空间分辨率比聚合物基触觉传感器的空间分辨率更高，但很难在其表面实现柔性传感。由于其本身物理特性，MEMS触觉传感器容易受到机械损伤。为了克服这个问题，也可以在传感器上提供一种柔软的类似皮肤的涂层，如聚二甲基硅氧烷（PDMS）。

（2）听觉传感器 耳朵是我们人类的听觉感受器官，耳朵适应某特定频率范围内声波振动的刺激。声源振动会引起空气产生疏密波，疏密波让耳蜗中的淋巴液和基底膜激起振动，这使得耳蜗科蒂氏器官中的毛细胞产生兴奋。毛细胞下方的基底膜中分布着听神经纤维。在这里，振动波的机械能转化成听神经纤维上的神经冲动，并以神经冲动的不同频率和组合形式对声音信息进行编码，最终传送到大脑皮层的中枢，产生听觉。

现在，人机对话可以让机器人通过听觉传感器实现。语言处理技术可通过语言识别技术让机器人能听懂人讲话，通过语音合成技术可以让机器人讲出人能听懂的语言。听觉传感器具有语音识别功能，这种传感器通常用话筒等振动检测器作为检测元件，检测出声音或声波。通常情况下，机器人听觉系统中的听觉传感器的基本形态与传声器一致，其工作原理多数是利用压电效应和磁电效应等，其优点是较少出现声音输入端方面的问题。

听觉传感器收集到语音信号后需对语音信号进行语音识别。语音识别就是让机器通过识别和理解过程把语音信号转变为相应的文本或命令的技术。语音识别是一门涉及面很广的交叉学科，它与声学、语音学、语言学、信息理论、模式识别理论以及神经生物学等学科都有非常密切的关系。随着语音识别技术的发展，已经部分实现用机器代替人耳。机器人不仅能通过语音处理及辨识技术识别讲话，还能正确理解一些简单的语句。

语音识别系统包括特征提取、模式匹配、参考模式三个基本单元，其本质上是一种模式识别系统。语音信号的识别过程如图 3-20 所示。

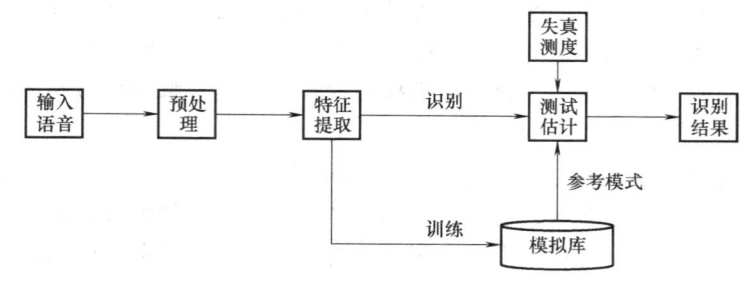

图 3-20　语音识别过程

听觉传感器在收集到语音信号后，首先需对语音信号进行预处理。经过预处理后的语音信号，要对其进行特征提取，即特征参数分析。该过程就是从原始语音信号中抽取能够反映语音本质的特征参数，形成特征矢量序列。当语音信号经过预处理，并抽取所需的特征后，在训练模式下，完成相应的语音信号的输入和特征存储工作，建立完整的语音信号特征数据模拟库。同时，按照一定的准则求取待测语音特征参数和语音信号与模式库中相应模板之间的失真测度，最匹配的就是识别结果。

目前，具有代表性的语音识别方法分别为动态时间规整（DTW）算法、隐马尔可夫模型（HMM）和矢量量化（VQ）方法。动态时间规整算法是在非特定人语音识别中一种简单有效的方法。该算法基于动态规划的思想，解决了发音长短不一的模板匹配问题，是语音识别技术中出现较早、较常用的一种算法。在应用 DTW 算法进行语音识别时，就是将已经预处理和分帧过的语音测试信号和参考语音模板进行比较，以获取它们之间的相似度，按照某种距离测度得出两模板间的相似程度并选择最佳路径。隐马尔可夫模型是语音信号处理中的一种统计模型，是由 Markov 链演变来的，所以它是基于参数模型的统计识别方法。由于其模式库是通过反复训练形成的、与训练输出信号吻合概率最大的最佳模型参数，而不是预先储存好的模式样本，且其识别过程中运用待识别语音序列与 HMM 参数之间的似然概率达到最大值所对应的最佳状态序列作为识别输出，因此是较理想的语音识别模型。矢量量化（Vector Quantization）是一种重要的信号压缩方法。与 HMM 相比，矢量量化主要适用于小词汇量、孤立词的语音识别中。其过程是将若干个语音信号波形或特征参数的标量数据组成一个矢量，在多维空间进行整体量化。把矢量空间分成若干个小区域，每个小区域寻找一个代表矢量，量化时落入小区域的矢量就用这个代表矢量代替。矢量量化器的设计就是从大量信号样本中训练出好的码书，从实际效果出发寻找到好的失真测度定义公式，设计出最佳的矢量量化系统，用最少的搜索和计算失真的运算量实现最大可能的平均信噪比。

语音识别系统可以根据对输入语音的限制进行分类，用说话者与识别系统的相关性分类，可将语音识别系统分为特定人语音识别方式和非特定人语音识别方式两种模式。

特定人语音识别方式是将事先指定的人声音中每一个字音的特征矩阵存储起来，形成一个标准模板，然后再进行匹配。特定人说话方式的识别率比较高。为了便于存储标准语音波形及选配语音波形，需要对输入的语音波形频带进行适当的分割，将每个采样周期内各频带的语音特征能量抽取出来。语音识别系统可以识别讲话的人是否是事先指定的人，讲的是哪一句话。这样的听觉传感器，可以有效地告诉机器人如何进行操作，从而构成声音控制型机器人。

非特定人语音识别方式大致可以分为语言识别系统、单词识别系统及数字音识别系统。非特定人语音识别方法需要对一组有代表性的人的语音进行训练，找出同一词音的共性。这种训练往往是开放式的，能对系统进行不断的修正。在系统工作时，将接收到的声音信号用同样的办法求出它们的特征矩阵，再与标准模板比较，看它与哪个模板相同或相近，从而识别该信号的含义。

（3）视觉传感器　视觉传感器是智能机器人最重要的传感器之一。机器人视觉是通过视觉传感器获取环境的二维图像，并通过视觉处理器进行分析和解释，转换为符号，让机器人能够辨识物体，并为特定的任务提供有用的信息，用于引导机器人的动作。视觉传感器在捕获图像之后，将其与内存中存储的基准图像进行比较，以做出分析。

科学家的研究成果表明，在人类对外界的全部感知信息中，约有80%是经由视觉系统获得的。视觉传感器在工业机器人领域中的应用也相当广泛。人们常用各种摄像头来获取视觉信息。工业机器人中常用的视觉传感器，可以分为二维视觉传感器和三维视觉传感器。

二维视觉传感器通常为单目摄像头系统。根据感光元器件的不同，可分为CCD视觉传感器、CMOS视觉传感器和红外传感器等。二维视觉传感器在工业机器人领域应用广泛，例如，管道机器人传感器子系统中就多采用单目摄像头来探察管道内的情况，并结合其他传感器对整个管道进行探测。摄像头主要由镜头、CCD（或CMOS）图像传感器、模/数（A/D）转换器、同步信号发生器、CCD驱动器、图像信号形成电路、数/模（D/A）转换电路和电源电路等构成。

单目摄像头的工作原理如图3-21所示。由图可知，被摄物体反射的光线传到镜头，通过镜头生成的光学图像投射到图像传感器表面上，CCD（或CMOS）根据光的强弱积聚相应的电荷，经周期性放电产生表示一幅幅画面的电信号，经过A/D（模/数）转换后变为数字图像信号，同步信号发生器主要产生同步时钟信号（由晶体振荡电路来完成），即产生竖直和水平的扫描驱动信号，再传到图像处理器中处理，存储信号并通过显示器就可以看到图像了。

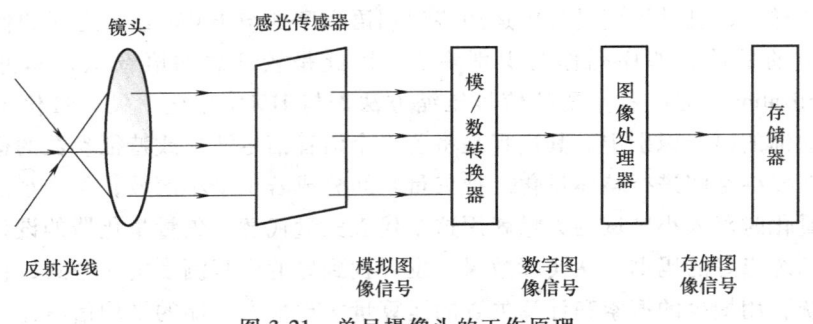

图3-21　单目摄像头的工作原理

随着现代工业生产制造加工工艺的不断进步，产品加工过程的智能化和自动化程度进一步提高。自动化生产线上的产品在进入每一道工序前，都需要对产品进行基于视觉图像的检测。目前，在一些工业生产领域，基于图像二维视觉检测技术已初步应用在生产线上产品的视觉检测和自动监控过程中。但二维视觉检测只能对产品的相对位置、形态、产品标记等二维投影特征进行判别和检测，是单视点投影视觉检测，无法对产品的三维特征和表面参数进行高精度的测量和三维形态识别。因此，二维视觉检测技术还远远不能满足现代工业生产发展过程中数字制造与智能制造和检测的需要。

目前，用于三维重建的非接触测量技术已成为产品数字化制造及自动化加工过程的迫切需要。三维立体视觉传感器一般用于测量环境的三维信息，不仅能获取被测对象的物体信息，还能测量其尺度信息与深度信息。如图3-22所示，若已知两个摄像头的相对关系，基于三角测量原理可以计算出对象物体 P 的三维位置。

由于工业机器人对视觉传感器系统的检测速度、检测精度等有着较为严格的要求，因此能提供高性能工业视觉传感器的厂家并不多，主流品牌有 SICK、康耐视、倍加福、西门子、欧姆龙、Banner、SENSOP-ART 等。其中，SICK Inspector 系列和康耐视 Checker 系列都是深受市场喜爱的工业视觉传感器产品。

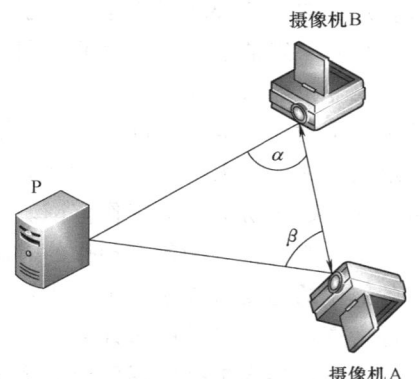

图 3-22　三维成像工作原理

3.3.2　机械设计部分

对于机器人的机械设计，要根据设计要求，确定机器人的类型、自由度和手部负载，从总体上确定机械部分的设计方案，拟定机器人关节的控制系统总体方案。

机器人的机械设计包含了机器人的总体设计、机械结构设计、控制系统设计与驱动系统设计。首先，根据机器人的工作要求和结构特点，进行机器人的总体设计，确定机器人的外形尺寸和工作空间，拟定机器人各关节的总体传动方案，对机器人腰关节结构进行详细设计，合理布置电动机和齿轮，确定各级传动参数，进行齿轮、轴和轴承的设计计算和校核。最后，利用齐次变换矩阵法建立不同自由度关节机器人的正运动学模型，求出机器人末端相对于各自参考坐标系的齐次坐标值，建立在直角坐标空间内机器人末端执行器的位置和姿态与关节变量值的对应关系。

1. 工业机器人的总体设计

机器人总体设计的主要内容包括工业机器人总体系统分析、确定基本参数、选择运动方式和手臂配置形式等。完成总体设计之后再进行具体结构设计和驱动与控制系统设计。对于不同的工业机器人，没有固定的设计程序，必须具体情况具体分析。

（1）总体系统分析　工业机器人可以完成生产过程自动化，提高劳动生产率。在生产过程中需要对各种机械化、自动化装置进行综合的技术和经济分析，确定使用机器人或机械手是否合适，才可以实现生产过程自动化。确定使用机器人或机械手之后就要进行总体系统的分析。总体系统分析是要预先明确机器人或机械手的主要工作任务、应具备的功能、工作环境和基本参数等。需要做如下设计前的准备工作：

1）根据机器人的使用场合，明确所使用机器人的目的和任务。
2）分析机器人的工作环境，包括机器人与已有设备的兼容性。
3）分析系统的工作要求，确定机器人的基本功能和设计方案。也就是确定机器人的自由度数、计算机的功能水平、信息的存储容量、机器人的动作速度和定位精度、机器人容许的运动空间、环境条件（如温度、是否存在振动等）、抓取工件的重量、外形尺寸、生产批量等。

（2）基本参数确定　在完成工业机器人总体系统分析，需要确定工业机器人的基本参数，包括自由度、臂力、工作范围、运动速度、定位精度。

专用机器人针对专门的工作对象来设计，专业机器人的臂力主要根据被抓取物体的重量来确定，取 1.5~3.0 作为安全系数。工业机器人的臂力要根据被抓取物体的重量变化来确定，具有一定的通用性。目前，国内现有机械手的臂力范围为 0.15~8000N。

工业机器人主要由工艺要求和操作运动的轨迹来确定工作范围。一个操作运动的轨迹通常由几个动作合成。在确定工作范围时，可将运动轨迹分解成单个运动，由单个动作的行程确定机器人的最大行程。可适当加大行程数值以便于调整。在确定了各个动作的最大行程后，就可确定机器人的工作范围。

工业机器人分配每个动作的时间主要是根据工作节拍的生产需要，其运动速度根据机械手各部位的运动行程来确定。机器人的总动作时间应小于或等于工作节拍。若两个动作同时进行，选取时间较长的来计算。其运动速度由最大行程和动作时间来确定。

工业机器人根据使用要求来确定定位精度，精度取决于机器人的定位方式、控制方式、运动速度、臂部刚度、驱动方式、缓冲方法等。

机器人重复定位精度受工艺过程影响。不同工艺过程所要求的定位精度一般如下：

金属切削机床上下料：±(0.05-1)mm；

冲床上下料：±1mm；

点焊：±1mm；

模锻：±(0.1-2)mm；

喷涂：±3mm；

装配、测量：±(0.01-0.5)mm。

（3）运动形式选择　工业机器人的运动形式根据其运动参数来确定，然后才能确定其结构。常见的运动形式有以下几种：

1）直角坐标型。直角坐标型机器人主体结构的关节都是移动关节。移动关节的优点是结构简单，刚度高，关节之间运动相互独立，没有耦合作用；缺点是占地面积大，导轨面较难防护。

2）圆柱坐标型。圆柱坐标型机器人主体结构具有三个自由度：腰转、升降和伸缩。也就是说，具有一个旋转运动和两个直线运动。其特点是：通用性较强；结构紧凑；机器人腰转时将手臂缩回，以便减少转动惯量；受结构限制，手臂不能抵达底部，减少了工作范围。

3）球面坐标型。球面坐标型机器人主体结构具有三个自由度，即两个旋转运动和一个直线运动。其特点是工作范围较大、占地面积小，但控制系统复杂。

4）SCARA 机器人。SCARA 机器人主体结构具有四个自由度，即有三个旋转关节，其轴线相互平行，在平面内进行定位定向，另一个是移动关节。这种机器人结构轻便、响应快，适用于平面定位和在竖直方向进行工作的场合。

5）关节式机器人。关节式机器人主体结构具有三个自由度（关节），即腰转关节、肩关节、肘关节，这三个关节均是转动关节。这种机器人的特点是动作灵活，工作空间大，关节运动部位密封性好；然而，该机器人运动学复杂，不便于控制。

同一种运动形式可采用不同的结构以适应不同生产工艺的需要。对于运动形式的选取，需要严格根据工艺要求、工作现场位置以及搬运前后工件中心线方向的变化等情况来分析、比较，择优选取。专用的机械手一般只要求有二到三个自由度以满足特定工艺要求，而工业机器人必须具有四到六个自由度才能满足不同产品的不同工艺要求。在满足需要的情况下，应以选择自由度少、结构简单的运动形式为准。

合理布置料道和工件中心线在料道上的方位，可以减少自由度、缩短动作行程、简化结构。应在满足工艺要求的前提下，尽量采用运动行程短、运动轨迹简单、自由度少的方案来选择运动形式。自由度少可简化结构；行程短，在相同节拍的条件下，机器人单个动作的速度就低，既可提高定位精度，也可给设计和制造带来方便。

（4）手臂配置形式　手臂是主要的执行部件，用于支撑手的手腕、改变手在空间中的位置。工业机器人的手臂一般有 2~3 个自由度，即伸缩、回转、俯仰或升降。工业机器人的手臂通常与控制系统和驱动系统一起安装在机身（即机座）上。

手臂的结构形式必须根据机器人的运动形式、抓取重量、运动自由度、运动精度等因素来确定。同时，设计中必须考虑臂的受力、油（气）缸和导向装置的布置、内部管道与手腕的连接形式等因素，因此在设计臂时应注意以下要求。

1）刚度高。为了防止手臂大变形，手臂的断面形状要合理选择。工字形截面弯曲刚度一般比圆截面大，空心管的弯曲刚度和扭转刚度都比实心管大，所以用工字钢和槽钢作支承板，用钢管作臂杆及导向杆，并采用多重闭合的平行四边形的连杆机构代替单一的刚性构件的臂杆。

2）导向性好。为防止手臂在直线运动中，沿运动轴线发生相对转动，所以要设置导向装置，或设计方形、花键等形式的臂杆。

3）重量轻。为了提高机器人的运动速度，要尽量减少臂部运动部分的重量，以减小整个手臂对回转轴的转动惯量，一般采用碳和玻璃纤维的合成物、热塑性塑料等特殊实用材料。

4）运动平稳、定位精度高。由于臂部运动速度越高，惯性力引起的定位前的冲击也就越大，运动既不平稳，定位精度也不高。因此，要采用一定形式的缓冲措施，例如在臂部加入弹簧。

手臂按结构形式分为单臂式、双臂式、悬挂式手臂；按运动形式分为移动型手臂、旋转型手臂和复合型手臂。

2. 工业机器人的机械结构设计

工业机器人的机械结构设计主要是完成机器人的总体布局，而工业机器人的手臂配置形式基本上反映了它总体布局。随着手臂的运动要求、操作环境、工作对象的不同，手臂的配置形式也不尽相同。目前，国内外使用的工业机器人与机械手，其手臂配置形式多种多样，按其结构特点可分为机座式、立柱式和悬挂式三种。

（1）机座式　机座式结构多被工业机器人采用。为便于搬运与安放，机座上可以装上独立的驱动与控制装置。机座底部安装行走机构可以扩大其活动范围。一个机座上可以配置一个或几个手臂。手臂相对于机座的配置形式有以下两种：机座顶部配置手臂；机座立柱上配置手臂。

（2）立柱式　立柱式工业机器人或机械手的机身为固定立柱，其臂部一般可绕立柱回转。立柱式工业机器人的特点是占地面积小，工作范围较大。立柱可安装在主机之前或其间，有时也可以固定在主机机身上。其主要用来为主机上、下料或传送工件等，结构简单、实用。

（3）悬挂式　手臂悬挂在横梁式机身上，是一种常见的配置形式。横梁可以是固定的，也可以是移动的。其最大的特点是占地面积小，能有效地利用空间。机器人或机械手的臂部可安装在厂房原有建筑的柱梁上，也可从地面上架设；可安装在有关设备上方，也可安装在悬臂梁上。根据横梁上设置手臂数量的不同，可分为单臂悬挂式、双臂悬挂式和多臂悬挂式。

单臂悬挂式机器人的臂部除可伸缩外，还可以做回转、摆动运动。该型机器人可以在横梁上横向移动，故其运动范围大、通用性强；具有升降机能，可以为数台主机进行上、下料操作；具有升降和平移运动，并可根据需要调整在臂架上的位置。其缺点是：横梁悬伸不宜过长，提取重量不宜过大。该型机器人对于卧式压铸机、注塑机的下料操作比较适用。而双臂悬挂式有双臂交叉和两端对称两种形式。其优点是作业速度快，能够同时进行下降取料与卸料。其缺点是横梁受力大，所占空间大。刚性连接的自动生产线和多臂悬挂式的机械手非常适配，可在各工位间传递工件，各臂均悬挂在生产线上空的横梁上，臂间距离与工位间距离相等。手臂除做伸缩运动外，还能同步地沿横梁平移一个工位间距，由此可将工件从一个工位传送到下一个工位，免去随行夹具及其他输送装置。

3. 工业机器人的控制系统设计

工业机器人的控制系统的任务是根据机器人的作业指令程序及从传感器反馈回来的信号控制机器人的执行机构，使其完成规定的运动和功能。它的作用相当于人脑。拥有一个功能完善、灵敏可靠的控制系统是工业机器人与设备协调动作、共同完成作业任务的关键。

工业机器人在工作空间中的运动位置、姿态和轨迹、操作顺序及动作的时间等项目的控制是工业机器人控制系统的主要任务，其中有些项目的控制是非常复杂的。工业机器人控制系统的主要功能包括以下两方面。

（1）示教再现功能　示教再现功能是指控制系统可以通过示教盒或手把手进行示教，将动作顺序、运动速度、位置等信息用一定的方法预先教给工业机器人，由工业机器人的记忆装置将所教的操作过程自动地记录在存储器中，当需要再现操作时，重放存储器中存储的内容即可。如需更改操作内容时，只需重新示教一遍。

（2）运动控制功能　运动控制功能是指对工业机器人末端操作器的位姿、速度、加速度等项目的控制。

4. 工业机器人的驱动系统设计

机器人的驱动方式有三种：电动、液压和气动。一个机器人可以只有一种驱动方式，也可以是几种方式的联合驱动。

（1）液压驱动　液压驱动的特点：具有较大的功率体积比，常用于大负载的场合，是重型机械手常用的驱动方式；压力、流量均容易控制，可无级调速；反应灵敏，可实现连续轨迹控制，维修方便；但液体对温度变化敏感，油液一旦泄漏易着火；液压元件成本较高，油路也比较复杂。

（2）气压驱动　气动系统简单，成本低，适合于节拍快、负载小且对精度要求不高的场合。常用于点位控制、抓取、弹性握持和真空吸附，可高速运行。在冲击较严重时，会出现精确定位困难的问题。其优点是维修简单，能在高温、粉尘等恶劣环境中使用，泄漏无影响。该驱动方式是中小型专用机械手或机器人的常用系统。

（3）电动驱动　电动驱动方式主要有异步电动机、直流电动机、步进或伺服电动机等。该驱动方式适用于中等负载，特别适合动作复杂、运动轨迹严格的工业机器人和各种微型机器人。

3.3.3　程序设计部分

机器人程序设计是为了让机器人完成某种任务而设置的动作顺序描述，由程序控制机器人的运动和作业的指令。有两种常见的编程方法：示教编程方法和离线编程方法。示教编程方法包括示教、编辑和轨迹再现。可以通过示教盒示教和导引式示教两种途径实现。示教方式实用性强，操作简便。大部分机器人都采用这种方式。离线编程方法是利用计算机图形学成果，借助图形处理工具建立几何模型，其作业规划轨迹通过一些规划算法来获取。离线编程方法与示教编程不同，在编程过程中离线编程不与机器人发生关系，机器人可以照常工作。

机器人程序设计员有两种，分别是作业程序员与系统程序员。作业程序员所编制的基本程序功能是能够指挥机器人系统去完成分立的单一动作。例如，将工具移动至某一指定位置，操作末端执行装置，或从传感器或手调输入装置读数等。机器人工作站的系统程序员会负责选用一套对作业程序员工作最有用的基本功能，包括运算、决策、通信、机械手运动、工具指令以及传感器数据处理等。

1. 运算

机器人控制系统最重要的能力之一就是在作业过程中执行规定运算。如果机器人没有装任何传感器，那么就可能不需要对机器人程序进行运算。对于装有传感器的机器人来说，最有用的运算是解析几何。这些运算结果能使机器人自行决定下一步把工具或手爪置于何处。

2. 决策

当传感器输入信息，机器人系统能够在不执行任何运算的前提下根据这些信息做出决策。按照未处理的传感器数据运算得到的结果，可以作为决策基础来推断下一步该干什么。这种决策能力使机器人控制系统的功能更强。

3. 通信

人和机器可以通过许多不同方式进行通信。机器人系统与操作人员之间互相通信，机器人根据操作者提供信息，提醒并告知操作者这个信息对应哪个操作步骤。

4. 机械手运动

机械手的运动可用许多不同方法来规定。向各关节伺服装置提供一组关节位置，然后等待伺服装置到达这些规定位置是最简单的方法。在机械手工作空间内插入一些中间位置是比较复杂的方法。这种程序可以调节所有关节同时开始运动和同时停止运动。更先进的方法是用与机械手的形状无关的坐标来表示工具位置，需要用一台计算机对位置进行计算。在笛卡儿空间内插入工具位置能使工具端点沿着路径跟随轨迹平滑运动。引入一个参考坐标系以描述工具位置，然后让该坐标系运动。

5. 工具指令

指令是指工具控制指令，通常是由闭合某个开关或继电器而触发的，而继电器又可能把电源接通或断开，以达到直接控制工具运动的目的，或者送出一个小功率信号给电子控制器，让后者去实现控制工具。直接控制可以用传感器来感受工具运动及其功能的执行情况，对控制系统的要求也较少，是最简单的方法。

6. 传感数据处理

用于机械手控制的通用计算机要发挥其全部效用必须与传感器连接起来。传感器形式多样，传感数据处理对于机器人程序编制来说是十分重要的。

3.3.4 导航与定位

工业机器人根据运动行为方式分为自主式和半自主式，根据应用的环境有室内和室外机器人之分。无论哪种移动机器人，在它的运动过程中始终要求解决自身的导航与定位问题。工业机器人导航定位技术研究的主要内容包括：导航方式、定位方法以及多传感器信息融合技术。

机器人根据环境信息的完整程度、导航指示信号类型的不同，可以分为电磁导航、GPS导航、惯性导航、激光导航、超声波导航、射频识别导航和基于视觉的导航等多种导航方式。

定位是指机器人可以自主确定自身在环境中的位置，即利用先验环境地图信息、机器人当前位姿的估计以及传感器的测量值等输入信息，经过一定的处理和变换，产生对机器人当前位置更加准确的估计。根据需要完成的任务特点，定位方法分为相对定位和绝对定位两大类。在相对定位中，由于随着时间的增长，误差积累也逐渐增加，因此不适合精确定位。目前，主要采用卡尔曼滤波方法以及改进的卡尔曼滤波方法进行改进。在绝对定位中，机器人通过传感系统对路标进行识别，对测量的参数进行分析来进行定位。

定位导航技术直接影响机器人的自主行驶效果，是机器人完成指定任务的重要基础和关键前提。机器人导航定位技术研究的目的是在无人干预的情况下使机器人能够有方向、有目的地行驶并完成相应的指定任务。目前，机器人的导航定位技术主要包括：惯性定位导航、磁定位导航、视觉定位导航、光反射定位导航、GPS定位导航和超声波定位导航。

1. 惯性定位导航

惯性定位导航的工作原理是通过电子陀螺仪、电子罗盘等设备推算出机器人的大致方向和相对位置。因为电子罗盘的工作原理就是通过测量地球磁场强度来推算方向信息，所以在变电站这种强磁环境下，电子罗盘是完全无法工作的。而对于电子陀螺仪，虽然它可以与其他设备进行组合使用，实现导航定位功能，但是由于其自身存在累计误差，会造成导航定位的一定偏差。

2. 磁定位导航

20 世纪 50 年代磁定位导航方式被发明，并在 20 世纪 70 年代应用于工业生产当中。磁定位导航的工作原理是预先在机器人行驶的道路上铺设磁条，通过移动机器人下方的磁钢棒来感应道路上预设的磁条信息，进而判断行驶路径和方向。此导航方式具有精度高、编程简单、开发周期短的优点，目前已经在相关变电站应用。其缺点是初期造价高，后期使用中重新规划路径较为麻烦。

3. 视觉定位导航

视觉定位导航的工作原理是利用移动机器人装设的视觉传感器来采集道路图像，对图像进行处理分析，提取出导航控制所需要的参数，再利用该参数控制机器人沿着预定路径行驶。视觉定位导航相较于其他的定位导航方式而言，具有成本低、探测范围广、获得信息完整等优点。虽然视觉定位导航编程较为复杂，开发周期较长，但随着计算机的运算能力不断提高，图像处理技术也在快速发展，视觉定位导航的优点可完全弥补这一小部分缺点，发展前景非常广阔。

在视觉导航定位系统中,国内外目前应用较多的是基于局部视觉在机器人中安装车载摄像机的导航方式。在这种导航方式中,控制设备和传感装置通常布置于机器人车体上,图像识别、路径规划等高层决策都由车载控制计算机完成。

视觉导航定位系统主要包括：摄像机（或 CCD 图像传感器）、基于 DSP 的快速信号处理器、视频信号数字化设备、计算机及其外设等。现在有很多机器人系统采用 CCD 图像传感器。CCD 图像传感器的基本元件是一行硅成像元素,在一个衬底上配置光电元件和电荷转移器件,通过电荷的依次转移,将多个像素的视频信号分时、顺序地取出来。例如,面阵 CCD 传感器采集的图像的分辨率可以从 32×32 像素到 1024×1024 像素等。

视觉导航定位系统的工作原理简单说来就是对机器人周边的环境进行光学处理,先用摄像头进行图像信息采集,将采集的信息进行压缩,然后将它反馈到一个由神经网络和统计学方法构成的学习子系统,再由学习子系统将采集到的图像信息和机器人的实际位置联系起来,完成机器人的自主导航定位功能。

视觉导航的方法有获取信息量大、灵敏度高、成本低、可根据需要灵活地改变或扩充路径、柔性好等优点,但是对环境光线有一定要求,并且由于计算复杂对导航的实时性有一定影响。视觉导航的实时性会随着视频设备、计算机硬件设备性能的不断改善以及图像处理方法的不断改进而提高。因此,移动机器人利用视觉传感器获取的信息进行定位,进而实现智能行驶是很有潜力的技术。这将是移动机器人导航技术的一个发展趋势。

4. 光反射定位导航

典型的光反射导航定位方法主要分为两类：利用激光定位导航和利用红外传感器来测距。

激光定位导航的工作原理是利用激光发射装置发射激光,当发射的激光扫描到路标时,路标上的光电接收装置接收激光并对数据进行相关处理,然后再由反射镜将激光信号传回,数据采集装置就会读取到该路标的相关信息,进而推算出移动机器人的具体位置。图 3-23 所示是一个激光传感器工作原理框架图。

激光定位导航尽管有着定位导航精度高、价格便宜等优点,但其极容易受到环境的影响,特别是室外环境。同时,激光导航的探测范围有限。因此,激光导航一般都只是用于室内探测。由于激光测距受环境因素干扰比较大,因此采用激光

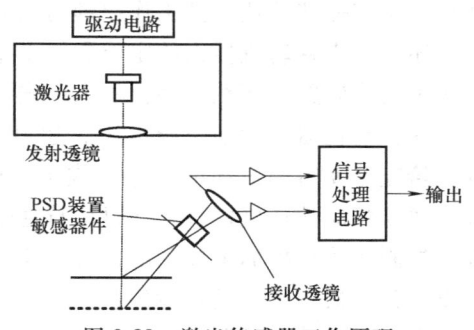

图 3-23　激光传感器工作原理

测距时怎样对采集的信号进行去噪也是一个比较大的难题。另外,激光测距也存在盲区,所以光靠激光进行导航定位实现起来比较困难。在工业应用中,一般是在特定范围内的工业现场检测,如检测管道裂缝等场合应用较多。

红外传感技术经常在多关节机器人避障系统中,被用来构成机器人大面积"敏感皮肤",覆盖在机器人手臂表面,以检测机器人手臂运行过程中遇到的各种物体。典型的红外传感器工作原理如图 3-24 所示。该传感器包括一个可以发射红外光的固态发光二极管和一个用作接收器的固态光电二极管。由红外发光二极管发射调制过的信号,光电二极管接收目标物反射的红外调制信号,环境红外光干扰的消除由信号调制和专用红外滤光片保证。

虽然红外传感定位同样具有灵敏度高、结构简单、成本低等优点，但因为它角度分辨率高，而距离分辨率低，因此在移动机器人中，常用作接近觉传感器，探测临近或突发运动障碍，便于机器人紧急避障。

5. GPS 定位导航

如今，在智能机器人的导航定位技术应用中，一般采用伪距差分动态定位法，用基准接收机和动态接收机共同观测四颗 GPS 卫星，按照一定的算法即可求出某时刻机器人的三维位置坐标。差分动态定位，对于在距

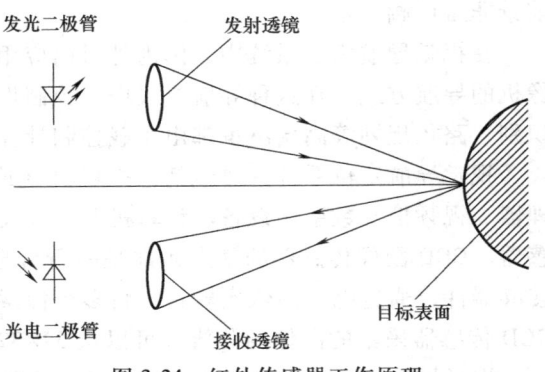

图 3-24 红外传感器工作原理

离基准站 1000km 的用户，可以消除卫星钟误差和对流层引起的误差，因而可以显著提高动态定位精度。但在移动导航中，移动 GPS 接收机定位精度受到卫星信号状况和道路环境的影响，同时还受到时钟误差、传播误差、接收机噪声等诸多因素的影响，因此，单纯利用 GPS 导航存在定位精度比较低、可靠性不高的问题，所以，在机器人的 GPS 定位导航应用中通常还辅以磁罗盘、光码盘进行导航。另外，GPS 定位导航系统也不适合应用在室内或者水下机器人的导航中以及对于位置精度要求较高的机器人系统。

6. 超声波定位导航

超声波定位导航通常是利用超声波传感器的发射探头发射出超声波在介质中遇到障碍物而返回到接收装置的原理来进行定位。通过接收自身发射的超声波反射信号，利用超声波发出时刻及回波接收时刻的时间差及声波传播速度，计算出传播距离 S，就能确定障碍物到机器人的距离。计算公式：$S=TV/2$。其中，T 为超声波发射和回波接收的时间差；V 为声波在介质中传播的波速。其工作原理与激光和红外类似。

还有不少移动机器人的定位导航中用到的是分开的发射和接收装置，即在环境地图中布置多个接收装置，而在移动机器人上安装发射探头。

在移动机器人的定位导航中，超声波传感器自身的缺陷，如镜面反射、有限的波束角等，给充分获得周边环境信息造成了困难，因此，通常采用多传感器组成的超声波传感系统，建立相应的环境模型，通过串行通信把传感器采集到的信息传递给移动机器人的控制系统，控制系统再根据采集到的信号和建立的数学模型采取一定的算法进行对应数据处理，便可以得到机器人的位置环境信息。

由于超声波传感器具有成本低、采集信息速率快、距离分辨率高等优点，长期以来被广泛地应用于移动机器人的定位导航中。而且它采集环境信息时不需要复杂的图像配备技术，因此测距速度快、实时性好。同时，超声波传感器也不易受如天气条件、环境光照及障碍物阴影、表面粗糙度等外界环境条件的影响。超声波导航定位已经被广泛应用于各种移动机器人的感知系统中。

3.3.5 路径规划

路径规划是机器人的一项重要任务。通常，机器人从起始位置到达目标有多种可行路径，在这种情况下，最佳可行路径是根据最短距离、路径平滑、最小能耗、最小可能时间等准则来选择的。

路径规划可以分为两大类：局部路径规划和全局路径规划。在局部路径规划中，机器人对导航环境的了解有限（部分已知或未知）。然而，在全局路径规划中，机器人对导航环境有着全面的了解，因此机器人可以通过预定的路径到达目标。然而，由于地形的不确定性，全局路径规划方法的应用有限，而局部路径规划方法在部分已知/未知环境中表现出更大的灵活性，并提供了一条优化路径。它可以进一步分为经典方法和启发式（人工智能）方法。

1. 经典方法

（1）势场法　势场法路径规划是一种虚拟力法，其基本思想是将机器人在周围环境中的运动设计为在人工引力场中的抽象运动。目标点对移动机器人产生"引力"，障碍物对移动机器人产生"斥力"；最后，通过计算合力来对移动机器人的运动进行控制。应用势场法规划出来的路径通常具备比较平滑并且安全的优点。

早期人工势场路径规划研究是一种静态环境的人工势场，即将障碍物和目标物均看成是静止不动的，机器人仅根据静态环境中障碍物和目标物的具体位置规划运动路径，不考虑它们的移动速度。然而，现实世界中的环境往往是动态的，障碍物和目标物都可能是移动的。为了解决动态环境中机器人的路径规划问题，有学者提出了一种相对动态的人工势场方法。这种方法是将时间看成规划模型的一维参量，而移动的障碍物在扩展的模型中仍被看成是静态的，这样，动态路径规划仍可运用静态路径规划方法加以实现。该方法存在的主要问题是假设机器人的轨迹总是已知的，但这一点在现实世界中是难以实现的。对此，一些学者的解决方案是将障碍物的速度参量引入到斥力势函数的构造中，提出动态环境中的路径规划策略。

（2）单元分解法　单元分解法又称地图构建路径规划技术，是按照机器人自身传感器搜索的障碍物信息，将机器人周围区域划分为不同的网格空间（如自由空间和限制空间等），计算网格空间的障碍物占有情况，再依据一定规则确定最优路径的一种方法。

单元分解法有两种：路标法和栅格法。路标法是机器人的可行路径图由标志点和连接边线构建。而栅格法是将机器人周围空间分解为相互连通且不重叠的空间单元，称之为栅格，由此构成一个连通图。依据障碍物占有情况，在无碰撞的情况下，搜索该图一条从起始栅格到目标栅格的最优路径。

因为单元分解法直观明了，所以常与其他路径规划方法集成使用，如卡尔曼滤波器的地图构建路径规划算法、ART 神经网络的地图构建路径规划算法、基于生物启发神经网络与地图构建集成的清洁机器人完全覆盖路径规划技术（CCPP）等。

（3）基于网格方法　基于网格方法是空间数据处理中常用的空间数据离散化方法。该方法采用一个多分辨率网格数据结构，通过将对象空间量化为有限个数的单元以形成网格结构。

基于网格方法的基本原理是网格化配置空间。例如，配置空间是 n 维的，我们将每个维度划分为 k 个网格点，那么配置空间就可以由 k^n 个网格点表示。在配置空间上允许机器人可以从一个节点单元运动到配置空间网格中任意相邻单元中。为了减少计算复杂度，通常采用自由配置空间 C_{free} 的多分辨率网格表示。理论上，若以网格点为中心的直线单元任何部分触碰到障碍，那么网格点就会被认为是一个障碍，一个障碍单元还可以进一步被细分成更小的单元。原始单元的每个维度都可以分成两部分，形成 2^n 个子单元。任何包含障碍的单元还可以继续分裂，直到最大分辨率。

尽管基于网格的路径规划很容易实现，但它仅适用于低维配置空间。如果维数增加，那么网格点的数量与路径规划算法的复杂度将呈指数增加。

(4) 概率路线图法　概率路线图法是一种常用的路径规划方法，该方法是在规划空间中以某种概率进行采样，并按某种规则连接采样点，形成概率路线图。此方法把路径规划问题转化成概率地图搜索问题，从而加快了规划的速度。

概率路线图法把规划问题分为两个阶段：一是学习阶段，在这个过程中，概率路线图法按某种概率在规划空间中构建出自由点和自由线路组成的图；第二个阶段为查询阶段，通过启发式方法在学习阶段构建好的概率地图中搜索从起点到终点的最优路径。概率路线图法的一个巨大优点是其复杂度主要依赖于寻找路径的难度，跟整个规划场景的大小和构形空间的维数关系不大。

由于概率路线图法的采样策略是均匀采样，采样点数目与空间的大小成正比，因此狭窄通道内的采样点数相对其他地区较少，不能很好地连通狭窄通道两端的区域。因而当需要规划经过狭窄通道时，往往效率低下。

(5) 快速探索随机树法　快速探索随机树法是一种树形数据存储结构和算法，通过递增的方法建立，并快速减小随机选择点同树的距离，用于有效地搜索非高维度的空间，特别适用于包含障碍物和非完整系统或反向动力学微分约束条件下的动作规划。

快速探索随机树法的特点是算法建构简单，并且可以快速探索空间的未探索区域。而通过手动设定找到实现这种效果的函数却是很难的。同时，快速探索随机树法可以在基本算法的基础上，对空间的搜索加入带有输入参数的控制函数，使算法可以适用于不同约束条件下的路径搜索。

(6) 凸壳局部搜索法　凸壳是计算几何中的概念，对于给定的集合 X，凸壳是包含所有样本的最小凸集，它由凸壳顶点构成，样本集 X 内所有的样本都可用凸壳向量的线性组合来表示。凸壳在处理许多计算问题上是一种非常有效的方法，例如，2D 和 3D 中机器人化的高光确认。

局部搜索是一种解决最优化问题的启发式算法。以某些计算起来非常复杂的最优化问题为例，例如 NP 完全问题，寻找最优解所需的时间随问题规模呈指数增长，为此，退而求其次寻找次优解，各种启发式算法应运而生。局部搜索算法从一个初始解开始，通过邻域动作生成邻居解，判断邻居解的质量，根据一定的策略选择邻居解，重复上述过程，直到达到终止条件。不同局部搜索算法的区别在于，邻域动作的定义和选择邻居解的策略。这也是决定局部搜索算法好坏的关键。

(7) 分治法　分治法在计算机科学中是一种很重要的算法。分治法简单地说就是把一个复杂的问题分成两个或更多个相同或相似的子问题，再把子问题分成更小的子问题，直到最后子问题可以简单地直接求解。然后把子问题的解合并就得出原问题的解。因为由分治法产生的子问题往往是原问题的较小模式，所以非常方便使用递归技术。分治与递归经常同时应用在算法设计之中，并由此产生许多高效算法。分治法的操作虽然简单，但是要求较高，分治法解决的问题要具有两个特点：最优子结构性质、各个子问题相互独立。

2. 人工智能方法

人工智能路径规划技术是将现代人工智能技术应用于移动机器人的路径规划中，如人工神经网络、进化计算（遗传算法、蚁群算法）、信息融合等。

神经网络作为人工智能的重要内容，在移动机器人路径规划研究中得到了广泛关注，如 Ghatee 等人将 Hopfield 神经网络应用到路径距离的优化中。近年，基于神经网络算法而发展出一种新的生物启发动态神经网络模型,将神经网络的神经元与二维规划空间的离散坐标对应起来,通过规定障碍物和非障碍物对神经元输入激励和抑制的不同,直接计算相关神经元的输出,由此判定机器人的运行方向。由于该神经网络不需要学习和训练的过程,路径规划实时性好。同时,利用神经网络本身的快速衰减特性,还可较好地解决机器人路径规划的死区问题。

将人工智能技术应用于移动机器人的路径规划上,增强了机器人的智能特性,克服了许多传统规划方法的不足,但也存在缺点。例如,遗传算法与蚁群算法主要是针对路径规划中的部分问题,利用进化计算进行路径优化,但是通常要与其他路径规划方法结合使用,单独完成路径规划任务的情况较少。信息融合技术主要应用于机器人传感器信号处理,而不是直接的路径规划策略。

目前已经开发出许多不同的算法,最常用的有粒子群、蜂群、蚁群、细菌觅食和萤火虫算法。其中,萤火虫算法是一种比较新颖的算法,在移动机器人导航领域应用较广,该算法能够在相对较短的时间跨度内找到最佳可行路径。利用该算法,一条可行的路径可以避开所有已知的障碍物,保证了规划的安全性。此外,它总是沿着预定的路径精确地移动。它同样减少了运动规划问题所带来的弊端,如计算复杂性、局部极小值等。

在对比过程中我们发现,经典方法相较于人工智能方法更易于实现,但经典方法必须包括更为精准的传感器以获得有关主动导航环境的准确信息。人工智能方法与经典方法相比更加具有创新性,因为它们能够适应不断改变的环境的不确定和不完整信息。

参 考 文 献

[1] 刘贤敏,王琪,许书诚. 改进型概率地图航迹规划方法 [J]. 火力与指挥控制,2012 (4):121-124.
[2] 陈家照,张中位,徐福后. 改进的概率路径图法 [J]. 计算机工程与应用,2009 (10):54-55;58.
[3] 莫栋成,刘国栋. 改进的快速探索随机树双足机器人路径规划算法 [J]. 计算机应用,2013 (1):199-201,206.
[4] 刘佳. 刍议智能机器人及其关键技术 [J]. 企业导报,2012 (1):264-265.
[5] 周二振,王钰. 工业机器人动态逆控制器的开发 [J]. 科技创新与应用,2014 (22):40-41.
[6] 李勋. 国产工业机器人的伺服焊枪应用研究 [J]. 中国新技术新产品,2013 (19):1-2.
[7] 邓雅静. 工业机器人:家电领域渐入佳境 [J]. 电器,2014 (8):26-29.
[8] 王建宏,周晟宇. 穿行于加工领域的工业机器人 [J]. 金属加工(热加工),2011 (14):16-17.
[9] 郭洪红. 工业机器人技术 [M]. 西安:西安电子科技大学出版社,2016.
[10] 刘汝斌,程武山. 接近开关操作频率智能检测系统的研究与开发 [J]. 上海工程技术大学学报,2012 (4):339-342.
[11] 王国庆,许红盛,王恺睿. 煤矿机器人研究现状与发展趋势 [J]. 煤炭科学技术,2014 (2):73-77.
[12] 欧阳惠芳. 工业机器人在广东汽车工业中的应用 [J]. 机电工程技术,2014 (4):4-6;8.
[13] 郁晗. 工业机器人的应用和发展趋势 [J]. 电子世界,2014 (10):370-371.
[14] 陈启愉,吴智恒. 全球工业机器人产业发展战略对比研究 [J]. 自动化与信息工程,2017 (2):1-6.
[15] 徐方. 工业机器人产业现状与发展 [J]. 机器人技术与应用,2007 (5):2-4.
[16] 刘国栋. 我国的机器人研究和发展 [J]. 江南学院学报,2001 (4):35-38;52.
[17] 孙英飞,罗爱华. 我国工业机器人发展研究 [J]. 科学技术与工程,2012 (12):2912-2918;3031.

[18] 谢丹. 烟草拆箱机械手及其系统 [D]. 上海：上海交通大学，2007.
[19] 李天建. 基于机器人视觉的汽车零配件检测系统 [J]. 佳木斯大学学报 2012 (5)：718-722.
[20] 施彬彬，沈天皓. 3D 成像视觉引导系统 [J]. 电子设计工程，2013 (20)：187-190；193.
[21] 赵杰. 我国工业机器人发展现状与面临的挑战 [J]. 航空制造技术，2012 (12)：26-29.
[22] 王田苗，陶永. 我国工业机器人技术现状与产业化发展战略 [J]. 机械工程学报，2014 (9)：1-13.
[23] 罗霄，罗庆生. 工业机器人技术基础与应用分析 [M]. 北京：北京理工大学出版社，2018.
[24] 王大伟. 工业机器人应用基础 [M]. 北京：化学工业出版社，2018.
[25] 刘军. 工业机器人技术及应用 [M]. 北京：电子工业出版社，2017.
[26] 张明月. 传感器技术在数控系统上的应用 [J]. 电大理工，2010 (1)：3-4.
[27] 陶晓庆，夏曦. 装配线自动化防差错技术应用 [J]. 物流技术（装备版），2012 (18)：34-36.
[28] 杨敬树，潘楠，刘益，等. 基于单片机的枪弹激光测速仪设计与实现 [J]. 价值工程，2016 (29)：145-147.
[29] 刘锦怡，张乐，胡海波，等. 强鲁棒性的可穿戴传感器的人体动作识别方法 [J]. 计算机工程与应用，2017 (4)：176-183.
[30] 吕鹏. 姿态传感器测试装置设计 [J]. 电子产品世界，2013 (1)：59-62.
[31] 江洁，王英雷，王昊予. 大量程高精度三维姿态角测量系统设计 [J]. 仪器仪表学报，2013 (6)：48-53.
[32] 黄俊杰，张元良. 机器人技术基础 [M]. 武汉：华中科技大学出版社，2017.
[33] 李博. 生物传感器的部分应用介绍 [J]. 科技经济市场，2013 (10)：14-17.
[34] 蒋硕硕. 传感器技术的发展现状与应用前景探讨 [J]. 电子技术与软件工程，2013 (9)：23.
[35] 矫玉菲，侯荣国，苏秋平，等. 一种新型智能清洁机器人及其控制方法 [J]. 制造业自动化，2013 (24)：26-29.
[36] 殷跃红，朱剑英，尉忠信. 机器人力控制研究综述 [J]. 南京航空航天大学学报，1997 (2)：100-110.
[37] 李玉轩. 传感器在机器人技术中的应用 [J]. 产业与科技论坛，2012 (2)：98-99.
[38] 杨海峰，张德祥. 模式识别理论和技术在语音识别研究中的应用 [J]. 合肥学院学报（自然科学版），2009 (1)：20-23.
[39] 车爱静，文环明，张艳. 基于凌阳 SPCE061A 单片机的语音控制系统 [J]. 电脑开发与应用，2006 (10)：49-51.
[40] 黄子君，张亮. 语音识别技术及应用综述 [J]. 江西教育学院学报，2010 (3)：44-46.
[41] 闻静. 基于 HMM 的非特定人汉语语音识别系统 [J]. 中国工程机械学报 2014 (5)：466-470.
[42] 王元元. 语音识别技术在电子病历系统中的应用探索 [J] 中国数字医学，2013 (9)：105-106，109.
[43] 高理富，孙建. 合肥智能所智能机器人传感器实验室 [J]. 机器人技术与应用，2014 (3)：46-48.
[44] 章秀华，白浩玉，李毅. 多目立体视觉三维重建系统的设计 [J]. 武汉工程大学学报，2013 (3)：70-74.
[45] 李军强，王娟，赵海文，等. 下肢康复训练机器人关键技术分析 [J]. 机械设计与制造，2013 (9)：220-223.
[46] 杜杰伟，虞然，郑卫刚. 桁架结构焊接机器人工作站设计与研究 [J]. 热加工工艺，2014 (15)：202-204.
[47] 周俊妩. 一种基于微机控制的工业机器人总体设计 [J]. 产业与科技论坛，2013 (13)：84-85.
[48] 张金萍. 基于自动上料机械手的液压传动系统设计 [J]. 制造业自动化，2013 (21)：153-156.
[49] 骆盛来. 大载荷搬运机器人结构设计与研究 [D]. 沈阳：东北大学，2010.

[50] 郑向阳，熊蓉，顾大强. 移动机器人导航和定位技术 [J]. 机电工程，2003（5）：35-37.

[51] 郭彤颖，蔡安勇，郑春晖. 移动机器人导航与定位技术研究进展 [J]. 科技广场，2008（7）：229-231.

[52] 赵姝颖，胡祥梁，蓝冬英，等. 机器人比赛及其关键技术 [J]. 机器人技术与应用，2012（6）：18-21.

[53] 刘金会，郝静如. 自主移动机器人导航定位技术研究初探 [J]. 传感器世界 2005（1）：23-26.

[54] 方青松，朱国魂，欧勇盛. 基于光斑室内移动机器人的定位导航技术 [J]. 微型机与应用，2012（24）：51-53；57.

[55] 左敏. 矿山智能巡检机器人的关键技术 [J]. 金属矿山，2012（7）：120-122；140.

第 4 章 物联网

导读

近些年，随着工业自动化和信息化进程的不断深入，人们对物理世界的联网需求越发提升，这就催生了一类新型网络——物联网。物联网的概念于 1999 年首先由麻省理工学院（MIT）提出，指的是通过射频识别等信息传感设备将所有物品与互联网相连，进而实现智能化识别和管理。业界普遍认为物联网将成为继计算机、互联网和移动通信之后的又一引领信息产业革命浪潮的产物，未来将为社会经济发展、社会进步和科技创新提供重要的基础。

本章知识点

- 物联网的内涵与定义
- 物联网的体系结构
- 物联网感知层的内涵
- 物联网应用层的内涵

4.1 身边的物联网

物联网（Internet of Things，IoT）是基于互联网之上，使物体与物体之间进行交流而产生的互连网络。例如，将汽车、家用电器等具有计算机化系统的设备，通过智能感知、识别技术与计算等通信感知技术，融合于网络之中。在这项技术中，每一个设备都能自动工作，根据环境变化自动响应，与其他设备交换数据，不需要人参与。整个系统由无线网络和互联网结合构建。物联网的主要目的是提高设备的效率和准确性，为人们节省金钱和时间。对于物联网技术来说，无线技术的迅速发展为物体之间的信息互通提供了技术支撑，它在物联网的普及过程中，扮演着越来越重要的角色。其实，物联网远没有想象的那么复杂，甚至，"低复杂度"是物联网的一大特点，而且它离我们的生活并不遥远。目前，物联网已被应用于人们生活中的诸多方面。

共享单车是在近几年兴起的，一经应用就受到了广泛欢迎。它采用的独特车锁原理，其中就涉及物联网技术。共享单车的物联网原理主要是采用手机端到云端再到单车端的一个框架。当我们需要使用共享单车的时候，可以通过手机 APP 查找附近的单车进行充值、预约、开锁等功能，然后将手机 APP 的情况上传到共享单车系统的控制台，可以与所有的单车进行数据传输、收集信息等，最后将指令传输到单车端。单车端是收集信息与执行命令的一个环节，整个物联网的最终体现就在这个上面。

现在许多人还会佩戴一款叫作智能手环的物品，普通手表一般只有计时功能，而智能手环不止有计时功能，还可以监测心跳、睡眠追踪、采集健康数据等，而且外观上也很吸引人。智能手环能拥有如此先进的功能也离不开物联网。物联网通过智能传感设备实现物与物的连接。

智能门锁作为智能家居、智能安防领域当中发展比较快的产品，也逐渐在物联网下实现了进化。智能门锁在物联网时代，已经不仅仅拥有指纹解锁、密码解锁这些功能，而是作为家庭联网入口或者更重要的一个节点而存在。在拥有连接能力后，智能门锁能做得会变得更多，也会有更多的创新应用。除了保障家居安全外，它还能够为用户带来舒适、便捷的家居体验。

4.2 物联网概述

物联网是互联网、传统电信网等信息承载体，它是能够让所有能行使独立功能的普通物体实现互连互通的网络，如图4-1所示。物联网一般为无线网，而由于每个人周围的设备数量可以达到1000～5000个，所以物联网可能要包含500～1000M个物体。在物联网中，真实的物体可以通过电子标签在网上连接，人们在物联网上可以查出物体的具体位置。

物联网可以通过计算机对机器、设备、人员进行集中管理、控制，也可以对家庭设备、汽车进行遥控，通过搜索位置，防止物品被盗，类似自动化操控系统。同时，通过收集这些零散数据，最后可以聚集成大数据，用来设计道路、预测灾害、防治犯罪与控制流行病等。

现实世界通过物联网实现数字化，缩小了零散信息的范围，统一了物与物的数字信息，在现实生活中具有广泛的应用。物联网的应用领域主要包括运输

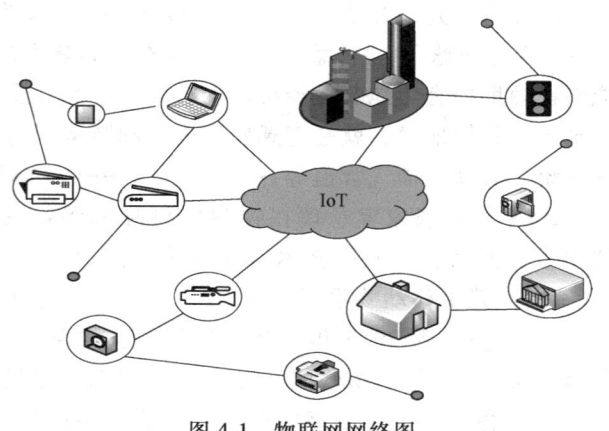

图4-1 物联网网络图

和物流领域、工业制造领域、健康医疗领域、智能环境（家庭、办公、工厂）领域、个人和社会领域等，且具有十分广阔的市场和应用前景。

4.2.1 物联网的定义

物联网一般是指一个基于互联网、传统电信网等信息承载体，让所有能够被独立寻址的普通物理对象实现互连互通的网络。它具有普通对象设备化、自治终端互连化和普适服务智能化三个重要特征。

具体来说，物联网指的是将无处不在的末端设备和设施，包括具备"内在智能"的，如传感器、移动终端、工业系统、家庭智能设施、视频监控系统等，和"外在使能"的，如贴上射频自动识别（RFID）的各种资产，携带无线终端的个人与车辆等"智能化物件或

动物",通过各种无线或有线的、长距离或短距离的、通信网络,连接物联网域名,实现互连互通、应用大集成,以及基于云计算的 SaaS 营运等模式,在内网、专网或互联网环境下,采用适当的信息安全保障机制,提供安全、可控乃至个性化的实时在线监测、定位追溯、报警联动、调度指挥、预案管理、远程控制、安全防范、远程维保、在线升级、统计报表、决策支持等管理和服务功能。利用物联网,可以实现对"万物"的"高效、节能、安全、环保"的"管、控、营"一体化。

4.2.2 物联网的发展历程

物联网的概念是在 1999 年由麻省理工学院 Auto-ID 中心的 Ashton 教授在研究 RFID 时提出的,在当时被视为互联网的应用扩展。基于互联网、RFID 技术、EPC 标准,在计算机互联网的基础上,利用射频识别技术、无线数据通信技术等,构造了一个实现全球物品信息实时共享的实物互联网"Internet of things"(简称物联网)。同年,在美国召开的移动计算和网络国际会议上提出了"传感网是下一个世纪人类面临的又一个发展机遇",会议上正式提出物联网概念。

2005 年 11 月 17 日,在突尼斯举行的信息社会世界峰会(WSIS)上,国际电信联盟(ITU)发布《ITU 互联网报告 2005:物联网》,发展了"物联网"的概念。此后,物联网不再只是指基于 RFID 技术的物联网,其覆盖范围有了较大的拓展。

2008 年后,为了促进科技发展,寻找经济新的增长点,各国政府开始重视下一代的技术规划,将目光放在了物联网上。2008 年,IBM 提出"智慧地球"概念,即"互联网+物联网=智慧地球"。"智慧地球"是指在基础建设的执行中,植入"智慧"的理念,这不仅能够在短期内有力地刺激经济、促进就业,而且能够在短时间内打造一个成熟的智慧基础设施平台。具体地说,就是把感应器嵌入和装备到电网、铁路、桥梁、隧道、公路、建筑、供水系统、大坝、油气管道等各种系统中,并且被普遍连接,形成物联网。

2009 年,温家宝总理在视察中科院无锡物联网产业研究所时,提出了"感知中国"的要求。此后,物联网技术在国内得到了长足的发展。2019 年我国的物联网连接数为 36.3 亿,其中移动物联网连接数占比较大,已从 2018 年的 6.71 亿增长到 2019 年底的 10.3 亿。预计到 2025 年,我国物联网连接数将达到 80.1 亿,年复合增长率达 14.1%。截至 2020 年,我国物联网产业规模突破 1.7 万亿元。随着物联网在各个领域的应用愈加广泛,从物联网到万物互联的转变已成为一种趋势。全球物联网技术的支出在未来 10 年将维持每年 10% 以上的复合增长率。在物联网现今的发展进程中,应用创新与注重用户体验成为发展的关键。

4.2.3 物联网的研究方向

物联网是一个可以覆盖"世界万物"的网络。在物联网中,通过互联网实现商品的自动识别和信息的互联与共享,不需要人为干预就可以实现互连互通。物联网的构建在互联网的基础产业实践上需要利用电子产品代码(Electronic Product Code,EPC)、射频识别技术(Radio Frequency Identification,RFID)、传感器技术等感知技术。

全球范围内物联网的产业实践主要集中在三大方向。

第一个实践方向是"智慧尘埃"。它是一种倡导各种传感器设备互相连通而形成的智能化功能网络。"智慧尘埃"的物联网是工业总线的泛化。从机电一体化和工业信息化开始,这种产业实践在工业生产中就一直存在。在过去，它只是被称为工业总线而不是物联网。从这个意义上讲，随着传感器技术和各种局域网通信技术的发展，物联网将按照其固有的科学技术规律稳步推进。

第二个实践方向是广为人知的基于RFID技术的物联网。该方向主张通过物品的标识，强化物流及物流信息的管理，同时，通过信息整合，形成智能信息挖掘。RFID意义上的物联网，所依据的EPC Global标准在推出时，即被定义为未来物联网的核心标准，但是该标准由于其唯一的方法手段RFID电子标签所固有的局限性，使它难以真正实现物联网所提倡的智慧星球。原因在于，物和物之间的联系所能告知人们的信息是非常有限的，而物的状态与状态之间的联系，才能使人们真正挖掘事物之间普遍存在的各种联系，从而获取新的认知，获取新的智慧。

第三个实践方向是数据"泛在聚合"意义上的物联网。该方向认为互联网造就了庞大的数据海洋，应通过对其中每个数据属性进行精确标识，全面实现数据的资源化。这既是物联网深入发展的必然要求，也是物联网的使命所在。"泛在聚合"是指实现互联网创造的广泛的数据海洋，实现互相理解意义上的聚合。这些数据代表着事物及其状态和人工定义的各种概念。数据的"泛在聚合"，将能使人们极为方便地任意检索所需的各类数据，在各种数学分析模型的帮助下，不断挖掘这些数据所代表的事务之间普遍存在的复杂联系，从而实现人类对周边世界认知能力的革命性飞跃。

4.2.4 物联网的体系结构

物联网的应用领域非常广泛，各个领域的应用特点也不尽相同。随着近几年物联网技术的快速发展，不同应用领域都已初步形成各自的技术方案，但是这些方案都没有统一的规划和标准，这极不利于物联网的长期发展。因此，急需建立一个统一的技术架构和标准体系。此外，随着物联网应用范围的不断扩大，各种新技术也正在融入物联网中，物联网的体系结构将直接决定着物联网的发展趋势。

目前，由感知层、网络层、应用层三层结构组成了一种被广泛认可的物联网体系结构，如图4-2所示。

1）感知层主要包括RFID读写器、RFID标签、传感器节点（如传感器、摄像头）、智能终端等，在物联网中起到采集外界数据信息的作用。它作为物联网应用的基础，位于物联网体系结构的最底层，发挥着重要的作用。物联网借由感知层可以获取人与物、物与物之间的数据信息，包括各种标识、物理量以及音/视频多媒体数据。感知层在物联网全面感知特性中占据着重要地位。

2）网络层主要包括移动通信网和行业专用系统等，在物联网中起到神经中枢的作用。来自于感知层的数据信息通过网络层（为数据的传递提供异构网络设备接口）高速、准确地传递给应用层。

现有的网络技术多与传统网络相适配。与传统网络需要传输的数据量相比，物联网的数据传输量要大很多，因此要对现有网络进行优化升级，以切实、可靠地完成物联网中数据的传输。

3）应用层被称为是物联网的"社会分工"，它是物联网发展的最终目的，实现智能化应用服务。根据不同领域的不同需求，提供的不同应用服务，其中包括物流监控、环境监控、智能家居、智能交通、数字农业等。

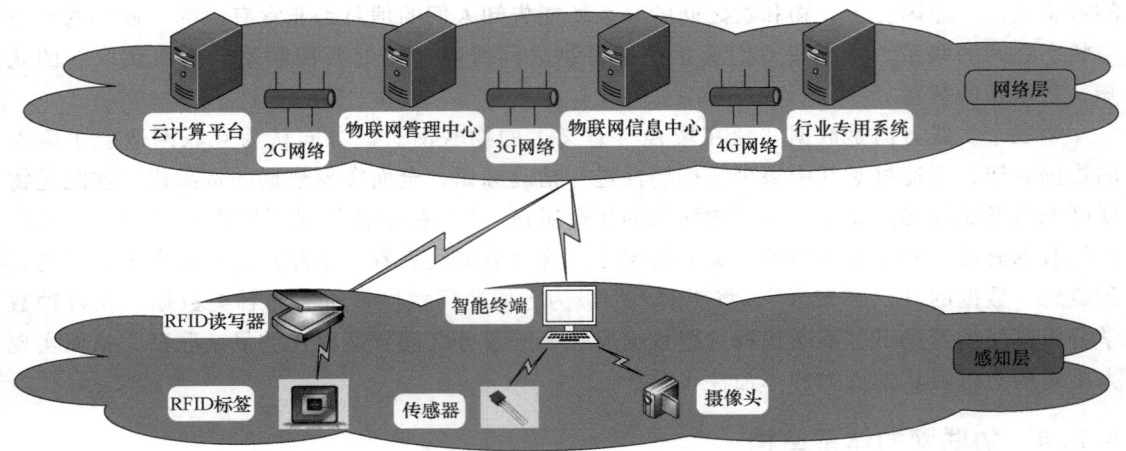

图 4-2 物联网体系结构

4.3 物联网关键技术

物联网本质上是互联网基础上的应用延拓和业务扩展,物联网的组成和运作,能达到物与物、物与网络的联结。一些通信感知、计算机技术和计算理论等在网络中得到了广泛应用和有效融合,达到物与物、物与网络联结的作用和目的,它们与网络技术一起构成物联网关键技术。

如图4-3所示,物联网包括感知层、网络层与应用层。感知层与网络层的识别技术、传感技术与网络技术是物联网技术的核心。

应用创新是物联网发展的核心,物物相连是物联网的重要应用特征和网络组织关键。物联网的整个组成效果和运作效率,与联结的互联网的组网和效率密切相关。物联网技术是在互联网技术基础上延伸和扩展出的一种新型网络技术,终端设备和约定协议是其关键。物联网技术包括实现网络联结的互联网技术和实现物物信息交换和通信的末端设备和设施,它是在互联网技术基础上的扩展与延伸。

4.3.1 感知层关键技术

对于物联网而言,感知层就像人类的五官和皮肤一样,用于采集并识别外界物体信息。感知层的关键技术包括检测技术、短距离无线通信技术等。其首先借由传感器、数码相机等设备采集外部物理世界的数据,然后通过 EPC 技术、RFID 技术、传感器技术与无线传感器

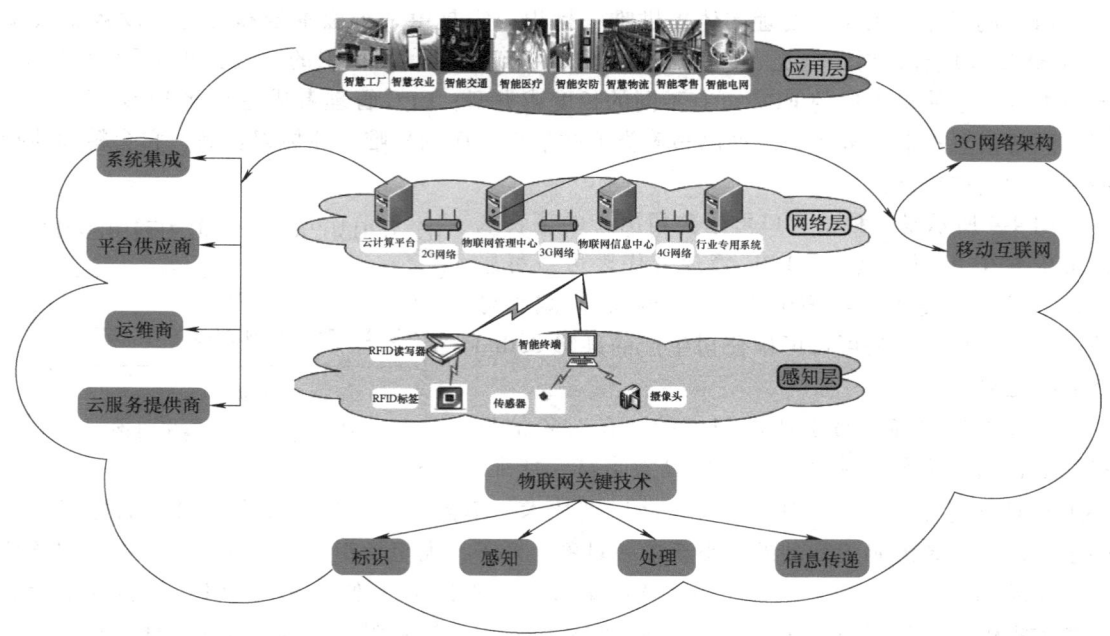

图 4-3 物联网关键技术

网络技术等短距离传输技术传递数据。通过一系列设备和技术作为支撑，感知层解决了现实物理世界的数据获取问题。

1. EPC 技术

物联网标识是指按一定规则赋予物品易于被机器和人识别、处理的标识符/代码。它是物联网对象在信息网络中的身份标识，是一个物理编码。它实现了物的数字化，起着连接现实世界和信息世界的作用。

为满足对单个产品的标识和高效识别，美国麻省理工学院 Auto ID 中心在美国统一代码委员会（UCC）的支持下，提出了产品电子代码（Electronic Product Code，EPC）的概念。随后，由国际物品编码协会和美国统一代码委员会主导，实现了全球统一标识系统中的 GTIN 编码体系与 EPC 概念的完美结合，将 EPC 纳入了全球统一标识系统，从而确立了 EPC 在全球统一标识体系中的战略地位，使 EPC 成为一项真正具有革命性意义的新技术。

EPC 系统是一个完整的、先进的、综合的、复杂的系统，它由 EPC 编码、射频识别系统及信息网络管理系统三部分组成。EPC 的载体是 RFID 电子标签，并借助互联网来实现信息的传递。EPC 旨在为每一件单品建立全球的、开放的标识，实现全球范围内对单件产品的跟踪与追溯，从而有效提高供应链管理水平，降低物流成本。

（1）EPC 编码　EPC 编码是国际条码组织推出的新一代产品编码体系，是新一代的与全球贸易项目代码（GTIN）兼容的编码标准。它是 GS1 编码体系的延伸和扩展，是 EPC 系统的核心和关键。EPC 编码标准与目前广泛应用的 GS1 编码标准是兼容的，目前广泛使用的 GTIN、SSCC、GLN、GRAI 等都可以顺利转换到 EPC 中去。

与原来的产品条码仅是对产品分类的编码不同，EPC 码是对每个单品都赋予的一个全球唯一 96 位（二进制）标识码。96 位的 EPC 码，可以为 2.68 亿公司赋码，每个公司可以有 1600 万产品分类，每类产品有 680 亿的独立产品编码。形象地说，EPC 可以为地球上的每一粒大米赋一个唯一的编码。

EPC 的目标是为每一物理实体提供唯一标识,它是由一个版本号和另外三段数据(依次为 EPC 管理者、对象分类、序列号)组成的一组数字。其标识的含义:头字段标识 EPC 的版本号,它使得以后的 EPC 可有不同的长度或类型;EPC 管理者描述与此 EPC 相关的生产厂商的信息;对象分类记录产品精确类型的信息;序列号唯一地标识货品,它会精确地指明货品的具体信息。

图 4-4 所示是一种由可口可乐公司出产的罐装减肥可乐 EPC 编码。其中,EPC 管理者代表可口可乐公司,对象分类代表美国生产的 330ml 罐装减肥可乐,序列号指示的是可口可乐公司生产的某罐 330ml 罐装减肥可乐。

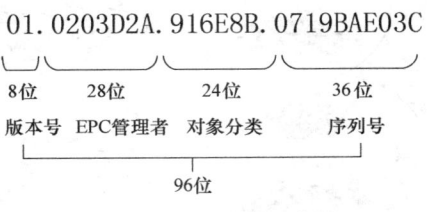

图 4-4 EPC 编码示意图

EPC 结构明确,易于使用与维护,在对象信息描述上,相比条码技术而言,EPC 更为丰富、详细,并更具时效优势;同时,EPC 属于自动识别技术,不需人工操作。其次,EPC 的标识对象除了使用传统条形码的物品外,小至单一对象、盒子,大至货柜、货车等,甚至扩及服务项目的物品都适合使用 EPC,为这些实体或虚拟对象提供全球唯一编号。EPC 的目标是为所有实体提供唯一的标识。除了实体之外,它还可以用来识别服务和组织等非实体,这些非实体标识可以全面应用于供应链的各个方面,如生产、流通、仓储、结算、跟踪、召回等。

(2)射频识别系统 EPC 射频识别系统是实现 EPC 自动采集的功能模块,由射频标签和射频读写器组成。射频标签是 EPC 的载体,由天线和芯片组成,附着于可跟踪的物品上;为了降低成本,EPC 标签通常是被动式射频标签。射频读写器与信息系统相连,读取标签的 EPC 并将其输入网络信息系统中。

(3)信息网络管理系统 EPC 信息网络系统由本地网络和 Internet 组成,该系统是实现信息管理、信息流通的功能模块。EPC 的信息网络系统是在互联网的基础上,通过 EPC 中间件以及对象名称解析服务(ONS)和可扩展标记语言(XML)实现全球"实物互连"。

(4)EPC 系统工作流程 EPC 系统的工作流程如图 4-5 所示。在由 EPC 标签、读写器、EPC 中间件、互联网、ONS 服务器、EPCIS 服务器以及众多数据库组成的物联网中,读写器读出的 EPC 代码只是一个信息参考,由这个代码从互联网中找到 IP 地址并获取该地址中存放的相关物品信息,并采用分布式的 EPC 中间件处理由读写器读取的一连串 EPC 信息。由于标签上只有一个 EPC,计算机需要知道与该 EPC 匹配的其他信息,这就需要 ONS 来提

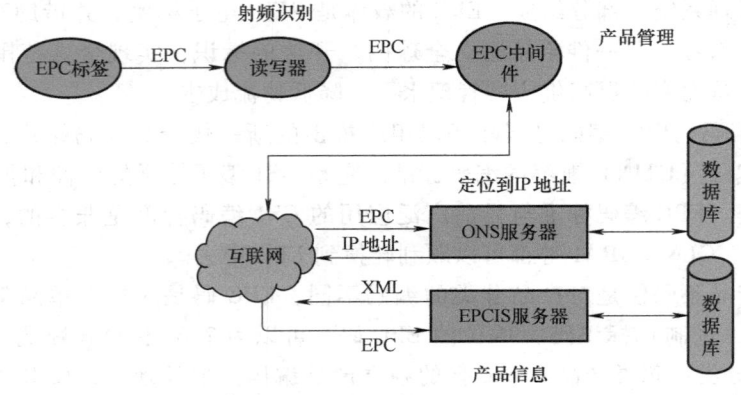

图 4-5 EPC 系统工作流程

供一种自动化的网络数据库服务，EPC 中间件将 EPC 传给 ONS，ONS 指示 EPC 中间件到一个保存着产品文件的 EPCIS 服务器上查找，该产品文件可由 EPC 中间件复制，因而文件中的产品信息就能传到供应链上。

2. RFID 技术

RFID（Radio Frequency Identification，射频识别）用于识别感知电子标签并且输出有用信号量。该技术也可看作是一种操作快捷、方便进行识别的传感器技术。RFID 标签按通信方式分为被动、半被动（也称作半主动）和主动三类，从电子标签的供电电源情况分为有源标签、无源标签和半有源半无源标签（如图 4-6 所示）。RFID 标签这种自动识别技术，大大加快了识别的速度，并将识别出的信号转换成可被计算机和网络识别和通信的信号形式，在物联网中是关键技术之一，大大提高了自动化水平，提升了物联网的运作效率。

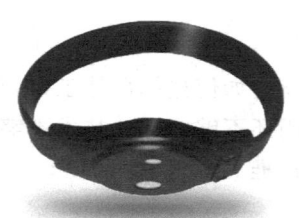  

　　　有源标签　　　　　　　　无源标签　　　　　　半有源半无源标签

图 4-6　三种 RFID 标签

RFID 技术利用射频信号及其空间耦合传输特性，实现对静态或移动待识别物体的自动识别，用于对采集点的信息进行"标准化"标识。RFID 技术可实现无接触的自动识别，具有全天候、识别穿透能力强、无接触磨损的特点，还可同时实现对多个物品的自动识别。将 RFID 技术应用到物联网领域，使其与互联网、通信技术相结合，可实现全球范围内物品的跟踪与信息的共享，在物联网"识别"信息和近程通信的层面中，起着至关重要的作用。另一方面，EPC 采用 RFID 电子标签技术作为载体，大大推动了物联网的发展和应用。

RFID 技术是由下面几个部分结合而成的。第一，RFID 电子标签，是在某一个事物上的标识对象；第二，RFID 读写器（如图 4-7 所示），读取或者写入附着在电子标签上的信息，这些信息可以是静态的，也可以是动态的；第三，RFID 天线，是用在读写器和标签之间做信号的传达。RFID 系统的工作原理实际上就是利用读写器对保存有相关电子数据的电子标签进行识别、读取与写入，如图 4-8 所示。待识别的物品表面都贴有独一无二的电子标签，其中保存有相应的信息数据，读写器通过天线对不同类型的电子标签发送射频信号（无源标签通过感应电流传递相关数据，有源标签自主传递数据信号），然后对电子标签进行无接触读取，并解码收到的信号，将其传送到计算机主机进行处理，最终识别其中所保存的电子数据，从而自动识别物体。

图 4-7　RFID 读写器

目前，RFID 技术在许多方面都有应用。例如，仓库物资/物流信息的追踪、医疗信息追踪、固定资产追踪等。RFID 技术的优越条件促使人们能够对在静止或者动态状态下的设备

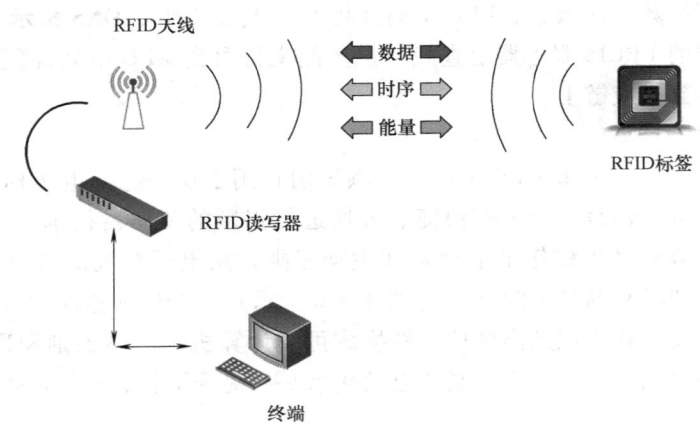

图 4-8 RFID 系统的工作原理

进行管理和自动识别。但是，该技术发展涉及的难点问题就是如何选择最佳工作频率以及如何对设备进行机密性的保护，特别是超高频频段的技术应用还不够广泛，技术不够成熟，相关产品价格昂贵，稳定性不高，国际上还没有制定统一的标准。

3. 传感器技术

传感器是指利用一些效应（如物理效应、化学效应、生物效应等），能感受被测量，并将其按照一定的规律转换成符合需要的电信号等输出量的器件或装置。传感器技术在物联网中是物与网连接的中介，是物联网的重要构成和关键技术之一。

传感器把模拟信号转换成数字信号，是计算机应用中的关键技术。在物联网中，传感器通过传感把物与物、物与网络进行连接，实现物的模拟信号转换成合适的数字信号，进而实现信息交互和通信，实现物与网络的连接。

信息采集是物联网的基础，而目前的信息采集主要是通过传感器、传感节点和电子标签等方式完成的。传感器作为一种检测装置，作为摄取信息的关键器件，由于其所在的环境通常比较恶劣，因此物联网对传感器技术提出了较高的要求。为了应对物联网的发展，传感器技术应在其感受信息的能力、传感器自身的智能化和网络化上实现发展与突破。

4. 无线传感器网络

无线传感器网络（Wireless Sensor Network，WSN）是一种分布式传感网络，由部署在监控区域内大量的微型传感器节点组成，通过无线通信方式形成多跳的自组织网络。它的末梢是可以感知和检查外部世界的传感器。WSN 中的传感器通过无线方式通信，因此网络设置灵活，设备位置可以随时更改，还可以跟互联网进行有线或无线方式的连接。无线传感器网络技术是实现物联网广泛应用的重要底层网络技术，可以作为移动通信网络、有线接入网络的神经末梢网络，进一步延伸网络的覆盖。

无线传感器网络是一项通过无线通信技术把数以万计的传感器节点以自由式进行组织与结合进而形成的网络形式。无线传感器网络的工作原理如图 4-9 所示。无线传感器网络主要由三大部分组成：节点、传感网络和用户。

在无线传感器网络当中，节点有汇聚节点和传感器节点两种。汇聚节点主要是指在传感器节点中网关可以剔除错误的报告数据，并结合相关的报告将数据加以融合，以达到对发生的事件进行判断的作用。可借助广域网络或卫星直接通信来连接汇聚节点与用户节点，并处理收集到的数据。数据采集单元、数据传输单元、数据处理单元和能量供应单元共同构成了

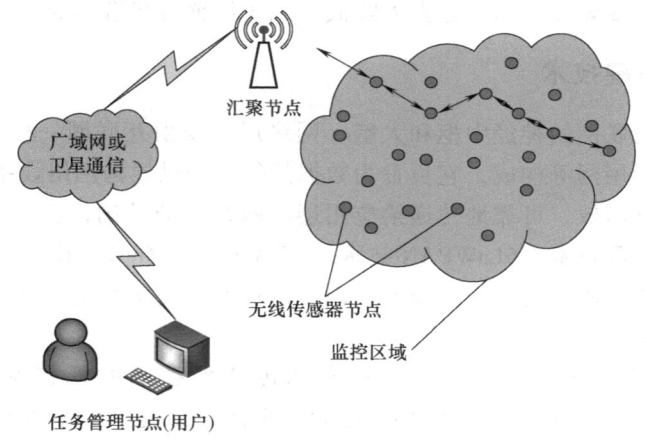

图 4-9 无线传感器网络工作原理

传感器节点。数据采集单元通常都是采集监测区域内的信息并加以转换,例如光强度、大气压力与湿度等;数据传输单元则主要以无线通信来交流信息以及发送/接收那些采集进来的数据信息为主;数据处理单元通常处理的是节点的路由协议和管理任务以及定位装置产生的位置数据;为了缩减传感器节点占据的面积,能量供应单元一般采用微型电池。

传感网络是无线传感器网络最主要的部分,它是将所有的节点信息通过固定的渠道进行收集,然后对这些节点信息进行一定的分析计算,将分析后的结果汇总到一个基站,最后通过卫星通信传输到指定的用户端,从而实现无线传感的要求。

无线传感器网络是由大量的静态或移动传感器以自组织、多跳的方式组成的无线网络,对网络覆盖范围内的对象信息进行感知、采集、处理和传输,并最终把这些信息发送给网络的所有者。数据的采集、处理和传输这三种功能都可在传感器网络中得以实现。

无线传感器网络具有众多类型的传感器,可探测包括地震、电磁、温度、湿度、噪声、光强度、压力、土壤成分、移动物体的大小、速度和方向等周边环境中多种多样的现象。相较于传统的网络和其他传感器相比,无线传感器网络有以下特点:

1) 自组织:节点具有自动组网的功能,节点间能够相互通信协调工作。

2) 多跳路由:节点受通信距离、功率控制或节能的限制,当节点无法与网关直接通信时,需要由其他节点转发完成数据的传输,因此网络数据传输路由是多跳的。

3) 组建方式自由:无线传感器网络的组建不受任何外界条件的限制,组建者无论在何时何地,都可以快速地组建起一个功能完善的无线传感器网络,组建成功之后的维护管理工作也完全在网络内部进行。

4) 网络拓扑结构的不确定性:从网络层次的方向来看,无线传感器网络的拓扑结构是变化不定的,例如构成网络拓扑结构的传感器节点可以随时增加或者减少,网络拓扑结构图可以随时被分开或者合并。

5) 控制方式不集中:虽然无线传感器网络把基站和传感器的节点集中控制了起来,但是各个传感器节点之间的控制方式是分散式的,路由和主机的功能由网络的终端实现,各个主机独立运行,互不干涉。

6) 安全性不高:无线传感器网络采用无线方式传递信息,因此传感器节点在传递信息的过程中很容易被外界入侵,从而导致信息的泄露和无线传感器网络的损坏。大部分无线传感器网络的节点都是暴露在外的,这大大降低了无线传感器网络的安全性。

4.3.2 网络层关键技术

网络层被称为物联网的神经中枢和大脑。网络层主要由互联网、移动通信网、广电网、卫星通信网、行业专用网等构成,它负责为数据的传递提供异构网络设备接口,从而将来自于感知层的数据信息高效、可靠地传递给应用层。网络层的基础包括物联网网络接入技术、移动通信技术与互联网技术。6LoWPAN 技术、M2M 技术、ZigBee 技术、蓝牙技术、超宽带技术是网络层的主要技术,通过这些技术实现了传感器、设备以及用户之间的相互连接。

1. 6LoWPAN 技术

近年来,集成了网络技术、嵌入式技术和传感器技术的低速率无线个域网(LR-WPAN)技术成为了研究热点。LR-WPAN 是为短距离、低速率、低功耗无线通信而设计的网络,可广泛用于智能家电和工业控制等领域。IETF(国际互联网工程任务组)于 2004 年 11 月正式成立了 IPv6 over LR-WPAN(6LoWPAN)工作组,并制定了基于 IPv6 的低速无线个域网标准,即 IPv6 over IEEE 802.15.4,旨在将 IPv6 引入以 IEEE 802.15.4 为底层标准的无线个域网。其相应标准的出现推动了短距离、低速率、低功耗的无线个人区域网络的发展。

6LoWPAN 技术底层采用 IEEE 802.15.4 规定的 PHY 层和 MAC 层,网络层采用 IPv6 协议。由于在 IPv6 中,MAC 支持的载荷长度远大于 6LoWPAN 底层所能提供的载荷长度,为了实现 MAC 层与网络层的无缝链接,6LoWPAN 在网络层和 MAC 层之间增加了一个网络适配层,其功能主要包括报头压缩、分片和重组、路由、网络数据管理(动态管理)、地址分配。

6LoWPAN 协议栈架构从下而上分别是 PHY 层、MAC 层、LoWPAN 适配层、网络层、传输层、应用层。由图 4-10 可知,6LoWPAN 协议栈架构与典型的 IP 协议栈非常类似。

相比较于其他无线网络接入技术,6LoWPAN 技术的优势主要包括:

1)普及性:IP 网络应用广泛,作为下一代互联网核心技术的 IPv6,也在加速其普及的步伐,在 LR-WPAN 网络中使用 IPv6 更易于被接受。

2)适用性:IP 协议栈架构受到广泛的认可,LR-WPAN 网络完全可以基于此架构进行简单、有效的开发。

3)更多地址空间:IPv6 应用于 LR-WPAN 的最大亮点就是可以提供庞大的地址空间,这给大量的传感器的接入提供了先决条件。这恰恰满足了部署大规模、高密度 LR-WPAN 网络设备的需要。

4)支持无状态自动地址配置:在 IPv6 中,当节点启动时,可以自动读取 MAC 地址,并根据相关规则配置好所需的 IPv6 地址。这个特性对传感器网络来说,非常具有吸引力,因为在大多数情况下,不可能对传感器节点配置用户界面,节点必须具备自动配置功能。

图 4-10 6LoWPAN 协议架构

5) 易接入：LR-WPAN 使用 IPv6 技术，更易于接入其他基于 IP 技术的网络及下一代互联网，使其可以充分利用 IP 网络的技术进行发展。

6) 易开发：目前基于 IPv6 的许多技术已比较成熟，并被广泛接受，针对 LR-WPAN 的特性对这些技术进行适当地精简和取舍，简化了协议开发的过程。

由此可见，IPv6 技术在 LR-WPAN 网络上的应用具有广阔的发展空间，而将 LR-WPAN 接入互联网将大大扩展其应用，使得大规模的传感控制网络的实现成为可能。

随着 LR-WPAN 与下一代互联网技术的迅速发展，6LoWPAN 技术也被广泛应用于智能家居、环境监测等多个领域，可以帮助人们实现通过互联网对大规模传感器网络的控制与应用。以智能家居为例，将 6LoWPAN 节点嵌入到家具和家电中，通过无线网络与因特网互连，可实现对智能家居环境的管理。

在无线个域网领域中，6LoWPAN 是一种短距离、低速率、低功耗的新兴技术，拥有便捷、廉价、实用等一系列特点，市场前景广阔。例如，利用 6LoWPAN 技术，可以实现设备价格低、体积小、节能、分布密集，但对设备传输速率要求不高的应用，例如建筑状态监测、空间探索等应用。因此，普及 6LoWPAN 将在很大程度上方便人们的工作与生活。

2. M2M 技术

M2M 作为物联网的核心系统，主要体现在三个方面的相互通信，即人与人之间（Man to Man）、机器与机器之间（Machine to Machine）和人与机器之间（Man to Machine/Machine to Man）的通信。M2M 系统还可将这些不同类型的通信技术进行有机结合。其中，最能体现物联网特点的是机器与机器之间的通信。

M2M 系统框架如图 4-11 所示。M2M 的概念主要强调的是通信实现，网络在其技术框架中处于核心地位。通过"无线连接"的技术手段，实现"端到端"的可靠连接。在物与物"连接"的基础上，实现资产集中监控、设备远程操作、物流仓储管理、移动支付等功能。

M2M 系统是将终端平台与无线设备、家庭智能化设备及其他 M2M 应用设备相连接，并使所有设备都具备网络通信能力，真正实现物联网通信体系在各行业的广泛应用。

M2M 通信主要是以 Internet 作为核心网络，将不同形式的 IP 通过网络连接的方式实现 IP 终端互连的网络结构，是目前物联网中最具高效性的组合网络方式。M2M 系统依据功能域的不同被划分为设备域、应用域和网络域。由于 M2M 系统具有明确的功能域区分，其通信特点主要展现在几种域之间的临界范围。具体而言，M2M 系统通过各种智能终端将不同域的数据进行交互转换、资源共享、应用优化等，完成大数据与移动化的有效结合，从而充分发挥 M2M 系统的核心功能。

物联网设备的布置方式大多为先部署后进行网络连接的形式。但由于物联网的相关节点缺乏人员管理，这就导致物联网设备难以实现远程签约信息和业务信息配置，且物联网设备会轻易被攻击者接触到。这些情况对物联网的安全在一定程度上产生了威胁，使物联网存在不稳定性。尤其在 M2M 设备使用移动网络时，会出现相关的覆盖问题，如处于劣势位置的移动网络覆盖超过位置较好的覆盖程度，或在较差的覆盖点，静止的 M2M 设备可能停止发送数据。因此，M2M 通信必须进行相关优化。其优化方向可以分为四个类别：一是降低相关网络运营商的成本；二是为相关运营商提供 M2M 独有的增值服务；三是保证网络运行的连续性；四是在众多 M2M 设备连接过程中提供明显的标识符与地址。

随着全球物联网的不断发展，M2M 系统已被广泛应用在各个领域。由于 M2M 的通信网络能有效实现远程的无线接入，且终端通信系统无须进行人工布线，同时还能为通信网络提

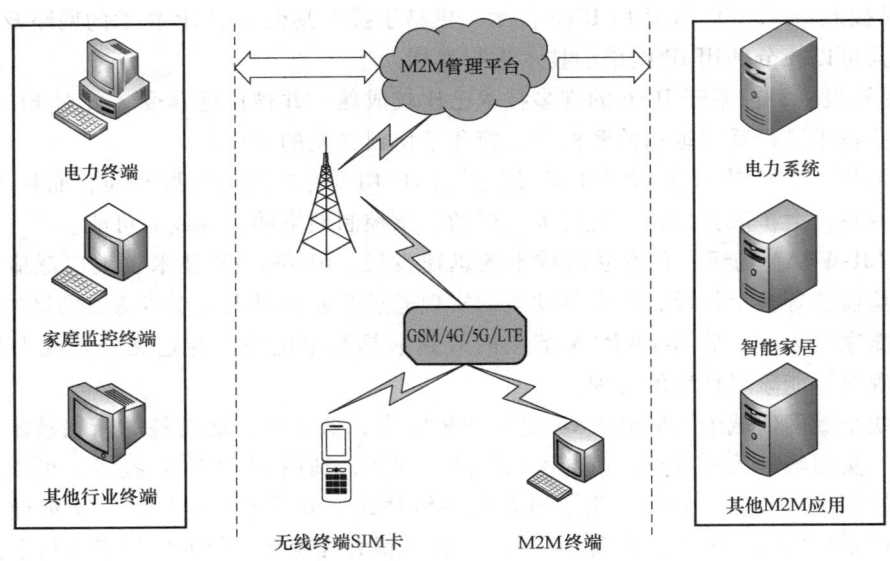

图 4-11 M2M 系统框架

供移动性的支持,这不仅能更好地节约成本资源,还能满足不同环境的通信需求。因此,M2M 技术得到了移动通信企业的广泛重视,广泛应用于智能交通、安防监控、车载及自动售贩机等方面。

3. ZigBee 技术

ZigBee 基于 IEEE 802.15.4 标准的低功耗局域网协议,属于一种短距离、低功耗的双向无线通信技术。其特点是复杂度低、成本低、数据速率低、距离短、功耗低,可以用来实现各种不同传感器之间的数据通信。

ZigBee 是一个由可多达 65000 个无线数据传输模块组成的无线数据传输网络平台。类似于移动通信的 CDMA 网或 GSM 网,每一个 ZigBee 网络数据传输模块类似移动网络的一个基站,在整个网络范围内,它们之间可以进行相互通信,每个网络节点间的距离可以从标准的 75m 扩展到几百米,甚至几千米。另外,整个 ZigBee 网络不仅可以"无限"扩展,而且还可以与现有的其他各种网络进行连接。

ZigBee 通过自组网的方式,以协调器为核心(主要起构建网络和中心节点的作用),其他节点自由加入其构建的网络中,每个 ZigBee 网络节点可支持多达 31 个传感器和受控设备,每一个传感器和受控设备中可以有 8 种不同的接口方式,可以采集和传输数字量和模拟量。

在网络中,为了实现通信,必须在不同层上使用多种协议,这些协议按照层次顺序组合在一起,构成了协议栈(Protocol Stack),即网络中各层协议的总和。同时,由于 IEEE 802 系列标准将数据链路层分成逻辑链路控制(LLC)和媒体接入控制(MAC)两个子层,因此完整的 ZigBee 协议栈自上而下由应用层、网络层、MAC 层和物理层(PHY)组成,如图 4-12 所示。

物理层(PHY)作为 Zigbee 协议栈的最底层,提供了最基础的服务,在为上一层(MAC 层)提供了如数据接口等一系列服务的同时,完成了与现实世界交互的功能;不同设备之间无线数据链路的建立、维护、结束、数据的传输和接收由 MAC 层负责;网络层在保证数据传输的完整性的同时可对数据进行加密;应用层可根据设计的目的和需求,让多个器件之间进行通信。

ZigBee 的出发点是希望能发展一种低成本无线网络。在物联网无线数据终端中，ZigBee 为用户提供无线数据传输功能，广泛应用于物联网产业链中，如智能电网、智能交通、智能家居、金融、移动 POS 终端、供应链自动化、工业自动化、智能建筑、消防、公共安全、环境保护、气象、数字化医疗、遥感勘测、农业、林业、水务、煤矿、石化等产业。

ZigBee 技术弥补了低成本、低功耗和低速率无线通信市场的空缺，其成功的关键在于丰富、便捷的应用，而不是技术本身。但由于 Zigbee 技术出现较晚，其规范及应用仍在不断的完善和发展之中。

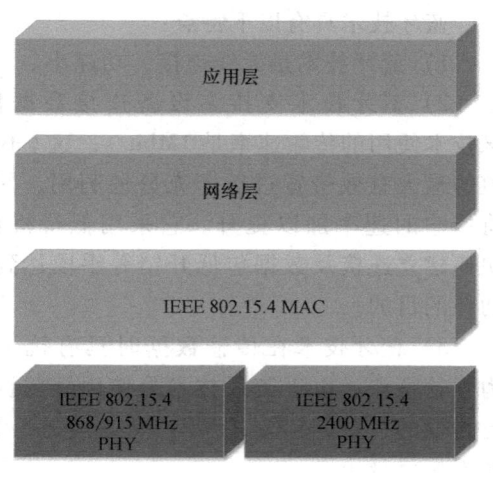

图 4-12　Zigbee 协议栈架构

4. 蓝牙技术

蓝牙技术是一种能够帮助包括移动电话、无线耳机、PDA、笔记本式计算机等众多设备之间进行无线信息交换，并且可支持设备短距离通信（一般是 10m 之内）的无线通信技术。其技术标准为 IEEE 802.15，工作频带在 2.4GHz，带宽为 1Mbit/s。

利用蓝牙技术，能够有效地简化移动终端之间的通信，也能够成功地简化设备与 Internet 之间的通信，从而使数据传输变得更加迅速、高效，为无线通信拓宽道路。蓝牙技术采用分散式网络结构以及快跳频和短包技术，支持点对点及点对多点通信。

蓝牙系统结构图如图 4-13 所示，蓝牙主设备利用其专门的发射结构，使用短程射频链接，在业务发现协议（发现链接的设备或主机的功能的应用规范）的规范下，通过召唤体系结构（一种业务发现标准），查询到所需链接的从设备信息和服务类型之后，蓝牙设备间的链接才能建立，形成蓝牙微网。其次，蓝牙设备间可进行语言及数据的传输。如果传输语言信息，则采用电路交换形式，进行同步时分双工的全双工传输。

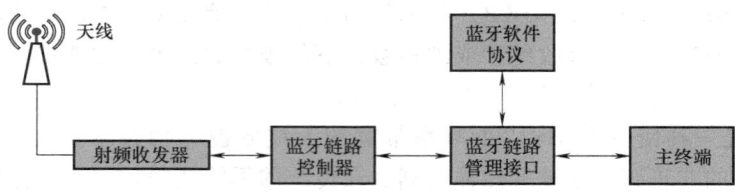

图 4-13　蓝牙系统结构图

蓝牙设备包含一块蓝牙模块以及支持连接的蓝牙无线电和软件，连接手机和计算机时使用的是无线电波。两台蓝牙设备需要进行配对才能进行互相交流，交流时不同的蓝牙设备在短程的临时网络（即微微网，指设备使用蓝牙技术连接而成的网络，如图 4-14 所示）中进行通信。当蓝牙设备加入或离开无线短程传感时，微微网是动态和自动建立的。

为满足通信需求，蓝牙技术规定每一对设备之间进行蓝牙通信时，其中一个为主端，另一为从端。通信时由主端发起查找并发起配对，双方成功链接后即可相互收发数据。一个蓝牙主端设备在理论上，可与 7 个蓝牙从端设备同时进行通信。

蓝牙技术具有以下特点：

1）蓝牙技术是无线连接，功耗小。

2）蓝牙技术支持多设备连接数据传输。该技术使用的传输速率是1Mbit/s，这不仅将信道的最大有效带宽进行了充分地利用，同时也将传输的速率加以提升。它采用低待机消耗、快速建立连接及数据包低开销等手段达到降低功耗的目的。

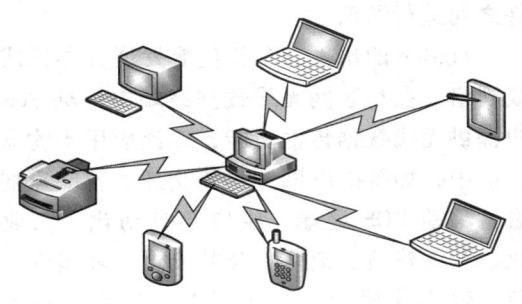

图4-14 微微网结构图

3）蓝牙技术在传输数据时具有抗干扰能力强的特点。由于蓝牙技术是使用短数据包进行传输的，数据越短，误码率也就越小，因此，在传输的过程中，受到过程中的介质和外界的干扰就越小。

4）蓝牙安全性高，且规格为全球通用。该技术采用128bit AES加密算法，保密性强，是目前市场上功能最丰富、支持范围最广泛的无线标准。

5）蓝牙技术操作简单、快捷。使用该技术时，首先由蓝牙设备发起搜索，10m左右的全部设备都可被搜索到，双方验证通过后方可建立连接，进而进行通信。

蓝牙技术依据核心规格的不同可分为多个不同的版本。目前较常见的是蓝牙BR/EDR（即基本速率/增强数据率）和低功耗蓝牙（Bluetooth Low Energy）技术。蓝牙BR/EDR主要应用于蓝牙2.0/2.1版，一般用于扬声器和耳机等产品；而低功耗蓝牙技术主要应用于蓝牙4.0/4.1/4.2版，主要用于市面上的新产品中，例如智能手环、智能家居设备、汽车电子、医疗设备、Beacon感应器（通过蓝牙技术发送数据的小型发射器）等。

蓝牙技术本身有射频特性，采用网络多层次结构和TDMA结构，应用了跳频技术、无线技术等一系列技术，具备功耗低、易采用、应用成本低、传输效率高、安全性高等优势，理论上可将门锁、灯、电视、玩具、汽车电子、医疗设备、运动器材等所有物品与蓝牙连接起来。蓝牙技术已经成为接入物联网的核心技术之一，广泛应用于各行各业中。

5. 超宽带技术

超宽带（Ultra Wide Band，UWB）技术作为全新的通信技术，与传统通信技术相对比有极大的差异。它通过发送和接收纳秒或纳秒级以下的极窄脉冲来传输数据，而不再需要使用传统通信体制中的载波，因此具有GHz量级的带宽。

UWB技术是一种使用1GHz以上频率带宽的无线载波通信技术。它不采用正弦载波，而是利用纳秒级的非正弦波窄脉冲传输数据。在传统的无线通信过程中，把信号按照不同的载波频率调节到不同的频带，使载波频率和载波功率在特定范围内发生改变，根据状态变化实现信息传输。对于超宽带技术来说，不需要载波就可以通信，它是利用脉冲信号来传递信息的。脉冲信号是一种产生和消失频率很快、时间很短的信息，与传统的无线通信技术相比具有很大的优势。使用UWB技术可在非常宽的带宽上传输信号，美国联邦通信委员会（FCC）对UWB技术的规定为在3.1~10.6GHz频段中占用500MHz以上的带宽。

典型的UWB系统方案的结构如图4-15所示。该系统主要分为发射和接收两部分。从图中可以看出，与传统的相比，UWB的结构相对简单。

相比于其他通信技术，UWB技术具有以下特点：

1）传输速率高。超宽带无线通信系统使用的是上千兆赫兹的频带，发送信号功率谱的

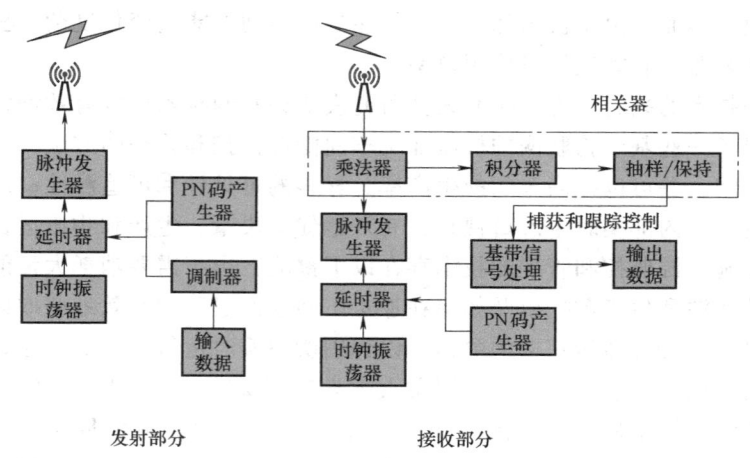

图 4-15　UWB 系统结构图

密度较低时，可以达到 100~500Mbit/s 传输速率。

2）通信距离短。由于超宽带系统在远距离传输过程中高频信号的强度会迅速衰减，所以超宽带通信系统多用于短距离通信。理论分析证明，如果收发机之间的距离超过 12m，超宽带通信系统的信道容量就会比传统宽带系统小。

3）平均发射功率低。超宽带系统在短距离信息传输过程中，由于牺牲了带宽，发射机的发射功率会降到 1mW 以下，所以与传统通信系统相比，超宽带通信系统产生的信号干扰与宽带噪声相当。因此，在相同频段中，超宽带通信系统与窄带通信系统可以形成很好的共存关系，提高了无线频谱资源的使用率，有效缓解了无线频谱资源紧张的问题；同时，超宽带通信系统具有良好的信号隐蔽性，具有很高的保密性能。

4）多径分辨率非常高。超宽带通信系统采用的是窄脉冲方式，持续时间很短，在空间和时间上有很强的分辨力，所以多径分辨率也很高。

5）适用于便携型应用。超宽带通信系统通过基带完成信息的传输，省去了射频调制和解调环节，使得设备的功耗较小、生产成本低，具有很高的灵活性，适合便携型无线通信。

超宽带技术解决了困扰传统无线技术多年的有关传播方面的重大难题，超宽带系统与传统的窄带系统相比，具有穿透力强、功耗低、信道衰落不敏感、发射信号功率谱密度低、截获能力低、安全性高、系统复杂度低、能提供高定位精度等优点。因此，超宽带技术可以应用于室内静止或者移动物体以及人的定位跟踪与导航，且能提供十分精确的定位精度。

4.4　物联网应用

近些年，随着物理世界对物联网的需求增加，物联网的应用变得越来越广泛。物联网的应用涉及多个领域，例如医疗、交通、能源、制造、物流、建筑、家居、安防、零售和农业等。

4.4.1　物联网在制造领域的应用

机床加工车间是一种分布广泛的制造系统，其消耗大量能量而且效率低下。近年来，来自能源价格和环境的压力越来越大，迫使机械制造商必须进行能效监测和管理，以提高经济效益和环境绩效。然而,由于机床加工车间的能量流和动态能量变化复杂,机械制造商仍然缺乏有效的方法来监视和管理能量使用效率。

随着物联网技术的兴起,许多研究人员研究表明物联网技术可以有效增强机床和生产过程管理,并提出了一些基于物联网的机床加工车间能源监控和管理的方法,可以有效减少机床所需的维护时间,并可以提高车间的生产率、材料的可见性和可追溯性;同时,利用物联网技术可以实现工厂内部实时生产可视化,有效地促进决策、生产和物流运营。

对于如何实施能源监控和管理的技术存在以下挑战:由于需要消耗大量能源,因此需要获取哪些类型的能源和生产数据以及如何在加工车间生产过程中有效地获取此类数据;如何准确地处理来自多个传感器所获取的数据,以识别所述实时运行状态的机械设备和加工车间的能量消耗。为了应对这些挑战,美国罗文大学学者于2018年提出了一个基于物联网的能效监测和管理系统的详细框架(见图4-16),利用该方法可以获取大量动态变化的能量和加工车间的生产数据,并通过管理加工过程来减少能耗和提高能效,方便机械制造商通过管理加工过程轻松地提高能源效率和经济效益。

该方案所提出的基于物联网的能效监测和管理系统主要由四个层组成,即数据采集层、数据传输层、数据处理层和应用层。

数据采集层负责感知和预处理与能源有关的生产数据以及机床和辅助设备的能耗。它由数据感知层和数据预处理层组成。功率传感器安装在机床和辅助设备上,以测量其实时功耗。对于每台机床,都要测量总功耗和主轴系统功耗。诸如空气压缩机之类的辅助设备,仅需测量总功耗。CNC以太网卡用于从CNC系统收集切削参数(即主轴速度和进给速度)。对于某些机床,如果CNC系统提供网络通信接口,则可以用以太网电缆替换CNC以太网卡。代码扫描器用于收集工件在每个机床上的每个操作的开始和结束时间,因为通常使用不同的机床通过几次顺序操作来加工工件。

数据传输层由无线网络适配器和无线路由器组成,对处理层和采集层的数据进行传输。

数据处理层负责对数据感知层获取的功耗和生产数据进行处理。数据处理层可以通过分析功耗和生产数据来确定实时运行状态(即断电、待机、空气切割或切割)以及在这些状态下机床的相应时间,并在此基础上,计算出机床能耗和材料去除的能量消耗。

对于这个基于物联网的能源效率监测与管理系统来说,在机床层面上,管理人员能够看到加工车间的实时运行状态和能源效率,可以采取有效措施,通过关闭不必要的机床或机床组件来减少能耗并提高能源效率。在加工任务层面上,可以通过比较记录来选择更高效的加工路径(即机床和切削参数),还可以建立能耗基准以减少待机能耗。在加工车间层面上,工作人员根据加工任务的数量及时关闭不必要的辅助设备,此外,还能够实现实时的能量感知调度,以提高能源效率。同时,对于机加工车间,通过实时监控能耗模式,可以通过有效的负载平衡来减少高峰时间的能耗,从而避免在超过给定的最大配额能耗时承担额外经济损失。此外,对于加工任务,了解加工过程的能耗也将为控制生产成本和增加生产利润提供强有力的支持。

4.4.2 物联网在其他领域的应用

1. 物联网在医疗领域的应用

在不少科幻电影中有着这样的情节,一位护士拿着类似平板计算机的仪器对着患者一扫,患者的身体情况不费吹灰之力便瞬间呈现在仪器的屏幕上。虽然目前的医疗技术达不到

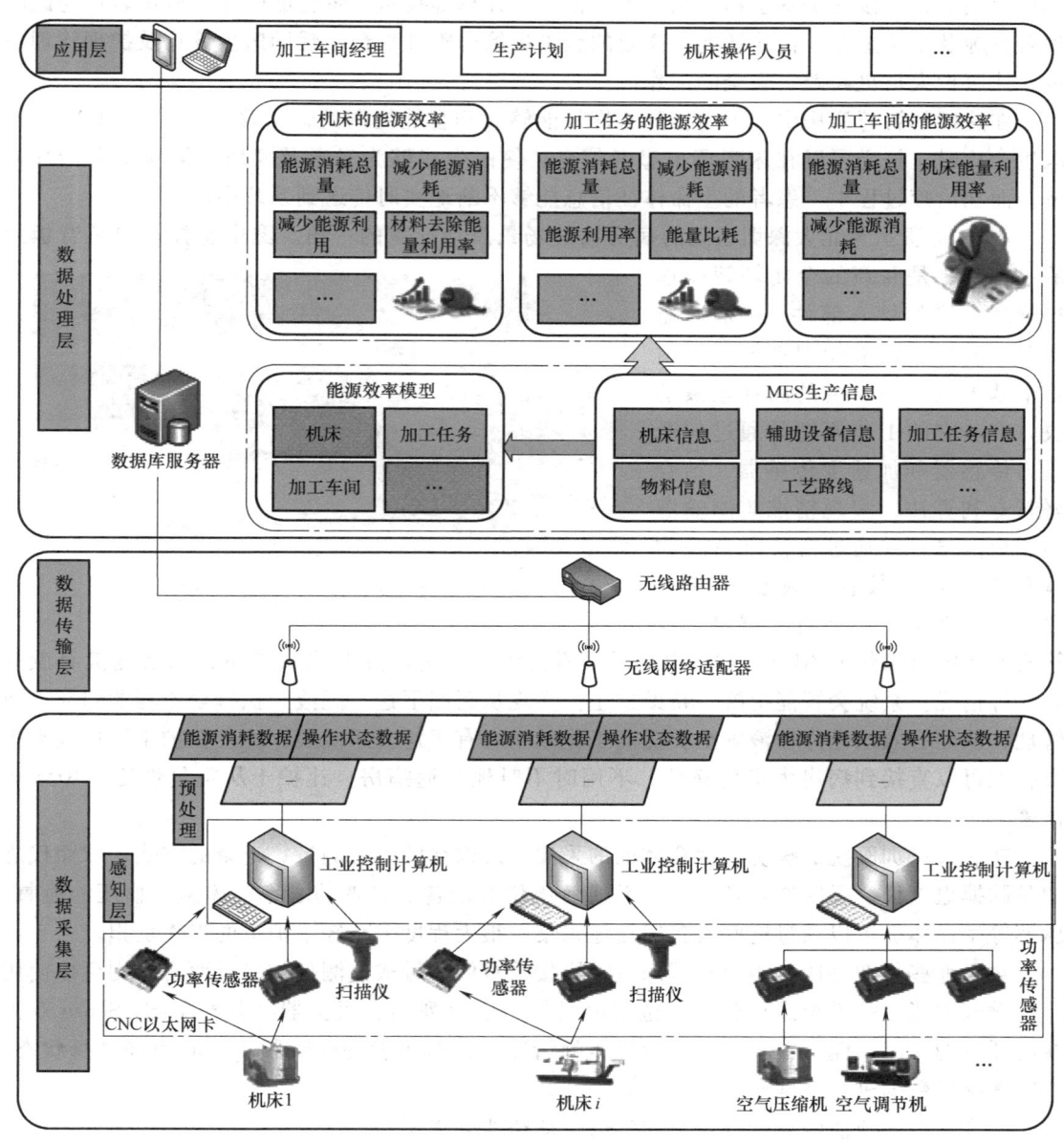

图 4-16 基于物联网的能源效率监测与管理系统框架

电影中的程度,但智慧病房已经随着物联网技术的逐渐成熟在医院里开始出现。

2016 年开始,深圳联新移动医疗与北京大学深圳医院正式建立项目合作关系,共同打造"智慧病房"。联新为医院打造智慧病房,旨在帮助医护人员更安全、高效地完成工作,把时间留给患者。医生通过移动医生工作站在床边即可便捷地进行移动查房和教学;同时,全闭环智能输液管理系统、临床移动终端(NDA)、生命体征采集信息系统等智能化系统的应用,为护士提供了更便捷的工作方式。其最终的目的,是让医护人员腾出更多的时间参与到患者的治疗环节。

联新智慧病房是以院内物联网为基础,为医院提供辅助诊疗、护理及管理的软、硬件一体化解决方案。该病房基于物联网、大数据、云计算等技术，将智能硬件、应用软件与医院现有设施及系统融合，构建智能、高效的医护患综合管理平台，辅助医生诊疗及护理管理决策，让医护人员更高效、安全的工作。

在这样的智慧病房中，护士会随身携带能够收到智能提醒的临床移动终端（NDA）。当医生会诊时，护士可以在床旁调出患者信息，使医生能够为患者及家属讲解病情及治疗方案。而在治疗过程中，患者的生命体征信息能够不断地实时传送到系统中。

图 4-17 所示为北大深圳医院的病房输液场景及治疗室的一角。图中悬挂在白色背板上的小挂件，是联新的全闭环智能输液管理系统的核心部件——输液监测器。该智能输液管理系统是国内首个基于蓝牙物联网的闭环输液解决方案。它的工作原理是通过超微重力传感器和加速度传感器，结合联新专利算法，实现精准监测输液的剩余液量，并通过蓝桥（蓝牙物联网中枢）将数据传输到护理后台。护士在护士站通过大屏幕、计算机或者随身携带的 NDA，就可以远程查看患者输液的滴速和剩余液量，以及输液有没有异常等情况。系统会智能提醒，帮助护士们实现从医嘱下达、配液到执行全流程的闭环输液管理，从而有效地保障输液安全，提高工作效率。有了这套系统后，护士在护士站接收到报警，就可以直接到病房为患者换药，不用时不时地往返病房，让护士从重复性工作中解放出来。

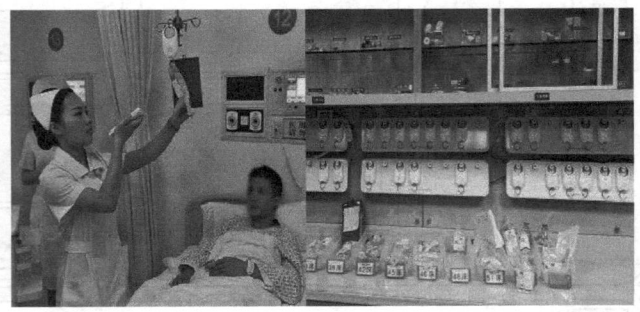

图 4-17　联新智慧医院输液系统

在北大深圳医院的病房，生命体征的采集一改以往的人工测量、记录的方式，取而代之的是脉搏血氧仪、无线红外耳温枪、无线血压仪等设备。患者的心率、体温、血压、血氧、脉搏等生命体征可以通过这些设备轻松地采集，很大程度上减轻了护士的工作负担。

对于那些长期卧床、需全程跟踪或不愿接受身体接触式监测仪的患者而言，则可以使用非接触式智能监护系统进行监测。这款由联新与以色列知名医护器械公司 Early Sense 双方共同开发的产品，能够在不接触患者身体的情况下，对患者的呼吸频率、心率和翻身状态、离床情况等数据进行精确测量与传输。

除了全闭环智能输液管理系统和生命体征智能采集系统，联新还围绕临床的需求开发了移动护理工作站。在传统护士站中，有一些护理工作需要护士们进行多次往返才能完成，在引进使用移动护理工作站后，很多常用的药品和护理工具可以一次性地被带到床旁，同时还可以随时调阅患者信息、医嘱信息等，有效减少护士往返频次，提高工作效率。

此外，联新也为医生专门配备了一个"智能助手"——移动医生工作站，如图 4-18 所示。医生通过移动医生工作站和临床医教研系统，在床旁即可快速检索并了解患者病情。系统通过独有认知算法，深度挖掘医疗数据，辅助医

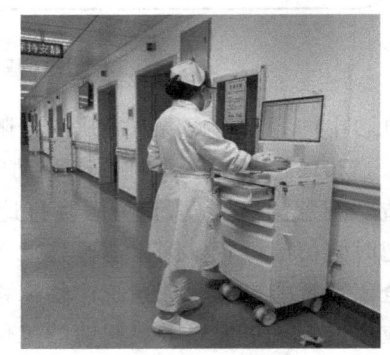

图 4-18　联新智慧医院移动
医生工作站

生诊断治疗、教学和科研。

北大深圳医院"智慧病房"使用的各类设备，都与医院信息系统实现了无缝对接。而其中的关键技术，就是蓝牙物联网中枢（蓝桥）。与其他的物联网无线传输技术相比，蓝牙技术在适用范围、应用前景方面更具优势。放眼整个市场，绝大部分针对生命体征或身体周边的智能设备，几乎都采用了低功耗蓝牙作为无线传输方式。蓝牙技术联盟在蓝牙技术规范中专门定义了针对健康设备的标准协议。世界健康设备联盟（CHA）也选择低功耗蓝牙作为人体周边网络的传输标准。这说明蓝牙不仅是物联网生态系统之一，也是未来几年在医疗领域的发展趋势。

传统的蓝牙连接只能在小范围内点对点地建立连接，且无法直接与医院的数据服务器进行通信。对于智慧医院，众多的设备如何进行数据传输是一个棘手的问题。联新的解决方案是为它们搭建一个能够同时接入多种蓝牙的智能设备，并把蓝牙信号转化后通过 WiFi 传输到医院的数据通道。它是联新构建院内物联网的核心。

联新基于蓝桥打造的院内物联网平台，作为医院现有主干信息网络的补充，使得大量微小型智能设备的接入成为可能。以往的可穿戴监测设备，大多数单独配备一个 APP，这在医院几乎不可能实现。并且蓝牙物联网是开放的平台。其他厂商的蓝牙耳温枪、蓝牙体温贴等设备，通过安全认证后，便可以实时接入，可谓即接即用。未来，在越来越多的企业推动下，各种功能的蓝牙设备将会加入"智慧医院"的医疗网络中，从而，更多的医院也将通过物联网连接在一起，最终形成医疗领域的"万物互联"。

2. 物联网在交通领域的应用

近几年，城市的规模随着社会经济的发展在不断扩张，随着城市人口的涌入和居民家庭经济收入的提升，城市中机动车的保有量增长迅速，与之相伴的是大气污染加剧、交通事故频发、交通拥堵严重等一系列问题，道路设施与交通需求间的矛盾日益凸显。人们的日常生活也受到影响，当今社会，道路交通实现现代化管理已迫在眉睫。面对这种交通现状，物联网技术与 AR 技术的发展为其提供了新的解决思路。

智能交通系统（Intelligent Transportation Systems，ITS）是一种准确、实时、高效的交通运输综合管理控制系统。通过将先进的识别技术、感知技术、计算技术、网络技术、控制技术、定位技术、智能技术广泛应用在基础设施和交通工具当中，以完成对道路交通的全方面感知，并全程控制交通工具和全时空控制每一条道路。这极大地提升了交通运输系统的安全与效率，且减少了因能源消耗而对地球带来的负面影响。

增强现实凭借交互技术、显示技术、计算机图形与多媒体技术和多种传感技术，使计算机生成的虚拟环境与用户周围的现实环境融为一体，让用户从感官效果上确信虚拟环境真实地存在于周围真实的环境中，这是一种将真实世界信息和虚拟世界信息"无缝"集成的新技术。增强现实技术是将现实环境中不存在地虚拟对象使用计算机图形技术和可视化技术生成，并将虚拟对象通过传感技术准确地"投入"在真实环境中，呈现给用户对新环境产生一种真实的感官效果。

2018 年，由广东省智能交通协会和赛文交通网联合主办，广东高新兴科技集团特别支持的"物联网+交通融合"创新发展论坛在珠海召开。在论坛上，高新兴科技集团提出了高新兴大交通解决方案。

高新兴大交通解决方案主要是服务于城市交通管理部门，能够实现对城市交通运行进行监测，尤其是城市重点交叉路口、重点交通枢纽、常发交通拥堵点、交通事故多发点和一些重点路段等，辅助交通管理部门进行交通管控、交通态势监测和交通可视化指挥。另外，在高速公路，如高速服务区、收费站、高速互通等场景也具有极大的应用价值。

高新兴大交通解决方案的总体架构分为数据接入层、支撑层、应用平台层和业务层，如图4-19所示。在数据接入层，高新兴提供了大量的互联网感知终端，这些终端分布在交通管控、运输管理、车联网和互联网，通过支撑层的Gofusion交通数据超融合应用支撑平台，把这些数据汇聚到应用平台层使用，从而支撑具体的行业应用。在应用平台层这一块，高新兴大交通解决方案拥有六个核心的平台，即交通监测云行系统、公安交通集成指挥平台、互联网+集成指挥平台、汽车电子标识管理平台、车联网应用管理平台、物联网应用管理平台，从而高效地服务于交通管控业务、交通运输业务、企业服务业务和公众出行服务。

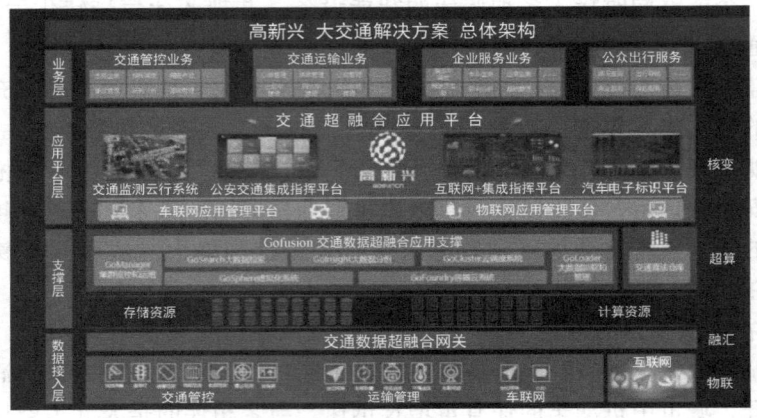

图 4-19　高新兴大交通解决方案总体架构

在技术上，高新兴大交通解决方案具备四大核心技术，分别是汽车电子标识技术、AR增强现实技术、交通设施监测技术、车联网技术。

高新兴大交通通过AR和物联网集成技术的解决方案，实现了视频图像交通场景的结构描述、可视化显示和扁平化互动。系统将AR与大数据、业务平台结合，充分利用现有智能交通先进技术、设备与业务平台，创新性地开发虚拟标签的增强现实标注技术、增强现实摄像机的3D自动定位技术，率先引入无人机、汽车电子标识等新技术，实现业务系统深度融合、信息资源共享，有效地提高了整体与各子系统效能的发挥，以视频码流作为地图真实指挥场景，服务于交管指挥中心，开创城市交通指挥管理的新模式，提升交通的服务水平和运行效率。增强现实标注界面如图4-20所示。

交通监测云行系统由高新兴利用自身的AR技术优势和对交通业务的深入探索打造而成。以重点城区交通运行综合监控为重点，云行系统能够准确地掌握城市交叉路口的交通状况，帮助交叉口交通控制，实现交叉口交通指挥调度。云行系统具有视频实景地图、GIS地图应用、视频高低联动、道路信息可视化管理、道路运行状态实时监测、道路态势评估研判、车辆位置联动管控、实景化视频警力调度、布控告警快速处理、交通大数据研判等功能。通过实时调用各业务子系统数据，可以全方位实时展示道路运行状态、道路的信号控制状态、交通拥堵状况、交通诱导信息、交通违法抓拍情况、过车数据等道路运行状态，如图4-21~图4-23所示。

图 4-20　高新兴大交通解决方案增强现实标注界面

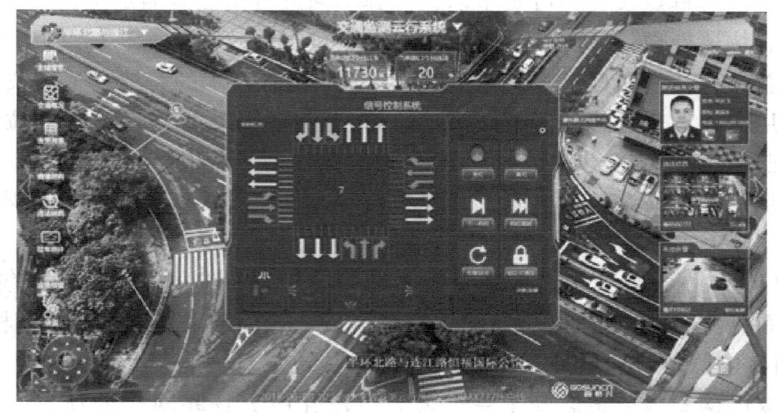

图 4-21　高新兴交通监测云行系统界面显示车辆拥堵识别

图 4-22　高新兴交通监测云行系统界面显示车辆自动识别

高新兴大交通解决方案在应用上有很高的适应性和可塑性。根据不同的应用场景，系统通过联动不同应用子系统，锁定用户的关注点。在主要路段和路口，系统能够结合交通管理业务子系统，针对交通拥堵、交通事故、交通管制等交通事件进行现况了解、问题分析、问

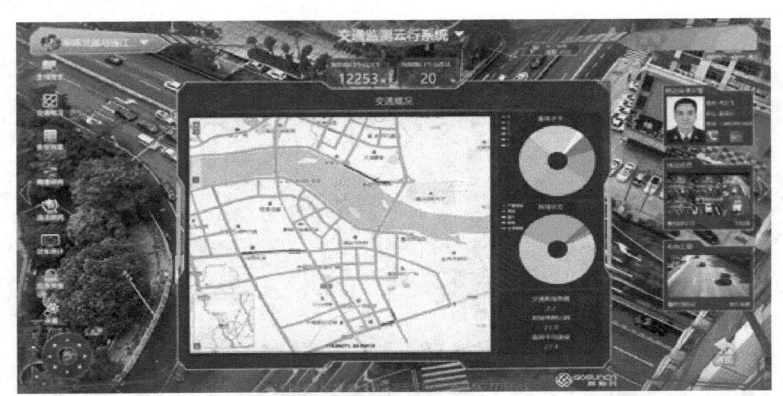

图 4-23　高新兴交通监测云行系统界面显示交通大数据分析研判

题处理，使交通管理人员足不出户而尽知城市交通路况，解决交通问题。在机场、高速服务区、公交站场等人流密集的交通枢纽，系统结合人车防控、信息发布、停车管理、人员指挥等系统，能够实现对重点人员、可疑车辆、套牌车辆进行精准监测定位，使区域内突发事件能够及时检测、快速处理，保障区域内秩序稳定、运行高效。

目前，高新兴科技集团提出的基于 AR 与物联网融合技术的智能交通解决方案已经在多个城市得到应用，如清远、深圳、绵阳等地。特别是在 2018 年清远国际马拉松赛事中，接入了赛事沿途监控视频 3000 多路，同时还有无人机、信号控制、电警卡口、交通诱导这些系统。实现赛场内外交通态势全监测，全程为与赛人员保驾护航，在赛事安保及交通管理上发挥了重要作用。

基于 AR 与物联网融合技术在智能交通领域的应用与传统的智能交通系统（ITS）不是简单的复制关系，AR 与物联网融合技术在交通领域的应用与发展和 ITS 相辅相成。

3. 物联网在能源领域的应用

目前，国家电网有限公司启动了一个名为"泛在电力物联网"的项目。在智能电网的基础上，泛在电力物联网计划应用现代信息通信技术，促进电力系统信息的广泛交互和充分共享，为电网的运行和发展提供强有力的数据资源支持，共同构建能源流、数据流、业务流"三流合一"的能源互联网。

"泛在物联"根据国家电网公司《泛在电力物联网建设大纲》的定义，指的是任何人、任何物、任何时间、任何地点之间的信息连接和交互。"泛在电力物联网"将电力用户及其设备、发电企业及其设备、电网企业及其设备、供应商及其设备，以及人和物之间相互连接，为用户、电网、发电、供应商和政府提供服务并生成共享数据；以电网为枢纽，发挥平台和共享作用，为全行业和更多市场主体发展创造更大机遇，提供价值服务。

泛在电力物联网是用于实现电网基础设施、人员以及所在环境识别、感知、互联与控制的网络系统。电力信息的采集、传递和处理是其关键环节。用电侧、配电侧、发电侧、输电侧、变电侧、电网资产管理等细分领域是其主要集中的应用场景，如图 4-24 所示。

配电管理在传统电网的应用过程中存在较多问题。例如，由于日常配电设施的维护保养日期是固定的，并且需要工作人员逐个测量巡检，因此当供电设备出现问题时，通常不能及时地解决实际问题。同样，对配电房设备的损坏以及环境（如温湿度、烟雾等情况）的变化不能进行有效监控，不能及时发现参数异常，并且对突发情况不能进行有效预防。

上海顺舟智能科技有限公司针对上述情况推出智能配电房物联网作为解决方案。以自身

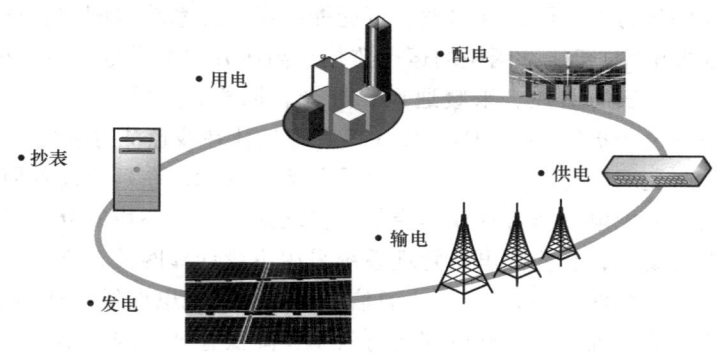

图 4-24 电力网络结构示意图

的无线通信技术积累为依托,构建电力物联网领域的解决方案,通过多样融合的接入通信全面感知电力终端。

智能配电房管理系统是整套电力管理系统中的重要环节。顺舟智能配电房管理系统方案采用附带边缘计算能力的工业网关、工业专用数据采集器,支持有线(232/485/NET)与无线(ZigBee)联网,可靠性高且配置灵活,可根据实际需要增加配置功能,并且为方便用户现场查看和操作配备了触摸显示屏。智能配电房管理系统的监测对象主要为低压网中的配电房环境温湿度、配电开关状态、烟雾、漏水,同时实现配电房防盗、对配电房重要设备运行状态的多种参数和状态进行本地联动控制、远程集中监控、手机短信报警。

如图 4-25 所示,智能配电房管理系统主要由四部分构成:感知层、传输层、应用层、终端层。感知层负责收集配电房的各种数据,包括数据采集模块、电压互感器、电力火灾探测器、电流/电压传感器、温/湿度传感器、剩余电量探测器、热解粒子探测器、故障电弧度探测器等设备以及配电房内监控、安全、电量等各类数据内容。传输层包括 ZigBee 无线连接设备、顺舟智能聚合网关设备、无线传输网络等。应用层主要是配电房各供配电和设备监控管理平台,负责对感知层采集的整个物联网系统的实时数据进行检测、管理和分析。终端层是指智能手机、计算机、iPad 等,可及时收取系统内设备实时运行数据及故障报警信息。

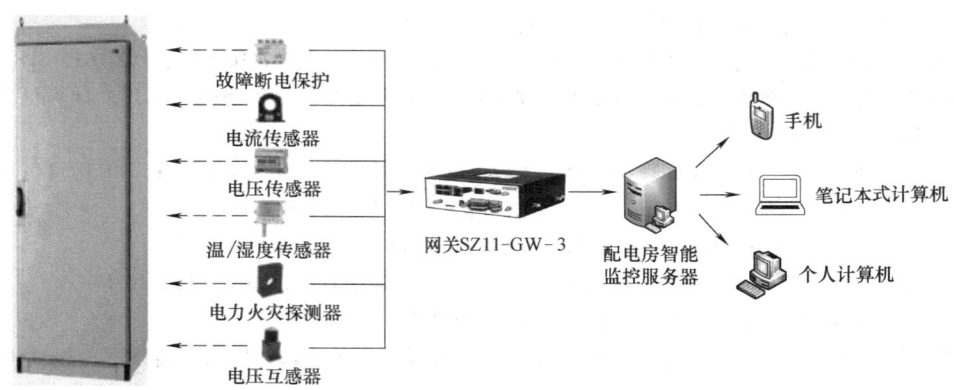

图 4-25 智能配电房管理系统结构图

智能配电房管理系统包括三级管理平台及站端设备,其所包含的模块有视频监控子系统、智能环境监测子系统、无线测温监测子系统、高压开关柜监测子系统、继电保护开关(刀闸)监测子系统、设备控制子系统、安全防护子系统、火灾报警及消防子系统等。

从电力系统配网运行的实际情况出发，智能配电房管理系统以配网管理单位的实际需求为基础，能够实现配电室/智能环网柜的运行监控、高压开关柜带电显示、电流/电压等负载运行监控、环境监控、安防监控、采暖通风、灯光、风机、除湿机、空调、水泵控制等功能，并可以通过增加设备扩展 SF_6、O_2、H_2S 等有害气体在线监测等功能，实现动力环境全方位监控与优化，避免因环境因素导致的配电设备运行故障，在延长设备使用寿命的同时确保维护人员的安全，使配电站所管理成本降低，实现配电动力环境的分布式远程管理。

针对智能配电房场景，智能配电房管理系统采用边缘计算网关，支持本地化数据存储和处理边缘计算能力，为配网提供有线/无线通信全覆盖，实现电网线路和周边环境实时监控，实现对电网设备的预测性维护，提升电网运行效率，降低管理运维成本。

该系统所应用的边缘计算网关拥有强劲的边缘计算能力，能够分担部署在云端的计算资源，各项控制无须交由云端，可直接通过本地设备来实现，在本地边缘计算层完成处理将大幅提高数据处理效率，减轻云端的负荷，同时为用户提供更快的响应，将需求在边缘端解决，极大地推动了 AI+IoT 在应用场景中的融合。

周边网络覆盖情况在物联网网关的实际场景应用中往往存在较大差异，选择不同的无线网络将直接对物联网场景产品的选型和应用方案的执行产生影响。智能配电房管理系统的边缘计算网关支持 ZigBee、蓝牙、LoRaWAN 基站等多种无线扩展，上行支持 WiFi、4G、NET 等方式接入互联网，根据实际应用场景中的网络情况，可选用适合的通信连接方式。同时，该网关具有 6 路 LAN 口、1 个光口、1 个 232 串口、2 个 485 串口、1 个 USB 以及 4 路 AD/IO 接口，可以满足大部分物联网应用场景的需求。

参 考 文 献

[1] 梁英坚. 物联网相关技术及发展 [J]. 信息与电脑（理论版），2017（7）：147-148；144.

[2] 侯少辉. 大数据营销在物联网领域的应用思考 [J]. 电脑迷，2017（4）：181-182.

[3] 黄晶晶. 计算机科学技术对物联网的作用分析 [J]. 信息与电脑（理论版），2018（3）：144-146.

[4] 刘陈，景兴红，董钢. 浅谈物联网的技术特点及其广泛应用 [J]. 科学咨询（科技·管理），2011（2）：86.

[5] 陈芳. 浅谈基于物联网的校园管理 [J]. 科技创新导报，2011（1）：42.

[6] 李秀珍. 物联网时代的人力资源管理变革与创新 [J]. 北方经贸，2016（1）：162-163.

[7] 杨年鹏，龙昭华，蒋贵全，等. 基于虎符 TePA 的物联网安全接入机制研究 [J]. 计算机工程与设计，2012（1）：1304-1309.

[8] 刘伟，吴敏，李斌. 精细化管理在安全生产管理中的应用 [J]. 山东煤炭科技，2011（1）：227-229.

[9] 李星野，王军. 物联网应用技术 [J]. 黑龙江冶金，2014（1）：48-60.

[10] 刘赟. 云计算在物联网中的应用 [J]. 现代商业，2013（1）：164.

[11] 高杰. 基于 RFID 技术物联网关键技术研究 [J]. 江西通信科技，2018（1）：10-12.

[12] 孟勋. 物联网技术综述 [J]. 中国科技信息，2018（1）：46-47.

[13] 蒋亚军，贺平，赵会群，等. 基于 EPC 的物联网研究综述 [J]. 广东通信技术，2004（1）：24-30；34.

[14] 张志勇. 物联网在计划生育药具流通中的应用 [J]. 信息系统工程，2013（1）：99-101.

[15] 李丛芬，李海波，王少然，等. EPC 产品电子代码与物联网技术在商品零售领域的应用 [J]. 中国自动识别技术，2018（1）：64-66.

[16] 张劭彰. 细究 EPC Gen2 架构特性掌握 RFID 芯片/标签技术 [J]. 电子测试，2006（1）：39-43.

[17] 李媛红. EPC/RFID 技术在深港一体化供应链中的应用 [J]. 物流技术与应用，2008（1）：83-84.

[18] 黄孝彬，毛培霖，唐浩源，等．物联网关键技术及其发展［J］．电子科技，2011（1）：129-132．
[19] 黄玉兰．物联网——射频识别（RFID）核心技术详解［M］．北京：人民邮电出版社，2010．
[20] 欧小鸥．无线射频识别技术 RFID 在物联网的应用分析［J］．通讯世界，2018（1）：92-93．
[21] 董丽华．RFID 技术与应用［M］．北京：电子工业出版社，2008．
[22] 钱显毅．传感器原理与应用［M］．南京：东南大学出版社，2008．
[23] 张钦峰，袁宝山，刘新，等．物联网技术在烟草工业企业的应用探讨［J］．物流工程与管理，2013（1）：101-102；100．
[24] 张帆，王国庆．WSN 背景下采用神经网络技术的智能机器人相关研究［J］．安徽电子信息职业技术学院学报 2018（1）：4-10．
[25] 郭祥东．无线传感器网络的技术特点及应用［J］．中国新技术新产品，2018（1）：34-34．
[26] 刘娅，石雄．基于高速公路的无线传感网络简单串行通信协议的设计［J］．武汉工业学院学报，2011（1）：42-44；69．
[27] 常国锋．传感技术的概述［J］．科技展望，2014（1）：17．
[28] 姜藩，秦成，关贺文．无线通信技术发展分析［J］．通讯世界，2016（1）：44-46．
[29] 闫海英，黄波，王晓喃．基于 6LoWPAN 无线传感网络的电梯监控系统研究［J］．制造业自动化，2013（1）：62-63；72．
[30] 张莹，吴德伦，陈山枝．基于 IEEE802.14.4 的嵌入式 IPv6 技术［J］．现代电信科技，2006（1）：34-39．
[31] 江煜，于继明，许飞云．物联网工程中 M2M 技术研究［J］．金陵科技学院学报，2016（1）：17-21．
[32] 刘兰英．物联网中 M2M 技术的应用实践分析［J］．电脑知识与技术，2017（1）：270-271．
[33] 张冠杰，辛星召，张玺．浅谈 ZigBee 和 IPv6 在工业控制中的应用［J］．水电站机电技术，2016（1）：44-46；63．
[34] 孟开元，王琦珑，曹庆年．基于 Zigbee 的无线传感器网络的研究［J］．中国科技信息，2009（1）：91-92．
[35] 邵欣，刘继伟，曹鹏飞．物联网技术及应用［M］．北京：北京航空航天大学出版社，2018．
[36] 牛奕翔．基于 ZigBee 的物联网智能家居系统设计［J］．计算机技术与发展，2019（1）1-6．
[37] 张翼英．物联网导论［M］．北京：中国水利水电出版社，2016．
[38] 毛矛．超宽带无线通信技术及应用实践［J］．数字技术与应用，2018（1）：24-24．
[39] 孙家可．超宽带通信技术的研究现状与发展前景［J］．信息通信，2014（1）：248-249．

第 5 章

工业互联网

导读

工业互联网是全球工业系统与高级计算、分析、传感技术以及互联网的高度融合，它通过智能机器间的连接，最终将人机连接，结合软件和大数据分析对工业进行重构，以实现快速、安全、清洁、经济的工业生产。工业互联网的概念由 GE 董事长伊斯梅尔首次提出。利用智能设备产生的海量数据是工业互联网的一个重要功能。工业互联网充分利用大数据、复杂分析，从而带来网络优化、维护优化、系统恢复、机器自主学习、智能决策等益处，最终帮助工业部门降低成本、节省能源并带动生产率的提高。工业互联网是一个与消费互联网对应的概念。如果后者可以简单理解为把手机等移动终端连上家用电器、汽车、计算机的话，那么前者就是把机器设备装上传感器，把搜集到的数据传输到云计算平台，计算分析之后产生的"智慧数据"便能实现设备与人的"交互"。工业互联网也是对传统设备制造业的重新定义。

本章知识点

- 工业互联网的内涵
- 工业互联网的体系架构与功能作用
- 工业互联网核心技术
- 工业互联网平台架构

5.1 工业互联网和生活的联系

工业互联网是全球工业系统与高级计算、分析、传感技术以及互联网连接融合的一种技术。工业互联网的概念这些年十分流行，在生活中，工业互联网也逐步融入其中，帮助我们实现工业产品的个性化定制。

海尔集团基于家电制造业的多年实践经验，推出工业互联网平台 COSMOPlat，形成以用户为中心的大规模定制化生产模式，实现需求实时响应、全程实时可视和资源无缝对接。作为一个开放的平台，海尔接受外部第三方的参与，让大量外部资源方可以享受到海尔云联工厂的智能制造服务。海尔 COSMOPlat 平台作为全球唯一连接用户的大规模定制平台，终身用户塑造的全生命周期、云联工厂打造的全流程、开放共享构建的全生态，共同构成了 COSMOPlat 平台的大规模定制模式，实现了高精度下的高效率，不仅满足用户全流程参与的大规模定制体验,还为制造业从大规模制造向大规模定制转型起到了示范作用。

COSMOPlat 平台架构如图 5-1 所示,共分为四层:第一层是资源层,这一层通过开放聚合全球资源,实现各类资源的分布式调度和最优匹配;第二层是平台层,支持工业应用的快速开发、部署、运行、集成,实现工业技术软件化;第三层是应用层,为企业提供具体互联工厂应用服务,形成全流程的应用解决方案,将应用方案编辑为软件程序,程序可上传至云服务端,方便用户的使用;第四层是模式层,依托互联工厂应用服务实现模式创新和资源共享。目前,COSMOPlat 平台打通交互定制、开放研发、数字营销、模块采购、智能生产、智慧物流、智慧服务等业务环节;这些环节可跨行业复制运用通过智能化系统使用户持续、深度参与到产品设计研发、生产制造、物流配送、迭代升级等环节,满足用户个性化定制需求。

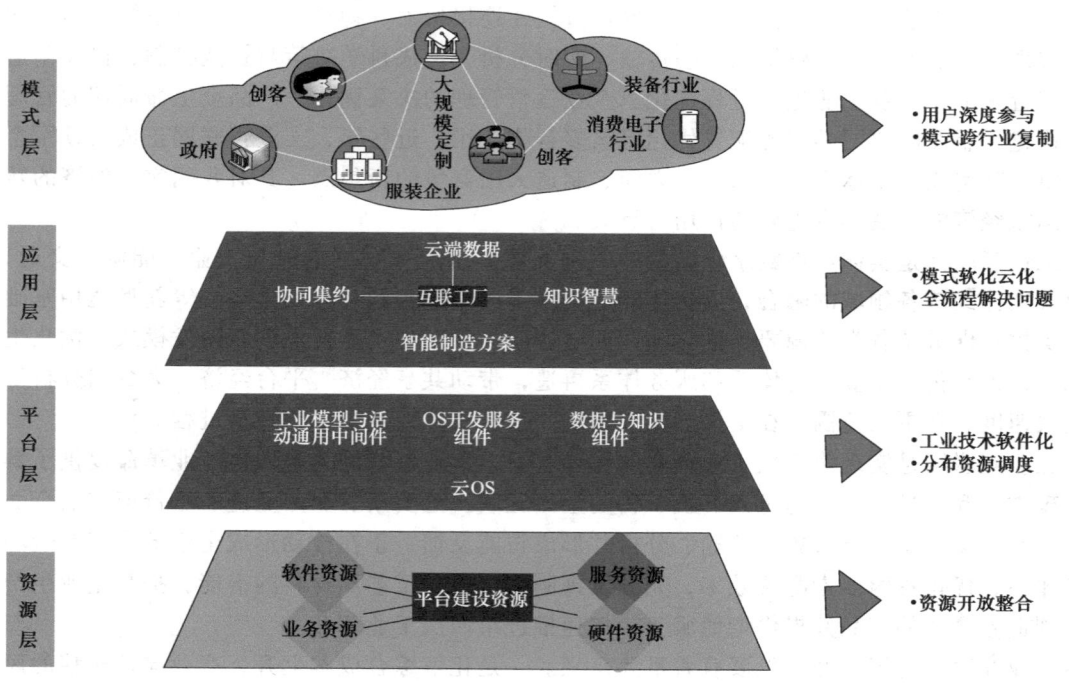

图 5-1 海尔 COSMOPlat 平台架构

海尔的智能制造平台,围绕大规模定制,实现了三个方面的颠覆:由以企业为中心颠覆为以用户为中心;由串联、割裂颠覆为零距离、互联互通;由封闭、零和博弈、不可持续颠覆为开放的生态系统、可持续。以前,用户不会参与产品的设计和生产,而智能制造平台为用户提供全流程、全周期、深度参与的大规模定制服务,满足用户最佳体验。

通过 COSMOPlat 平台,用户可以通过众创汇平台对产品进行定制,众创汇定制网站主要有几方面的功能、众创定制、模块化定制、个性化定制与智慧生活解决方案。所谓众创定制是指产品通过众创的方式产生,通过用户投票等机制实现,一旦达到最小批次量后,海尔就开始生产。模块化定制其实就是选配,例如冰箱 300 多个零件,可以分成 20 个模块,大家可以根据模块进行定制化购买。个性化定制为用户提供独一无二的定制化服务,如在产品上加上自己喜欢的图片。智慧生活解决方案是一整套家电方案，而不仅仅是单一的产品。

COSMOPlat平台上，用户通过社群交互向着终身用户演化；互联工厂则推动大规模生产向大规模定制转变，实现高精度下的高效率；而平台本身又是一个开放的生态圈，其由用户驱动，并吸引着全球一流资源。终身用户塑造的全生命周期、互联工厂打造的全流程、开放共享构建的全生态，共同构成了COSMOPlat平台的大规模定制模式，是COSMOPlat差异化的竞争优势。

5.2 工业互联网概述

工业互联网（Industrial Internet）是互联网和新一代信息技术在工业领域、全产业链、全价值链中的融合集成应用，是实现工业智能化的综合信息基础设施。它的核心是通过自动化、网络化、数字化、智能化等新技术手段激发企业生产力，从而实现企业资源的优化配置，最终重构工业产业格局。工业互联网通过构建连接机器、物料、人、信息系统的基础网络，实现工业数据的全面感知、动态传输、实时分析，形成科学决策与智能控制，提高制造资源配置效率，实现工业生产过程优化、企业运营管理的决策优化、产品全生命周期的管理服务优化、企业间协同的资源配置优化等诸多智能应用。近些年，工业互联网正成为领军企业竞争的新赛道、全球产业布局的新方向、制造大国竞争的新焦点。其对我国实体经济的转型，国家经济的发展具有重要的作用与意义。

工业互联网是实体经济数字化转型的关键支撑。工业互联网通过与工业、能源、交通、农业等实体经济各领域的融合，为实体经济提供了网络连接和计算处理平台等新型通用基础设施支撑；促进了各类资源要素优化和产业链协同，帮助各实体行业创新研发模式、优化生产流程；推动传统工业制造体系和服务体系再造，带动共享经济、平台经济、大数据分析等以更快速度、在更大范围、在更深层次上拓展、加速实体经济数字化转型进程。

工业互联网是实现第四次工业革命的重要基石。工业互联网为第四次工业革命提供了具体实现方式和推进抓手，通过人、机、物的全面互联，全要素、全产业链、全价值链的全面连接，对各类数据进行采集、传输、分析并形成智能反馈，正在推动形成全新的生产制造和服务体系，优化资源要素配置效率，充分发挥制造装备、工艺和材料的潜能，提高企业生产率，创造差异化的产品并提供增值服务，加速推进第四次工业革命。

工业互联网对国家经济发展有着重要意义。一是化解综合成本上升、产业向外转移的风险。通过部署工业互联网，能够帮助企业减少用工量，促进制造资源配置和使用效率提升，降低企业生产运营成本，增强企业的竞争力。二是推动产业向高端化发展。加快工业互联网应用推广，有助于推动工业生产制造服务体系的智能化升级、产业链延伸和价值链拓展，进而带动产业向高端迈进。三是推进创新创业。工业互联网的蓬勃发展，催生出网络化协同、规模化定制、服务化延伸等新模式、新业态，推动先进制造业和现代服务业深度融合，促进一二三产业、大中小企业开放融通发展，在提升我国制造企业全球产业生态能力的同时，打造新的增长。

5.2.1 工业互联网的发展背景与历程

当前，全球经济发展正面临全新的挑战与机遇。一方面，上一轮科技革命的传统动能规律性减弱趋势明显，导致经济增长的内生动力不足。另一方面，以互联网、大数据、人工智能为代表的新一代信息技术发展日新月异,加速向实体经济领域渗透融合,深刻改变各行业的发展理念、生产工具与生产方式,带来生产力的又一次飞跃。在新一代信息技术与制造技术深度融合的背景下,在工业数字化、网络化、智能化转型需求的带动下,以泛在互联、全面感知、智能优化、安全稳固为特征的工业互联网应运而生。

金融危机后,全球新一轮产业变革蓬勃兴起,制造业重新成为全球经济发展的焦点。许多国家采取了一系列重大举措推动制造业转型升级。例如,德国依托雄厚的自动化基础,推进工业4.0;美国在实施先进制造战略的同时,大力发展工业互联网;法、日、韩、瑞典等国也纷纷推出制造业振兴计划。各国新型制造战略的核心都是通过构建新型生产方式与发展模式,推动传统制造业转型升级,重塑制造强国新优势。与此同时,数字经济浪潮席卷全球,驱动传统产业加速变革。特别是以互联网为代表的信息通信技术的发展极大地改变了人们的生活方式,构筑了新的产业体系,并通过技术和模式创新不断渗透影响实体经济领域,为传统产业变革带来巨大机遇。伴随制造业变革与数字经济浪潮交汇融合,云计算、物联网、大数据等信息技术与制造技术、工业知识的集成创新不断加剧,工业互联网平台应运而生。

当前,制造业正处在由数字化、网络化向智能化发展的重要阶段,其核心是基于海量工业数据的全面感知,通过端到端的数据深度集成与建模分析,实现智能化的决策与控制指令,形成智能化生产、网络化协同、个性化定制、服务化延伸等新型制造模式。这一背景下,传统数字化工具已经无法满足需求。一是工业数据的爆发式增长需要新的数据管理工具。随着工业系统由物理空间向信息空间、从可见世界向不可见世界延伸,工业数据采集范围不断扩大,数据的类型和规模都呈指数级增长,需要一个全新数据管理工具,实现海量数据低成本、高可靠的存储和管理。二是企业智能化决策需要新的应用创新载体。数据的丰富为制造企业开展更加精细化和精准化管理创造了前提,但工业场景高度复杂,行业知识千差万别,传统由少数大型企业驱动的应用创新模式难以满足不同企业的差异化需求,迫切需要一个开放的应用创新载体,通过工业数据、工业知识与平台功能的开放调用,降低应用创新门槛,实现智能化应用的爆发式增长。三是新型制造模式需要新的业务交互手段。为快速响应市场变化,制造企业间在设计、生产等领域的并行组织与资源协同日益频繁,要求企业设计、生产和管理系统都要更好地支持与其他企业的业务交互,这就需要一个新的交互工具,实现不同主体、不同系统间的高效集成。海量数据管理、工业应用创新与深度业务协同,是工业互联网平台快速发展的主要驱动力量。

新型信息技术的发展为制造业数字化奠定了基础。云计算为制造企业带来更灵活、更经济、更可靠的数据存储和软件运行环境;物联网帮助制造企业有效收集设备、生产线和生产现场成千上万种不同类型的数据;人工智能强化了制造企业的数据洞察能力,实现智能化的管理和控制。这些都是推动制造企业数字化转型的新基础。

开放互联网理念变革传统制造模式。通过网络化平台组织生产经营活动,制造企业能够实现资源快速整合利用,低成本快速响应市场需求,催生个性化定制、网络化协同等新模式、新业态。信息技术与制造技术的融合带动信息经济、知识经济、分享经济等新经济模式加速向工业领域渗透,培育增长新动能。互联网技术、理念和商业模式成为构建工业互联网平台的重要方式。

5.2.2 工业互联网的体系架构

工业互联网体系架构包括业务视图、功能架构、实施框架三大板块,形成以商业目标和业务需求为牵引，进而明确系统功能定义与实施部署方式的设计思路，自上向下层层细化和深入，如图 5-2 所示。

业务视图主要用于指导企业在商业层面明确工业互联网的定位和作用，提出的业务需求和数字化能力需求对于后续功能架构设计是重要指引。

功能架构明确企业支撑业务实现所需的核心功能、基本原理和关键要素。功能架构首先提出了以数据驱动

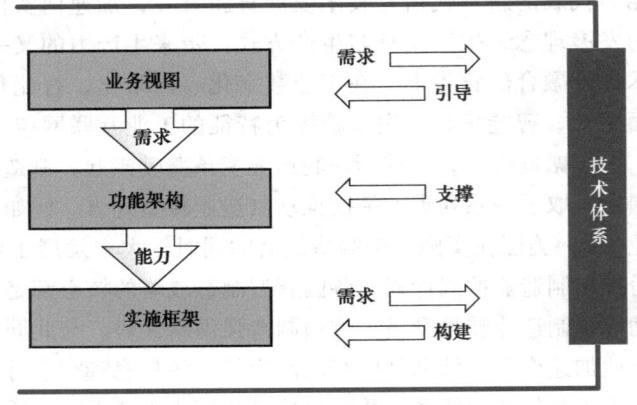

图 5-2　工业互联网体系架构

的工业互联网功能原理总体视图，形成物理实体与数字空间的全面链接、精准映射与协同优化，并明确这一机理作用于从设备到产业的各层级，覆盖制造、医疗等多行业领域的智能分析与决策优化。进而细化分解为网络、平台、安全三大体系的子功能视图，描述构建三大体系所需的功能要素与它们之间的关系。功能架构主要用于指导企业构建工业互联网的支撑能力与核心功能，并为后续工业互联网实施框架的制定提供参考。

实施框架描述各项功能在企业落地实施的层级结构、软/硬件系统和部署方式。实施框架结合当前制造系统与未来发展趋势，提出了由设备层、边缘层、企业层、产业层四层组成的实施框架层级划分，明确了各层级的网络、标识、平台、安全的系统架构、部署方式以及不同系统之间的关系。实施框架主要为企业提供工业互联网具体落地的统筹规划与建设方案，进一步可用于指导企业技术选型与系统搭建。

5.2.3　工业互联网的功能作用

工业互联网的功能在于对于工业产生的数据的传递与处理，主要包括工业互联网网络、工业互联网平台与工业互联网安全三个功能。

1. 工业互联网核心功能原理

工业互联网的核心功能原理是基于数据驱动的物理系统、数字空间全面互联与深度协同，以及在此过程中的智能分析与决策优化。通过网络、平台、安全三大功能体系的构建，工业互联网全面打通设备资产、生产系统、管理系统和供应链条，基于数据整合与分析实现 IT 与 OT 的融合以及三大体系的贯通。工业互联网以数据为核心，数据功能体系主要包含感知控制、数字模型、决策优化三个基本层次，以及一个由自下而上的信息流和自上而下的决策流构成的工业数字化应用优化闭环，如图 5-3 所示。

在工业互联网的数据功能实现中，数字孪生已经成为关键支撑，通过资产的数据采集、集成、分析和优化来满足业务需求，形成物理世界资产对象与数字空间业务应用的虚实映射，最终支撑各类业务应用的开发与实现。工业互联网数据功能原理如图 5-4 所示。

在数据功能原理中，感知控制层构建工业数字化应用的底层输入/输出接口，包含感知、识别、控制和执行四类功能。感知是利用各类软/硬件方法采集蕴含了资产属性、状态及行为等特征的数据，例如用温度传感器采集电动机运行中的温度变化数据。识别是在数据与资产之间建立对应关系，明确数据所代表的对象，例如需要明确定义哪一个传感器所采集的数

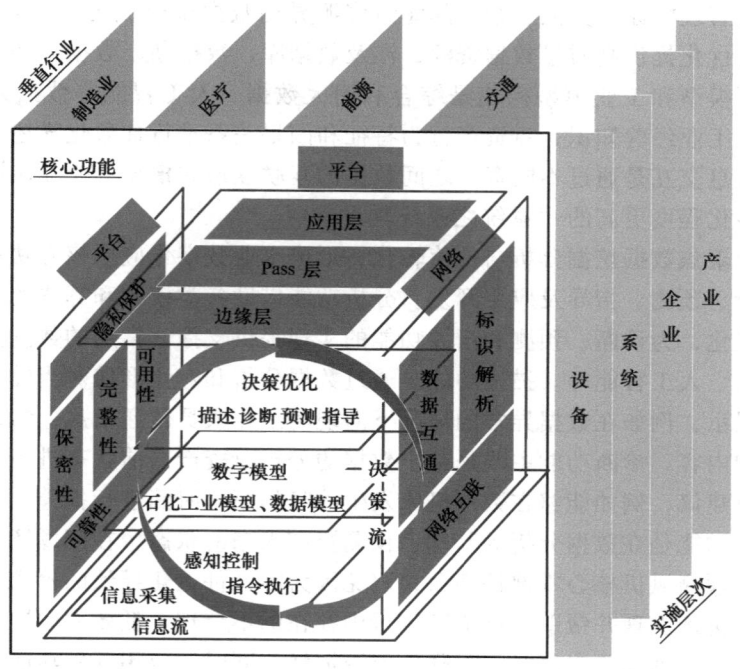

图 5-3　工业互联网功能原理

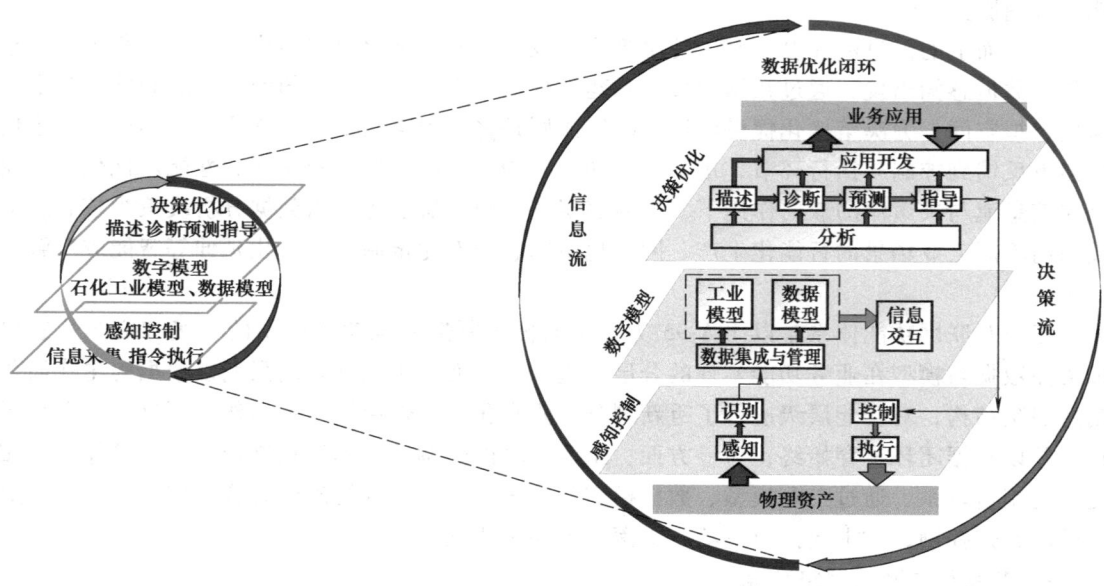

图 5-4　工业互联网数据功能原理

据代表了特定电动机的温度信息。控制是将预期目标转化为具体控制信号和指令，例如将工业机器人末端运动转化为各个关节处电动机的转动角度指令信号。执行则是按照控制信号和指令来改变物理世界中的资产状态，既包括工业设备机械、电气状态的改变，也包括人员、供应链等操作流程和组织形式的改变。

数字模型层强化数据、知识、资产等的虚拟映射与管理组织，提供支撑工业数字化应用的基础资源与关键工具，包含数据集成与管理、数据模型和工业模型构建、信息交互三类功能。数据集成与管理将原来分散、杂乱的海量多源异构数据整合成统一、有序的新数据源，为后续的分析与优化提供高质量数据资源，涉及数据库、数据湖、数据清洗、元数据等技术产品应用。数据模型和工业模型构建是综合利用大数据、人工智能等数据方法和物理、化学、材料等各类工业经验知识，对资产行为特征和因果关系进行抽象化描述，形成各类模型库和算法库。信息交互是通过不同资产之间数据的互联互通和模型的交互协同，构建出覆盖范围更广、智能化程度更高的"系统之系统"。

决策优化层聚焦数据挖掘分析与价值转化，形成工业数字化应用核心功能，主要包括分析、描述、诊断、预测、指导及应用开发。分析功能借助各类模型和算法的支持将数据背后隐藏的规律显性化，为诊断、预测和指导功能的实现提供支撑。常用的数据分析方法包括统计数学、大数据、人工智能等。描述功能是通过数据分析和对比形成对当前现状、存在问题等状态的基本展示，例如在数据异常的情况下向现场工作人员传递信息，帮助工作人员迅速了解问题类型和内容。诊断功能主要是基于数据的分析对资产当前状态进行评估，及时发现问题并提供解决建议，例如能够在数控机床发生故障的第一时间进行报警，并提示运维人员进行维修。预测功能是在数据分析的基础上预测资产未来的状态，在问题还未发生的时候就提前介入，例如预测风机核心零部件寿命，避免因为零部件老化导致的停机故障。指导功能则是利用数据分析来发现并帮助改进资产运行中存在的不合理、低效率问题，例如分析高功耗设备运行数据，合理设置启停时间，降低能源消耗。同时，应用开发功能将基于数据分析的决策优化能力和企业业务需求进行结合，支撑构建工业软件、工业APP等形式的各类智能化应用服务。

自下而上的信息流和自上而下的决策流形成了工业数字化应用的优化闭环。其中，信息流是从数据感知出发，通过数据的集成和建模分析，将物理空间中的资产信息和状态向上传递到虚拟空间，为决策优化提供依据。决策流则是将虚拟空间中决策优化后所形成的指令信息向下反馈到控制与执行环节，用于改进和提升物理空间中资产的功能和性能。优化闭环就是在信息流与决策流的双向作用下，连接底层资产与上层业务，以数据分析决策为核心，形成面向不同工业场景的智能化生产、网络化协同、个性化定制和服务化延伸等智能应用解决方案。

工业互联网功能体系是以 ISA-95 为代表的传统制造系统功能体系的升级和变革，它更加关注数据与模型在业务功能实现的分层演进。一方面，工业互联网强调以数据为主线简化制造层次结构，对功能层级进行了重新划分，垂直化的制造层级在数据作用下逐步走向扁平化，并以数据闭环贯穿始终；另一方面，工业互联网强调数字模型在制造体系中的作用，相比传统制造体系，通过工业模型、数据模型与数据管理、服务管理的融合作用，对下支撑更广泛的感知控制，对上支撑更灵活、更深度的决策优化。

2. 工业互联网的网络功能

工业互联网的网络功能体系（见图 5-5）由网络互联、数据互通和标识解析三部分组成。网络互联实现要素之间的数据传输，数据互通实现要素之间传输信息的相互理解，标识解析实现要素的标记、管理和定位。

（1）网络互联　网络互联，即通过有线或无线的方式，将工业互联网体系相关的人、机、物料，以及企业上下游、智能产品、用户等全要素连接起来，支撑业务发展的多要求数据转发，实现端到端数据传输。网络互联根据协议层次由底向上可以分为多方式接入、网络层转发和传输层传送。

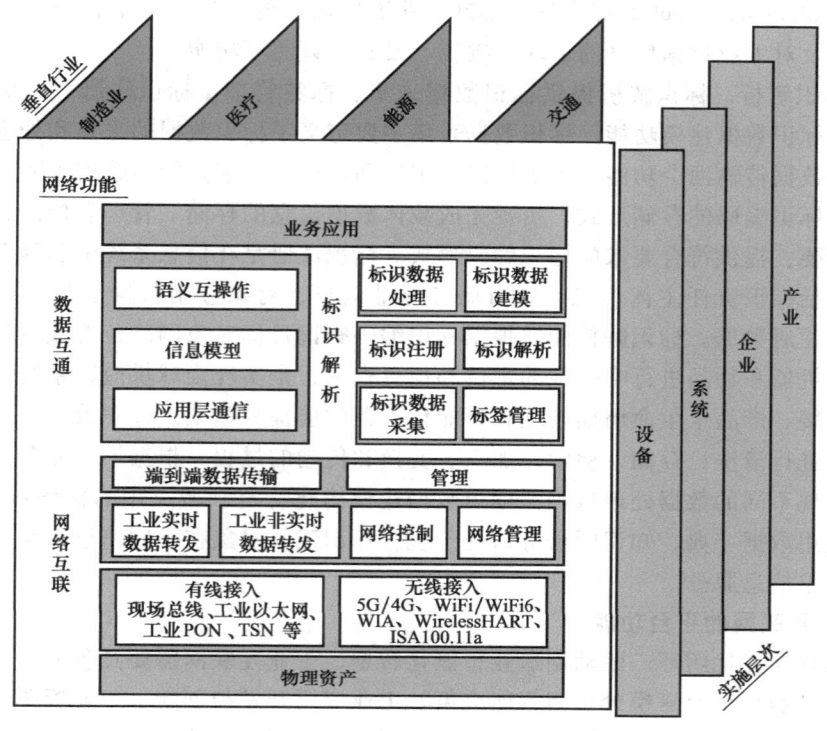

图 5-5 工业互联网网络功能体系

多方式接入包括有线接入和无线接入,通过现场总线、工业以太网、工业 PON、TSN 等有线方式,以及 5G/4G、WiFi/WiFi6、WIA、WirelessHART、ISA100.11a 等无线方式,将工厂内的各种要素接入工厂内网,包括人员(如生产人员、设计人员、外部人员)、机器(如装备、办公设备)、材料(如原材料、在制品、制成品)、环境(如仪表、监测设备)等;将工厂外的各要素接入工厂外网,包括用户、协作企业、智能产品、智能工厂以及公共基础支撑的工业互联网平台、安全系统、标识系统等。

网络层实现工业非实时数据转发、工业实时数据转发、网络控制、网络管理等功能。工业非实时数据转发功能主要完成无时延同步要求的采集信息数据和管理数据的传输。工业实时数据转发功能主要传输生产控制过程中有实时性要求的控制信息和需要实时处理的采集信息。网络控制主要完成路由表/流表生成、路径选择、路由协议互通、ACL 配置、QoS 配置等功能。网络管理功能包括层次化的 QoS、拓扑管理、接入管理、资源管理等功能。

传输层的端到端数据传输功能实现基于 TCP、UDP 等设备到系统的数据传输。管理功能实现传输层的端口管理、端到端连接管理、安全管理等。

(2)数据互通 数据互通,即实现数据和信息在各要素间、各系统间的无缝传递,使得异构系统在数据层面能相互"理解",从而实现数据互操作与信息集成。数据互通包括应用层通信、信息模型和语义互操作等功能。应用层通信通过 OPC UA、MQTT、HTTP 等协议,实现数据信息传输安全通道的建立、维持、关闭,以及对支持工业数据资源模型的装备、传感器、远程终端单元、服务器等设备节点的管理。信息模型是通过 OPC UA、MTConnect、YANG 等协议,提供完备、统一的数据对象表达、描述和操作模型。语义互操作通过

OPC UA、PLCopen、AutoML 等协议，实现工业数据信息的发现、采集、查询、存储、交互等功能，以及对工业数据信息的请求、响应、发布、订阅等功能。

（3）标识解析　标识解析提供标识数据采集、标签管理、标识注册、标识解析、标识数据处理和标识数据建模功能。标识数据采集主要定义了标识数据的采集和处理手段，包含标识读写和数据传输两个功能，负责标识的识读和数据预处理。标签管理主要定义了标识的载体形式和标识编码的存储形式，负责完成载体数据信息的存储、管理和控制，针对不同行业、企业需要，提供符合要求的标识编码形式。标识注册是在信息系统中创建对象的标识注册数据，包括标识责任主体信息、解析服务寻址信息、对象应用数据信息等，并存储、管理、维护该注册数据。标识解析能够根据标识编码查询目标对象网络位置或者相关信息的系统装置，对机器和物品进行唯一性的定位和信息查询，是实现全球供应链系统和企业生产系统的精准对接、产品全生命周期管理和智能化服务的前提和基础。标识数据处理定义了对采集后的数据进行清洗、存储、检索、加工、变换和传输的过程，根据不同业务场景，依托数据模型来实现不同的数据处理过程。标识数据建模构建特定领域应用的标识数据服务模型，建立标识应用数据字典、知识图谱等，基于统一标识建立对象在不同信息系统之间的关联关系，提供对象信息服务。

3. 工业互联网的平台功能

为实现数据优化闭环、驱动制造业智能化转型，工业互联网需要具备海量工业数据与各类工业模型管理、工业建模分析与智能决策、工业应用开发与创新、工业资源集聚与优化配置等一系列关键能力，这些传统工业数字化应用所无法提供的功能，正是工业互联网平台的核心。按照功能层级划分，工业互联网平台包括边缘层、PaaS 层和应用层三个关键功能组成部分，如图 5-6 所示。

（1）边缘层　边缘层提供海量工业数据接入、协议解析、数据预处理和边缘智能分析、边缘应用部署与管理等功能。一是工业数据接入，包括机器人、机床、高炉等工业设备数据接入能力，以及 ERP、MES、WMS 等信息系统数据接入能力，实现对各类工业数据的大范围、深层次采集和连接。二是协议解析与数据预处理，将采集连接的各类多源异构数据进行格式统一和语义解析，并进行数据剔除、压缩、缓存等操作后传输至云端。三是边缘智能分析和边缘应用部署与管理，重点是面向高实时应用场景，在边缘侧开展实时分析与反馈控制，并提供边缘应用开发所需的资源调度、运行维护、开发调试等各类功能。

（2）PaaS 层　PaaS 层提供资源部署与管理、工业数据/模型管理与服务、工业建模分析和工业应用开发环境等功能。一是通用 PaaS 平台资源管理，包括通过云计算 PaaS 等技术对系统资源进行调度和运维管理，并集成边云协同、大数据、人工智能、微服务等各类框架，为上层业务功能实现提供支撑。二是工业数据/模型管理与服务，包括面向海量工业数据提供数据治理、数据共享、数据可视化等服务，为上层建模分析提供高质量数据源，以及进行工业模型的分类、标识、检索等集成管理。三是工业建模分析，融合应用仿真分析、业务流程等工业机理建模方法和统计分析、大数据、人工智能等数据科学建模方法，实现工业数据价值的深度挖掘分析。四是工业应用开发环境，集成 CAD、CAE、ERP、MES 等研发设计、生产管理、运营管理已有成熟工具，采用低代码开发、图形化编程等技术来降低开发门槛，支撑业务人员能够不依赖程序员而独立开展高效、灵活的工业应用创新。此外，为了更好地提升用户体验和实现平台间的互联互通，还需考虑人机交互支持、平台间集成框架等功能。

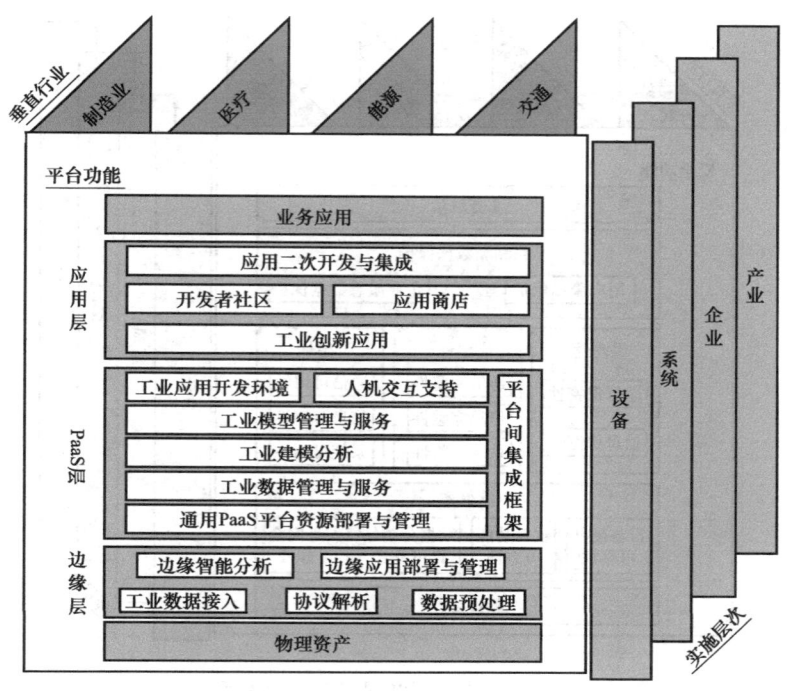

图 5-6 工业互联网平台功能体系

（3）应用层 应用层提供工业创新应用、开发者社区、应用商店、应用二次开发与集成等功能。一是工业创新应用，针对研发设计、工艺优化、能耗优化、运维管理等智能化需求，构建各类工业 APP 应用解决方案，帮助企业实现提质、降本、增效。二是开发者社区，打造开放的线上社区，提供各类资源工具、技术文档、学习交流等服务，吸引海量第三方开发者入驻平台开展应用创新。三是应用商店，提供成熟工业 APP 的上架认证、展示分发、交易计费等服务，支撑实现工业应用价值变现。四是应用二次开发与集成，对已有工业 APP 进行定制化改造，以适配特定工业应用场景或是满足用户个性化需求。

4. 工业互联网的安全功能

为解决工业互联网面临的网络攻击等新型风险，确保工业互联网健康、有序地发展，工业互联网安全功能框架充分考虑了信息安全、功能安全和物理安全，聚焦工业互联网安全所具备的主要特征，包括可靠性、保密性、完整性、可用性以及隐私和数据保护，如图 5-7 所示。

（1）可靠性 可靠性指工业互联网业务在一定时间内、一定条件下无故障地执行指定功能的能力或可能性。一是设备硬件可靠性，指工业互联网业务中的工业现场设备、智能设备、计算机、服务器等在给定的操作环境与条件下，其硬件部分在一段规定的时间内正确执行要求功能的能力。二是软件功能可靠性，指工业互联网业务中的各类软件产品在规定的条件下和时间区间内完成规定功能的能力。三是数据分析结论可靠性，指工业互联网数据分析服务在特定业务场景下、一定时间内能够得出正确的分析结论的能力。在数据分析过程中出现的数据缺失、输入错误、度量标准错误、编码不一致、上传不及时等情况，最终都可能对数据分析结论的可靠性造成影响。四是人身安全可靠性，指对工业互联网业务运行过程中相关参与者的人身安全进行保护的能力。

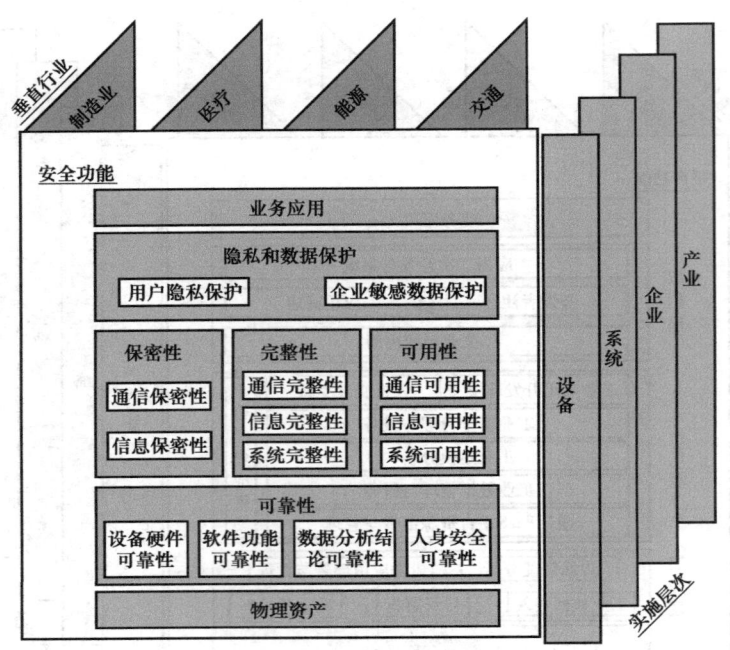

图 5-7　工业互联网安全功能体系

（2）保密性　保密性指工业互联网业务中的信息按给定要求不泄漏给非授权的个人或企业加以利用的特性，即杜绝有用数据或信息泄漏给非授权个人或实体。一是通信保密性，指对要传送的信息内容采取特殊措施，从而隐蔽信息的真实内容，使非法截收者不能理解通信内容的含义。二是信息保密性，指工业互联网业务中的信息不被泄漏给非授权的用户和实体，只能以允许的方式供授权用户使用的特性。

（3）完整性　完整性指工业互联网用户、进程或者硬件组件具有能验证所发送信息的准确性，并且进程或硬件组件不会被以任何方式改变的特性。一是通信完整性，指对要传送的信息采取特殊措施，使得信息接收者能够对发送方所发送信息的准确性进行验证的特性。二是信息完整性，指对工业互联网业务中的信息采取特殊措施，使得信息接收者能够对发送方所发送信息的准确性进行验证的特性。三是系统完整性，指对工业互联网平台、控制系统、业务系统（如 ERP、MES）等加以防护，使得系统不以任何方式被篡改，即保持准确的特性。

（4）可用性　可用性指在某个考察时间，工业互联网业务能够正常运行的概率或时间占有率期望值，可用性是衡量工业互联网业务在投入使用后实际使用的效能。一是通信可用性，指在某个考察时间，工业互联网业务中的通信双方能够正常与对方建立信道的概率或时间占有率期望值。二是信息可用性，指在某个考察时间，工业互联网业务使用者能够正常对业务中的信息进行读取、编辑等操作的概率或时间占有率期望值。三是系统可用性，指在某个考察时间，工业互联网平台、控制系统、业务系统（如 ERP、MES）等正常运行的概率或时间占有率期望值。

（5）隐私和数据保护　隐私和数据保护指对于工业互联网用户个人隐私数据或企业拥有的敏感数据等提供保护的能力。一是用户隐私保护，指对与工业互联网业务用户个人相关的隐私信息提供保护的能力。二是企业敏感数据保护，指对参与工业互联网业务运营的企业所保有的敏感数据进行保护的能力。

5.2.4 工业互联网的挑战

工业互联网主要涵盖六大领域：工业互联网网络、工业传感与控制、工业互联网软件、工业互联网平台、安全保障以及系统集成服务等。网络、平台、安全作为其中的三个重要环节，面临着严峻的挑战。一方面，工业领域信息基础设施成为黑客重点关注和攻击的目标，防护压力空前增大。另一方面，相较传统网络安全，工业互联网安全呈现新的特点，进一步增加了安全防护的难度。在此背景下，我国积极加强对工业控制系统的安全体系化研究，从安全规划、安全防护、安全运营、安全测评、应急保障等各方面，提出了有针对性的安全解决方案，积极进行技术试点，探究技术可行性，逐步形成可推广、可复制的最佳实践，切实提升了我国工业互联网安全技术水平。

1. 工业互联网网络功能的现状与问题

（1）网络互联　从功能现状来看，传统工厂内网络在接入方式上主要以有线网络接入为主，只有少量的无线技术被用于仪表数据的采集；在数据转发方面，主要采用带宽较小的总线或 10/100Mbit/s 的以太网，通过单独布线或专用信道来保障高可靠控制数据转发，大量的网络配置、管理、控制都靠人工完成，网络一旦建成，调整、重组、改造的难度和成本都较高。其中，用于连接现场传感器、执行器、控制器及监控系统的工业控制网络主要使用各种工业总线、工业以太网进行连接，涉及的技术标准众多，彼此互联性和兼容性差，限制大规模网络互联。各办公、管理、运营和应用系统企业网主要采用高速以太网和 TCP/IP 进行网络互联，但目前还难以满足一些应用系统对现场级数据的高实时、高可靠的直接采集需要。

工厂外网络目前仍基于互联网建设为主，有着多种接入方式，但网络转发仍以"尽力而为"的方式为主，无法向大量客户提供低时延、高可靠、高灵活的转发服务。同时，由于不同行业和领域信息化发展水平不一，工业企业对工厂外网络的利用和业务开发程度也不尽相同，部分工业企业仅申请了普通的互联网接入，部分工业企业的不同区域之间仍存在信息孤岛的现象。

当前，工业网络是围绕工业控制通信需求，随着自动化、信息化、数字化发展逐渐构成的。由于在设计建设之初并未考虑整个体系的网络互联和数据互通，因此各层级网络的功能割裂难互通，网络能力单一难兼容，无法满足工业互联网业务发展的要求。主要体现在工业控制网络能力不强，无法支撑工业智能化发展所需的海量数据采集和生产环境无死角覆盖，大量的生产数据沉淀或消失在工业控制网络中；企业信息网络难以延伸到生产系统，限制了信息系统能力的发挥；互联网未能充分发挥作用，仅用于基本商业信息交互，难以支持高质量的网络化协同和服务。

（2）数据互通　据不完全统计，目前国际上现存的现场总线通信协议数量高达 40 余种，还存在一些自动化控制企业，直接采用私有协议实现全系列工业设备的信息交互。在这样的产业生态下，不同厂商、不同系统、不同设备的数据接口、互操作规程等各不相同，形成了一个个烟囱形的数据体系。这些自成体系、互不兼容的数据体系有着独立的一套应用层通信协议、数据模型和语义互操作规范，导致 MES、ERP、SCADA 等应用系统需要投入非常大的人力、物力来实现生产数据的采集；从不同设备、系统采集的异构数据无法兼容，难以实现数据的统一处理分析；跨厂商、跨系统的互操作仅能实现简单功能，无法实现高效、实时、全面的数据互通和互操作。

（3）标识解析　当前，制造业企业多采用企业自定义的私有标识体系，标识编码规则和标识数据模型均不统一，"信息孤岛"问题严重。当标识信息跨系统、跨企业、跨业务流动时，由于标识体系冲突，造成企业间无法进行有效的信息共享和数据交互，产业链上、下游无法实现资源的高效协同。针对上述问题，工业互联网标识解析系统应运而生，依托建设各级标识解析节点，形成了稳定、高效的工业互联网标识解析服务，国家顶级结点与Handle、OID、GS1等不同标识解析体系根结点实现对接，在全球范围内实现了标识解析服务的互联互通。但是，在推动工业互联网标识解析的发展过程中，还存在着很多制约因素和挑战。

一是标识应用链条较为单一。标识解析技术在工业中应用广泛，但目前仍然停留在资产管理、物流管理、产品追溯等信息获取的浅层应用上，并未渗透到工业生产制造环节，深层次的创新应用还有待发展。由于工业软件复杂度高，且产业链条相对成熟，工业互联网标识解析与工业资源深度集成难度大。二是解析性能和安全保障能力不足。传统互联网中的域名标识编码主要是以"面向人为主"，方便人来识读主机、计算机、网站等。而工业互联网标识编码，则扩展到"面向人、机、物"的三元世界，标识对象数据种类、数量大大丰富，且工业互联网接入数据敏感，应用场景复杂，对网络服务性能要求较高。目前的标识解析系统急需升级，在性能、功能、安全、管理等方面应全面适配工业互联网的新需求，面向不同工业企业的不同需求提供匹配的服务。

2. 工业互联网平台功能的现状与问题

当前，工业制造系统总体遵循以ISA-95为代表的体系架构，其核心是打通企业商业系统和生产控制系统，将订单或业务计划逐层分解为企业资源计划、生产计划、作业排程乃至具体操作指令，并通过ERP、MES、PLM等一系列软件系统来支撑企业经营管理、生产管理乃至执行操作等具体环节。这一体系有效驱动了制造业数字化和信息化发展。但伴随制造业数字化转型的不断深化，面向更智能、更敏捷、更协同、更灵活的发展要求，这一体系也逐渐暴露出一些问题。

（1）难以实现数据的有效集成与管理　传统ERP、MES、CRM等业务系统都有各自的数据管理体系，随着业务系统的不断增加与企业业务流程的日趋复杂，各类业务系统间的数据集成难度不断加大，导致信息孤岛问题日益凸显。同时，这些业务系统的数据管理功能更多针对的是规模有限且高度结构化的工业数据，面向当前海量多源异构的工业数据缺乏必要的管理与处理能力。

（2）数据挖掘分析应用能力不足　传统信息化系统通常只具备简单的统计分析能力，无法满足越来越高的数据处理分析要求，需要运用大数据、人工智能等新兴技术开展数据价值深度挖掘，进而驱动信息系统服务能力提升。但是，大数据、人工智能技术与现有信息系统的集成应用面临着较高技术门槛和较大投入成本的困难，客观上制约了现有信息系统数据分析应用能力的提升。

（3）无法开展应用灵活创新　传统信息系统一般是与后台服务紧密耦合的重量级应用，当企业业务模式发生变化或者不同业务之间开展协同时，往往需要以项目制形式对现有信息系统进行定制化的二次开发或打通集成，实施周期动辄以月计算，无法快速响应业务调整需求。而且，由于不同信息系统之间的共性模块难以实现共享复用，有可能导致应用创新过程中存在"重复造轮子"的现象，也会进一步降低应用创新效率，增加创新成本。

3. 工业互联网安全功能的现状与问题

当前，工业系统安全保障体系建设已较为完备，伴随新一代信息通信技术与工业经济的深度融合，工业互联网步入深耕落地阶段，工业互联网安全保障体系建设的重要性越发凸显。许多发达国家均高度重视工业互联网的发展，并将安全放在了突出位置，发布了一系列指导文件和规范指南，为工业互联网相关企业部署安全防护提供了可借鉴的模式，在一定程度上保障了工业互联网的健康、有序发展。但随着工业互联网安全攻击日益呈现出的新型化、多样化、复杂化，现有的工业互联网安全保障体系还不够完善，暴露出一些问题。

（1）隐私和数据保护形势依旧严峻　　工业互联网平台采集、存储和利用的数据资源存在数据体量大、种类多、关联性强、价值分布不均等特点，因此平台数据安全存在责任主体边界模糊、分级分类保护难度较大、事件追踪溯源困难等问题。同时，工业大数据技术在工业互联网平台中的广泛应用，使得平台用户信息、企业生产信息等敏感信息存在泄露隐患，工业大数据应用存在安全风险。

（2）安全防护能力仍需进一步提升　　大部分工业互联网相关企业重发展轻安全，对网络安全风险认识不足。同时，缺少专业机构、网络安全企业、网络安全产品服务的信息渠道和有效支持，工业企业风险发现、应急处置等网络安全防护能力普遍较弱。同时，工业生产迭代周期长，安全防护部署滞后、整体水平低，存量设备难以快速进行安全防护升级换代，整体安全防护能力提升时间长。

（3）安全可靠性难以得到充分保证　　工控系统和设备在设计之初缺乏安全考虑，自身计算资源和存储空间有限，大部分不能支持复杂的安全防护策略，很难确保系统和设备的安全可靠。此外，仍有很多智能工厂内部未部署安全控制器、安全开关、安全光幕、报警装置、防爆产品等，并缺乏针对性的工业生产安全意识培训和操作流程规范，使得人身安全可靠性难以得到保证。

5.3　工业互联网技术体系

工业互联网技术体系是支撑功能架构实现、实施架构落地的整体技术结构，其超出了单一学科和工程的范围，需要将独立技术联系起来构建成相互关联、各有侧重的新技术体系，在此基础上考虑功能实现或系统建设所需重点技术集合。同时，以人工智能、5G 为代表的新技术加速融入工业互联网，不断拓展工业互联网的能力内涵和作用边界。

工业互联网的核心是通过更大范围、更深层次的连接实现对工业系统的全面感知，并通过对获取的海量工业数据建模分析，形成智能化决策，其技术体系由制造技术、信息技术以及两大技术交织形成的融合性技术组成，如图 5-8 所示。制造技术和信息技术的突破是工业互联网发展的基础，例如，增材制造、金属、复合材料等新材料和新加工技术不断拓展制造能力边界，云计算、大数据、物联网、人工智能等信息技术快速提升人类获取、处理、分析数据的能力。制造技术和信息技术的融合强化了工业互联网的赋能作用，催生工业软件、工业大数据、工业人工智能等融合性技术，使机器、工艺和系统的实时建模和仿真，产品和工艺技术隐性知识的挖掘和提炼等创新应用成为可能。

制造技术支撑构建了工业互联网的物理系统，其基于机械、电机、化工等工程学中提炼出的材料、工艺等基础技术，叠加工业视觉、测量传感等感知技术，以及执行驱动、自动控制、监控采集等控制技术，面向运输、加工、检测、装配、物流等需求，构成了工业机器

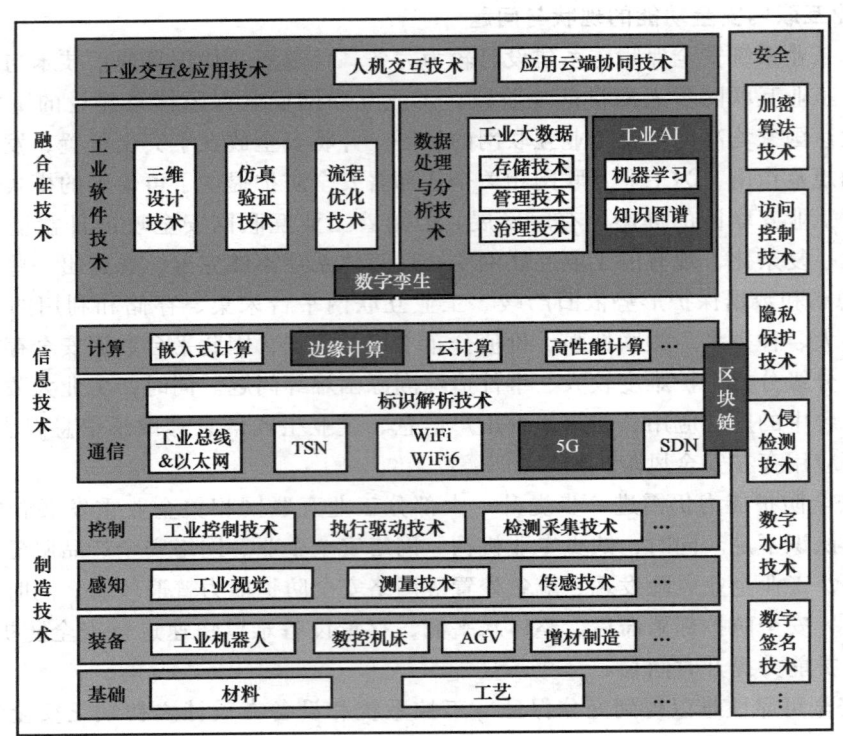

图 5-8　工业互联网技术体系

人、数控机床、3D打印机、反应容器等装备技术,进而组成生产线、车间、工厂等制造系统。从工业互联网视角看,制造技术一是构建了专业领域技术和知识的基础,指明了数据分析和知识积累的方向,成为设计网络、平台、安全等工业互联网功能的出发点;二是构建了工业数字化应用优化闭环的起点和终点,工业数据源头绝大部分都产生于制造系统,数据分析结果的最终执行也均作用于制造系统,使其贯穿设备、边缘、企业、产业等各层次工业互联网系统的实施落地。

信息技术勾勒了工业互联网的数字空间。新一代信息通信技术一部分直接作用于工业领域,构成了工业互联网的通信、计算、安全基础设施,另一部分基于工业需求进行二次开发,成为融合性技术发展的基石。在通信技术中,以5G、WiFi为代表的网络技术提供更可靠、快捷、灵活的数据传输能力;标识解析技术为对应工业设备或算法工艺提供标识地址,保障工业数据的互联互通和精准可靠;边缘计算、云计算等计算技术为不同工业场景提供分布式、低成本数据计算能力;数据安全和权限管理等安全技术保障数据的安全、可靠、可信。信息技术一方面构建了数据闭环优化的基础支撑体系,使绝大部分工业互联网系统可以基于统一的方法论和技术组合构建;另一方面打通了互联网领域与制造领域技术创新的边界,统一的技术基础使互联网中的通用技术创新可以快速渗透到工业互联网中。

融合性技术驱动了工业互联网物理系统与数字空间全面互联与深度协同。制造技术和信息技术都需要根据工业互联网中的新场景、新需求进行不同程度的调整,才能构建出完整、可用的技术体系。工业数据处理与分析技术在满足海量工业数据存储、管理、治理需求的同时,基于工业人工智能技术形成更深度的数据洞察力,与工业知识整合共同构建数字孪生体系,支撑分析预测和决策反馈。工业软件技术基于流程优化、仿真验证等核心技术将工业知识进一步显性化，支撑工厂/生产线虚拟建模与仿真、多品种变批量任务动态排产等先进应用，工业交互和应用技术，基于VR/AR改变制造系统交互使用方式，通过云端协同和低代码开发技术改变工业软件的开发和集成模式。融合性技术一方面构建出符合工业特点的数据采集、处理、分析体系，推动信息技术不断向工业核心环节渗透；另一方面重新定义工业知识积累、使用的方式，提升制造技术优化发展的效率和效能。

5.3.1 工业互联网核心技术

工业互联网技术体系要支撑实施框架，解决"在哪做""做什么"和"怎么做"的问题，其核心在于推动重点技术率先嵌入到工业互联网实施系统中，进而带动发挥整体技术体系的赋能作用。随着新一代信息技术的自身发展和面向工业场景的二次开发，5G、工业人工智能、边缘计算、区块链、数字孪生成为影响工业互联网后续发展的核心技术和不可或缺的组成部分。

1. 5G技术

5G技术是网络连接技术的典型代表，推动无线连接向多元化、宽带化、综合化、智能化的方向发展，其低延时、高通量、高可靠、网络切片技术等弥补了通用网络技术难以完全满足工业性能和可靠性要求的技术短板，并通过灵活部署方式，改变现有网络落地难的问题。5G技术对工业互联网赋能作用主要体现在两个方面。一方面，5G低延时、高通量特点保证海量工业数据的实时回传。5G较宽的子载波间隔、符号级的调度资源粒度等技术特点实现了5G网络的毫秒级低延时，保证了工业数据的实时采集；同时，5G网络标准带宽提高到40MHz、80MHz，甚至更高，为海量工业数据的采集提供了基础保障。另一方面，5G的网络切片技术能够有效满足不同工业场景连接需求。5G网络切片技术可实现独立定义网络架构、功能模块、网络能力（用户数、吞吐量等）和业务类型等，减轻工业互联网平台及工业APP面向不同场景需求时的开发、部署、调试的复杂度，降低平台应用落地的技术门槛。

2. 工业人工智能技术

工业人工智能技术是人工智能技术基于工业需求进行二次开发适配形成的融合性技术，能够对高度复杂的工业数据进行计算、分析，提炼出相应的工业规律和知识，有效提升工业问题的决策水平。工业人工智能是工业互联网的重要组成部分，在全面感知、泛在连接、深度集成和高效处理的基础上，工业人工智能实现精准决策和动态优化，完成工业互联网的数据优化闭环。

工业人工智能技术的赋能作用体现在两大路径上。一是以专家系统、知识图谱为代表的知识工程路径，其梳理工业知识和规则为用户提供原理性指导。例如，数控机床故障诊断专家系统，利用人机交互建立故障树，将其知识表示成以产生式规则为表现形式的专家知识，融合多传感器信息精确地诊断出故障原因和类型。二是以神经网络、机器学习为代表的统计计算路径，其基于数据分析绕过机理和原理，直接求解出事件概率，进而影响决策。典型应用包括机器视觉、预测性维护等。例如某设备企业基于机器学习技术，对主油泵等核心关键部件进行健康评估与寿命预测，实现关键件的预测性维护，从而降低计划外停机概率和安全风险，提高设备可用性和经济效益。

3. 边缘计算技术

边缘计算技术是计算技术发展的焦点。通过在靠近工业现场的网络边缘侧运行处理、分析等操作，就近提供边缘计算服务，能够更好地满足制造业敏捷连接、实时优化、安全可靠等方面的关键需求，改变传统制造控制系统和数据分析系统的部署运行方式。边缘计算技术的赋能作用主要体现在两个方面。一是降低工业现场的复杂性。目前在工业现场存在超过40种工业总线技术，工业设备之间的连接需要边缘计算提供"现场级"的计算能力，实现各种制式的网络通信协议相互转换、互联互通，同时又能够应对异构网络部署与配置、网络管理与维护等方面的艰巨挑战。二是提高工业数据计算的实时性和可靠性。在工业控制的部分场景，计算处理的延时要求在10ms以内。如果数据分析和控制逻辑全部在云端实现，就难以满足业务的实时性要求。同时，在工业生产中要求计算能力具备不受网络传输带宽和负载影响的"本地存活"能力，避免断网、延时过大等意外因素对实时性生产造成影响。边缘计算在服务实时性和可靠性方面都能够满足工业互联网的发展要求。

4. 区块链技术

区块链技术是数字加密技术、网络技术、计算技术等信息技术交织融合的产物，能够赋予数据难以篡改的特性，进而保障数据传输和信息交互的可信和透明，有效提升各制造环节生产要素的优化配置能力，加强不同制造主体之间的协作共享，以低成本建立互信的"机器共识"和"算法透明"，加速重构现有的业务逻辑和商业模式。区块链技术尚处于发展初期，其赋能作用一是体现在能够解决高价值制造数据的追溯问题，例如欧洲推出基于区块链的原材料认证，以保证在整个原材料价值链中环境、社会和经济影响评估标准的一致性；二是能够辅助制造业不同主体间高效协同，例如波音基于区块链技术实现了多级供应商的全流程管理，供应链各环节能够无缝衔接，整体运转更高效、可靠，流程更可预期。

5. 数字孪生技术

数字孪生是制造技术、信息技术、融合技术等交织融合的产物，其将不同数据源进行实时同步，并高效整合多类建模方法和工具，实现多学科、多维度、多环境的统一建模和分析，是工业互联网技术发展的集大成者。数字孪生技术尚处于发展初期，其赋能作用主要体现在高价值设备或产品的健康管理方面，例如 NASA 与 AFRL 合作，基于数字孪生对 F-15 飞机机体进行健康状态的预测，并给出维修意见。空客基于数字样机实现飞机产品的并行研发，提升一致性及研发效率。从长期来看，随着技术发展，贯穿全生命周期、全价值链的数字孪生体建立后，能够全面变革设计、生产、运营、服务全流程的数据集成和分析方式，极大地扩展数据洞察的深度和广度，驱动生产方式和制造模式的深远变革。

5.3.2 工业互联网平台架构

作为工业互联网三大要素之一，工业互联网平台是工业全要素链接的枢纽，是工业资源配置的核心，对于振兴国家实体经济、推动制造业向中高端迈进具有重要意义。

工业互联网平台是面向制造业数字化、网络化、智能化需求，构建基于海量数据采集、汇聚、分析的服务体系，支撑制造资源泛在连接、弹性供给、高效配置的工业云平台。其本质是通过构建精准、实时、高效的数据采集互联体系，建立面向工业大数据存储、集成、访问、分析、管理的开发环境，实现工业技术、经验、知识的模型化、标准化、软件化、复用化，不断优化研发设计、生产制造、运营管理等资源配置效率，形成资源富集、多方参与、合作共赢、协同演进的制造业新生态。关于工业互联网平台有以下四个定位：

第一，工业互联网平台是传统工业云平台的迭代升级。从工业云平台到工业互联网平台的演进过程包括成本驱动导向、集成应用导向、能力交易导向、创新引领导向、生态构建导向五个阶段。工业互联网平台在传统工业云平台的软件工具共享、业务系统集成基础上，叠加了制造能力开放、知识经验复用与开发者集聚的功能，大幅提升工业知识生产、传播、利用效率，形成海量开放 APP 应用与工业用户之间相互促进、双向迭代的生态体系。

第二，工业互联网平台是新工业体系的"操作系统"。工业互联网的兴起与发展将打破原有封闭、隔离又固化的工业系统，扁平、灵活而高效的组织架构将成为新工业体系的基本形态。工业互联网平台依托高效的设备集成模块、强大的数据处理引擎、开放的开发环境工具、组件化的工业知识微服务，向下对接海量工业装备、仪器、产品，向上支撑工业智能化应用的快速开发与部署，发挥着类似微软 Windows、谷歌 Android 系统和苹果 iOS 系统的重要作用，支撑构建了基于软件定义的高度灵活与智能的工业体系。

第三，工业互联网平台是资源集聚共享的有效载体。工业互联网平台将信息流、资金流、人才创意、制造工具和制造能力在云端汇聚，将工业企业、信息通信企业、互联网企业、第三方开发者等主体在云端集聚，将数据科学、工业科学、管理科学、信息科学、计算机科学在云端融合，推动资源、主体、知识集聚共享，形成社会化的协同生产方式和组织模式。

第四，工业互联网平台是打造制造企业竞争新优势的关键抓手。当前，GE、西门子等国际领军企业围绕"智能机器+云平台+工业 APP"功能架构，整合"平台提供商+应用开发者+海量用户"等生态资源，抢占工业数据入口主导权，培育海量开发者、提升用户黏性，不断建立、巩固和强化以平台为载体、以数据为驱动的工业智能化新优势，抢占新工业革命的制高点。

1. 工业互联网平台架构

工业互联网平台架构如图 5-9 所示，包括边缘、平台（工业 PaaS）、应用（工业 SaaS）三大核心层级，是工业云平台的延伸发展。其本质是在传统云平台的基础上叠加物联网、大数据、人工智能等新兴技术，构建更精准、实时、高效的数据采集体系，建设包括存储、集成、访问、分析、管理功能的使能平台，实现工业技术、经验、知识模型化、软件化、复用化，以工业 APP 的形式被制造企业各类创新应用，最终形成资源富集、多方参与、合作共赢、协同演进的制造业生态。

第一层是边缘，通过大范围、深层次的数据采集，以及异构数据的协议转换与边缘数据处理，构建工业互联网平台的数据基础。一是通过各类通信手段接入不同设备、系统和产品，采集海量数据；二是依托协议转换技术实现多源异构数据的归一化和边缘集成；三是利用边缘计算设备实现底层数据的汇聚处理，并实现数据向云端平台的集成。

第二层是平台，基于通用 PaaS 叠加大数据处理、工业数据分析、工业微服务等创新功能，构建可扩展的开放式云操作系统。一是提供工业数据管理能力，将数据科学与工业机理结合，帮助制造企业构建工业数据分析能力，实现数据价值挖掘；二是把技术、知识、经验等资源固化为可移植、可复用的工业微服务组件库，供开发者调用；三是构建应用开发环境，借助微服务组件和工业应用开发工具，帮助用户快速构建定制化的工业 APP。

第三层是应用，形成满足不同行业、不同场景的工业 SaaS 和工业 APP，形成工业互联网平台的最终价值。一是提供设计、生产、管理、服务等一系列创新性业务应用。二是构建了良好的工业 APP 创新环境，使开发者基于平台数据及微服务功能实现应用创新。

除此之外，工业互联网平台还包括 IaaS 基础设施，以及涵盖整个工业系统的安全管理体系，这些构成了工业互联网平台的基础支撑和重要保障。

泛在连接、云化服务、知识积累、应用创新是辨识工业互联网平台的四大特征。一是泛

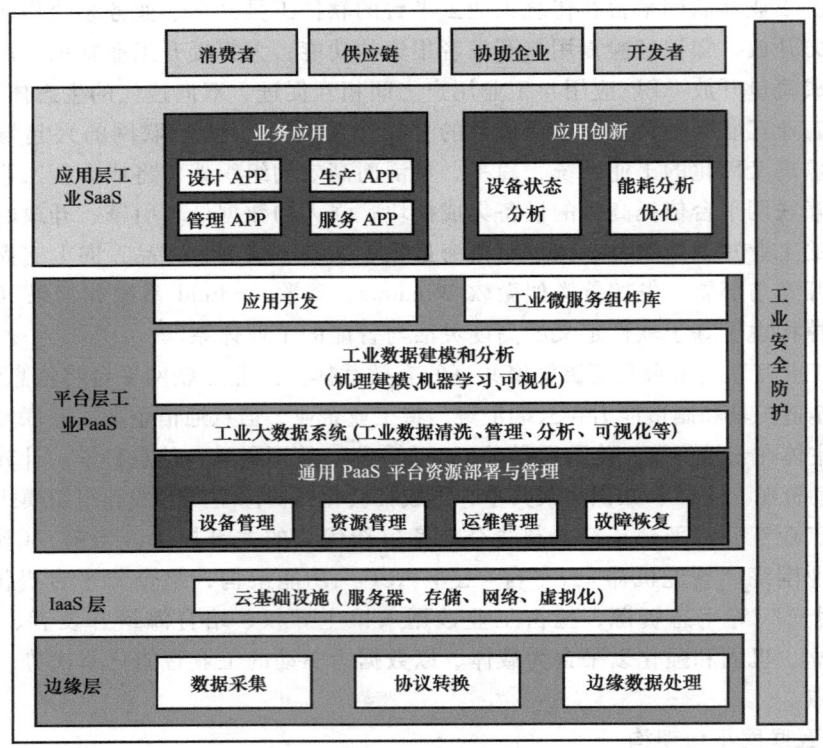

图 5-9 工业互联网平台架构

在连接，具备对设备、软件、人员等各类生产要素数据的全面采集能力。二是云化服务，实现基于云计算架构的海量数据存储、管理和计算。三是知识积累，能够提供基于工业知识机理的数据分析能力，并实现知识的固化、积累和复用。四是应用创新，能够调用平台功能及资源，提供开放的工业 APP 开发环境，实现工业 APP 创新应用。

2. 工业互联网平台构建技术

（1）基于通用 PaaS 的二次开发成为工业 PaaS 主要构建方式　PaaS 能够为上层工业 APP 开发屏蔽设备连接、软件集成与部署、计算资源调度的复杂性，大部分领先平台都依托通用 PaaS 向用户提供服务。例如 GE Predix 基于对 Cloud Foundry 的二次开发支持 Spring、NET 等开发框架，提供 PostgreSQL、SQL Server、Redis 以及来自第三方和开源社区的应用服务，还包括 GitHub 代码库、Node.js、Bower 包管理器、Gulp、Sass、Web Component Tester 等多种开发工具，以便支持开发人员快速实现应用的开发与部署。其他主流平台也均采取类似策略，IBM Bluemix、西门子 MindSphere、BoschIoT Suite、航天云网 INDICS 等平台均基于 Cloud Foundry 搭建，树根互联根云 RootCloud、海尔 COSMOPlat 平台、寄云科技 NeuSeer 平台则分别基于 Docker、Openshift 等进行构建。

（2）新型集成技术成为平台能力开放的重要手段　借助 REST API 等一系列 Web API 技术，大部分工业互联网平台中的设备、软件和服务通过 JSON、XML 等统一格式实现不同业务系统的信息交互和调度管理，为企业内外协同、云端协同、能力开放、知识共享奠定基础。新型 API 技术为多源异构系统的快速集成提供有效支撑，实现边缘设备与云端的集成、传统工业软件与云端的集成、平台内部不同软件和功能的集成。目前，Ayla、Intel IoT、Zatar、Xively、Eurotech 等平台更是以 REST API 技术为核心手段实现设备、应用程序、后端系统的全要素集成，此外，Predix、ThingWorx、Watson IoT 等绝大部分平台也都集成了 REST API 技术。基于 API 技术的能力开发是平台发展的重点方向。FIELDsystem 平台目前已经向 200 多家公司开放 API，支持用户灵活调用平台的相关服务来开发个性化应用。Predix 基于 REST API 技术提供资产管理和位置控制的微服务，基于区块链技术提供数据完整性验证 API，基于大数据技术提供数据统计分析 API。IBM Watson IoT 平台基于 REST API 技术为工业应用提供连接、认知分析、实时分析、信息管理和风险管理等功能。

（3）容器技术支撑平台及应用的灵活部署　通过引入容器和无服务器计算等新型架构，能够实现平台和工业应用的灵活部署和快速迭代，以适应工业场景中海量个性化开发需求。容器技术简化了硬件资源配置的复杂性，一方面实现了平台中服务和应用的灵活部署。例如 IBM 将 Watson IoT 平台中的采集服务和 Watson Service 平台中的分析服务以容器形式封装后，可以实现图形化的快速应用构建。GE Predix 平台中训练形成的智能模型，利用容器技术可以直接部署在 Predix Machine 设备上。另一方面，容器技术实现了平台自身的快速部署。例如 PTC ThingWorx 平台于 2017 年 6 月发布的 8.0 版本增加了基于 Docker 的部署方式，支持平台在不同公有云、私有云、混合云等多种基础设施上的快速构建和灵活迁移。SAP 在 Docker Store 中提供 HANA 的应用速成（Express）版，打包内存计算引擎和数据分析算法，使应用开发者可以在本地或云端快速开发基于 HANA 平台的数据分析应用和软件。

3. 工业互联网平台开发框架

工业互联网平台需要解决多类工业设备接入、多源工业数据集成、海量数据管理与处理、工业数据建模分析、工业应用创新与集成、工业知识积累迭代实现等一系列问题，涉及七大类关键技术，分别为数据集成和边缘处理技术、IaaS 技术、平台使能技术、数据管理技术、应用开发和微服务技术、工业数据建模与分析技术、安全技术。其中，平台使能技术、工业数据建模与分析技术、数据集成与边缘处理技术、应用开发和微服务技术正快速发展，对工业互联网平台的构建和发展产生深远影响。在应用层，微服务等新型开发框架大幅降低了开发难度与创新成本，驱动工业软件开发方式不断变革。

（1）微服务开发框架　基于微服务架构的开发方式大幅提升了工业 APP 的开发效率。基于微服务的开发方式支持多种开发工具和编程语言，并通过将通用功能进行模块化封装和复用，加快应用部署速度，降低应用维护成本。例如 GE Predix 平台基于微服务提供资产绩效管理、运营优化、资产建模、数据获取等 180 多种微服务供开发者调用，简化了应用程序开发、部署与运维的复杂性。IBM Bluemix 平台推出可用于微服务开发的软件工具，如 IBM MQ Light for Bluemix 提供灵活、易于使用的消息传递机制，IBM Bluemix DevOps 则帮助用户降低部署和运维应用程序的难度。此外，西门子 MindSphere、航天云网 INDICS、寄云 NeuSeer 等平台也都通过微服务架构帮助用户快速构建个性化应用程序。

（2）图形拖拽开发框架　基于图形拖拽的开发方式降低了对开发人员编程基础、开发经验的要求，使其可以专注于功能设计，从而降低应用开发的门槛。例如 PTC ThingWorx 平台基于 ThingWorx Foundation 为开发人员提供模型驱动的应用程序开发服务，开发人员无须编写代码即可连接所有的 ThingWorx 组件，使用拖拽工具就可以开发高质量、可扩展的应用程序，相较传统方式能减少到原来 10% 的开发时间。SAP Cloud Platform 通过 Fiori、BUILD、WebIDE 等预制开发工具支持基于图形拖拽的开发方式，用户通过使用这些工具可进行轻量级云端开发，无须对后台进行任何定制即可实现应用的快速上线，将开发时间从几个月缩短到几周。

5.4 工业互联网应用场景

在工业互联网三大功能体系中,网络是工业数据和信息集成的基础,安全是工业系统安全的保障,而工业互联网平台能够有效集成海量系统数据和工业设备,实现业务与资源的智能管理、驱动应用和服务的开放创新,是新型制造系统的数字化神经中枢,是实现工业建模分析与智能决策、工业资源优化配置等功能的核心。

当前,全球领先企业工业互联网平台正处于规模化扩张的关键期,随着平台底层连接能力的提升和企业 IT—OT 层的打通,大量生产现场数据和管理系统数据将进行集成汇聚,工业互联网平台的应用领域正从单个设备、单个工艺、单个企业向全要素、全产业链、全生命周期领域拓展,带动传统产业实现智能化转变。工业互联网平台实现了生产现场与企业运营管理、资源调度的协同统一,在此基础上形成面向企业局部的生产过程优化、企业智能管理、供应链管理优化等重点应用。在应用场景方面,工业现场的生产过程优化、企业管理的运营决策优化、企业间协同的资源配置优化、产品全生命周期的管理服务优化是工业互联网平台的四大典型应用。

5.4.1 工业生产过程的应用

工业互联网平台能够有效采集和汇聚设备运行数据、工艺参数、质量检测数据、物料配送数据和进度管理数据等生产现场数据,通过数据分析并反馈在制造工艺、生产流程、质量管理、设备维护和能耗管理等具体场景中实现优化应用。

在制造工艺场景中,工业互联网平台可对工艺参数、设备运行等数据进行综合分析,找出生产过程中的最优参数,提升制造品质。例如,GE 基于 Predix 平台实现高压涡轮叶片钻孔工艺参数的优化,将产品一次成形率由不到 25% 提升到 95% 以上。

在生产流程场景中,通过平台对生产进度、物料管理、企业管理等数据进行分析,提升排产、进度、物料、人员等方面管理的准确性。博世公司基于其自身工业互联网平台为欧司朗集团提供生产绩效管理服务,可在生产环境中协调不同来源的数据,提取有价值的信息并自动运用专家知识进行评估,实现了生产任务的自动分配。

在质量管理场景中,工业互联网平台基于产品检验数据和"人机料法环"等过程数据进行关联性分析,实现在线质量监测和异常分析,降低产品不合格率。富士康集团基于其自身平台实现全场产品合格率自动诊断,打通车间产能、质量、人力、成本等各类运行状况数据,并对相关数据进行分析计算和大数据优化,使合格率诊断时间缩短 90%。

在设备维护场景中,工业互联网平台结合设备历史数据与实时运行数据,构建数字孪生,及时监控设备运行状态,并实现设备预测性维护。例如,嵌入式计算机产品供应商 Kontron 公司基于 Intel IoT 平台智能网关和监测技术,可将机器运行数据和故障参数发送到后台系统进行建模分析,实现板卡类制造设备的预测性维护。

在能耗管理场景中,基于现场能耗数据的采集与分析,对设备、产线、场景能效使用进行合理规划,提高能源使用效率,实现节能减排。例如,施耐德为康密劳的硅锰及电解锰冶炼工厂提供 EcoStruxure 能效管理平台服务,建立能源设备管理、生产能耗分析、能源事件管理等功能集成的统一架构,实现了锰矿生产过程中的能耗优化。

5.4.2　企业运营管理的应用

借助工业互联网平台可打通生产现场数据、企业管理数据和供应链数据，提升决策效率，实现更加精准与透明的企业管理，其具体场景包括供应链管理、生产管控一体化、企业决策管理等。

在供应链管理场景中，工业互联网平台可实时跟踪现场物料消耗，结合库存情况安排供应商进行精准配货，实现零库存管理，有效降低库存成本。雅戈尔基于 IBM Bluemix 平台对供应链和生产系统的重要数据进行抽取和多维分析，优化供应链管理，使库存周转率提高了 1 倍以上，库存成本节省了 2.5 亿元，缺货损失减少了 30% 以上，工厂的准时交货率达到 99% 以上。

在生产管控一体化场景中，基于工业互联网平台进行业务管理系统和生产执行系统集成，实现企业管理和现场生产的协同优化。石化盈科通过 ProMACE 平台在炼化厂的应用，围绕生产计划优化，推动经营绩效分析、供应链一体化协同及排产、实时优化、先进控制和控制回路的闭环管控，实现财务日结月清。

在企业决策管理场景中，工业互联网平台通过对企业内部数据的全面感知和综合分析，有效支撑企业智能决策。中联重科结合 SAP HANA 平台的计算能力及 SAP SLT 数据复制技术，实现工程起重机销售服务、客户信用销售、集团内控运营三个领域的实时分析，有效针对市场变化做出快速智能决策。

5.4.3　生产资源优化配置的应用

工业互联网平台可实现制造企业与外部用户需求、创新资源、生产能力的全面对接，推动设计、制造、供应和服务环节的并行组织和协同优化。其具体场景包括协同制造、制造能力交易、个性定制与产融结合等。

在协同制造场景中，工业互联网平台通过有效集成不同设计企业、生产企业及供应链企业的业务系统，实现设计、生产的并行实施，大幅缩短产品研发设计与生产周期，降低成本。例如，河南航天液压气动技术有限公司基于航天云网 INDICS 平台实现了与总体设计部、总装厂所的协同研发与工艺设计，研发周期缩短 35%，资源利用率提升 30%，生产率提高 40%。

在制造能力交易场景中，工业企业通过工业互联网平台对外开放空闲制造能力，实现制造能力的在线租用和利益分配。例如，沈阳机床基于 iSESOL 平台以融资租赁模式向奥邦锻造公司提供了 i5 机床的租赁服务，按照制造能力付费，有效降低了用户资金门槛，释放了产能。

在个性定制场景中，工业互联网平台实现企业与用户的无缝对接，形成满足用户需求的个性化定制方案，提升产品价值，增强用户黏性。在用户服务端，用户和企业平台进行交互，参与设计定制，形成产品下单，生产的全流程可视，最终送达交付给用户，形成用户体验闭环；在生产制造端，企业根据用户参与个性化定制设计的信息，整合设计商、模块商、设备商资源，进行生产线的柔性排产，智慧物流，完成对用户需求的实时、精准满足。例如，海尔依托 COSMOPlat 平台与用户进行充分交互，对用户个性化定制订单进行全过程追踪，同时将需求搜集、产品订单、原料供应、产品设计、生产组装和智能分析等环节打通，打造了适应大规模定制模式的生产系统，形成了 6000 多种个性化定制方案，使用户订单合格率提高 2%，交付周期缩短 50%。再如，江森自控—日立公司基于 Ayla 平台，打通社交媒体数据，整合 8 亿微信用户需求，提供商用空调定制服务。

在产融结合场景中，工业互联网平台通过工业数据的汇聚分析，为金融行业提供评估支撑，为银行放贷、股权投资、企业保险等金融业务提供量化依据。例如，树根互联与久隆保险基于根云 RootCloud 共同推出 UBI 挖机延保产品数据平台，明确适合开展业务的机器类型，指导对每一档保险进行精准定价。

5.4.4 产品生命周期管理的应用

工业互联网平台可以将产品设计、生产、运行和服务数据进行全面集成，以全生命周期可追溯为基础，在设计环节实现可制造性预测，在使用环节实现健康管理，并通过生产与使用数据的反馈改进产品设计。当前其具体场景主要有产品溯源、产品/装备远程预测性维护、产品设计反馈优化等。

在产品溯源场景中，工业互联网平台借助标识技术记录产品生产、物流、服务等各类信息，综合形成产品档案，为全生命周期管理应用提供支撑。例如，PTC 借助 ThingWorx 平台的全生命周期追溯系统，帮助芯片制造公司 ATI 实现生产环节到使用环节的全打通，使每个产品具备单一数据来源，为产品售后服务提供全面、准确的信息。

在产品/装备远程预测性维护场景中，在平台中将产品/装备的实时运行数据与其设计数据、制造数据、历史维护数据进行融合，提供运行决策和维护建议，实现设备故障的提前预警、远程维护等设备健康管理应用。例如，ABB 为远洋船舶运营公司 Torvald Klaveness 的多用途船提供 ABB Ability 平台服务，通过船上的传感器收集信息，并进行性能参数分析，实现对远洋航行船舶的实时监控、预警维护和性能优化。再如，SAP 为意大利铁路运营商 Trenitalia 提供车辆维护服务，通过加装传感器实时采集火车各部件数据，依托 HANA 平台集成实时数据与维护数据、仪器/仪表参数并进行分析，远程诊断火车运行状态，提供预测性维护方案。

在产品设计反馈优化场景中，工业互联网平台可以将产品运行和用户使用行为数据反馈到设计和制造阶段，从而改进设计方案，加速创新迭代。例如，GE 公司使用 Predix 平台助力自身发动机的设计优化，平台首先对产品交付后的使用数据进行采集分析，依托大量历史积累数据的分析和航线运营信息的反馈，对设计端模型和参数以制造端工艺和流程进行优化，通过不断迭代实现了发动机的设计改进和性能提升。

5.5 工业互联网应用案例

随着工业互联网技术的快速发展，越来越多的企业开发工业互联网平台用以实现提高生产率、预测故障等功能。本节就工业互联网的实际应用案例进行讨论。

5.5.1 工业互联网在制造领域的应用

1. 工业互联网在智能制造系统的应用

作为国家重点支持的水泥企业（集团）之一的天瑞集团，智能制造系统平台规划之初就是希望利用企业在水泥行业的优势，融合产业链生态，打造具有水泥行业应用特色的工业互联网平台。天瑞先从集团所属百十家企业入手，通过自己的应用带动天瑞上下游产业链，以及从产业链到供应链的应用,再考虑往行业、区域、建材、水泥行业逐步规划,实现纵向推广、横向覆盖。基于平台上的大量数据积累和成熟的行业算法模型,形成了从平台到应用、从开发工具到知识微服务的全产业链条,成功后可以作为范例提供给业内企业,带动我国传统的流程型制造企业信息化水平和整体竞争力的跃升。

水泥制造行业工业互联网平台,覆盖企业经营管理、业务交易、生产过程管理、售后运行维护管理、供应链协同管理等领域需求,通过攻克边缘计算技术、泛在感知技术、异构数据融合技术、微服务池构建技术、工业 APP 敏捷开发技术等关键技术,研发新一代面向水泥行业的工业互联网平台。

图 5-10 所示为天瑞工业互联网平台总体架构。总体上来说,该平台可以分为网络架构和平台架构,分别如图 5-11 与图 5-12 所示。

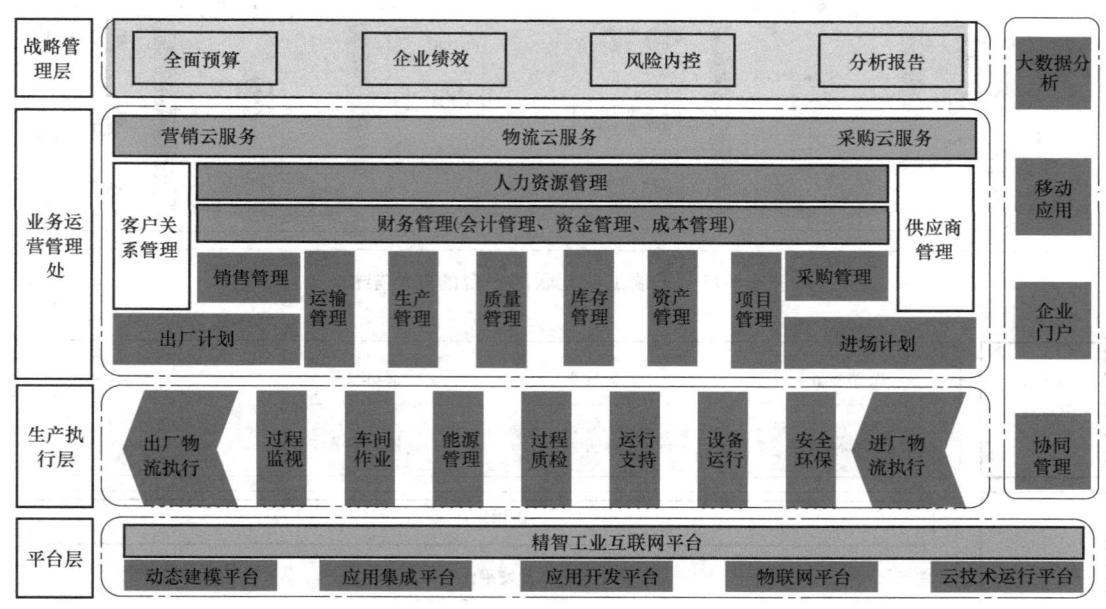

图 5-10 天瑞工业互联网平台的总体架构

对于网络架构,针对天瑞水泥这样成员企业多、分散广、功能全的集团公司,容易造成通信数据量大、重复数据多、处理速度慢及风险集中的问题,数据库或者通信一旦出现问题,直接影响企业的日常管理操作,隐患太大。对此,网络架构针对性提出分散增强型数据库结构。

天瑞项目基于用友精智工业互联网平台搭建,平台整体架构包括设备层、IaaS 层、PaaS 层与 SaaS/BaaS/DaaS 层。设备层通过各种通信手段接入各种控制系统、数字化产品和设备、物料等,采集海量数据,实现数据向平台的汇集。IaaS 层是云基础设施层,基于虚拟化、分布式存储、并行计算、负载均衡等技术,实现网络、计算、存储等计算机资源的池化管理,根据需求进行弹性分配,并确保资源使用的安全与隔离,为用户提供完善的云基础设施服务。用友精智平台主要与 IaaS 提供商华为、阿里等合作。PaaS 层由基础技术支撑平台、容器云平台、工业物联网平台、应用和开发平台、移动平台、云集成平台、服务治理平台以及 DevOps 平台等组成。在基础设施、数据库、中间件、服务框架、协议、表示层、平台支持开放协议与行业标准上,具有广泛的开放性,适配不同 IaaS 平台,建设丰富的工业 PaaS 业

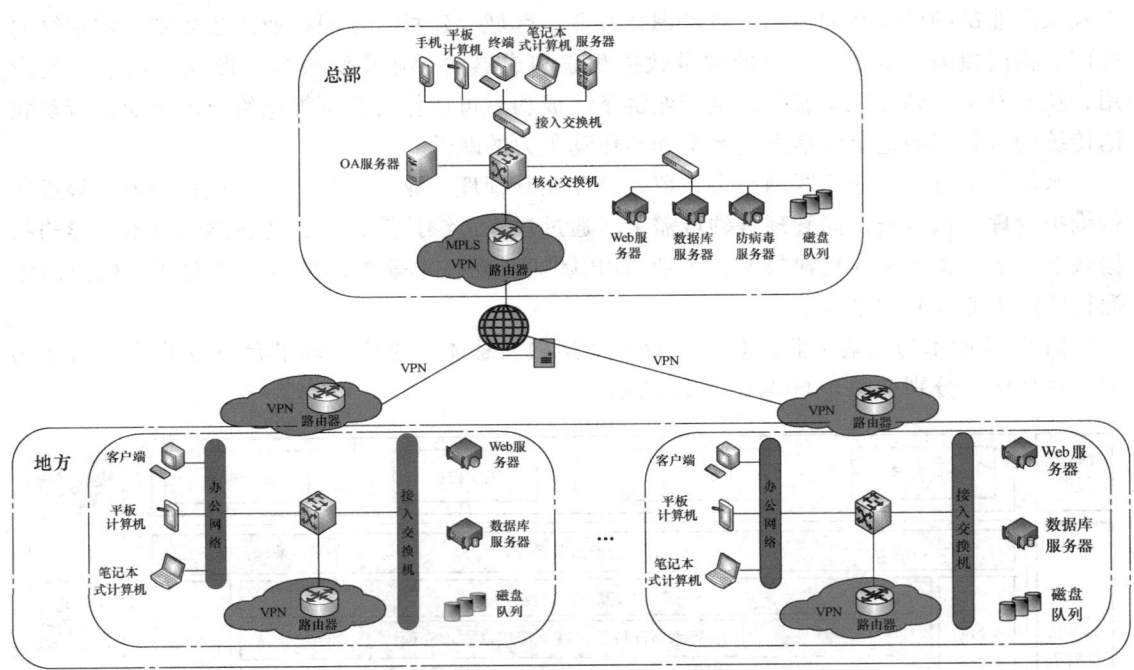

图 5-11 天瑞工业互联网平台的网络架构

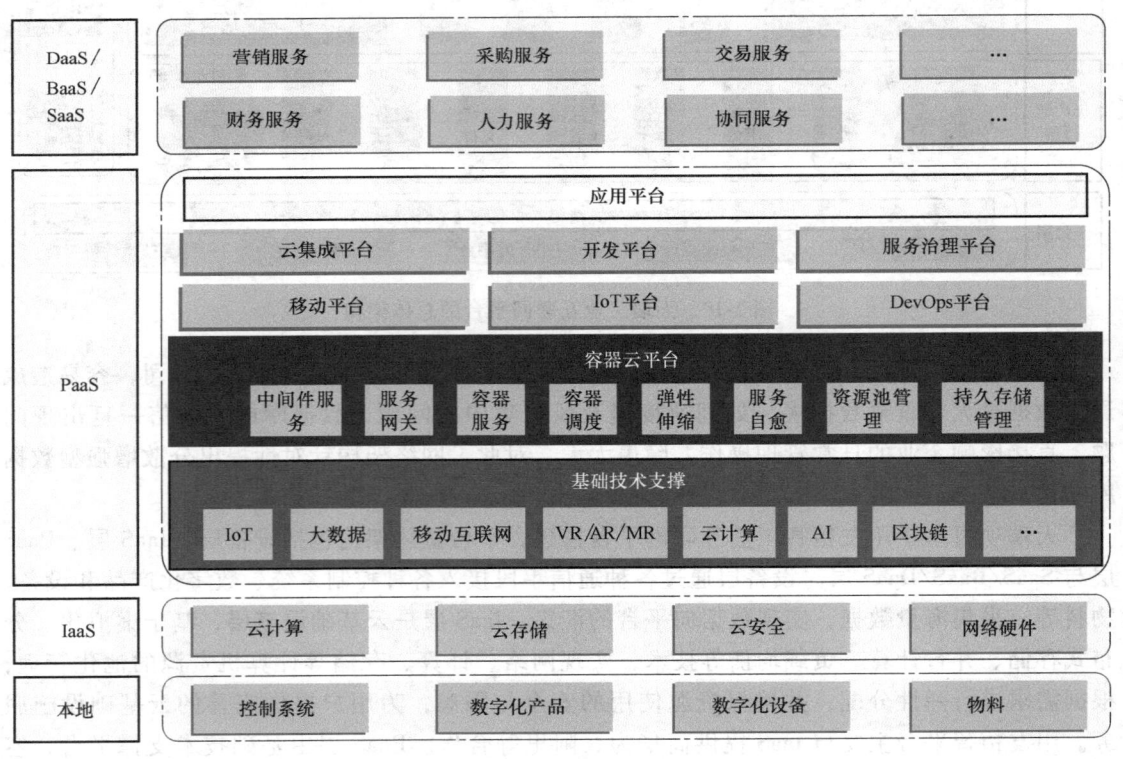

图 5-12 用友精智工业互联网平台架构

务功能组件,包括通用类业务功能组件、工具类业务功能组件、面向工业场景类业务功能组件。SaaS/BaaS/DaaS 层基于四级数据建模,保证社会级、产业链级、企业级和组织级的统一以及多级映射，提供大量基于 PaaS 平台开发的 SaaS/BaaS/DaaS 应用服务，应用覆盖交易、物流、金融、采购、营销、财务、人力、设备、设计、加工、制造、3D 打印服务、数据分析、决策支撑、协同等全要素，为工业互联网生态体系中的成员企业提供各种应用服务。

在天瑞项目中，基于工业互联网技术实现了六个关键应用，如图 5-13 所示：构建营销服务平台（水泥商城），连接经销商和客户；构建采购云平台，连接供应商；构建物流服务平台（大易物流），连接车主、货主、承运商；无人值守智能物流系统，提供智能进出厂物流服务；构建基于实时数据库的物联平台，实现制造过程透明化；实现对于工业大数据的应用。

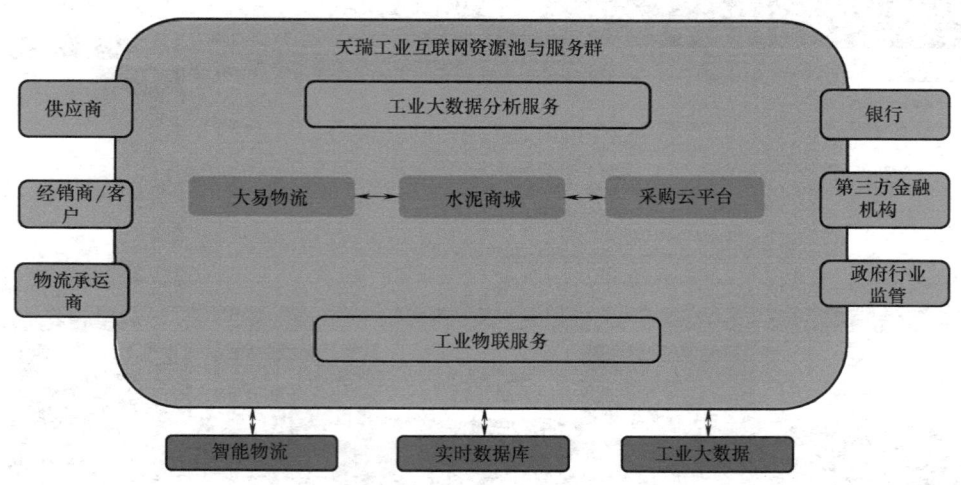

图 5-13 天瑞平台关键应用

工业互联网的特点之一，是连接经销商和客户。天瑞集团建设了经销商服务平台，经销商可以通过手机端下单，提出订单要求，对账，查看质保书。企业端可以接收审核订单，与经销商交互留底，查看库存及授信，上传质保书。审批后可以形成正式订单，并与生产现场对接。

通过采购云平台，将天瑞集团所有成员企业与所有供应商连接在一起，如图 5-14 所示。采购云是部署在公有云上的企业采购平台，包括电子采购门户、买家、卖家、平台信息发布、供应商准予与评估等。供应商登录平台后，通过云平台参与采购需求处理、寻源、采购执行、信息交流等业务。采购云平台支持与 ERP 的无缝集成，可以连接到全球供应商网络资源，让企业一键寻遍全球，有效地扩大寻源范围，充分竞价，获取更低价的供应资源。通过采购云平台的应用，实现了阳光采购、高效采购，每年采购成本降低约 6000 万元；实现了跨公司的集采—分收—集结模式下的代储/代销业务，为分公司每年节省 1 亿元库存储备；与供应商在线协同，合同确认周期由原来的两周左右时间降低到目前的一周以内；供应商对账时间缩短，登录门户就能看到发票、到货、消耗汇总、合同执行情况。

天瑞物流服务平台（见图 5-15）和内部 ERP 系统、LMS、物流对接，跟监控部门对接，完成订单管理到调度管理，到运输执行，到结算管理，最后完成平台的线上结算，给货运企业开具运输发票，为车主、货主、承运商提供多货源及配套服务。

无人值守智能物流系统（见图 5-16）基于车辆进出厂状况，利用信息、自动化、网络

图 5-14 天瑞采购云平台

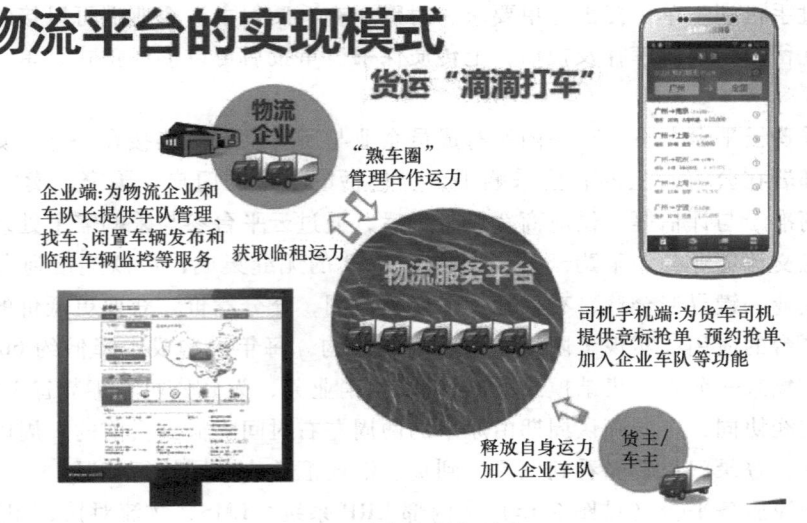

图 5-15 天瑞物流服务平台

及视频等技术，建立了一套科学、高效的车辆发车、进出厂、视频监控及远程集中计量的管理及控制系统。通过软件将企业内部组成物联网，利用软件与硬件相结合的方式，软件实现

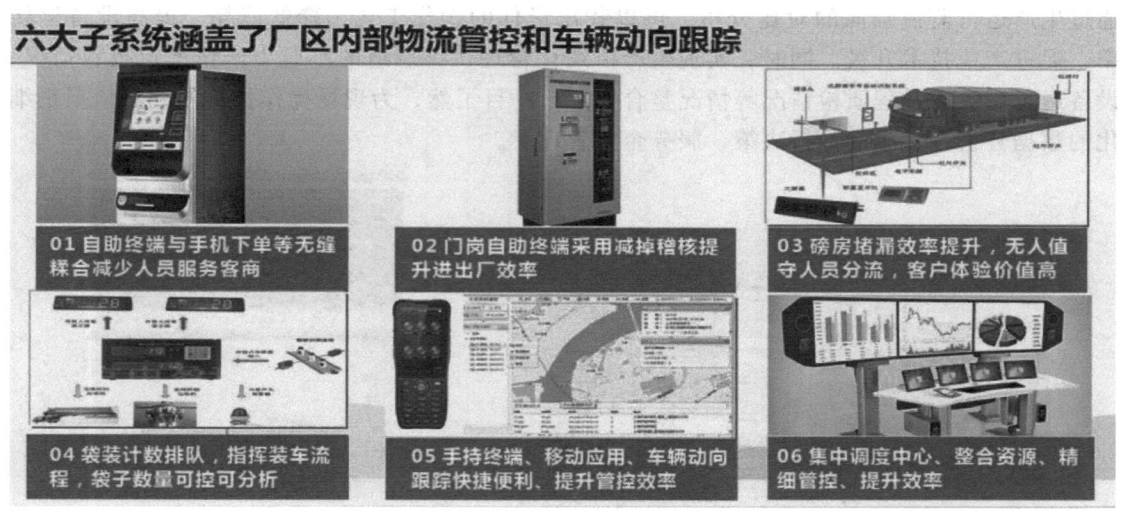

图 5-16 天瑞无人值守智能物流

逻辑与判断,硬件实现感知与控制,正常业务自动完成,异常场景人为干预、审批与核查,实现工厂物流的完美收/发货体验。

通过实时数据库实现和 DCS(分布式控制系统)无缝集成,建立系统和上万台生产设备连接的物联平台,实现实时自动采集、智能监控与智能分析的集中调度管理系统。节能降耗效果显著,天瑞水泥 2015 年累计生产熟料 $2415×10^4$ t,相比于 2013 年节约了 $42.7455×10^4$ t 煤和 $9660×10^4°$ 电,分别降低了 14533.47 万元和 966 万元能源消耗成本,原煤、电的消耗减少 3%~5%;环保效益显著,按年节约 $6.44×10^4$ t 标煤计算,可减排 CO_2 约 $16.1×10^4$ t、SO_2 约 1060t、粉尘 $1.61×10^4$ t。天瑞实时生产监控如图 5-17 所示。

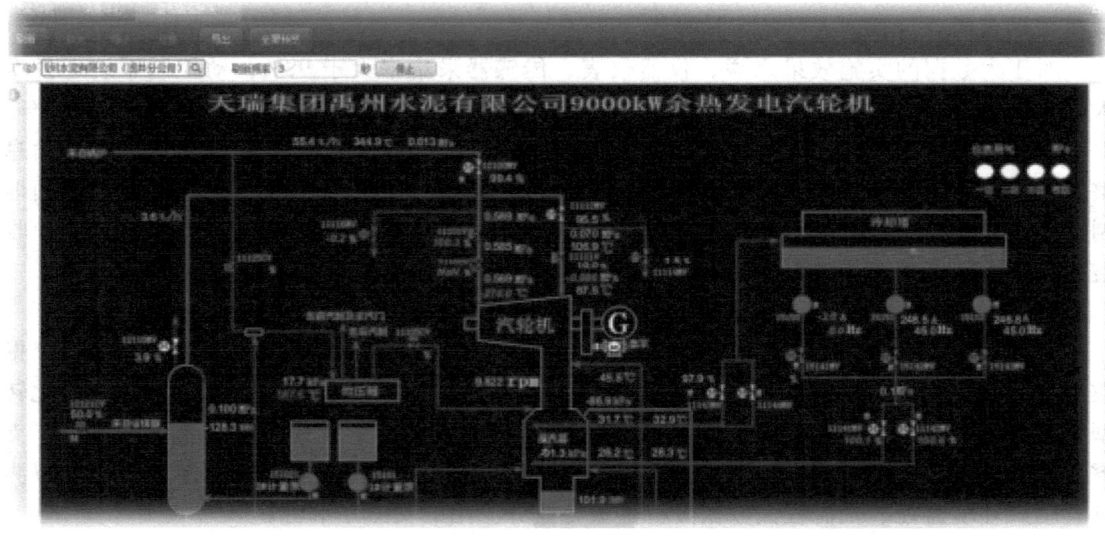

图 5-17 天瑞实时生产监控

天瑞工业大数据应用(见图 5-18)是 DCS 自动化系统、能源数据、质检设备采集、ERP 数据融合等各类系统的大融合。该项目通过工业互联网技术,实现生产工艺优化提升,通过生产运行监视画面的对比分析，可以找出最佳的操作工艺，降低能耗，提高设备运转率，促进产业技术升级。同时，实现生产精细化管理，将班组的小时生产情况、投料情况、设备运行参数、过程质检情况等情况整合显示，一目了然，为现场操作提供便利。依据精细化的数据分析、科学的分析决策，服务企业管理层。

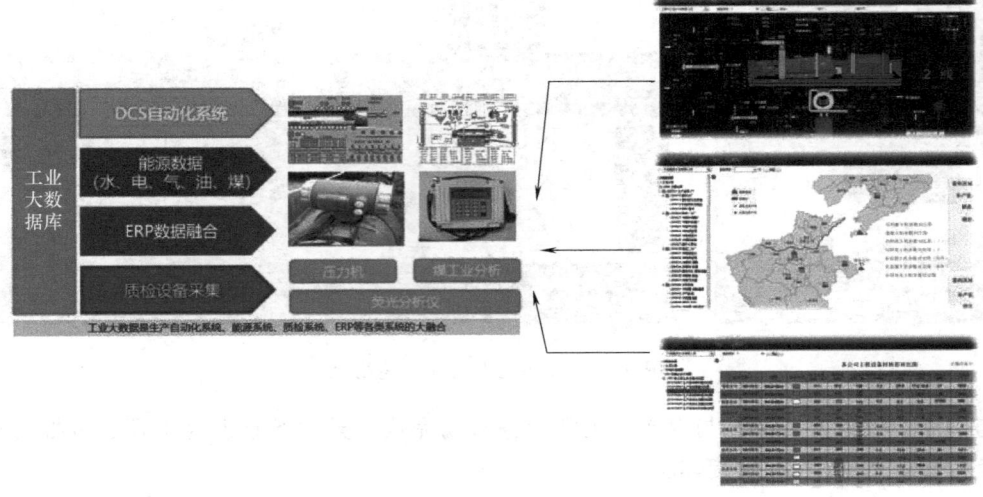

图 5-18　天瑞工业大数据应用

天瑞智能制造系统的创新点主要体现在以下三点。首先，通过混合云模式实现企业的内联外通。私有云模式的 ERP+MES 与公用云模式采购云、销售云、税务云等打通，真正实现企业内部与外部的互联互通。其次，大数据技术充分应用于数据挖掘与分析，不断提升内部管理水平。最后，使用 OCR 图片识别技术，智能识别用户身份证信息、驾驶证信息，通过识别的数据进行对比，平台自动通过注册认证审核，既减少了用户大量的数据录入操作，又减少了平台的后台管理人员的审核操作。

对于大数据的实施效果来说，仪器仪表、传感器采集率大于 98%；动控制系统运投率大于 99%；制系统人为干预率小于 4.6%；劳动生产率提高 15%；企业能源消耗减少 2.5%。对于大数据的分析来说，平台建立统一信息展示平台，实现集团及下属公司数据集中、信息整合，实现集中管控，辅助管理决策者全面提升企业的精细化管理能力，能够快速、全面地制定有效的决策；全面的运营流程分析和实时监控，提高生产和市场管理水平、提高企业收益与竞争力。天瑞智能物流实施效果如图 5-19 所示。

2. 工业互联网在智能工厂的应用

TCL 集团在长期的生产实践中积累了海量的高质量数据以及业务算法模型。为深度挖掘数据背后的价值，实现集团下属企业技术原理和经验的复用，助力传统制造企业的数字化转型，由格创东智（深圳）科技有限公司打造的 GETECH 平台在服务集团外企业的同时，支撑 TCL 集团内制造资源泛在连接、弹性供给、高效配置，已成为诸如预测性维护、虚拟测量、生产环境监控、全流程大数据分析等核心业务应用的支撑性平台。

GETECH 平台率先在深圳市华星光电技术有限公司投入使用。平台构建在一个连接机器、物料、人、信息和数据系统的基础工业互联网络之上，通过对现有生产设备的进一步智能化改造，实现工业数据的全面感知、动态传输、实时分析、闭环控制、动态重构，为建立工业智能应用提供使能支撑。图 5-20 所示为已开发的基于 GETECH 平台的应用，支持企业

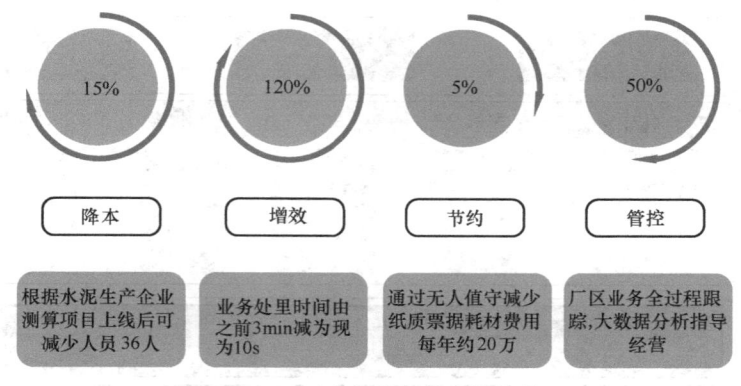

图 5-19 天瑞智能物流实施效果

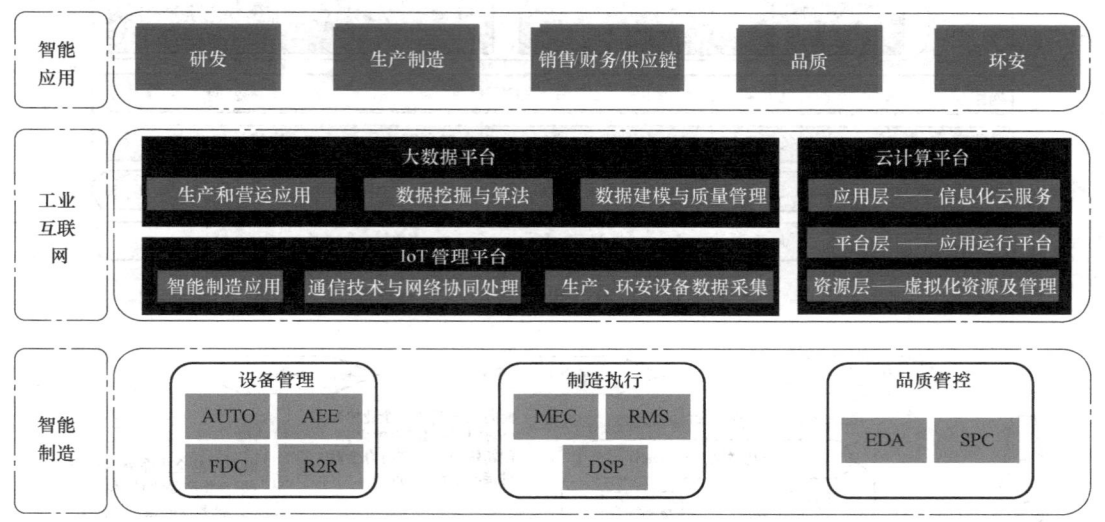

图 5-20 已开发的基于 GETECH 工业互联网平台的应用

生产的科学决策与智能控制,提高制造资源配置效率,大幅度提高生产产品的品质,缩短产品生产周期,降低生产能耗和环境影响。

GETECH 平台以及其上的核心应用解决方案,会经历 TCL 集团下属企业复杂制造环境检验,同时也服务于产业上下游中小规模制造企业。目前,依托 GETECH 平台,在华星光电试点施行的智能应用项目在投入产出能力上表现优异。平台的基础技术能力、资源管理能力、应用服务能力已得到初步验证。

GETECH 平台的总体架构共分为 7 层,分别是资源层、控制层、采集层、网络层、平台层、应用层和协同层,涵盖了智能工厂从工业现场、设备到企业内外部的全要素协同。GETECH 工业互联网平台整体架构如图 5-21 所示。

GETECH 工业互联网平台的数据互联架构如图 5-22 所示。按照应用场景分为生产现场、企业内部、企业外部三个部分。数据实现横向汇聚、纵向打通,从面向生产现场的生产过程数据优化、面向企业生产营运的管理决策优化、面向产品全生命周期管理、面向用户及协作企业协同——"四个面向"服务于业务应用。

通过 GETECH 平台,TCL 集团可实现多种场景的应用,包括云平台与边缘计算、设备管理优化和设备预测性维护、生产执行优化和缺陷自动分类、大数据驱动的品质异常、大数

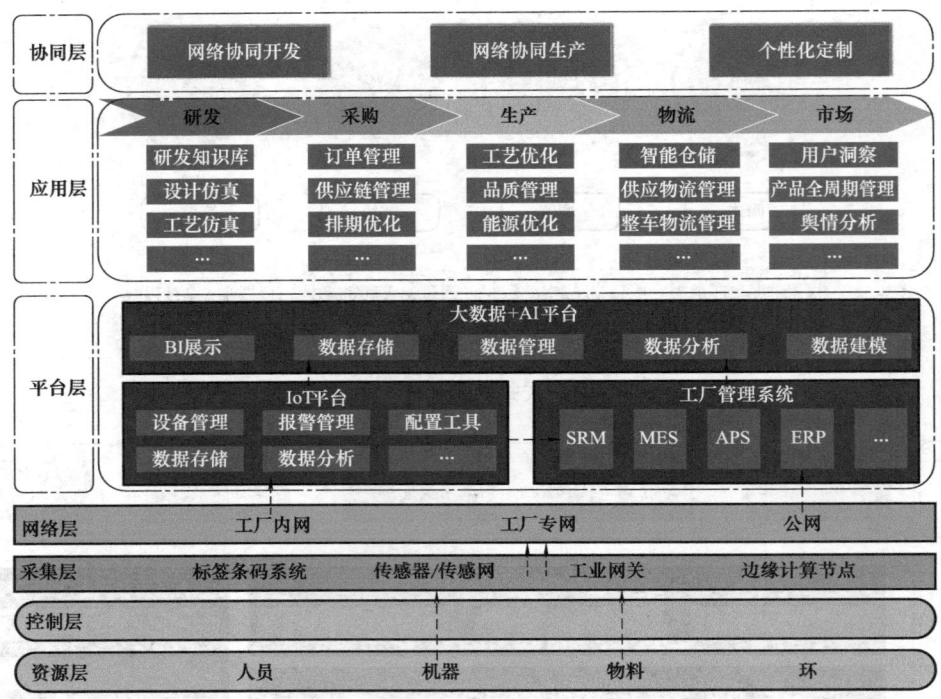

图 5-21 GETECH 工业互联网平台整体架构

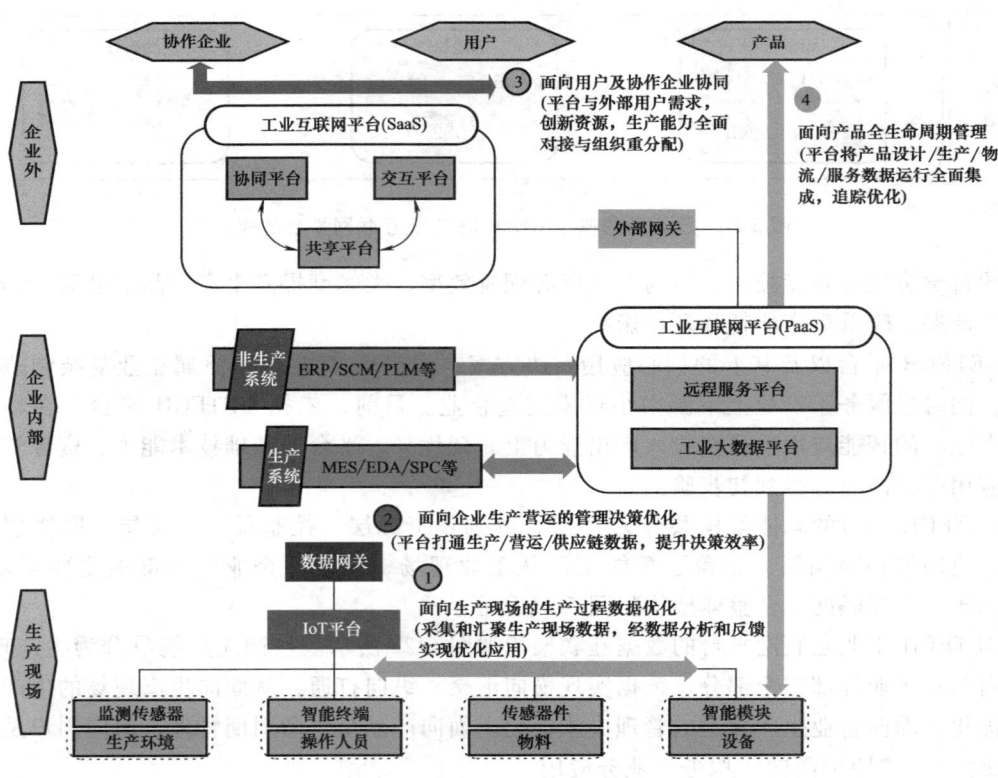

图 5-22 GETECH 工业互联网平台的数据互联架构

据预警及分析、基于机器学习的虚拟测量。

在华星光电及其他 TCL 集团下属制造企业,面临的突出问题是数据采集。工业现场需要对接的设备、协议、数据接口多样,并且大部分机台、设备的协议是非公开协议或非标准改装协议。为提升装备智能化水平,实现实时分析、科学决策、智能优化等核心业务需求,格创东智开发了多协议、多功能、内置工业安全的边缘计算业务网关。利用边缘计算技术,在数据的第一入口,对数据全生命周期进行管理与价值创造,将数据处理前置到边缘处完成,降低 IoT 平台的处理压力。

格创东智的工业互联网平台,通过连接各类物联网传感器和智能网关,提供数据查询、趋势确认、信息呈现等智能制造资讯服务,并实时监控工厂每个关键场景的工作状态,实现数据监控及报警,提供预估值参考如设备故障寿命等,并能提供机器学习、报表分析等功能。图 5-23 介绍了格创东智工业互联网平台的基本情况。

图 5-23　格创东智工业互联网平台基本情况

TCL 集团下属制造业工厂拥有大量行业专用设备以及高价值生产机台,需要原厂商提供日常运维服务。质保过期后,个性化服务收费高昂。因此,通过预测性维护项目,全面收集设备和机台数据,并通过机台故障数据分析、多因子全程大数据分析等数据智能手段,有效降低设备故障次数,提高设备运维效率,改善设备状态,实现生产设备全生命周期健康管理的同时,也极大地降低了企业的设备运维成本。图 5-24 演示了一台电动机预测性维护案例,通过工业互联网平台收集电动机的电压、电流、扭矩等数据,建立数据分析模型,进行寿命预测。该案例已通过预测性维护减少了 50% 的单次维修时间。

液晶面板行业是资本密集型、技术密集型行业,生产产区规模庞大,工业流程繁多复杂。为保证产品合格率和产品品质,深圳市华星光电技术有限公司的每个工厂分布着 20 多个面板缺陷检测站点,每个站点每天判定的图片量超过 2 万张。传统的检测方式依赖人眼判定,存在人力投入高、判别速度慢、人员流失易危及生产等问题。随着智能制造技术日趋成

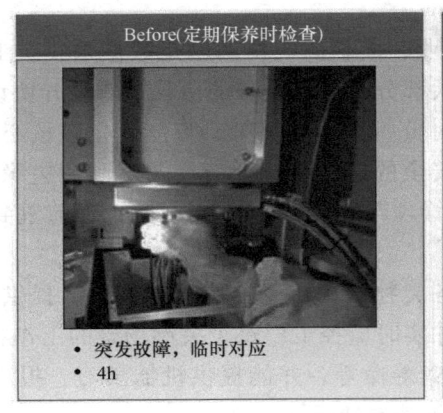
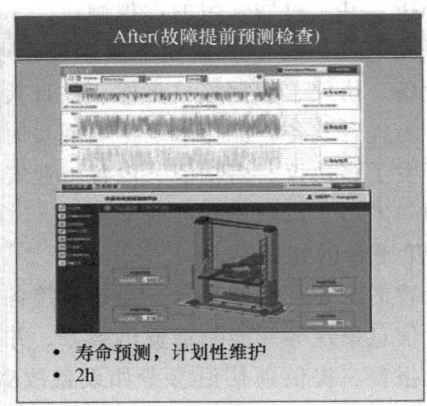

图 5-24 设备预测性维护案例

熟,基于人工智能的视觉识别技术,依托 GETECH 平台对实时、全样本数据的支撑,上线了自动缺陷识别系统(Automatic Defect Classification,ADC),如图 5-25 所示。

AOI 设备锁定缺陷进行拍照后,AOI 设备无法对缺陷进行自动分类,需人员对缺陷进行分类判定,造成:
- TAT 损失:每天上万的待判图片,人员判定耗时长,造成生产周期损失
- 人力成本:判定人力投入巨大,且人员判定准确率易受个人经验和状态影响

依靠深度神经网络算法进行缺陷智能分类,实施本项目后:TAT 总体减少,人员缩减 60%

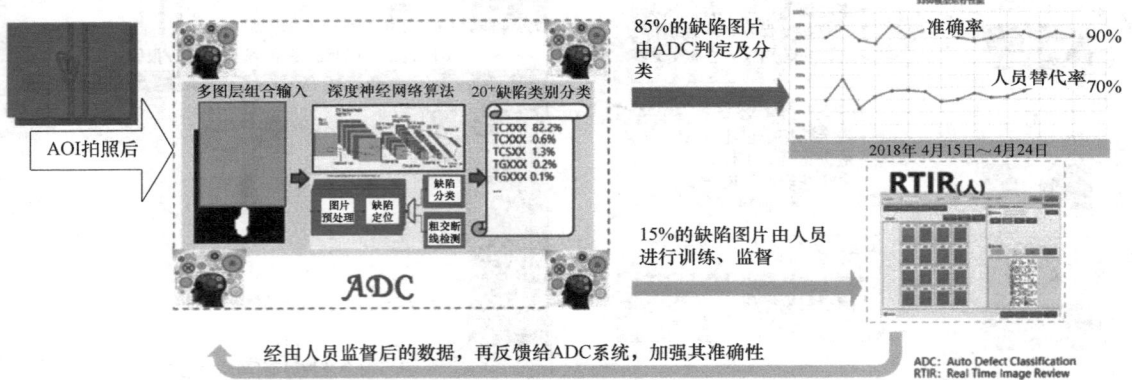

图 5-25 格创东智工业互联网应用——AI 智能识别

华星光电上线的站点已能实现无间断、高精准的自动缺陷分类项目业务,其流程如图 5-26 所示。目前,上线站点的人力成本已经削减了 60%,异常拦截提早 1~2h。同时,随着机台参数和生产环境变化,站点模型的准确率、覆盖度有可能下滑,GETECH 平台提供了 AI 自主学习环境,及时优化模型的参数、结构,改善缺陷识别分类的精度。

对于面板生产企业,产能和产品品质将直接影响公司的营业收入。当面板品质故障发生时,能迅速报警并定位故障机台,及时抢修,挽救产能是实际而迫切的业务需求。格创东智打造的 GETECH 工业互联网平台的子平台——大数据预警分析系统就是解决上述需求。图 5-27 展示了该系统的技术架构。依靠海量数据的存储能力、分布式计算能力、机器学习能力,协助华星内部分析人员分析机台设备上报的数据,快速定位问题设备、问题参数,提高问题分析效率。目前,该系统能在 20min 内,从 5000 台设备、103 万个传感器、243TB 海

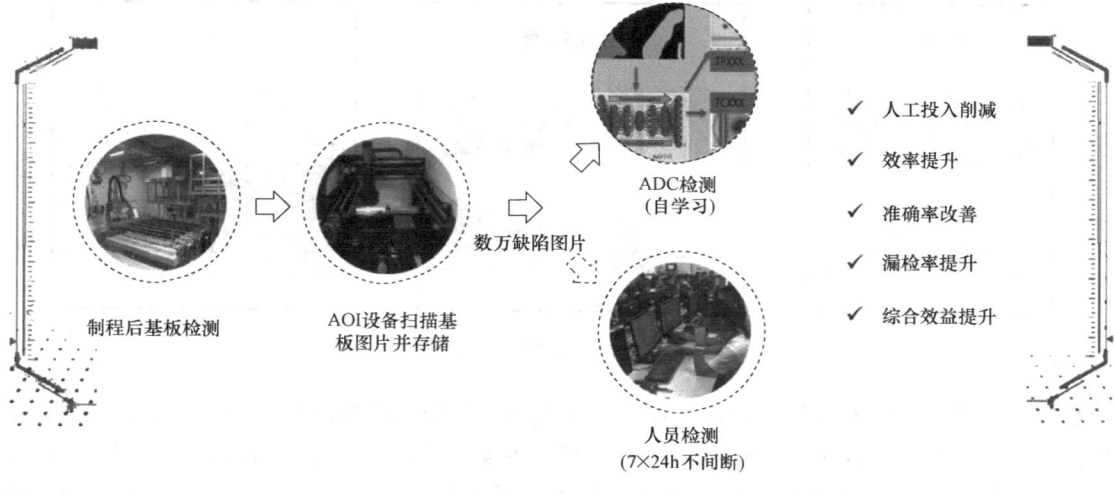

图 5-26 自动缺陷分类项目业务流程

量历史参数中,挖掘出影响产品品质的设备及其参数。

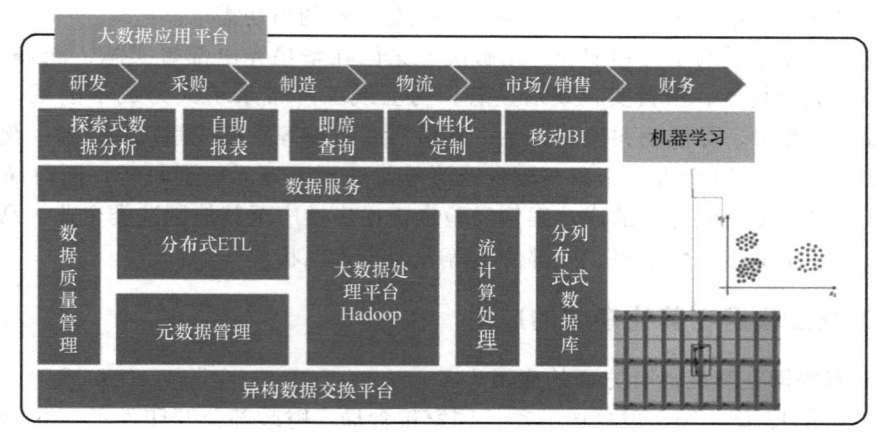

图 5-27 大数据预警分析系统技术架构

液晶面板在生产过程中,为保证产品品质,常需要对在制品的关键参数进行检测。部分检测任务(如膜厚)无法在生产线上实时完成,只能采用抽检方式离线测量,导致不合格品发现不及时,易造成批量式的返修或报废,产生高额的资源浪费。

虚拟测量平台正是解决这一问题的利器,其应用架构如图 5-28 所示。通过采集设备制程数据,基于经验预测模型原理,利用人工智能算法对大量的制程数据进行学习,通过不断的修正和优化,取得在制品关键指标与制程数据之间的关系预测模型,便可对指标进行预测,以数字化方式实现"测量"。该平台结合现有的抽检系统,降低抽检率,降低抽检机台负荷,提升周转率。

GETECH 工业互联网平台的先进性及创新点主要有以下三点。第一,先进而开放的工业互联网体系架构和生态。系统总体架构是一个高内聚低耦合的开放式架构,各个层面都可以予以独立具象,支持各种工业微服务和工业 APP,形成了一个高度开放的工业互联网平台和生态环境。第二,高质量数据驱动下的泛在数据和业务智能。TCL 非常注重企业海量高质

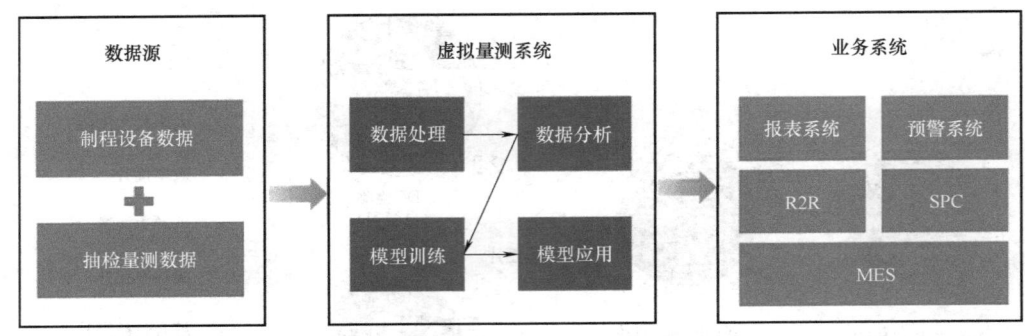

图 5-28 虚拟量测平台应用架构

量数据的采集、存储和利用。GETECH 平台将数据服务作为单独的服务模块来单独部署，这种方式将数据从单一业务关系中剥离出来，利用各类算法与模型的长期积累，发现更多的数据关系。第三，实际而迫切的生产业务需求和应用场景。GETECH 平台是 TCL 长期一线智能制造生产需求造就的企业核心业务系统。平台以应用场景为导向，支撑实际生产中一线项目。项目的实施不是为了解决单一设备或系统的问题，而是为了解决具体生产场景下的需求。这种全局视角，不仅是 TCL 的迫切需求，也是行业的迫切需求。

GETECH 工业互联网平台和配套应用解决方案已在华星光电部署实施，涵盖"人、机、料、法、环"五个场景，项目实施效果显著，为上线工厂带来了人力成本削减、高价值设备管理与预测性维护、品质物料追溯、生产环境实时监控等直接或间接的效益。例如，自动缺陷检测项目节省了 30 个人力资源，综合经济效益达到千万元级别每年，同时缩短了 60% 站点周期。同时，平台侧积累的成功案例经验也正逐步推广至其他制造类企业，帮助工厂在研发设计、生产制造、采购销售、外部协同等方面改善现状。

5.5.2 工业互联网在其他领域的应用

1. 工业互联网在智能储存方面的应用

2015 年 6 月 15 日，国家发展改革委、国家粮食局、财政部公开印发了《粮食收储供应安全保障工程建设规划（2015—2020 年）》（下面简称《规划》）的通知。通知明确规定，各地区、各部门要依据《规划》加强组织领导和统筹协调，抓紧推进以"建设粮油仓储设施、打通粮食物流通道、完善应急供应体系、保障粮油质量安全、强化粮情监测预警、促进粮食节约减损"等为主要内容的"粮安工程"建设。为加强集团管控、提升管理水平，实现科技储粮、绿色储粮，中储粮在 2015 年制定为期 5 年的"仓储科技发展规划"，经过 5 年发展，于 2020 年实现智能粮库全覆盖。

智能粮库项目依托浪潮工业互联网平台，充分考虑粮库现状和绿色储粮的新趋势，运用智能控制、信息多点碰撞、数据多维互联等创新思维，基于物联网技术实现业务过程中数据的采集、处理和展现，通过智能终端的移动应用、业务数据的加密传输及二维码标识管理、车辆和仓库等的智能识别、粮情监测信息的集成、数据的综合分析与展现等创新应用，实现足不出户完成出入库过程审计、智能安防、远程监控粮食数量和质量状况。

运用工业互联网技术，将地域分散、时空隔离的众多粮库同上级单位互联到一个平台中，通过对粮食生产、购销与仓储等流通环节各类信息的自动采集、整合、智能分析与共享，以及自动化仓储作业控制，智能粮库可以实现让粮库和上级单位能够主动掌控粮食流通过程，确保粮食数真质佳，让粮库业务更加规范高效，推动粮库转型发展，逐步达到标准化、流程化、数字化、集成化、自动化和智能化。

图 5-29 所示为智能粮库项目的总体架构。智能粮库项目由四层构成，分别为边缘层、传输层、平台层与应用层。

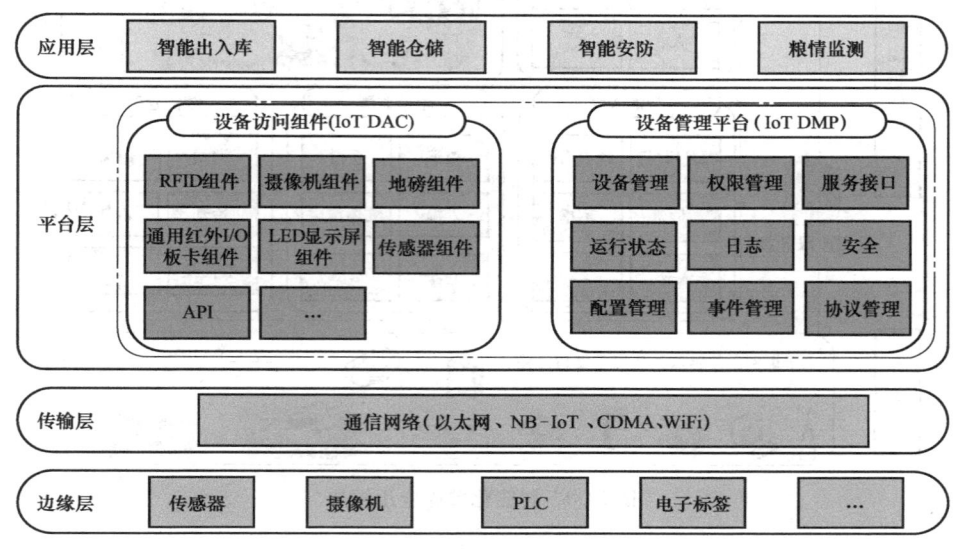

图 5-29　智能粮库项目总体架构

边缘层包括 RFID 读写器、温/湿度传感器、摄像机、PLC、I/O 控制板卡、ARM 单片机、电子标签等各类数字化终端设备。传输层负责建立数字化设备和应用信息系统之间数据传输通道。平台层通过相关协议采集设备数据，对数据进行采集、解析、清洗、分类、入库、分析等工作，将数据重新筛选分类，起到连接数字化设备与应用、管理硬件设备、协议维护、组件发布、API 接口开放等作用。应用层针对接入的各类数字化设备，结合行业需求，开发智能出入库、智能仓储、智能安防、粮情监测等应用。

通过四层的架构，智能粮库可以实现五个功能，如图 5-30 所示。一是，粮库生产作业底层设备的数字化改造。二是，业务管理信息系统的智能化改造。三是，数字化设备与业务管理信息系统的集成融合，形成统一的管理平台。四是，结合粮库管理信息系统和物联网、大数据等新技术的应用，实现底层设备数据的自动化、实时采集。五是，通过对数据进行整合分析，实时、全面地掌控粮仓的关键指标，优化粮仓管理，为宏观决策提供依据。

对于智能粮库，关键的应用在于实现智能出入库、智能仓储、智能安防与智能监测。

智能入库系统（如图 5-31 所示）全面融合先进的物联网技术，实现信息的自动化采集、存储与智能化作业控制，一体化无缝集成了车牌智能识别、身份证阅读、IC 卡（RFID 卡）读写、条码打印/识别、称重计量、LED 显示屏、视频监控、手持智能终端等设备，实现智能入门登记、扦样、粮食检验、过磅检斤、自动定等定价、自动计算扣量、自动结算、网银付款等，达到粮食入库作业的全程自动化、可视化与智能化控制，减少了过程中的劳动力用工量，杜绝人为干预，实现业务的过程留痕，高效、高质量地完成粮食的入库业务。

如图 5-32 所示，智能仓储是通过物联网技术、自动化控制技术、多媒体、决策支持等技术手段，对粮温、气体浓度、虫情等自动监测，依据粮情监测结果并结合气象分析，进行通风、气调、烘干等智能控制，达到智能化储粮的目标。智能通风系统依托异常粮情数据，

图 5-30 智能化粮库应用框架

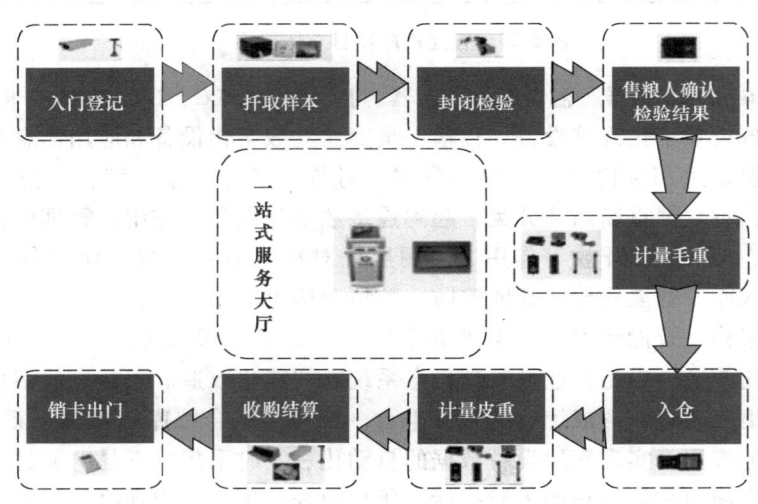

图 5-31 智能入库系统

自动进行仓房储粮的远程通风作业，实现自动捕捉设备的通风时机，避免无效通风和有害通风；同时，不断补充和完善通风规则，逐步实现通风业务的自动化和智能化。智能气调系统通过对现场气调设备的在线状态监测，对基础数据实时采集与分析，自动控制氮气充气、环流、补气等作业过程，从而实现气调杀虫、气调防虫、气调保鲜储藏等不同气调储粮工艺的自动运转，整个充氮过程无人值守。智能烘干系统对实时烘干作业过程中能耗、入机水分、入机温度、出机水分、出机温度、热风温度、排粮速度、目标水分等控制状态的变化情况进行及时记录并以直观的图表模式展现出来，利用物联网技术自动控制烘干设备作业。

智能安防系统提供视频监控摄像头接入、画面预览、拍照、录像和对粮情数据的采集、

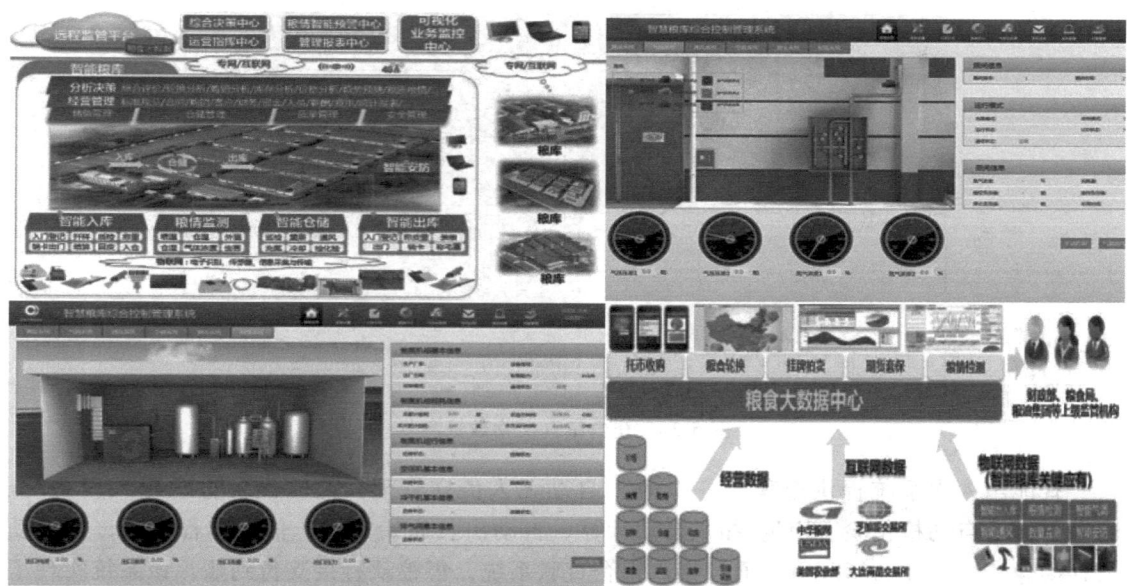

图 5-32 智能仓储

分析、展示、打印等功能，实现对重点区域、重点粮仓的远程监控等功能，对储粮状态或粮温状态异常的库点和仓房进行预警，在地图上以不同颜色区分。

通过在粮库粮仓内部署视频监控设备和粮情传感设备，总公司、分（子）公司监管人员可远程在线监管仓内储粮情况，查看详细的粮温数据及相关视频监控信息，实现对库点的可视化监管，如图 5-33 所示。系统根据监管部门定义的策略每天自动抓拍粮库关键作业点和仓内储粮情况的视频图像，并上传到总公司数据库进行存档，为审计监察人员提供更多的审计资料。系统还提供实物测量和补仓计算功能：通过激光反射技术，计算粮堆体积，结合粮食的容重，计算仓内库存数量，如图 5-34 所示；根据粮食数量和仓容，计算补仓数量。粮情监测中采集的数据会以图像的形式展示仓房的湿度和温度等，动态地展示粮温的走势。

图 5-33 安防监控

对于智慧粮仓项目，其创新点主要体现在自动无人值守管理和远程可视化监管，有效保障了粮食质量，实现了集团全面管控，同时，提高了安全性，规避风险。

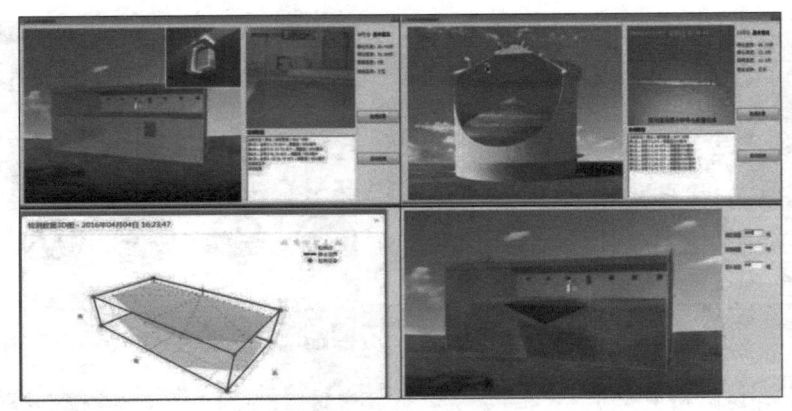

图 5-34 仓内粮食实物数量测量

智能出入库系统提供全程"一卡通"自动无人值守管理,检验设备直联出入库系统、自动扦样、自动检化验、增量/扣量自动计算、自动出具原始单据,信息全程公开,并自动留存影像资料;在结算环节,通过接入银企直联系统,售粮款直接支付到账。该系统实现了一站式全流程智能化管控、收购资金统一支付和非现金结算、钱粮挂钩、全过程可追溯,有效防范了各类风险。

智能出入库系统远程连接粮库的各个监控摄像头,实时动态掌握仓房粮面、库区内车辆、人员、设备运行和日常仓储作业情况等,实现直观、真实的有效监管;滚动展示全国各地粮库每一个粮仓粮食的温度、湿度、虫害等粮情信息,可随时查询每个粮库当前储存粮食的品种、库存量、等级、质量、生产年限等,总体掌握粮食库存规模与分布,了解粮库的购销规模、价格走势、轮换进度、贷款情况与经营利润等。

粮库采用了智能通风、智能气调、智能烘干三个系统,与粮情监测系统连接,依据粮情检测结果并结合气象分析,进行通风、气调、烘干等设备智能控制,解决粮库的通风、保鲜及进出粮水分问题,提高了仓储作业效率,极大地减轻了仓储人员的工作强度,达到智能化储粮的目标。

利用数据整合处理和数据仓库等多种大数据技术,结合量身定制的算法和模型,实现了对任意级别单位的完整业务管理信息的查询与分析,增强了总公司对基层粮库的垂直管控,为快速决策及风险管控预警提供了有力的数据支撑。

借助粮情监测系统,在仓内部署数字测温电缆及数字温/湿度传感器,实现对粮情的实时监测和实时预警;再利用数量监测系统将粮情监测系统对存粮数量的异常空仓和异常满仓发出预警信息;结合智能安防系统,对整个库区进行实时监控,保障库区安全。通过以上系统的互联与配合,实现了对粮情、存量数量异常状况以及人员违规操作进行实时、智能地监测和预警。

从实施效果来看,智慧粮仓项目首先能够实现全面监测,提高监管能力。该项目帮助中储粮同时管理 31 个省、市,近千家粮库,接入近 10 万个摄像头、近 100 万个粮情传感器,可实时掌握粮食库存数量及分布、质量和粮情状态,远程实时查看现场情况,掌握粮情周期由 15 天缩短为 3 天。其次,该项目可保证粮食储存的质量及安全。该项目可以实时监控粮情状况及粮食质量,及时开展熏蒸、气调或通风等仓储作业,通过粮食轮换、销售等措施,避免粮食的陈化,延长粮食储存周期,保证了粮食数量真实、质量良好。同时,智慧粮库项目降低了损失损耗、节约了成本,减少了客观或人为因素造成的收购环节和储存环节的损失,相对于传统储粮方法,能耗、人力等总成本降低了5%左右。

2. 工业互联网在故障诊断方面的应用

基于中化工业互联网平台的设备智能诊断系统如图5-35所示,它是针对流程制造领域石油化工企业动力设备故障诊断及预测性维护应用需求的解决方案。其采用过程监测、人工智能、大数据技术、软件工程等技术手段,利用高速信号采集、分布式系统建模和专家诊断能力优势,提供基于知识、解析模型、数据驱动、多元统计等过程监测方法,针对设备特性定制技术端到应用端的系统方案,实现工程系统的故障预测与健康管理,促进企业生产经营效率提高。

石油化工企业生产装置工艺流程复杂、条件苛刻,具有高温高压、易燃易爆、腐蚀以及生产连续性强等特点,在长周期连续运转过程中,受工艺设备、人员操作水平等因素的影响,生产装置内可能存在一些影响安全生产的因素,易造成泄漏、燃烧爆炸、停车停产等事故。还存在设备管理、安全监管、维保管理面临着人为响应不及时,以及备品备件繁多无法及时跟踪状态、设备能耗管理以及维保排产无法进一步精细化管理等问题。采用新的技术手段对设备进行智能化管理需求迫切。

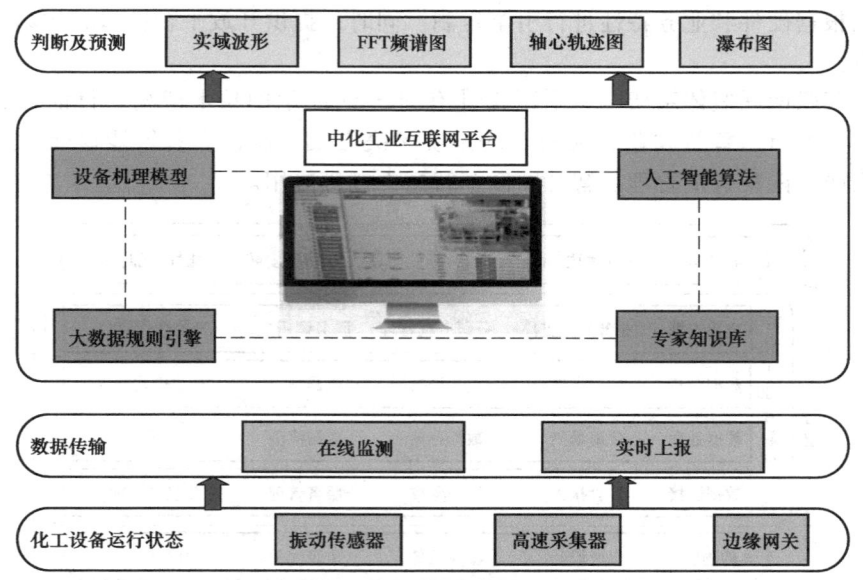

图5-35 基于中化工业互联网平台的设备智能诊断系统

设备智能诊断系统立足中化工业互联网平台,基于"AI+大数据"技术,通过振动传感器、高速采集器、边缘网关将动力设备运行时的状态参数采集传输到平台,在平台上结合设备机理模型、专家知识库、人工智能算法、大数据规则引擎等进行处理分析,判断和预测设备故障状态,用"技防"代替"人防",将事后补救变为事前预防,减少维保人员出勤次数,提高维保效率。

中化能源科技针对中化泉州石化有限公司(中化泉州石化)的在运行设备,部署了基于中化工业互联网平台的设备智能诊断系统,如图5-36所示,目的是帮助中化泉州石化实现生产设备数字化管理,实现生产设备实时监测,快速识别设备异常,并优化设备管理流程,降低设备故障造成的生产停车以及备件折算成本,提高生产运营效率。

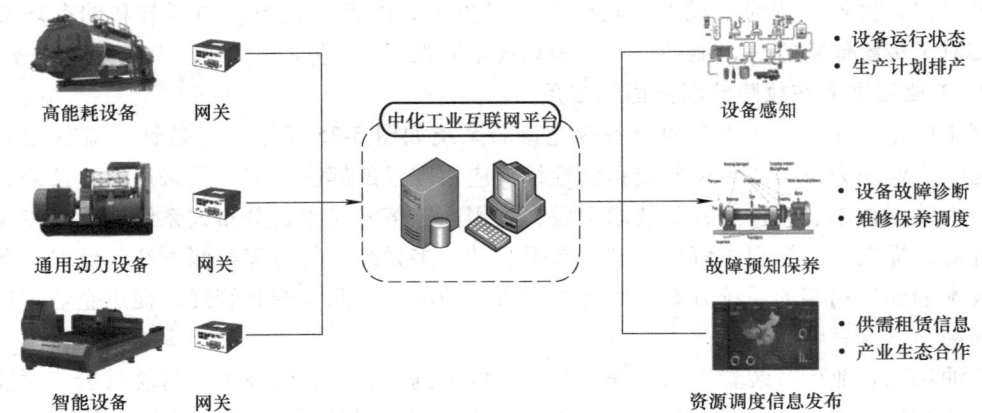

图 5-36 基于中化工业互联网平台的设备智能诊断系统

中化工业互联网平台以解决方案为依托，在感知层建立完整的智能硬件产品生态圈，在平台层设立统一的认证、接入、管理、控制协议机制，灵活接入各类传感器、采集器、通信网络设备、物联网关等场景属性硬件。应用使能平台提供定制化规则引擎和消息引擎，应用开发者可以根据硬件和业务特性进行引擎定制。同时，提供开放平台接口，供第三方应用伙伴合作开发。

在工业互联网联盟体系架构指引下设计有图 5-37 所示的技术架构。目前，已经形成智慧工厂、智慧城市、智慧农业三大板块的系统解决方案，涵盖设备智能诊断、过程智能仿真、智能安防、能耗智能管理、智慧园区、智慧大棚等应用。

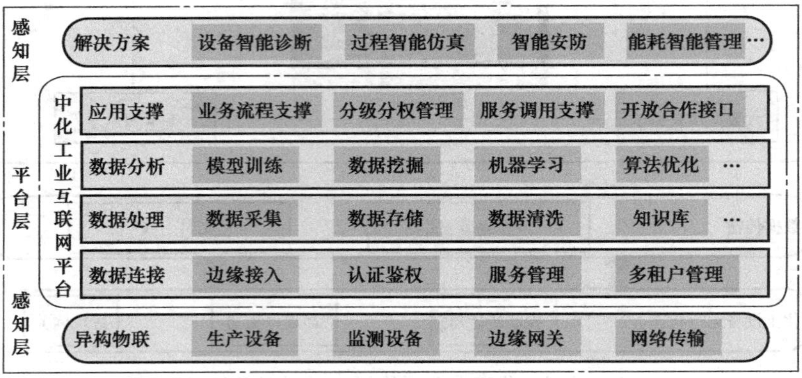

感知层	解决方案	设备智能诊断	过程智能仿真	智能安防	能耗智能管理…
平台层	应用支撑	业务流程支撑	分级分权管理	服务调用支撑	开放合作接口
	数据分析	模型训练	数据挖掘	机器学习	算法优化…
	数据处理	数据采集	数据存储	数据清洗	知识库…
	数据连接	边缘接入	认证鉴权	服务管理	多租户管理
感知层	异构物联	生产设备	监测设备	边缘网关	网络传输

图 5-37 中化工业互联网平台技术架构

基于中化工业互联网平台的设备智能诊断系统其采用过程监测、人工智能和大数据技术，利用高速信号采集、分布式系统建模和专家诊断能力优势，提供基于知识、机理模型、数据驱动、多元统计等过程监测方法，针对设备特性定制技术端到应用端的系统方案，其具体技术架构如图 5-38 所示。

设备智能诊断项目的实施，一是进行业务需求咨询活动，详细了解项目使用方需求及业务流程和期望目标；二是根据其生产流程，形成数字化生产模型，对关键设备进行设备机理分析、设备监测设计，选择适当的物联网设备实现运行数据的采集；三是采集的数据通过工业网络传输到中化工业互联网平台数据处理层，进行多元数据存储和根据参数建模清洗；四是在数据分析层结合知识库、故障库、模型库进行深度学习实现智能分析，实时发现异常状

第5章 工业互联网

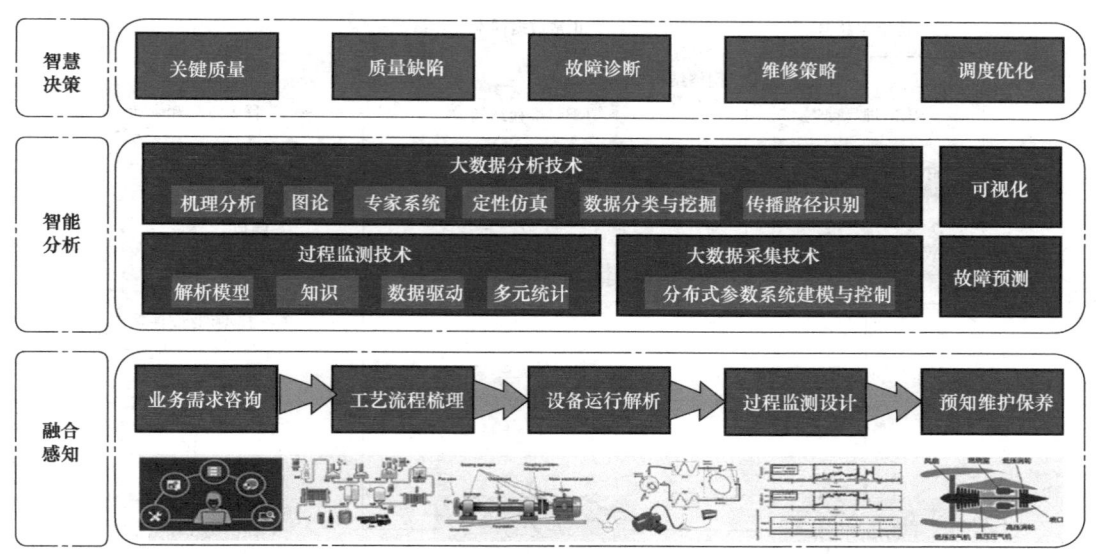

图 5-38　设备智能诊断与预测性维护技术架构

态，在应用层向相关负责人进行消息推送。

通过设备机理模型和典型故障数据库，建立大数据征兆库和规则库，物联终端采集数据实时对比，及时发现异常并形成相应等级的告警信息和处理意见，供设备维修工程师进行现场处理，如图 5-39 所示。

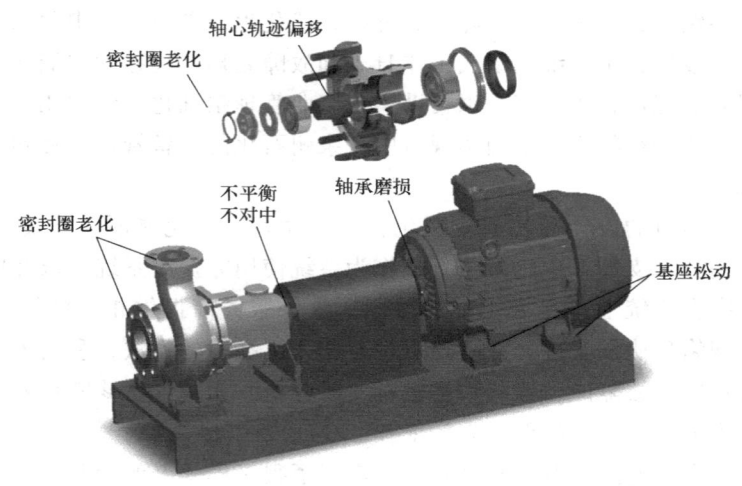

图 5-39　设备常见故障

同时，系统利用机器自学习技术，将专家故障标识、维修工程师异常标识信息自动加入知识库和故障库，进行模型训练，后续相同故障可实现自动识别，降低重复故障标识的工作量。此人工智能诊断方式实现系统自学习、自增强闭环，技术实现流程如图 5-40 所示。

设备智能诊断项目实施主体中化泉州石化位于福建省泉州市泉惠石化工业园区。中化泉州石化原油加工量 12000kt/年，有常减压、催化裂化、聚丙烯、柴油加氢等 19 套炼油工艺装置，在运行各类机械设备数万台，仅油泵动力设备就达 3000 余台，原油加工的过程制造工艺流程，使得任何一个环节出现异常都将导致系统性停机，严重时候会产生爆炸、泄漏等

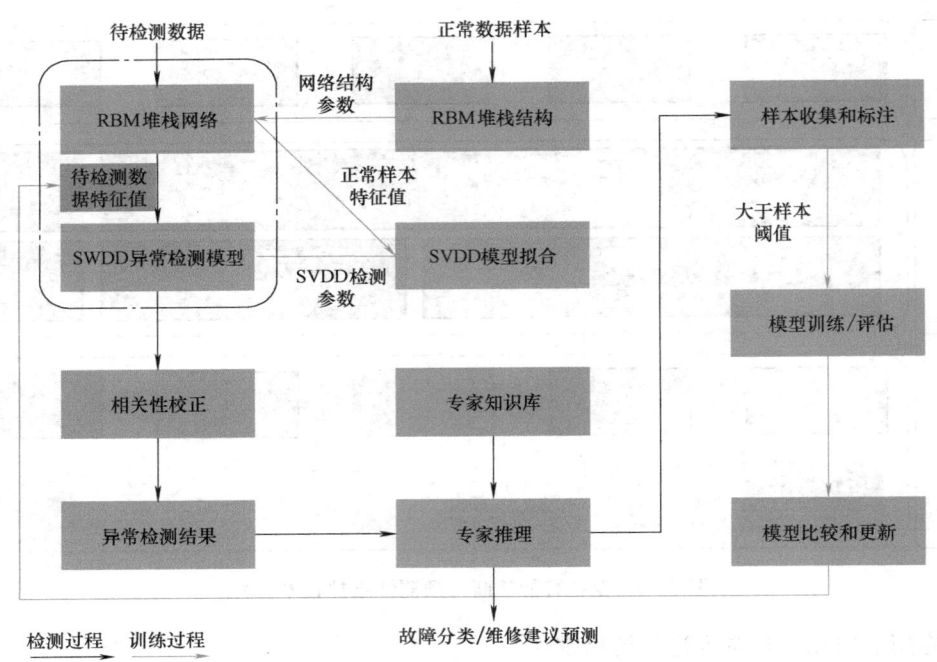

图 5-40　AI+Big Data 设备智能故障检测系统

重大安全事故。

如图 5-41 所示，设备智能诊断中，系统结合在线监测系统和生产工艺数据，实现设备状态与生产状态的结合，通过设备故障状态分析，优化生产参数。对中化泉州石化设备维修管理进行了数字化改造，由传统的纸质工作日志和故障处理单迁移到智能诊断系统电子化平台上，对维修保养流程进行了梳理，以帮助实现企业管理精细化、流程化、规范化，同时也是人工智能故障库的持续补充，全面实现对中化泉州石化的设备管理流程和生产工艺流程的优化，如图 5-42 所示。

设备智能诊断项目的设计和实施应用包含多个角色。中化能源科技负责系统的整体设计、实施及平台的技术支撑，中化泉州石化作为系统使用方提出系统需求并应用到实际生产环境中，设备专家在系统上进行人工辅助诊断，维保服务商提供相应的维保任务和备件调度，系统实现了网络化协同管理。系统相对现有的人工抽检的方法，利用人工智能技术，将专家知识库、机理库、故障库与监测数据进行实时分析，实现设备诊断技术的优化，快速识别异常现象并提出分析结果，降低对人的依赖。

设备智能诊断自身通过工业互联网技术，实现了很多模式上的创新。首先，实现了个性化定制。针对特定设备建立完整的机理模型、故障征兆库、故障预测模型、故障原因分析、处理方式推荐、备件调配、人员管理全环节流程。同时，实现了网络化协同管理，系统提供设备专家、运维工程师、维保工程师、人工智能系统多方协同诊断服务。最后，系统可以实现产品远程运维。设备智能诊断系统以私有云的方式部署在中化泉州石化，中化能源科技北京运营中心进行远程运营管理，多用户、多角色、异地加密访问有效支撑远程运维。

目前，中化能源科技设备智能诊断系统已基于 81 台高温油泵进行了部署，系统运行稳定，运行过程中发现了若干故障报警，检测到了一些异常特征，进而提前采取了相关的预防性措施，有效地确保了炼化装置的正常运行。同时，系统的部署提高了设备运行的安全性，

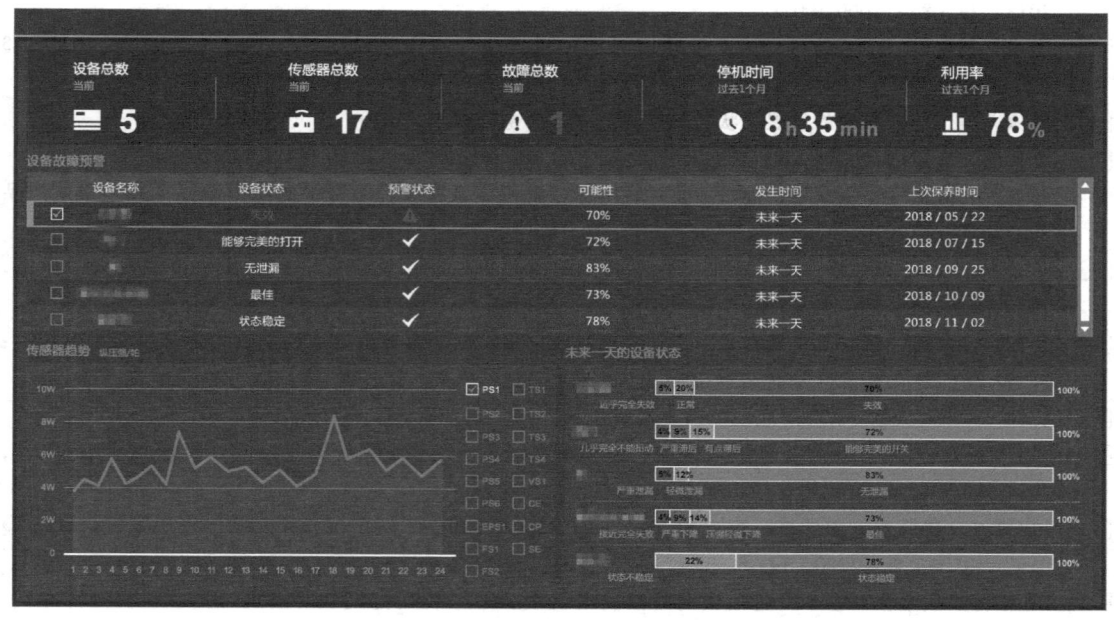

图 5-41　泉州石化设备智能诊断系统应用界面

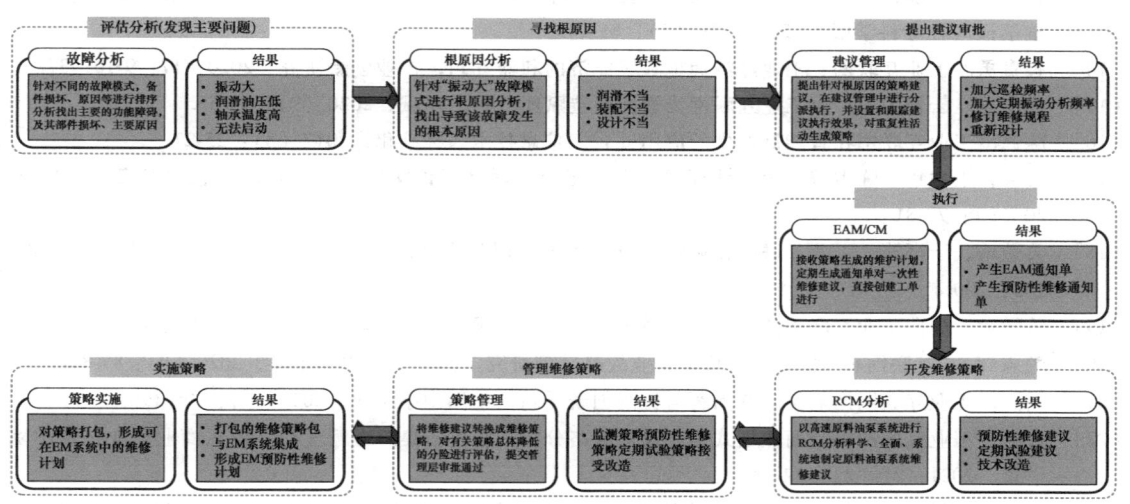

图 5-42　生产设备健康管理业务流程优化

降低了企业运营安全风险；提高了设备管理智能化程度，降低了劳动强度，可以把释放的人力资源调配到更需要的地方；通过系统的部署使生产更加平稳，设备运行更加稳定，降低了因设备异常造成的经济损失。未来即将完成 1600 余台的部署，设备智能化管理将形成规模效应。

参 考 文 献

[1] 王佳，邵枝华，徐砚. 工业互联网技术体系研究与应用分析［J］. 建设机械技术与管理，2020，33（2）：35-43.

[2] 赵敏. 工业互联网平台的六个支撑要素：解读《工业互联网平台白皮书》［J］. 中国机械工程，

2018, 29 (8): 1000-1007.

[3] 胡琳, 杨建军, 韦莎, 等. 工业互联网标准体系构建与实施路径 [J]. 中国工程科学, 2021, 23 (2): 88-94.

[4] 杨家荣. 工业互联网的发展现状与展望 [J]. 上海电气技术, 2020, 13 (2): 63-67.

[5] 李代丽. 智慧中台: 5G+工业互联网新征程 [J]. 企业管理, 2020 (9): 110-111.

[6] 何英武, 陈剑飞, 范家乐, 等. 工业互联网标识解析体系在数控系统中的应用设计 [J]. 机电产品开发与创新, 2020, 33 (5): 64-66; 77.

[7] 丁金林, 王峰, 周燕, 等. 基于工业互联网的离心机控制系统设计 [J]. 苏州市职业大学学报, 2020, 31 (3): 33-38.

[8] 于位, 汪清蓉, 李林. 疫情背景下工业互联网驱动佛山制造业转型升级 [J]. 商业经济, 2020 (9): 38-40.

[9] 史炜. "5G+工业互联网"建设的技术经济模式 [J]. 信息通信技术与政策, 2020 (9): 1-7.

[10] 周俊丽, 李光斌. 基于工业互联网的设备油液在线监测信息化系统开发 [J]. 机床与液压, 2020, 17: 140-145.

[11] 唐维红, 唐胜宏, 廖灿亮. 跨入5G时代的中国移动互联网:《中国移动互联网发展报告 (2020)》 [J]. 中国报业, 2020, 17: 32-35.

[12] 张浩淼, 唐金鑫. 基于工业互联网柴油发电机组云控系统研究现状与发展 [J]. 科技经济导刊, 2020, 28 (26): 29-30.

[13] 林浩, 陈春晓, 秦永彬. 工业互联网: 我国实体经济与数字经济融合发展的路径选择 [J]. 贵州大学学报 (社会科学版), 2020, 38 (5): 85-94.

[14] 查贵勇. 工业互联网: 工业经济拥抱数字经济的利器 [J]. 产业创新研究, 2020, 17: 9-10; 37.

[15] 许小燕. 云创中心: 以工业互联网为智能制造赋能 [J]. 产城, 2020 (9): 54-55.

[16] 陈懿. 工业互联网在智能制造中的应用 [J]. 信息技术与标准化, 2017 (8): 25-27.

[17] 余果, 王冲华, 陈雪鸿, 等. 认证视角下的工业互联网标识解析安全 [J]. 信息网络安全, 2020, 20 (9): 77-81.

[18] 吴慧珠, 于海滨. 工业互联网在调味品行业中的应用分析 [J]. 中国调味品, 2020, 45 (9): 182-183; 200.

[19] 陈学斌. 面向工业互联网的信息管理系统设计 [J]. 现代商贸工业, 2020, 41 (28): 149-150.

[20] 颜志辉. "互联网+"背景下A代工企业战略转型研究 [J]. 中国中小企业, 2020 (9): 85-86.

[21] 周圆. 工业互联网产业投融资问题与机制创新 [J]. 中国中小企业, 2020 (9): 195-196.

[22] 成畅. 工业互联网平台商业模式企业投资战略分析: 以海尔集团为例 [J]. 山东商业职业技术学院学报, 2021, 21 (2): 22-28.

[23] 曾诗钦, 霍如, 黄韬, 等. 区块链技术研究综述: 原理、进展与应用 [J]. 通信学报, 2020, 41 (1): 134-151.

[24] 吕铁. 传统产业数字化转型的趋向与路径 [J]. 人民论坛·学术前沿, 2019 (18): 13-19.

[25] 张云勇. 5G将全面使能工业互联网 [J]. 电信科学, 2019, 35 (1): 1-8.

[26] 王飞跃, 张军, 张俊, 等. 工业智联网: 基本概念、关键技术与核心应用 [J]. 自动化学报, 2018, 44 (9): 1606-1617.

[27] 李君, 邱君降, 窦克勤. 工业互联网平台参考架构、核心功能与应用价值研究 [J]. 制造业自动化, 2018, 40 (6): 103-106; 126.

[28] 王晨, 宋亮, 李少昆. 工业互联网平台: 发展趋势与挑战 [J]. 中国工程科学, 2018, 20 (2): 15-19.

[29] 曹正勇. 数字经济背景下促进我国工业高质量发展的新制造模式研究 [J]. 理论探讨, 2018 (2): 99-104.

[30] 杨震，张东，李洁，等. 工业互联网中的标识解析技术 [J]. 电信科学，2017, 33 (11): 134-140.
[31] 朱正伟，周红坊，李茂国. 面向新工业体系的新工科 [J]. 重庆高教研究，2017, 5 (3): 15-21.
[32] 吴文君，姚海鹏，黄韬，等. 未来网络与工业互联网发展综述 [J]. 北京工业大学学报，2017, 43 (2): 163-172.
[33] 张伯旭，李辉. 推动互联网与制造业深度融合：基于"互联网+"创新的机制和路径 [J]. 经济与管理研究，2017, 38 (2): 87-96.
[34] 张建雄，徐敏捷，金斐斐，等. 智能制造体系架构分析与工业互联网应用 [J]. 电信技术，2016 (5): 28-31; 34.

第 6 章 工业区块链

导读

当前以客户需求为中心的市场飞速发展,给工业企业制造和服务带来了一系列新挑战。一方面,越来越多的订单在传统规模生产的基础上,加入了"单单不同"的差异化需求;另一方面,消费个性化的长尾效应推动"供应侧"生产组织模式由传统的集中控制型向分散增强型转变,即生产活动网络化、生产管理中心化。区块链技术,通过多种信息化技术的集成重构,触发新型商业模式及管理思维,为实现分散增强型生产关系的高效协同和管理,提供了"供给侧改革"的创新思路和方法:通过共享账本、机器共识、智能合约和权限隐私四大技术,可以实现工业数据互信、互联、共享;"物理分布式、逻辑多中心、监管强中心"的多层次架构设计,为政府监管部门和工业企业之间提供了"柔性"合规监管的可能;分布式部署方式,能够根据现实产业不同状况提供分行业、分地域、分阶段、分步骤的理性建设和发展路径。

本章知识点

- 区块链技术的时代背景以及发展历程
- 区块链技术在工业应用中的优势与挑战
- 工业区块链的技术特点
- 工业区块链的总体框架
- 工业区块链的技术思路与开发平台

6.1 区块链与金融的联系

区块链本质上是一个分散的分类账,可同时在多台计算机上维护交易记录。大多数加密货币使用区块链技术来记录支付交易。区块链技术的两个主要原则特征是信任和去中心化。由于网络受到工作量证明协议的保护,用户在保护交易和资产时不依赖第三方,从而无须由任何中间人来验证和记录交易。区块链提供了一个平台,不再需要依靠集中的第三方来保证其资产的安全。

目前,金融科技和区块链是当今金融技术领导者中的普遍话题,它彻底改变了人们与企业打交道的方式。

据统计,美国银行已起草了与区块链相关的 35 项专利;巴克莱、花旗、高盛和瑞银已成立 R3 CEV 联盟，以探索应用区块链技术来降低成本的潜力；纳斯达克证券交易所和 Visa 支持的初创公司 Chain 推出了基于区块链技术的 Linq。

区块链技术改变了传统银行的商业模式和技术特征。对于国际金融巨头和本地商业银行来说，应用区块链的真正动机如下：

1）它减少了成本和价值转移。由于终端维护和购买成本很高，商业银行通常需要在集中式数据库构建和运维中投入大量资金。另一方面，许多簿记和结算工作增加了人工成本和人为操作风险。区块链技术可以解决这些问题，因为使用去中心化分类账可以构建低成本、透明的模型。

2）它可以更有效地控制风险。商业银行强调对贷款使用情况的监测和跟踪，但实际操作并不那么可靠和有效。此外，对资本流动的全球监管更具挑战性。区块链技术的多中心功能将每个用户视为区块链中的一个节点，从而实现了借方与贷方之间的直接对等交易，消除了信贷担保对银行作为中介机构的需求，信息不对称带来的信用风险被大大降低，资金管理效率得到提高。

3）它寻求创新的获利方式。在金融领域，越来越多的行业巨头正在投资区块链技术初创企业，或者直接与包括银行以及投资机构在内的初创企业合作。在这种激烈竞争的环境中，银行需要寻求创新的利润模型来开发金融产品。

区块链对商业银行传统金融业务的创新和转型体现在许多方面。区块链技术可以系统地解决银行的整个业务链。首先，区块链技术已应用于银行的不同业务领域，从支付结算到账单和供应链金融，目的是为了更好地了解客户和潜在的反洗钱风险管理领域。其次，区块链技术将改变参与交易各方的金融业务模式，并提高业务效率。对于银行而言，智能合约的应用可以节省人工审核和账单成本，许多手动工作和基于知识的工作将实现自动化。此外，区块链还可以解决金融服务中各种流程的低效率、高成本，以及欺诈和运营风险等问题。

因此，多中心的区块链，公共自治和不可篡改的特征从根本上改变了集中式银行系统的业务模式，优化了银行的后台和基础设施，提高了服务效率和用户体验，并为银行提供了从传统金融业务到互联网金融业务的转型机会。

6.2 工业区块链概述

工业区块链技术是指在工业生产中应用区块链技术以达到生产活动网络化、生产管理中心化的目的。本节首先对区块链进行介绍，而后阐述区块链技术在工业领域中的优势、机遇、挑战与技术特点。

6.2.1 区块链的概念

区块链，由化名为"中本聪"（Satoshi Nakamoto）的学者于 2008 年在"比特币：一种点对点电子现金系统"一文中首次提出。目前，学术界尚未形成公认的区块链定义。狭义来讲，区块链是一种按照时间顺序将数据区块以链条的方式组合成特定数据结构，并以密码学方式保证的不可篡改和不可伪造的去中心化共享总账（Decentralized Shared Ledger），能够安全存储简单的、有先后关系的、能在系统内验证的数据。广义的区块链技术则是利用加密链式区块结构来验证与存储数据、利用分布式节点共识算法来生成和更新数据、利用自动化脚本代码（智能合约）来编程和操作数据的一种全新的去中心化基础架构与分布式计算范式。

在典型的区块链系统中,各参与方按照事先约定的规则共同存储信息并达成共识。按照系统是否具有节点准入机制,区块链可分类为许可链和非许可链。许可链中节点的加入和退出需要区块链系统的许可,根据拥有控制权限的主体是否集中,又可分为联盟链和私有链;非许可链则是完全开放的,亦可称为公有链,节点可以随时自由加入和退出。

区块链技术被认为是继大型机、个人计算机、互联网、移动/社交网络之后计算范式的第五次颠覆式创新,有望成为人类信用进化史上继血亲信用、贵金属信用、央行纸币信用之后的第四种。区块链技术是下一代云计算的雏形,有望像互联网一样彻底重塑人类社会活动形态,并实现从目前的信息互联网向价值互联网的转变。

区块链是一种复制、共享、同步和处理分布在不同地理位置(如多个站点、国家或组织)的数据机制。因此,区块链技术的主要特点是没有中央管理员和集中数据存储。区块链包含作为数据块链排序的交易记录,这些数据块与网络的其他成员共享。每项交易均经成员一致同意予以确认,以消除欺诈性交易,例如防止资产的双重支出。一旦交易被会员确认并被区块链接受,就无法更改或删除。虽然在实践中使用了几种具有不同属性的算法,但它们都有一个共同的特点——使攻击者无法在计算和成本上更改存储在区块链上的数据。在数据存储方面,表6-1解释了区块链可解决的传统数据存储问题。敏感度较低的数据应用程序可以使用公共区块链平台,而私有和联合区块链平台则适用于企业级敏感数据。

表 6-1 传统数据存储与区块链数据存储的区别

传统的集中数据存储	区块链数据存储
• 单点攻击,容易受到黑客攻击 • 缺乏透明度,作为网络管理员可以决定人们可以查看多少信息 • 中央机构完全控制数据 • 容易篡改数据,无法验证数据是否未被篡改	• 由于网络分散,很难破解 • 公众可以完全访问区块链,这意味着任何信息都不能保密。这提供了充分的透明度,消除了信任的需要 • 网络由用户运行,减少了集中网络中常见的腐败现象 • 不能被操纵或篡改

区块链是一个不断增长的链接记录列表,记录被命名为块,使用加密算法连接和保护这些记录。此列表的有效性的关键在于从一个块创建到下一个块的链接,因此在将任何块添加到列表后都很难更改它。它实际上是一个数据块链。清单是一个受保护的在线登记册,用于说明不同实体或组织之间的一些商定和进行的交易。记录的交易通常是由某些活动产生的,如金融、商业、工业或系统活动。块存储事务通常在多个站点上加上时间戳、加密和复制,并且不能更改。

在网络上,人们或组织可以使用区块链记录一些交易(活动)。集团成员通常可以查看以前的交易记录,但是任何成员都不能修改或删除以前的交易记录。这使得区块链成员活动的不可变历史记录得以在所有或选定的组成员之间共享,提供了所有交易记录的高度可追溯性和透明度。交易之间建立的逻辑联系由成员之间共同商定,它们是不可更改的。

区块链引入的一个主要功能是使两个或多个实体能够在公共网络(如互联网)上安全地记录某些行为,而不包括授权实体或政府第三方。相关实体可能认识,也可能不认识,甚至不必相互信任。然而,他们仍然可以制定协议,将其记录下来,并将交易记录附加到链中。因此,协议附加到链后的记录不能被协议中涉及的任何实体更改、取消或拒绝。因此,区块链是交易互联网的主要推动者,这是许多工业应用所必需的。

区块链是由共识驱动的。当一个用户发起一个事务时,它的详细信息被广播到整个网络，由其他用户检查，如果意见一致，则接受。一旦一个事务被验证，它就会与其他事务捆绑到一个数据块中。在区块链中，每个块都通过算法加密进行保护，每个块都会生成一个唯一的签名，称为散列。然后，这些块按顺序排列成一个块链，每个块还包含前一个块的散列。这使得篡改块极为困难，因为更改单个数据将导致不同的散列值，使其对区块链的用户清晰可见。这个过程的某些部分可以通过智能合同自动完成。这涉及两个实体将业务契约转换为识别区块链的操作代码。例如，一个智能合同会确认"A公司"在某一特定日期向"B公司"出售一项资产的价格，这大大简化了检查过程，节约了大量时间。图6-1所示为区块链的工作流程。

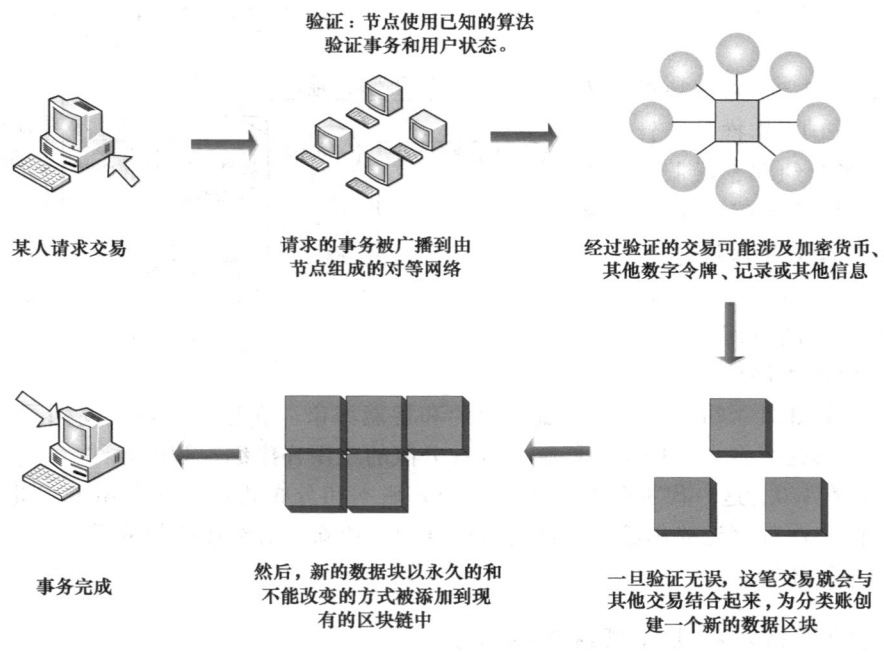

图6-1　区块链的工作流程

区块链作为一种技术，结合了点对点网络和密码算法的优点，以确保所执行协议的有效性。任何参与实体都不得在不涉及其他参与实体的情况下更改已批准和注册的活动。此功能非常适合在来自不同地方的一组实体之间执行不同的业务协议。区块链还可以保持事件的顺序，并确保随着时间的推移，被记录的交易的正确性。由于没有人可以单独更改任何记录的交易，因此几乎不可能伪造记录或否认协议。

6.2.2　区块链的发展历程

1991年，Stuart Haber和Scott Stornetta提出了用密码链连接块的思想设计了一个系统，其中存储有时间戳的信息或事务不能被修改或篡改。Satoshi Nakamoto在2008年创建了最初的区块链网络，引入散列函数的方法来创建链中的块。其最主要的尝试是改进区块链的架构，不需要客户或用户签名，成功构建了比特币加密货币网络。在他的研究工作中，区块和链是两个分开的词，组合在一起称为区块链。他们得到了比特币网络文件的大小。2014年比特币交易记录达到20GB，2014年最后一个季度到2015年达到30GB。比特币网络在2017年1月从50GB提高到100GB。

目前，区块链技术多用于金融或加密货币应用程序，因为它在速度、安全性、易用性和保密性方面提高了各种应用程序的质量。为了探索区块链技术在各个行业应用的可能性，许多公司都建立了自己的研究中心来促进这项技术的发展。2016年11月，世界经济论坛小组讨论了区块链技术治理模式的发展。全球区块链论坛于2016年由埃森哲贸易集团推出了数字商会。Emma Macclarkin 建议使用区块链来加强 2018 年欧洲议会贸易监管。

区块链技术诞生以来，其发展可以简单地归结为四个阶段，如图6-2所示：

1）区块链1.0。第一代技术始于2009年的比特币网络，称为区块链1.0。在这一代中，第一个加密数字货币诞生。

2）区块链2.0。在区块链技术的第二阶段，2010年推出了针对各种应用的智能合约和金融服务。在这一代中提出了使用 Etheruem 和 Hyperledger 框架开发区块链。

3）区块链3.0。在这一代区块链中，引入了分散应用的概念。在构建分散式应用程序时，考虑了各

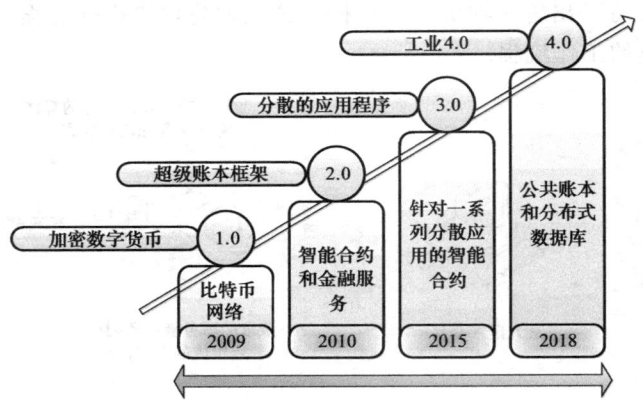

图6-2 区块链的发展阶段

种研究领域，如健康、物联网、供应链、商业和智能城市。在这一阶段，使用了 Etheruem、Hyperledger 和其他平台，这些平台能够为各种分散的应用程序编写智能合约。

4）区块链4.0。这一代主要关注实时的公共账本和分布式数据库等服务。此阶段与基于工业 4.0 的应用程序无缝集成。它使用智能合约，消除了对纸质合约的需求，并通过其共识在网络内进行监管。

6.2.3 区块链技术在工业领域中的优势

近几年，我国中高端制造业快速增长，企业效益持续改善，工业发展质量有所提高。但是，单位工业效能与发达国家仍然存在较大差距，主要体现在资源和能源的利用率较低以及生产经营中面临众多安全和环保问题。如何积极、有效地利用现代信息技术解决传统工业生产中面临的经营决策挑战，推动工业化和信息化的快速融合发展，实现生产、管理和营销方式的变革，已经成为高端制造业发展的关键。

工业发展到 4.0 时代，已经远远超出了生产制造本身。它更多地表现为企业在可能的最大生态影响范围内精准控制成本，按需、快速、个性化地完成定制生产，并逐步增强市场竞争能力。这要求制造企业能够实现"细微化"和"广泛化"，注重自身品牌。

"细微化"是指精准生产。这要求产业链上的每个单元都把生产、成本及质量控制做到极致。它自然推动了传统工业生产的变革，即企业由原先的"大而全"向"小而专"演变。传统产业的一个流程，现在可能进一步"颗粒化"变为多个流程。每个生产单元都只集中精力在这个"细微"流程的专业度和广度提升上，以增强自身在全球市场的竞争力。例如传统的电源插座生产，以前往往由一家工厂从设计、生产备料、组件生产到组装全部是自己完成的；而在精准生产的"微粒度"生产组织下，生产流程被分解为插头设计出模、插头生产、插针生产、组件组装等多个环节，每个环节都是由一家独立的公司或车间来完成。而

每家公司或车间都在自身的微细环节上发挥工匠精神，把设计、生产、质量控制、成本及生态建设做到极致。

"广泛化"知识布局生产单元的"细微化"，它进一步推动企业的客户生态"广泛化"。产量是绝大多数产业盈利及竞争力的制胜法宝。在生产单元细微化的演变进程中，一方面由于生产颗粒的细微使得企业得以在全球范围内研究需求个性化趋势的"分层"要求或需求引导；另一方面对产量的需求也使得企业意识到，依赖于原先的老客户群体势必无法满足企业成长的要求。企业需要一个相对大的客户群基数和相对广泛的客户覆盖范围，才可以平衡少量大客户带来的生产周期波动风险，并使企业的需求量有长足稳定的增长。

品牌商的崛起往往体现为全球高度具有竞争力的品牌营造。好的品牌不仅可以获得比较高的生产溢价，同时有利于扩大市场占有率。品牌商最大的挑战，来源于其对产品研发的创新性、技术门槛及对其产业链的生产组织能力。品牌商同时也成为整个市场的"感应器"，它通过市场对其产品的反馈体系，最先感受到市场的变化，并通过它自身的生产组织传到生产的上游供应末端。如同前面的生产单元"微粒化"，品牌商为了应对消费端的"长尾效应"及个性化需求，品牌塑造也呈现为针对越来越细分的市场。

当前随着工业技术与信息技术的不断发展，"网络化生产"或"云化生产"的概念被经常提及，它对整个生产制造生命周期提出了诸多方面的挑战，主要体现在以下几方面：

1）高度协同："细微化"生产单元之间的协作程度比以往大而全的生产还要快速、精准。一个环节的生产，供应问题就可能影响全局，对整个产业链造成影响。

2）工业安全：高度协同的生产单元涉及各种生产设备，这些设备的身份辨识可信、身份管理可信、设备的访问控制的可信是多方协作的基础。

3）信息共享：由于产业链上下游的生产协同影响，产业链上下游对信息共享的要求从未像现今这般强烈。信息共享有助于快速生产组织、库存削减、物流联运、风险管控、质量控制等。

4）"跨界"资源融合：产业生态的复杂化及多样化，使得以往单一链条中某一家或两家巨头可以轻易解决的问题变得棘手。而产业僵化问题的解决往往需要"界外"企业积极参与进来成为其中的"润滑剂"和"催化剂"。例如金融机构、高新科技机构与核心制造业的深度融合。

5）最大程度"标准化"：通过把生产微粒度变小的方式，不断推动生产组织最大程度的"标准化"和"精准化"，而不是"非标化"。这种"标准化"，不仅体现在生产环节，也体现在包装、运输、维修维护、商务环节等。

6）柔性监管：对于政府监管部门而言，监管局面变得前所未有的复杂。怎样采用新技术进行"柔性"或"隐形"地引导式监管，变成安全生产和产业支持的挑战之一。

面对这些问题与挑战，将区块链技术应用于工业生产之中具有很多的优势。

一方面，区块链可以帮助工业设计实现快速发展。工业产品的设计涉及多个环节，这些环节之间由不同的参与主体组成。其间的协作关系可能通过系统集成完成，或者是传统的手工文件的方式完成。这些方式都会有意或无意地导致一些错误和摩擦，从而降低协作设计的效率。通过区块链智能合约刻画协作的过程，使得相关的文件上链，全程透明，可溯源，从而提高协作效率。同时，对于一些可以由工业企业的外部设计者参与的设计项目，如零配件设计，完全可以组建一个更加开放的设计联盟，通过一定的激励方式使得外部的设计者更加积极地参与设计，从而提高整个设计的速度和质量。

另一方面，区块链促进工业生产更加高效。利用区块链技术将分布式智能生产网络改造成为一个云链混合的生产网络，有望比大部分采用中心化的工业云技术效率更高、响应更快、能耗更低。而生产中的跨组织数据互信全部通过区块链来完成，订单信息、操作信息和历史事务等全部记录在链上，所有产品的溯源和管理将更加安全、便捷。数字化工厂端采用中心化的工业云技术，而中间的订单信息传输和供应链结算通过工业区块链和智能合约来完成，既保证了效率和成本，又兼顾了公平和安全。每一种商品由数字化工厂提供，每一个样品都有"数字孪生体"，并且这些数字孪生体全部通过智能合约与产业链上下游相连，终端用户的一个订单确认，会触发整个产业链的迅速响应，全流程可实现数据流动自动化，助推制造业的转型升级。

6.2.4　区块链技术在工业领域中的机遇

从商业角度看，工业制造过程主要涉及"产品链——创新管理""价值链——业务管理"和"资产链——运维管理"三个过程，如图6-3所示。其中，产品链的主要目的是在更短的创新周期内推出更多样、更复杂的产品。区块链所带入的个体激励机制以及协作共享机制可以使得更多的设计者参与其中，通过有效的组织使工业设计更加快速。区块链技术把供应链和制造有机地结合起来以快速响应市场需求。区块链可以将供应链上各个协作环节的商流、物流、信息流和资金流透明化，从而提高整个生产过程组织的效率。资产链的目的主要是使工业产品在投产运营后可以更好地得到运行维护，提高用户黏性，延长其有效使用寿命，直到报废回收。通过相似产品间或者同行间的数据互信共享将大大提高整个产业的服务水平。区块链可以帮助商业网络更方便地管理共享的流程，如图6-4所示。基于这样的一个模型，可以使得商业网络中的各个参与主体之间更好地进行共享、互信以及价值交换。

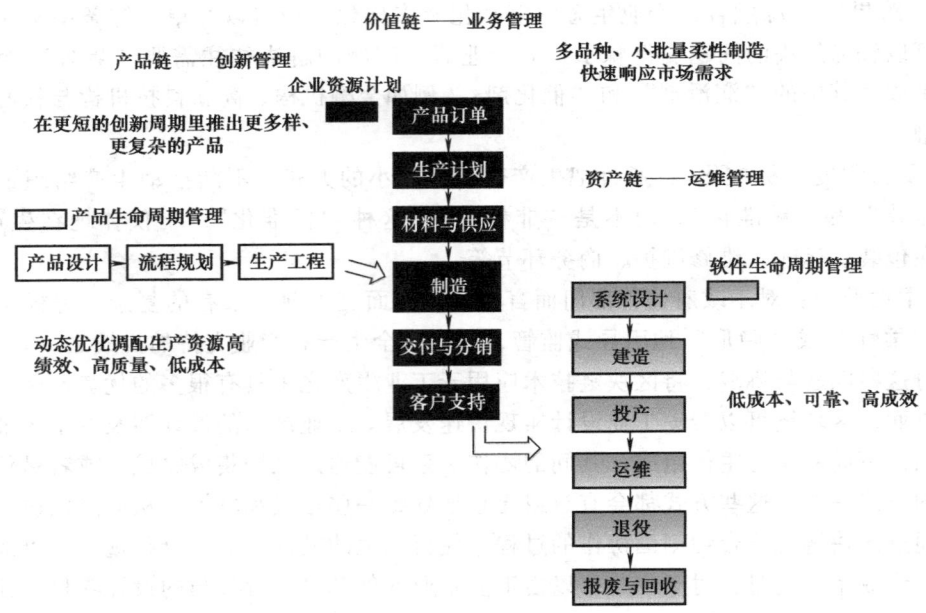

图6-3　工业制造过程

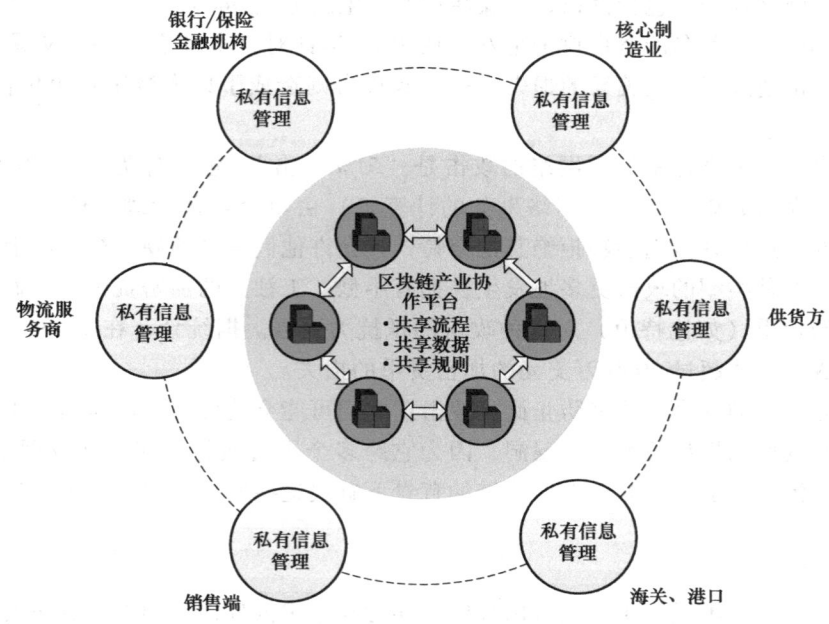

图 6-4 围绕制造业的区块链商业网络流程图

从监管角度来看，区块链具有交易可溯源、难以篡改、不可抵赖、不可伪造的特性，能使人、企业、物彼此之间因"连接"而信任，将带来前所未有的组织形态和商业模式。当监管部门以联盟节点的身份获得审阅权限模式介入的时候，由于联盟内相关节点的可见性，使得监管部门可以非常方便地实施柔性监管。通过区块链技术介入到工业互联网，可以形成核心企业内（从设计，到生产，到销售，到服务，到回收的上下游的数据共享价值链）、工业企业间（生产运维经验分享的价值链）、工业互联网平台间的互信共享和价值交换。通过各类相关的数据可信共享来全面提高工业企业在网络化生产时代的设计、生产、服务和销售的水平。针对当前工业互联网所面临的新需求和新挑战，区块链技术为工业领域高效协同和创新管理提供了"供给侧改革"的解决思路和方法。

1) 借助机器共识、共享账本、智能合约、隐私保护四大技术变革，在依据行业规范及标准、遵守企业间协定的前提下，实现数据互信、互联和共享。

2) 其"物理分布式，逻辑多中心，监管强中心"的多层次架构设计为政府监管部门和工业企业相互间提供了一种"松耦合"的连接方式（政府与企业、企业与企业），在不影响企业正常生产和商业活动的最大限度前提下，提供"柔性"合规监管的可能。

3) 其分布式的部署方式能够根据现实产业的不同状况提供分行业、分地域、分阶段、分步骤的理性建设和发展的路径。

6.2.5 区块链技术在工业应用中面临的挑战

区块链效益的前景是诱人的。然而，区块链在工业应用中的适应和部署面临许多挑战。这些挑战既有技术性的，也有非技术性的。技术挑战涉及安全性、集成性和可扩展性；而非技术挑战则涉及隐私和专业知识储备。

1. 安全性

使用区块链的主要问题之一是安全性。由于区块链应用程序是通过互联网连接的，因此它们易受各种网络攻击,包括偷窃、间谍活动和拒绝服务(DoS)攻击,从而造成区块链服务不可用。其中一次著名的盗窃攻击是发生在 2014 年针对日本东京比特币交易所 MtGox 的攻击,这次攻击造成了 6 亿美元的损失。另一次攻击则造成了以太数字货币价值约 5500 万美元的损失。

其中一个可以危害加密货币网络的攻击是"51%攻击",也被称为"多数攻击"。如果此类网络中的大多数矿工(处理网络事务的计算机)由单个实体管理,他们可以选择哪些事务得到批准。这允许他们能够拒绝其他交易,只允许他们自己的硬币被多次消费,这被称为双重消费。这种类型的攻击更多地发生在拥有小型矿工社区的加密货币中,而拥有大型矿工社区的加密货币(如比特币)对这种攻击的抵抗力更强。据统计,在 2018 年前 10 个月,这种攻击造成了价值超过 2000 万美元的加密货币的损失。

如果没有适当的安全措施来防止此类攻击,它们可能会使应用程序瘫痪。不幸的是,区块链的本质及其使用模型放大了该漏洞,因为它跨多个平台运行,使用开放网络进行通信,并涉及多个实体。目前,有必要在区块链的背景下解决这些问题,以提出更合适和更有效的安全模型。

2. 集成性

区块链解决方案不适用于独立应用程序,通常与组织内外使用的多个分布式应用程序集成。区块链通常被用作一个使能器,用以添加支持未来业务模型所需的新功能。将区块链解决方案与现有应用程序(包括遗留应用程序)集成是一项涉及互操作性和安全性问题的挑战性工作。例如,遗留应用程序可能无法与更新的系统和应用程序(包括区块链解决方案)顺利、安全地集成。另一个问题是平台和操作环境的异构性,它们需要互操作才能使用基于区块链的应用程序。此外,新、旧应用程序可能由不同的供应商使用不同的开发方法、环境和编程语言开发。因此,集成过程会更加复杂。任何集成模型都应该保持现有应用程序功能的正确性和可靠性,以及所有集成系统之间业务数据的一致性。此外,任何集成在面向所有涉及的应用程序时都应该拥有良好的安全措施。为了将区块链纳入各种工业应用场景,目前,业内正在开发各类有效的集成模型。

3. 可扩展性

区块链分布式账本需要参与交易的多个实体达成协议,然后链接到该交易的分类账之中。这个过程对于给定大小的区块链来说,虽然复杂但是却十分的高效。当前对于区块链的应用主要要求其将大量产生的交易进行连接,然而这很容易降低区块链的整体性能。另一个问题发生在区块链查找、验证过程中或发生在早期交易时期。这个过程涉及不同的步骤。区块链的性能与区块链的大小成反比,因此,区块链越大,进程越慢。随着所涉及的实体和执行事务规模的快速增长,区块链的可扩展性已成为一个急需解决的问题。这个问题可能会给使用区块链的工业应用程序带来一些业务和运营问题,因为有些业务决策可能需要很长时间才能达成,或者是基于不及时的信息而做出的。

4. 隐私

区块链有三种类型:公共、联合和私有。每种类型都有不同的特征。在公共区块链中,所有参与者都可以查看和验证区块链的交易,并在共识过程中做出贡献。在联合区块链中,一些参与者有权查看和验证区块链的交易,并在共识过程中做出贡献,而其他参与者则不能。参与者受到严格的约定授权策略的限制。私有区块链由一个实体拥有、运营和控制,该实体制定自己的访问和使用规则,不同的区块链类型用于不同的应用。例如,比特币和以太坊等加密货币使用公共区块链，而针对不同行业类型的开源区块链 Hyperledger 则是联合区块链。所有区块链类型都有不同的隐私问题。所有参与者都可以看到公共区块链，因此很难维护任何参与行业实体的隐私，也很难在这种区块链中进行一些交易。对于联合区块链，由于某些选定的参与者可以查看所有交易，因此无法完全维护隐私。私有区块链可以提供相对较好的隐私度，但是，因为它仅由单个实体控制，通常被认为是不安全的。

5. 专业知识储备

开发、部署和利用区块链技术需要很多具备该领域背景的专业人员。目前，通过将信息和通信技术运用到工业领域，已经在促进工业的有效和高效运行方面取得了很大的进步。然而，随着区块链的引入，在这些方面还有很多的发展潜力。具备 ICT 背景的专业人员能够创建和管理各种类型的应用程序。同时，区块链作为一门相对较新的 IT 技术，使其在工业应用程序中的集成具有一定的挑战。要创建完全集成的基于区块链的工业应用程序，设计和开发团队需要在各个领域具有丰富的知识，需要具备在工业领域的工作背景。随着专业劳动力的持续短缺，寻找和培训这些项目所需的专业人员是一项极大的挑战。此外，还迫切需要提出适当和有效的培训和发展方案，以能够迅速培养这一领域所需的劳动力。

6.2.6 工业区块链的技术特点

对于工业领域，区块链技术具有很强的应用潜力。区块链的如下特征和功能有助区块链技术在工业领域的应用与发展。

1. 数字身份

我们使用政府机构颁发的驾驶执照或护照来证明我们的身份，以便进行不同的官方活动，如进行银行交易或购买房产。区块链可以提供数字等价物，不仅可以用来识别人，还可以用来识别组织。此功能允许通过公共网络（如 Internet）对参与任何商业或工业活动的不同类型的人员、组织和实体进行身份验证。此外，数字身份可以扩展到财产和对象身份。这些数字身份可以由政府组织以驾照、护照、公司注册和财产所有权的方式颁发。许多国家已经在考虑这一特点，并研究建立和保护这些身份的方法和后勤工作。

2. 分布式安全

区块链成功的关键因素之一是它能够使用分区和分布式方法保护记录在共享分类账中的数据和交易。这种保护通过支持区块链用户使用不同级别的加密和哈希功能来提供。此外，它还包括高级别的复制和链接的内容系列，使得无法更改已附加到链中的任何记录。每增加一笔交易，经参与主体验证后，都将其与以前的交易链相关联，任何一条记录都不可更改。此外，依赖于经核实的数字身份，每一笔交易都是在所有相关实体之间达成充分协议的情况下记录的，这些实体中的任何一个后来都几乎不可能否认参与或达成协议。

3. 智能合约

区块链的记录、验证和安全功能以及数字身份支持使智能合约成为可能。智能合约允许在没有第三方的情况下通过公共网络进行可信的合约。本合约是可追踪、安全和不可更改的。区块链的智能合约有可能以不同的方式推动许多工业部门的发展。其中一个进步是自动化公司与其合作伙伴之间以及公司与其客户之间的协议流程，这将大大减少处理时间和行政费用。

4. 微控制器

区块链功能可以对行业产生积极影响的另一个领域是能够促进微观计量以及细颗粒级的

动态定价和调整。无须经第三方确认和外部保证即可安全记录事件和活动的能力，将增加记录数据和活动的数量，并使组织能够建立其活动和过程的详细分类账。这些可以很容易地进行分析，以提供任何详细的测量和质量控制。此外，它允许准确的记录，可以很容易地用作组织活动、市场地位、财务状况的审计跟踪和评估因素。

考虑到工业互联网应用的自身特点，有身份管理权限的联盟链更加适合工业互联网当中的各种应用。从技术角度看，联盟链技术主要有以下四个特点：共享统一账本；灵活智能合约；达成机器共识；保护权限隐私。

共享统一账本中以链式结构存储了交易历史以及交易以后的资产状态。每一个区块的哈希将作为下一个区块的数据头，如此一个一个地串联在一起。由于各个有存储账本权限的节点和相关方有相同的账本数据，于是通过哈希校验可以很方便地使账本数据难以篡改。账本中存储了交易的历史，且这些交易都是交易发起方签名，由一定的背书策略验证过，并经过共识以后写入到账本中。

可定制智能合约描述了多方协作中的交易规则和交易流程。这些规则和流程将会以代码的形式部署在相关的参与方的背书节点中。根据代码的要求，智能合约将由一个内、外部事件来驱动执行。

机器共识机制主要体现在分布式网络中。在这个机制中，各个区块链节点按照透明的代码逻辑、业务顺序和智能合约来执行接收到的交易，最终在各个账本中，形成一种依赖机器和算法的共识，确保所记录的交易记录和交易结果全网一致。机器共识能够适应大规模机器型通信（Massive Machine Type Communications，mMTC）的去中心化架构，有效促进形成一种去中介化的应用新模式和商业新生态。

权限隐私保护所有加入区块链网络的人、机、物、机构都经过授权得以加入联盟区块链网络。隐私保护保障共享账本的适当可见性，使得只有一定权限的人才可以读/写账本、执行交易和查看交易历史，同时保证交易的可验证、可溯源、不可抵赖和不可伪造。

6.3 工业区块链技术体系

区块链技术是一种以开源为基础的互联网技术，工业区块链则是区块链技术在工业体系中的应用。本节主要针对区块链系统的总体框架、区块链的开源技术框架、工业区块链的技术思路以及工业区块链技术开发工具平台进行介绍。

6.3.1 区块链系统的总体框架

区块链系统的总体框架如图6-5所示。一般说来，区块链系统由数据层、网络层、共识层、激励层、合约层和应用层组成。其中，数据层封装了底层数据区块以及相关的数据加密和时间戳等技术；网络层则包括分布式组网机制、数据传播机制和数据验证机制等；共识层主要封装网络节点的各类共识算法；激励层将经济因素集成到区块链技术体系中，主要包括经济激励的发行机制和分配机制等；合约层主要封装各类脚本、算法和智能合约，是区块链可编程特性的基础；应用层则封装了区块链的各种应用场景和案例。在该模型中，基于时间戳的链式区块结构、分布式节点的共识机制、基于共识算力的经济激励和灵活可编程的智能合约是区块链技术最具代表性的创新点。

1. 数据层

狭义的区块链是指去中心化系统各节点共享的数据账本。每个分布式节点都可以通过特定的哈希算法和 Merkle 树数据结构，将一段时间内接收到的交易数据和代码封装到一个带有时间戳的数据区块中，并链接到当前最长的主区块链上，形成最新的区块。该过程涉及区块、链式结构、哈希算法、Merkle 树和时间戳等技术要素。

图 6-6 为区块结构示意图，每个数据区块一般包含区块头（Header）和区块体（Body）两部分。区块头封装了当前版本号（Version）、前一区块地址（Prev-block）、当前区块的目标哈希值（Bits）、当前区块 PoW 共识过程的解随机数（Nonce）、Merkle 根（Merkle-root）以及时间戳（Timestamp）等信息。区块体则包括当前区块的交易数量以及经过验证的区块创建过程中生成的所有交易记录。这些记录通过 Merkle 树的哈希过程生成唯一的 Merkle 根并记入区块头。

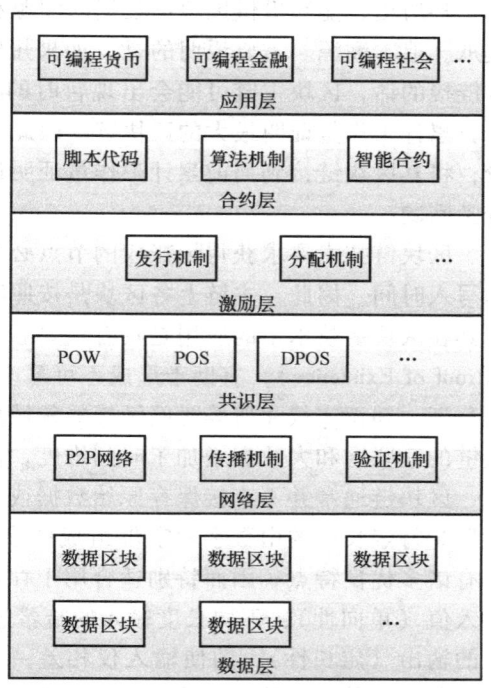

图 6-5　区块链系统的总体框架

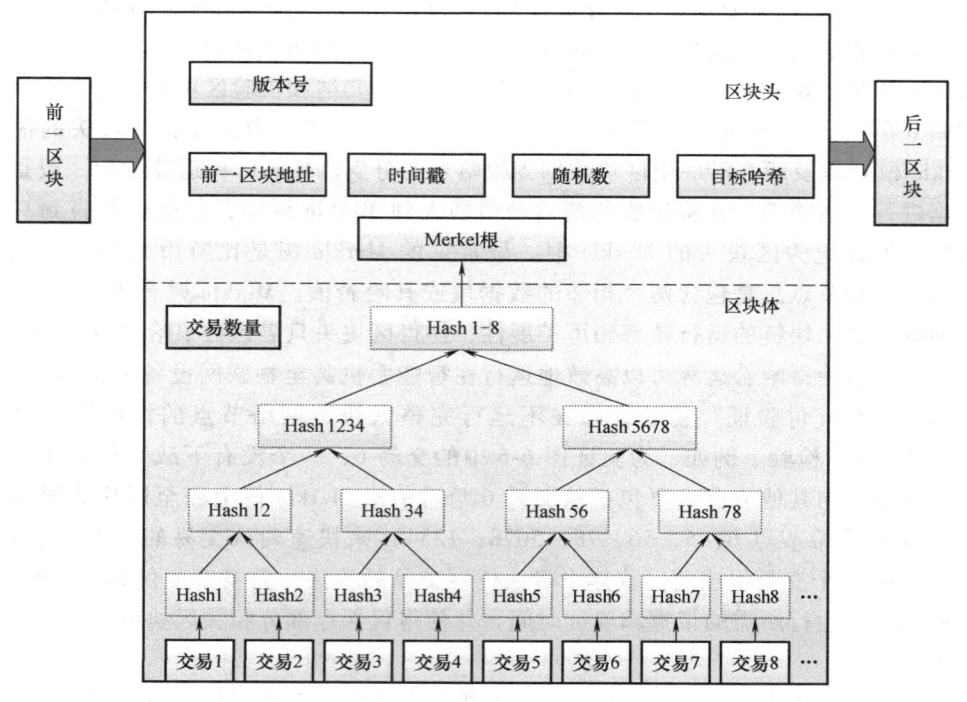

图 6-6　区块结构

链式结构是指取得记账权的矿工将当前区块链接到前一区块，形成最新的区块主链。各个区块依次环环相接，形成从创世区块到当前区块的一条最长主链，从而记录了区块链数据的完整历史，能够提供区块链数据的溯源和定位功能，任意数据都可以通过此链式结构顺藤摸瓜、追本溯源。需要说明的是，如果短时间内有两个矿工同时"挖出"两个新的区块加以链接的话，区块主链可能会出现暂时的"分叉"现象，其解决方法是约定矿工总是选择延长累计工作量证明最大的区块链。因此，当主链分叉后，后续区块的矿工将通过计算和比较，将其区块链接到当前累计工作量证明最大化的备选链上，形成更长的新主链，从而解决分叉问题。

区块链技术要求获得记账权的节点必须在当前数据区块头中加盖时间戳，表明区块数据的写入时间。因此，主链上各区块是按照时间顺序依次排列的。时间戳技术本身并不复杂，但其在区块链技术中的应用是具有重要意义的创新。时间戳可以作为区块数据的存在性证明（Proof of Existence），有助于形成不可篡改和不可伪造的区块链数据库，从而为区块链应用于公证、知识产权注册等时间敏感的领域奠定了基础。更为重要的是，时间戳为未来基于区块链的互联网和大数据增加了时间维度，使得通过区块数据和时间戳来重现历史成为可能。

区块链通常并不直接保存原始数据或交易记录，而是保存其哈希函数值，即将原始数据编码为特定长度的由数字和字母组成的字符串后记入区块链。哈希函数（也称散列函数）具有诸多优良特点，因而特别适合用于存储区块链数据。例如，通过哈希输出几乎不能反推输入值（单向性），不同长度输入的哈希过程消耗大约相同的时间（定时性）且产生固定长度的输出（定长性），即使输入仅相差一个字节的数据也会产生显著不同的输出值（随机性）等。比特币区块链通常采用双 SHA256 哈希函数，即将任意长度的原始数据经过两次 SHA256 哈希运算后转换为长度为 256bit（32B）的二进制数字来统一存储和识别。除上述特点外，SHA256 算法还具有巨大的散列空间（2256）和抗碰撞（避免不同输入值产生相同哈希值）等特性，可满足比特币的任何相关标记需要而不会出现冲突。

Merkle 树是区块链的重要数据结构，其作用是快速归纳和校验区块数据的存在性和完整性。如图 6-6 所示，Merkle 树通常包含区块体的底层（交易）数据库，区块头的根哈希值（即 Merkle 根）以及所有沿底层区块数据到根哈希的分支。Merkle 树运算过程一般是将区块体的数据进行分组哈希，并将生成的新哈希值插入到 Merkle 树中，如此递归直到只剩最后一个根哈希值并记为区块头的 Merkle 根。最常见的 Merkle 树是比特币采用的二叉 Merkle 树，其每个哈希节点总是包含两个相邻的数据块或其哈希值。Merkle 树有诸多优点：首先，它极大地提高了区块链的运行效率和可扩展性，使得区块头只需包含根哈希值而不必封装所有底层数据，这使得哈希运算可以高效地运行在智能手机甚至物联网设备上；其次，Merkle 树可支持"简化支付验证"协议，即在不运行完整区块链网络节点的情况下，也能够对（交易）数据进行检验。例如，为验证图 6-6 中的交易 6，一个没有下载完整区块链数据的客户端可以通过向其他节点索要包括从交易 6 哈希值沿 Merkle 树上溯至区块头根哈希处的哈希序列（即哈希节点 6、5、56、78、5678、1234）来快速确认交易的存在性和正确性。一般说来，在 N 个交易组成的区块体中确认任一交易的算法，其复杂度仅为 $\log_2 N$。这将极大地降低区块链运行所需的带宽和验证时间，并使得仅保存部分相关区块链数据的轻量级客户端成为可能。

非对称加密是为满足安全性需求和所有权验证需求而集成到区块链中的加密技术，常见算法包括 RSA、Elgamal、Rabin、D-H、ECC（椭圆曲线加密算法）等。非对称加密通常在加密和解密过程中使用两个非对称的密码，分别称为公钥和私钥。非对称密钥具有两个特点：①用其中一个密钥（公钥或私钥）加密信息后，只有用另一个对应的密钥才能解开；

②公钥可向其他人公开，私钥则保密，其他人无法通过该公钥推算出相应的私钥。非对称加密技术在区块链的应用场景主要包括信息加密、数字签名和登录认证等。其中，信息加密场景主要是由信息发送者（记为 A）使用接收者（记为 B）的公钥对信息加密后再发送给 B，B 利用自己的私钥对信息解密，比特币交易的加密即属于此场景；数字签名场景则是由发送者 A 采用自己的私钥加密信息后发送给 B，B 使用 A 的公钥对信息解密，从而可确保信息是由 A 发送的；登录认证场景则是由客户端使用私钥加密登录信息后发送给服务器，后者接收后采用该客户端的公钥解密并认证登录信息。

2. 网络层

网络层封装了区块链系统的组网方式、消息传播机制和数据验证机制等要素。结合实际应用需求，通过设计特定的传播机制和验证机制，可使得区块链系统中每一个节点都能参与区块数据的校验和记账过程，仅当区块数据通过全网大部分节点验证后，才能记入区块链。

区块链系统的节点一般具有分布式、自治性、开放性（可自由进出）等特性，因而一般采用对等式网络（Peer-to-peer Network，P2P 网络）来组织散布全球的参与数据验证和记账的节点。P2P 网络中的每个节点均地位对等且以扁平式拓扑结构相互连通和交互，不存在任何中心化的特殊节点和层级结构，每个节点均会承担网络路由、验证区块数据、传播区块数据、发现新节点等功能。按照节点存储数据量的不同，可以分为全节点和轻量级节点。全节点保存了从创世区块到当前最新区块为止的完整区块链数据，并通过实时参与区块数据的校验和记账来动态更新主链。全节点的优势在于不依赖任何其他节点而能够独立地实现任意区块数据的校验、查询和更新，劣势则是维护全节点的空间成本较高。

在区块链中，任一区块数据生成后，将由生成该数据的节点广播到全网其他所有的节点来加以验证，这被称为数据传播协议。

P2P 网络中的每个节点都时刻监听网络中广播的数据与新区块。节点接收到邻近节点发来的数据后，将首先验证该数据的有效性。如果数据有效，则按照接收顺序为新数据建立存储池以暂存尚未记入区块的有效数据，同时继续向邻近节点转发；如果数据无效，则立即废弃该数据，从而保证无效数据不会在区块链网络中继续传播。

由网络层设计机理可见，区块链是典型的分布式大数据技术。全网数据同时存储于去中心化系统的所有节点上，即使部分节点失效，只要仍存在一个正常运行的节点，区块链主链数据就可完全恢复而不会影响后续区块数据的记录与更新。这种高度分散化的区块存储模式与云存储模式的区别在于，后者是基于中心化结构基础上的多重存储和多重数据备份模式，即"多中心化"模式；而前者则是完全"去中心化"的存储模式，具有更高的数据安全性。

3. 共识层

如何在分布式系统中高效地达成共识是分布式计算领域的重要研究课题。正如社会系统中"民主"和"集中"的对立关系，决策权越分散的系统达成共识的效率越低，但系统稳定性和满意度越高；而决策权越集中的系统更易达成共识，但同时更易出现专制和独裁。区块链技术的核心优势之一就是能够在决策权高度分散的去中心化系统中使得各节点高效地针对区块数据的有效性达成共识。

PoW 的全称是 Proof of Work，即工作量证明。PoW 共识机制其实是一种设计思路，其核心思想是通过引入分布式节点的算力竞争来保证数据的一致性和共识的安全性。比特币系统中，各节点（即矿工）基于各自的计算机算力相互竞争来共同解决一个求解复杂但验证容易的 SHA256 数学难题（即挖矿），最快解决该难题的节点将获得区块记账权和系统自动生成的比特币奖励。PoW 共识机制是具有重要意义的创新，其近乎完美地整合了比特币系统的货币发行、交易支付和验证等功能，并通过算力竞争保障系统的安全性和去中心性。同时，PoW 共识机制也存在着显著的缺陷，其强大算力造成的资源浪费（如电力）历来为研究者所诟病，而且长达 10min 的交易确认时间使其不适合小额交易的商业应用。

PoS（Proof of stake，权益证明）是为解决 PoW 共识机制的资源浪费和安全性缺陷而提出的替代方案。PoS 共识机制本质上是采用权益证明来代替 PoW 中的基于哈希算力的工作量证明，是由系统中具有最高权益而非最高算力的节点获得区块记账权。权益体现为节点对特定数量货币的所有权，称为币龄或币天数（Coinday）。币龄是特定数量的币与其最后一次交易的时间长度的乘积，每次交易都将会消耗掉特定数量的币龄。例如，某人在一笔交易中收到 10 个币后并持有 10 天，则获得 100 币龄；而后其花掉 5 个币后，则消耗掉 50 币龄。显然，采用 PoS 共识机制的系统在特定时间点上的币龄总数是有限的，长期持币者更倾向于拥有更多币龄，因此币龄可视为其在 PoS 系统中的权益。此外，PoW 共识机制中各节点挖矿难度相同，而 PoS 共识机制中的难度与交易输入的币龄成反比，消耗币龄越多则挖矿难度越低。节点判断主链的标准也由 PoW 共识的最高累计难度转变为最高消耗币龄，每个区块的交易都会将其消耗的币龄提交给该区块，累计消耗币龄最高的区块将被链接到主链。由此可见，PoS 共识机制仅依靠内部币龄和权益而不需要消耗外部算力和资源，从根本上解决了 PoW 共识机制算力浪费的问题，并且能够在一定程度上缩短达成共识的时间。因而，比特币之后的许多竞争币均采用 PoS 共识机制。

DPoS 共识机制的基本思路类似于"董事会决策"，即系统中每个股东节点可以将其持有的股份权益作为选票授予一个代表，获得票数最多且愿意成为代表的前 101 个节点将进入"董事会"，按照既定的时间表轮流对交易进行打包结算并且签署（即生产）一个新区块。每个区块被签署之前，必须先验证前一个区块已经被受信任的代表节点所签署。"董事会"的授权代表节点可以从每笔交易的手续费中获得收入，同时要成为授权代表节点必须缴纳一定量的保证金，其金额相当于生产一个区块收入的 100 倍。授权代表节点必须对其他股东节点负责，如果其错过签署相对应的区块，则股东将会收回选票从而将该节点"抛出"董事会。因此，授权代表节点通常必须保证 99% 以上的在线时间以实现盈利目标。显然，与 PoW 共识机制必须信任最高算力节点和 PoS 共识机制必须信任最高权益节点不同的是，DPoS 共识机制中每个节点都能够自主决定其信任的授权节点且由这些节点轮流记账生成新区块，因而大幅减少了参与验证和记账的节点数量，可以实现快速共识验证。

除上述三种主流共识机制外，实际区块链应用中也衍生出了 PoW+PoS、行动证明（Proof of Activity）等多个变种机制。这些共识机制各有优劣势。PoW 共识机制依靠其先发优势已经形成成熟的挖矿产业链，支持者众多，而 PoS 和 DPoS 等新兴机制则更为安全、环保和高效，从而使得共识机制的选择问题成为区块链系统研究者最不易达成共识的问题。

4. 激励层

区块链共识过程通过汇聚大规模共识节点的算力资源来实现共享区块链账本的数据验证和记账工作，因而其本质上是一种共识节点间的任务众包过程。去中心化系统中的共识节点本身是自利的，最大化自身收益是其参与数据验证和记账的根本目标。因此，必须设计激励相容的合理众包机制，使得共识节点最大化自身收益的个体理性行为与保障去中心化区块链系统的安全和有效性的整体目标相吻合。区块链系统通过设计适度的经济激励机制并与共识过程相集成，从而汇聚大规模的节点参与并形成了对区块链历史的稳定共识。

5. 合约层

合约层主要封装区块链系统的各类脚本代码、算法和智能合约。如果说数据、网络和共识三个层次作为区块链底层"虚拟机"分别承担数据表示、数据传播和数据验证功能的话，合约层则是建立在区块链虚拟机之上的商业逻辑和算法，是实现区块链系统灵活编程和操作数据的基础。包括比特币在内的数字加密货币大多采用非图灵完备的简单脚本代码来编程控制交易过程，这也是智能合约的雏形。随着技术的发展，目前已经出现以太坊等图灵完备的、可实现更为复杂和灵活的智能合约的脚本语言，使得区块链能够支持宏观金融和社会系统的诸多应用。

6.3.2 区块链的开源技术框架

区块链技术是以开源为基础的，其常见的技术体系包括七种不同的技术框架，分别为：比特币体系、以太坊（ETH）体系、IBM Hyper Ledger（Fabric）体系、比特股（Bitshares）体系、公正通（Factom）体系、瑞波（Ripple）体系与未来币（NXT）体系。

1. 比特币体系

比特币（Bitcoin）是最早也是全球最广泛使用和真正意义的去中心化区块链技术，因此它的开源技术体系非常值得参考。比特币区块链的核心技术框架采用 C++语言开发，共识算法采用 PoW 算法，工作量（挖矿）证明获得记账权，容错 50%，实现全网记账，公网性能 TPS<7。虽然 PoW 算法比较低效率和耗能，且比特币区块链也由于推出时间比较早而不够强大（如不支持智能合约），但不可否认的是，目前市场上相对成熟和稳定的区块链体系仍是比特币。在技术上将比特币网络从其货币价值中抽离出来，它们具有一些特殊的属性，例如支持代理或聚集点，从而具有与比特币面值无关的价值。彩色币（染色币）本身就是比特币，是从历史上的创世交易里面被转移过的比特币，它可以用作替代货币、商品证书、智能财产以及其他金融工具，如股票和债券等。

在比特币体系中，闪电网络起着关键作用。闪电网络是为了提高比特币区块链的处理能力而产生的，它可以有效解决时延、容量扩展、最终性的问题，为比特币区块链提供了一个可扩展的微支付通道网络。使用闪电网络后，TPS 最大可以扩展到 300。交易双方若在区块链上预先设有支付通道，就可以多次、高频、双向地通过轧差方式实现瞬间确认的微支付；双方若无直接的点对点支付通道，只要网络中存在一条连通双方的、由多个支付通道构成的支付路径，闪电网络就可以利用这条支付路径实现资金在双方之间的可靠转移。

在比特币体系中，比特币侧链是近些年的新兴技术。侧链是以锚定比特币为基础的新型区块链，就像美金锚定到金条一样。比特币在区块链中的地位相当于货币体系中黄金的地位，因为它是最去中心化、最多分布节点、最公平区块链。侧链是以融合的方式实现加密货币金融生态的目标，而不是像其他加密货币一样排斥现有的系统。利用侧链，我们可以轻松地建立各种智能化的金融合约、股票、期货、衍生品等。你可以有成千上万个锚定到比特币上的侧链，其特性和目的各不相同，所有这些侧链依赖于比特币主区块链保障的弹性和稀缺性。比较著名的比特币侧链是 Rootstock，以及 BlockStream 推出的元素链。

Rootstock 是一个基于比特币侧链的开源智能合约平台，它使得比特币拥有了智能合约。基于 Rootstock 的智能合约能够运行无数应用，为核心比特币网络增加价值和功能。Rootstock 使用一种比特币双向挂钩技术，这种双向挂钩以一种固定的转换率输送或输出 Rootstock 上的比特币。Rootstock 双向挂钩是一种混合驱链和侧链的技术。更值得关注的是，Rootstock 向后兼容以太坊，实现了以太坊虚拟机的一个改进版本，所以以太坊发布的 DApps 程序能够轻松地在 Rootstock 上使用，实现比特币级别的安全性和以太坊大量 DApp 的复用性、更快的执行性，并和比特币发生更强的相互作用。使用 Rootstock 可以将 TPS 扩展到 300。

元素链（Elements）是 Blockstream 的开源侧链项目。同样使用比特币双向挂钩技术。除了智能合约外，它还给比特币带来许多创新技术，包括私密交易、证据分离、相对锁定时间、新操作码、签名覆盖金额等。

2. 以太坊（ETH）体系

可以说除了比特币外，以太坊目前在区块链平台是最吸引眼球的。以太坊是一个图灵完备的区块链一站式开发平台，采用多种编程语言实现协议，采用 Go 语言写的客户端作为默认客户端（即与以太坊网络交互的方法，支持其他多种语言的客户端）。

基于以太坊平台之上的应用是智能合约，这是以太坊的核心。每个智能合约有唯一的一个以太币地址，当用户向合约的地址里发送一笔交易后（这个时候就要消耗手续费用），该合约就被激活，然后根据交易中的额外信息，合约会运行自身的代码，最后返回一个结果。以太坊社区把基于智能合约的应用称为去中心化的应用程序（Decentralized App），相对于冷冰冰的智能合约代码，DApp 拥有一个友好的界面和一些额外的东西，配合上图灵完备的语言，可以让用户基于合约搭建千变万化的 DApp 应用。实际上，在以太坊 App 展区，已经有大大小小 280 个 DApp 应用在展示（虽然只有一部分应用在真正运行）。

以太坊的整个技术生态系统比较强大，同时迭代周期比较快，所以有比较强的生命力。但任何事物都有两面性，对于依赖以太坊特别是以太坊公网的商业应用来说，频繁的迭代升级和被攻击，使得基于以太坊的商业应用，有时候不得不经常进行升级维护。

目前，以太坊正式运行 1.0 版本，采用的是 PoW 共识算法。在开发中的 1.5 版本，将采用类 PoS 的 Casper 算法，以使区块链的确认速度相对于 PoW 的线性效率，提高到指数级。采用 Casper 算法后将会有更好的确认机制，以及大幅降低能源消耗。对于规划中的 2.0 版本，TPS 有望可以达到 2000。

要写以太坊的智能合约有好几种语言可选，有类 JavaScript 的 Solidity、与 Python 接近的 Serpent，还有类 Lisp 的 LLL，目前比较主流的是 Solidity。当 Solidity 合约编译好并且发送到网络上之后，用户可以通过以太坊的 Mist 客户端对智能合约进行测试和使用，也可以使用以太坊的 web3.js JavaScript API 来调用它，构建能与之交互的 Web 应用。

3. IBM Hyper Ledger（Fabric）体系

IBM Hyper Ledger 又叫 Fabric，是一个带有可插入各种功能模块架构的区块链实施方案。它的目标是打造成一个由全社会来共同维护的超级账本。Fabric 分层设计比较合理，模块化程度非常高，虽然目前还在完善阶段，并没有真正商用（最近 IBM 携手中国银联打造区块链为基础的交易系统，但还属于探索试样项目），但以 IBM 的多年技术底蕴，Fabric 应该是大企业构建区块链底层的选择之一。

Fabric 架构核心逻辑有三条：Membership、Blockchain 和 Chaincode。Membership Services 用来管理节点身份、隐私、保密性、可审计性。Blockchain Services 使用建立在 HTTP/2 上的 P2P 协议来管理分布式账本，提供最有效的哈希算法来维护区块链状态的副本。采取可插拔的方式来根据具体需求设置共识协议，如 PBFT、Raft、PoW 和 PoS 等。Chaincode Services 会提供一种安全且轻量级的沙盒运行模式，在 VP 节点上执行 chaincode 逻辑，类似以太坊的 EVM 虚拟机及其他上面运行的智能合约。

4. 比特股（Bitshares）体系

比特股（Bitshares）是区块链历史上里程碑式的产品之一，截至目前仍然是完整度最高、功能最丰富、性能最强大的区块链产品之一。比特股可以看作是一个公司、货币，甚至是一个社区。它提供的 BitUSD 等锚定资产是虚拟币历史上的最重要变革之一，能够极大地消除虚拟货币被人诟病的波动性大的问题。

比特币低效率、高能耗的 PoW 算法，使得比特股及其 DPoS 共识算法应运而生。有别于比特币特定的共识机制，DPoS 有一个内置的实时股权人投票系统，就像系统随时都在召开一个永不散场的股东大会，所有股东都在这里投票决定公司决策。与比特币相比，比特股系统的投票权牢牢掌握在股东手里，而不是雇员。比特股系统的去中心化程度紧紧掌握在比特股持有者的手中，他们决定了受托人的个数。同时，作恶的受托人不会得到任何好处，并且很快就会被投票出局。此外，比特股内置了强大的账户权限设定、灵活的多重签名方式、白名单等特性，足以满足企业级的功能定制需求。

5. 公证通（Factom）体系

公证通（Factom）利用比特币的区块链技术来革新商业社会和政府部门的数据管理和数据记录方式，也可以被理解为是一个不可撤销的发布系统，即系统中的数据一经发布，便不可撤销，提供了一份准确、可验证且无法篡改的审计跟踪记录。利用公证通可帮助各种各样应用程序的开发，包括审计系统、医疗信息记录、供应链管理、投票系统、财产契据、法律应用、金融系统等。

建立在 Factom 基础之上的应用程序能够直接利用区块链实现追踪资产和合约实现，而不用将交易记录写入区块链，Factom 在自己的架构中记录条目。跟以太坊类似，Factom 系统会创造一个叫 Factoids 的电子币。持有 Factoids 意味着有权使用 Factom 系统。只要把 Factoids 转化成输入积分便有权把数据写入 Factom 系统中。同时，运行着 Factom 的服务器也能收获 Factoids 作为维护系统的回报。Factom 虽然同样基于比特币网络，但却并不是之前提到侧链或彩色币的技术架构，Factom 只将目录区块的哈希值锚定到比特币区块链。Factom 很好地解决了比特币三个核心的约束，即速度、成本和区块链膨胀。

Factom 中的政策和奖励机制与 PoS 机制有相似之处。不同之处在于，Factom 中只有一小部分的用户权益能够被认可。只有已经提交到系统的权益有投票权，而可转移的 Factoids 权益没有投票权。这个方法避免了 PoS 机制的"股份磨损"和"没有人进行 PoS"问题。

6. 瑞波（Ripple）体系

瑞波（Ripple）是世界上第一个开放的支付网络，是基于区块链的点到点支付网络。通过这个支付网络，用户可以轻松、廉价并安全地把金钱转账到互联网上的任何一个人，无论该用户在世界的哪个地方；用户可以转账任意一种货币，包括美元、欧元、人民币、日元或者比特币；交易确认在几秒以内完成，交易费用几乎是零，没有所谓的跨行、异地以及跨国支付费用。

Ripple 有两个重要概念：其一是推出 Ripple 币——XRP，它作为 Ripple 网络的基础货币，就像比特币一样可以在整个网络中流通，类似于燃料的作用，每产生一笔交易就会消耗一些 XRP；其二是引入网关（Gateway）系统，它类似于货币兑换机构，允许人们把法定货币注入、抽离 Ripple 网络，并可充当借、贷双方的桥梁。

Ripple 引入了一个共识机制 RPCA，通过特殊节点的投票，在很短的时间内就能够对交易进行验证和确认。Ripple 客户端不需要下载区块链，它在普通节点上舍弃掉已经验证过的总账本链，只保留最近已验证总账本和一个指向历史总账本的链接，因而同步和下载总账本的工作量很小。对于 Ripple 来说，其作用并不仅仅负责清算货币兑换，还可以充当各种虚拟货币、数字资产或任意一种有价值的东西。

7. 未来币（NXT）体系

未来币（Nextcoin，NXT）是第二代去中心化虚拟货币，它使用全新的代码编写，并不是比特币的山寨币。它第一个采用 100% 的股权证明 PoS 算法，有资产交易、任意消息、去中心化域名、账户租赁等多种功能，部分实现了透明锻造功能。

NXT 是第一个 100% 的股权证明机制的电子货币。它不再通过消耗大量的资源"挖矿"产生新货币，而是通过现有账户的余额去"锻造"区块，并给予成功"锻造"区块的账户交易费用奖励。

NXT 具有一个非常灵活的特性，称为"透明锻造"。这一特性使得每一个用户（客户端）可以自动决定哪个服务器节点能够产生下一个区块。这使得客户端可以直接将交易发送到这个节点，从而使得交易的时间达到最短。实时和高优先级的交易可以通过支付额外的费用来被优先处理。

NXT 区块链 2.0 已经在讨论和计划实施中了，其核心思路就是要通过主链（Main Chain）和子链（Child Chain）的这种架构来增加 NXT 区块链的可扩展性和可删减性，从而解决长期存在的区块链膨胀等问题。

8. 区块链技术体系对比

通过对于各种区块链开源技术体系的对比，我们可以对各种技术体系进行总结，见表 6-2。

表 6-2 区块链技术体系对比

名称	共识算法	适合场景	开发语言	智能合约	TPS
比特币 1.0	PoW	公链	C++	否	7
以太坊（ETH）1.0	PoW	公链/联盟链	Go	是	25
IBM Hyper Ledger(Fabric)	PBFT 为主	联盟链	Go	是	100
比特股（BitShares）	DPoS	联盟链	C++	否	500
公证通（Factom）	Factom 自有共识机制，类 PoS	公链/联盟链	C++	否	27
瑞波（Ripple）	RPCA	公链/联盟链	C++	否	1000
未来币（NXT）	PoS	公链/联盟链	Java	否	1000

6.3.3 工业区块链的技术方向

如图 6-7 所示，一个区块链网络由几个到数千个称为节点的对等点组成。P2P 网络形成了一种无层次结构、中央机构或主服务器的分布式扁平拓扑结构，其中节点分担相似的责任和所有权，并采用公钥密码学，使用两个独立的密钥，提高该结构的私密性。这样的拓扑结构提供了更好的弹性，即使几个节点受到攻击者的攻击，P2P 网络中的其他节点也可以在适当的状态下维护区块链网络。节点的主要任务是验证数据上的"事务/操作"，并采用一致性算法保持数据一致性和不变性的同时持久存储这些事务的结果。每个交易都是有数字签名

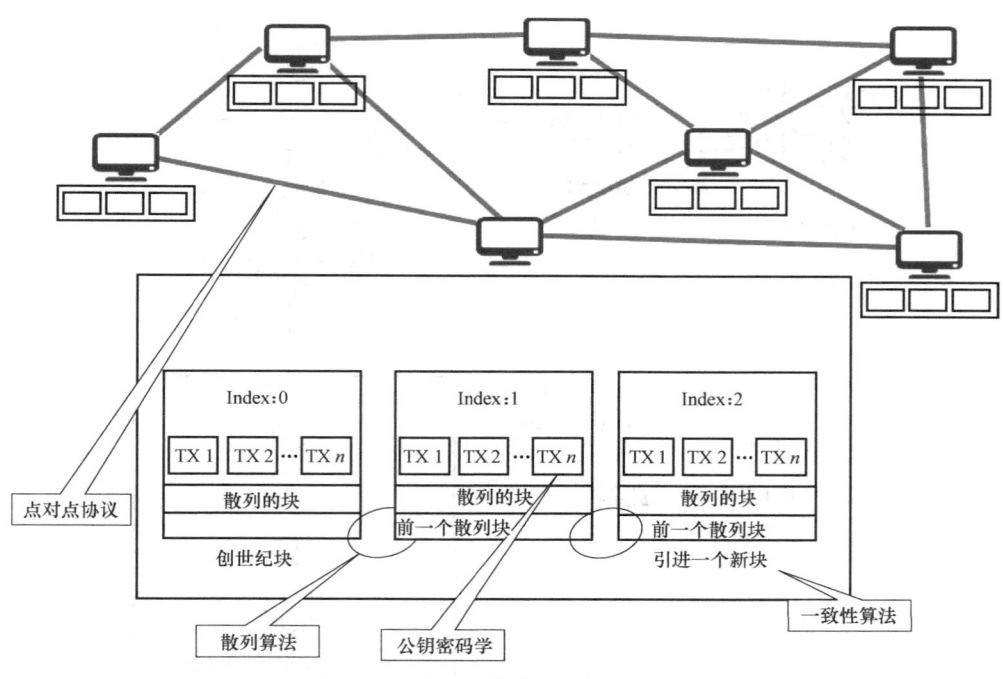

图 6-7　区块链网络背后的技术和概念

的,确保只有授权用户才能更新存储在区块链上的数据。一组有效的交易构成一个"区块",一系列相互关联的区块构成一个"分类账"。构成块的节点称为"miner/validator/producer"。

在区块链技术中,一个挖掘器将一组有效的事务（TXs）收集到一个块中,通过附加前一个块的数据散列将其链接到前一个块,计算块中所有数据的散列,然后将其附加到分类账中。"散列"值（A'hash'Value）是任何数据（如文本、数字、文档或文件）的数字指纹。就像每个人的指纹都是独一无二的一样,散列值对于每个输入数据集都是唯一的。

区块链使用一致算法来确定一个有效的区块以及哪个节点可以创建它。例如,在许多公共区块链中,第一个计算具有某些加密属性的区块的挖掘器可以形成一个新的区块。这个过程在计算上是昂贵的,被称为"工作证明"（PoW）。然后,该块被广播到区块链网络中的所有其他节点。接收到块的节点在将它附加到它们的分类账副本之前进一步验证它。另一种选择是"股权证明"（PoS）,其中节点将资产入股,以成为一个采矿者。然后在每个回合中选择一个矿工来构建一个基于分布式抽奖方案的块。如果一个挖掘器创建了一个无效的块并被捕获（因为其他节点验证了一个挖掘的块）,那么它的利害关系将被删除。目前,商业区块链使用超过 20 种不同的一致算法,它们具有不同的可扩展性、安全性和分散性。

挖掘者的开采工作通常以加密货币进行补偿,这激励了许多挖掘者的参与。篡改或修改存储在区块链上的数据的攻击变得极其困难,因为攻击者不仅需要修改单个块,而且需要修改所有后续块,因为每个块都以加密方式链接到前一个块。

图 6-8 所示为区块链的基本架构,在区块链的基本架构中,每笔交易都需要进行验证,且不能更改。在比特币的基本构架中,主要包括在块结构中添加事务、传输到对等节点、交易的确认、将块添加到分类账等几个步骤。

在块结构中添加事务的环节中,首先,网络节点或用户请求一个新事务;然后,事务以

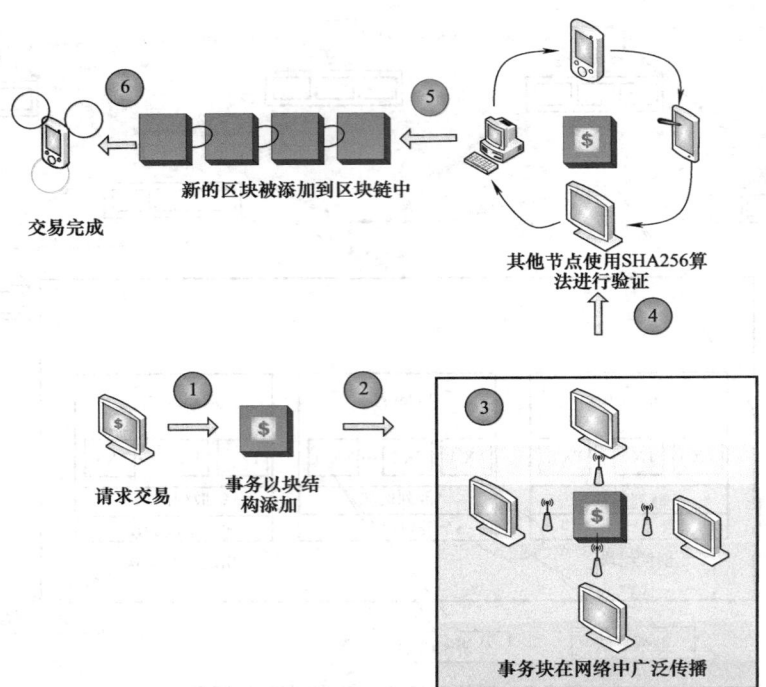

图 6-8 区块链的基本架构

块格式或结构记录,块结构由索引、时间戳、数据、前一个散列和当前块散列组成。

在传输到对等节点的环节中,将一个事务块广播到网络中可用的对等节点。

在交易的确认环节中,区块链网络使用 SHA256 算法创建唯一散列。区块链中的每个区块都与前一个区块的散列相链接,从而形成一个不可分割的交易网络。如果有人试图附加一个事务,则必须由网络节点或智能合约进行验证,并达成共识。这个不可变的分类账不能被修改,它只能附加到块的事务中,这就产生了一个安全、可靠的分散系统。

在将块添加到分类账的环节中,新交易记录首先由其他节点验证,然后将其添加到分类账或链的新块中。现有的区块链通过添加一个对其他任何用户都不可更改和不可删除的新区块而扩展。

1. 区块链技术基础参考体系

区块链技术基础参考体系主要由三个不同的网络与交互选项组成,它们结合在一起,为用户运行整个区块链应用程序。三种不同的网络是公共网络、云网络和企业网络,如图 6-9 所示。每个应用程序都有自己的功能,以保证分散应用程序的顺利工作。

(1) 公共网络 在这个网络中,用户、边缘服务和对等云提供商连接在一起。在公网中,用户管理区块链分散应用的分发和创建,并借助区块链网络执行操作。用户有不同的角色,包括开发人员、管理员、运营商、审计师等。开发人员为具有不同功能的用户制作各种类型的应用程序。他们开发了与用户交互的智能合约,有助于在区块链网络中添加交易或记录。开发人员还可以构建继承应用程序,以促进区块链中的通信。管理员的工作及职责是为区块链网络生成、维护和配置分散的应用程序。运营商有权监控和管理区块链网络及其应用。区块链审计师从业务和法律合规的角度维护或审查区块链网络上的交易历史。在公共网络中,边缘服务授权通过互联网传输到云、企业应用程序和客户端应用程序的信息。它们维

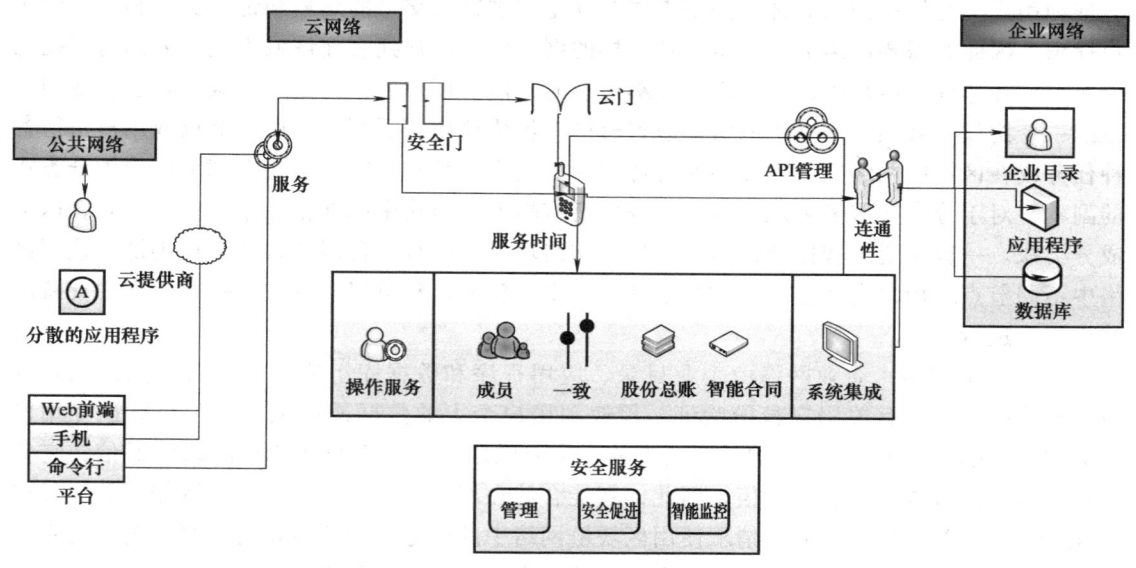

图 6-9 区块链技术基础参考体系结构

护域名系统、内容交付网络、防火墙和负载平衡器等系统。域名系统用于更正统一资源定位符（URL）——专为标识 Internet 上资源位置而设置的一种编址方式。内容交付网络承载用户应用程序，该应用程序为安装的分布式系统提供地理位置，以最小化网络中分布式用户的响应时间。防火墙负责维护并对网络中允许或阻止访问的输入和输出流量进行访问控制。负载平衡器用于分配网络流量，以保持最小的响应时间、延迟，并最大限度地提高资源（如计算机、处理器和存储系统）的吞吐量，平衡本地和全局系统中的负载。

（2）交互选项　在区块链中，用户可以通过多种方式与区块链网络交互。这些交互选项主要包括：软件开发工具包、客户端软件开发工具包、命令行界面。软件开发工具包有助于促进应用程序与其平台之间的交互。区块链应用开发生命周期分为开发阶段、调试阶段、测试阶段和生产阶段。当软件开发周期执行时，区块链应用程序需要与网络交互和通信。客户端软件开发工具包是一个客户端编程库，提供供最终用户程序使用的 API 方法，以及区块链网络内的访问功能。这些程序是用 Java、Python 或其他语言编写的。工具包也支持开发工具。开发人员和管理员通常需要监视、管理用户账户，以及导入和导出某些文本命令格式等活动，所有这些活动都可以通过命令行界面执行。

（3）云网络　云网络由大量运行的节点组成，每个节点都有自己的功能。云网络包括区块链应用程序、应用程序编程接口、区块链服务和系统集成。区块链应用程序有各种类型的应用程序，如 Web 应用程序、最终用户应用程序和基于服务器的应用程序。用户扮演不同的角色，如业务用户、管理员、审计员和操作员。区块链应用程序使用 API 来发布和获取资源（如数据库）的服务。医疗保健、金融部门、保险、能源领域、供应链和物联网等各种应用程序都可以通过区块链实现，从而将成本和时间最小化。API 对于开发人员和用户在其服务中利用数据或信息及其分析非常有用，它可以被不同的跨平台技术调用。区块链技术为应用程序提供各种 API，以使用可以在业务交易中处理的组件。

对于区块链系统的性能和功能环境，有一系列服务。例如，成员服务、共识服务、分类账服务、智能合约服务等。对于成员服务，此服务通过区块链网络以保密方式管理用户 ID、凭据和用户交易历史记录。许可网络需要验证正在进行的交易的用户和记录交易和验证的用户标识，因此它需要网络成员资格。在这样的网络中，用户拥有允许或阻止事务的访问控制的权力。在非许可网络中，提交事务详细信息时不需要用户的授权。共识服务是区块链网络中的一个协议，必须由网络中的每个节点遵循。该协议规定了网络中所有节点或用户执行各种任务或在区块链网络中追加交易所需遵循的时间有效性和规则。它还在网络中维护分类账的副本。对于分类账服务来说，在此服务中所有事务都与块中的加密哈希链接在一起，以形成分类账。一般来说，智能合约是在区块链网络环境中执行的代码链，这个代码链传达了网络中不同节点或用户之间遵守条款的条件或规则。智能合约可以在区块链平台上借助支持的编程语言进行开发。

（4）企业网络 企业网络由企业目录、应用程序和数据库组成。企业目录是指在企业应用程序中，记录有关用户身份验证、授权和用户个人的数据或信息。网关和虚拟专用网（VPN）为用户的访问控制维护其安全服务。企业应用程序用于与区块链网络的通信，它们还与网络中的智能合约进行通信。因此，智能合约在网络中收集和存储企业数据，并通过应用程序共享这些信息，它们还请求使用区块链网络中的服务。企业数据是指区块链中的企业应用程序记录并维护系统的元数据，它还维护包含整个区块链网络历史的系统反馈。事务数据包含网络的所有记录，包括主存储库、财务信息和业务通信。所有数据都可以通过数据存储库和分布式数据存储获得。第二种类型的区块链企业数据是应用程序数据，该数据由企业应用程序收集和生成。为了更好地理解应用程序性能，添加了所有值。日志数据记录在日志文件中，以便将来检查安全性或遵从性。

2. 工业区块链技术思路

在工业应用中，为了实现机器、车间、企业、人之间的可信互联，需要确保设备端产生、边缘侧计算、数据连接、云端存储分析、设计生产运营的全过程可信，从而触发上层的可信工业互联网应用、可信数据交换、合规监管等。区块链技术特点面向工业应用需求，将会在工业互联网的各个层面对其进行加强，从而实现工业数据共享和柔性监管。工业区块链构架如图6-10所示。

（1）可信数字身份 为了实现物理设备的数字孪生，除了传统设备标识之外，对于一些高价值的设备，需要额外为每一个设备配备一个物理级别的嵌入式的身份证书并一次写入到设备中。该身份证书统一在设备出厂的时候，由国家级的设备身份认证中心颁发。所有由该设备产生的数据，在上传到云端的时候都需要由该设备的身份私钥进行签名。数据的使用方可以通过统一的工业CA中心来验证设备数据的身份。

（2）可信数据连接 数据从设备端采集上来以后，经过网关和数据处理，存放在云端的账本里面。在这个过程中，数据可能被有意或无意地篡改，这就需要有技术协议来保障数据在进入账本前不会被篡改或者删除。

（3）可信边缘计算 为了更快处理延迟、减少无效数据传到云端账本，以及降低网络的带宽压力以及存储压力，往往会在边缘侧进行计算。在边缘侧计算资源的环境下，边缘侧计算和云端的计算形成共识，产生可信事件。该事件可以直接触发交易流程，如支付、派工等。

（4）可信工业分布式账本 对于工业应用分布式账本来说，它除了具有传统的难以篡改、共识、受限访问、智能合约等特点以外，还需要具备针对工业数据特点的账本读/写能力，例如达到10万数据点每秒的账本读/写能力，以及针对资产转移状态图迁移的快速读/写能力等，以达到快速溯源的目的。

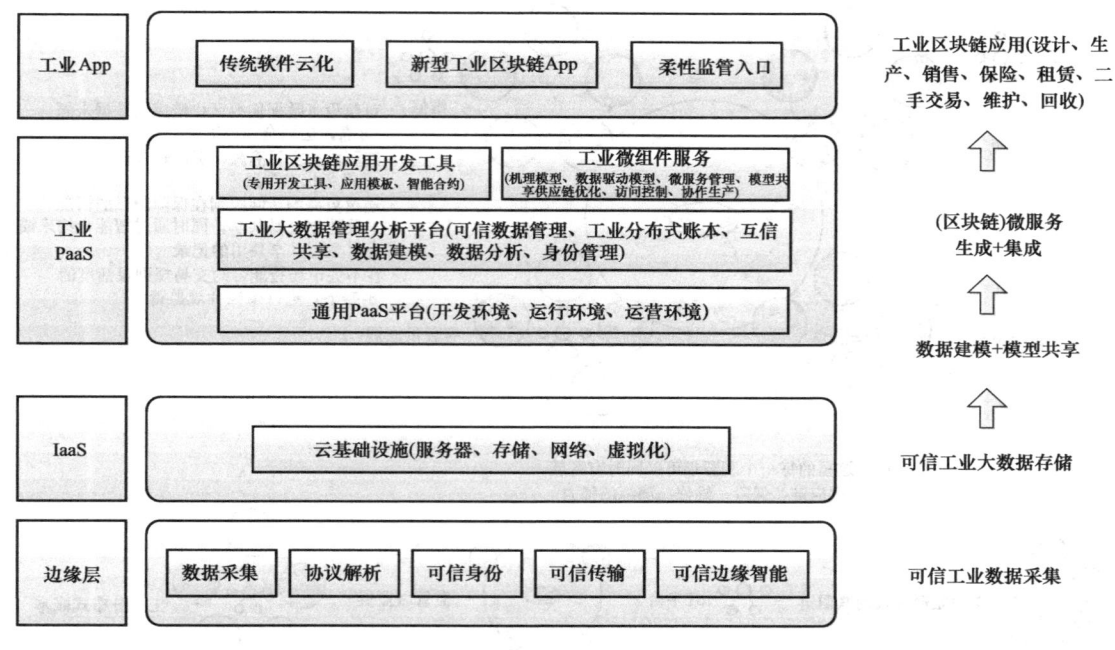

图 6-10 工业区块链构架

（5）可视化智能合约　区块链服务通过拖曳的方式，让区块链联盟成员可以非常方便地设计相关参与者（人、机、机构）的身份权限和规则，并且自动转化为相应的智能合约部署在区块链网络上，快速生成协作工作的应用。

（6）新型工业区块链应用　新型工业区块链应用以及柔性监管入口基于可信数据。相关参与方的数据、过程和规则通过智能合约入链后，默认就实现相关参与方的链上共享。除此以外，跨链相关参与方的共享更是达到可信共享、互惠互通的关键。同时，监管机构以区块链节点的身份参与到基于联盟区块链的工业互联网基础设施中，合规科技监管机制以"智能合约"的软件程序形式介入到产业联盟的区块链系统中，负责获取企业的可信生产和交易数据并进行合规性审查，通过大数据分析技术进行分析，以把握整体工业行业的动态，具体如图 6-11 所示。

6.3.4　工业区块链技术开发工具平台

随着区块链技术的发展，人们开发了多种工业区块链开发工具平台。在本小节中，我们将介绍几个主流的工业区块链技术开发工具平台。

1. 比特币区块链开发平台

最早的区块链开发是对基于比特币的区块链网络进行的。由于比特币是全球使用最广泛和真正意义的去中心化的数字货币。就区块链应用来说，比特币就是世上最强大的锚，拥有最大的权威性。

基于比特币的区块链网络开发主要是基于 Blockchain.info 的 API 进行开发。Blockchain.info 是最流行的比特币钱包和区块查询网站，同时也提供比特币及其区块相关 API。Blockchain.info 提供了多种主流语言的 API 库，包括了比特币的钱包、支付、区块、交易数

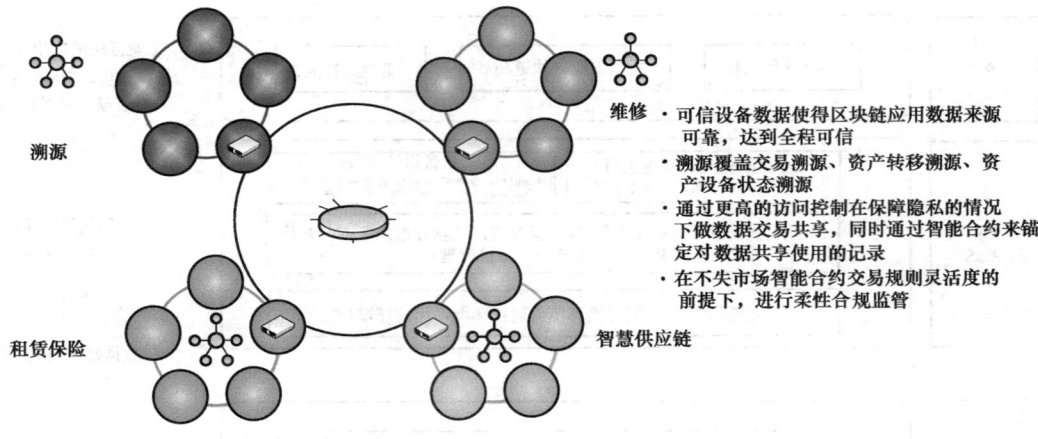

图 6-11 柔性监管在区块链中的作用

据、市场数据等多方面的 API。

安装和使用 Blockchain.info 的 API 比较简单。首先，需要有 Node 环境，然后在 Blockchain.info 上申请接口授权码，再安装 Blockchain Wallet API 服务程序，就可以开始配置和测试 Blockchain Wallet API 服务程序了。要进一步开发，可以根据开发语言选择安装 API 的客户端支持库。

同时，用户可以采用 Docker 容器来快速安装和配置私有节点的比特币测试网络（Bitcoin-testnet）作为开发试验环境，这样可以更深入了解、调试和使用比特币区块链网络。在 Bitcoin 的 wiki 网页上面，提供了很多种语言，都可以调用 Bitcoin 的 RPC，选择适合自己的语言去试验即可。

具体流程如下：下载比特币测试网络的 Docker 镜像，运行 Docker 镜像并启动比特币测试网络，初始化和测试区块链数据，当然为了测试少不了要先挖矿储备一下，然后安装相关开发语言的 RPC 支持库后，就可以调试区块链程序了。

2. 以太坊区块链开发平台

除比特币外，以太坊是目前区块链平台是最吸引眼球的一个图灵完备的区块链一站式开发平台。以太坊采用多种编程语言实现协议，采用 Go 语言写的客户端作为默认客户端。

以太坊（Ethereum）是一个开源的有智能合约功能的公共区块链平台，通过其专用加密货币——以太币（Ether，ETH），提供去中心化的以太虚拟机（Ethereum Virtual Machine）来处理点对点合约。以太币是市值较高的加密货币。

以太坊主网于 2015 年上线，是世界领先的可编程区块链。和其他区块链一样，以太坊也拥有原生加密货币，叫作 ETH。ETH 是一种数字货币，和比特币有许多相同的功能。它是一种纯数字货币，可以即时发送给世界上任何地方的任何人。ETH 是去中心化且具有稀缺性的，其供应不受任何政府或组织控制。全世界的人们都可以使用 ETH 进行支付，或将其作为价值存储和抵押品。

与其他区块链不同的是，以太坊是可编程的，开发者可以用它来构建不同于以往的应用程序。这些去中心化的应用程序（DApp）基于加密货币与区块链技术，因而值得信任。DApp 一旦被"上传"到以太坊，将始终按照编好的程序运行。这些应用程序可以管理数字资产，以便创造新的金融应用。同时，这些应用程序还是去中心化的，这意味着没有任何单一实体或个人可以控制它们。

以太坊是一个能够提供各种模块让用户来搭建应用的平台。如果将搭建应用比作盖房子，那么以太坊就提供了墙面、屋顶、地板等模块，用户只需像搭积木一样把房子搭起来即可。因此，在以太坊上建立应用的成本和速度都大大改善。具体来说，以太坊通过一套图灵完备的脚本语言（Ethereum Virtual Machinecode，EVM）来建立应用，它类似于汇编语言，但以太坊里的编程并不需要直接使用 EVM 语言，而是类似 C、Python、Lisp 等高级语言，再通过编译器转成 EVM 语言。

上面所说的平台之上的应用，其实就是合约，这是以太坊的核心。合约是一个活在以太坊系统里的自动代理人，它有一个自己的以太币地址。当用户向合约的地址里发送一笔交易后，该合约就被激活，然后根据交易中的额外信息，合约会运行自身的代码，最后返回一个结果。这个结果可能是从合约的地址发出另外一笔交易。需要指出的是，以太坊中的交易，不单只是发送以太币而已，它还可以嵌入相当多的额外信息。如果一笔交易是发送给合约的，那么这些信息就非常重要，因为合约将根据这些信息来完成自身的业务。合约所能提供的业务，几乎是无穷无尽的，它的边界就是用户的想象力，因为图灵完备的语言提供了完整的自由度，让用户搭建各种应用。

以太坊的设计遵循以下原则。

1）简洁原则：以太坊协议应尽可能简单，即便以某些数据存储和时间上的低效为代价。一个普通的程序员也能够完美地去实现完整的开发说明，这将最终有助于降低任何用户可能对协议的影响，并且推进以太坊作为对所有人开放的协议的应用。

2）通用原则：没有"特性"是以太坊设计哲学中的一个根本性特点。以太坊提供了一个内部的图灵完备的脚本语言以供用户来构建任何可以精确定义的智能合约或交易类型。

3）模块化原则：以太坊的不同部分应尽可能被设计为模块化的和可分的。开发过程中，应该能够轻易地让用户在协议某处做一个改动的同时，应用层却可以不加改动地继续正常运行。

4）无歧视原则：以太坊协议不应主动地试图限制或阻碍特定的类目或用法，协议中的所有监管机制都应被设计为直接监管，不应试图反对特定的不受欢迎的应用。只要愿意为其支付按计算步骤计算的交易费用，便可以在以太坊之上运行一个无限循环脚本。

以太坊的创建，主要分为以下几步。

（1）基础区块创建　在内核中，以太坊的起点是一个以相当规则的工作量证明挖矿机制为核心的加密货币，以太坊在许多方面比我们今天使用的基于比特币的加密货币简单。由多个输入/输出构成的交易概念被更直观的基于平衡账目的模型取代了。序列号和锁定时间都取消了，并且所有的交易和区块数据都用单一格式编码。与比特币中对公钥加上 04 前缀后进行 SHA256 哈希再进行 RIPEMD160 哈希形成地址的方法不同，这里简单地取公钥的 SHA3 哈希的最后 20 字节作为地址。与其他致力于提供大量的"特性"加密货币不同，以太坊致力于不提供"特性",而是通过一个名为"合约"的涵盖所有的机制为用户提供近乎无限强大的功能。

(2) 修改实施幽灵协议　幽灵(Greedy Heaviest Observed Subtree,GHOST)协议是由Yonatan Sompolinsky 和 Aviv Zohar 在 2013 年 12 月提出的。幽灵协议提出的动机是当前快速确认的块链因为区块的高作废率而受到低安全性困扰。因为区块需要花一定时间(设为 t)扩散至全网,如果矿工 A 挖出了一个区块,然后矿工 B 碰巧在 A 的区块扩散至 B 之前挖出了另外一个区块,矿工 B 的区块就会作废并且没有对网络安全做出贡献。此外,这里还有中心化问题:如果 A 是一个拥有全网 30%算力的矿池,而 B 拥有 10%的算力,A 将面临 70%的时间都在产生作废区块的风险,而 B 在 90%的时间里都在产生作废区块。因此,如果作废率高,A 将简单地因为更高的算力份额而更有效率。综合这两个因素,区块产生速度快的块链很可能导致一个矿池拥有实际上能够控制挖矿过程的算力份额。

正如 Sompolinsky 和 Zohar 所描述的,通过在计算哪条链"最长"的时候把废区块也包含进来,幽灵协议解决了降低网络安全性的第一个问题。这就是说,对于一个区块的父区块和更早的祖先块,祖先块作废的后代区块(以太坊术语中称之为"叔区块")也被加进来,以计算哪一个区块拥有支持其的最大工作量证明。同时,以太坊付给以"叔区块"身份为新块确认做出贡献的废区块 87.5%的奖励,把它们纳入计算的"侄子区块"将获得剩余 12.5%的奖励。

以太坊仅采用了幽灵协议的最基础部分,即废区块只能以叔区块的身份被它的兄弟区块的子区块,而不是更远关系的后辈区块纳入计算。这样做有几个原因:首先,无条件的幽灵协议将计算给定区块的叔区块的合法性,增加复杂性。其次,带有以太坊所使用的补偿的无条件的幽灵协议剥夺了矿工在主链而不是一个公开攻击者的链上挖矿的激励。最后,计算表明基础部分的幽灵协议已经拥有了幽灵协议 80%以上的益处,并且在区块生成时间 40s 的情况下提供了和区块生成时间为 2.5min 的莱特币可相比较的废块率。不过,我们将保守一点,依旧选择和质数币相当的 60s 区块时间,因为单个区块需要更长的时间确认。

(3) 以太坊客户端 P2P 协议　以太坊客户端 P2P 协议是一个相当标准的加密货币协议,并且能够容易地为其他加密货币使用,仅有的改动是引入了上述的幽灵协议。以太坊客户端基本上是被动的,如果没有被触发,它自己做的仅有工作是调用网络、守护进程、维护连接及定期发送消息索要以当前区块为父区块的区块。与只存储与块链相关的有限数据的 Bitcoind 不同,以太坊客户端将同时扮演一个功能完整的区块浏览器后台的角色。

当客户端收到一个消息时,它将执行以下步骤:

1) 哈希该数据,并且检查该数据与其哈希是否已经接收过,如果是,退出,否则将数据发送给数据分析器。

2) 确认数据类型。如果该数据项是一个交易,若交易合法则将其加入本地交易列表,加入当前区块并发布至网络;如果该数据项是一个消息,做出回应;如果该数据项是一个区块,转入步骤3)。

3) 检查区块中的"父区块"参数是否已存储于数据库中,如果否,则退出。

4) 检查该区块头以及其"叔区块列表"中所有区块头中的工作量证明是否合法。如有任意一个非法,则退出。

5) 检查"叔区块列表"中每一个区块的区块头,以确定其是否以该区块的"祖父区块"为父区块,如有任何否,则退出。注意:叔区块头并不必须在数据库中,它们只需有共同的父区块并有合法的工作量证明即可。

6）检查区块中的时间戳是否在其父区块的时间戳之后，同时检查该区块的难度与区块号码是否匹配。如有任何检查失败，则退出。

7）由该区块的父区块的状态开始，加上该区块中的每一笔合法交易，最后，加上矿工奖励。如果结果状态树的根哈希与区块头中的状态根不匹配，则退出；如果匹配，将该区块加入数据库并前进至下一步。

8）为新区块确定 TD（block，"总难度"）。TD 由 TD（genesis_block）= 0 及 TD（B）= TD（B.parent）+sum（u.difficulty for u in B.uncles）+B.difficulty 递归定义。如果新区块拥有比现区块更高的总难度，则新区块将成为"现区块"并进入下一步；否则，退出。

9）如果新区块被改动，向其中加入交易列表中的所有交易，废除交易列表中的所有变为不合法的交易，并且将该区块及这些交易向全网重新广播。

"现区块"是由矿工存储的一个指针，它指向矿工认为表达了最新的网络状态区块。所有索要平衡账目、合约状态等的消息都通过查询现区块并计算后回应。如果一个节点在挖矿，过程有一点轻微的改动，则在做上述所有步骤的同时，该节点在现区块挖矿并将其自己收集的交易列表作为现节点的交易列表。

3. 腾讯云区块链服务平台

腾讯云区块链服务（Tencent Blockchain as a Service，TBaaS）平台依托腾讯云基础设施，为企业及开发者提供一站式、高安全性、简单易用的区块链服务。TBaaS 平台集成开发、管理和运维等功能，支持客户在云上快速部署联盟区块链网络环境。基于 TBaaS 平台，客户可以降低对区块链底层技术的获取成本，专注于区块链业务模式创新及业务应用的开发和运营。腾讯云区块链服务平台架构如图 6-12 所示。

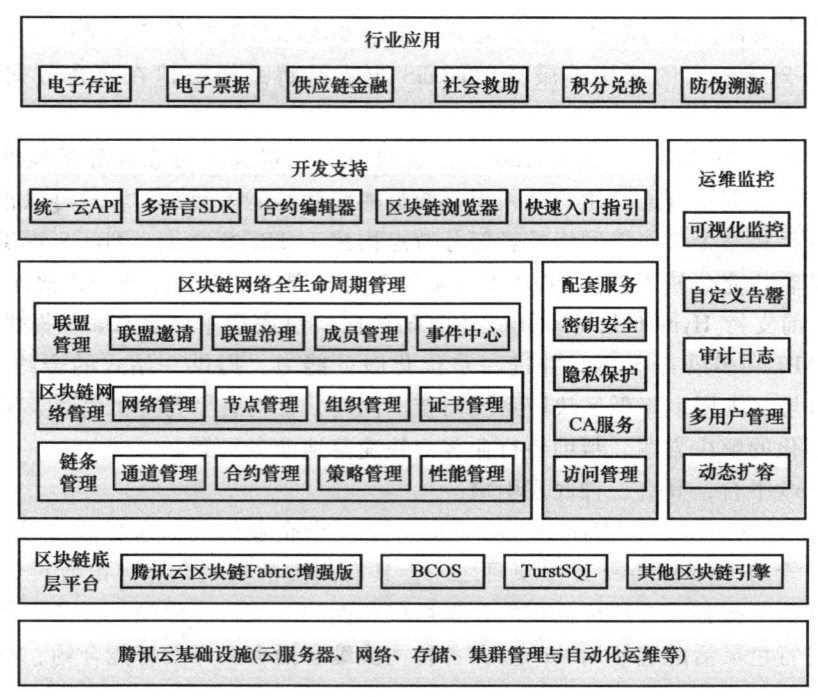

图 6-12　腾讯云区块链服务平台架构

TBaaS 平台不仅符合金融级别的安全性、合规性要求，同时还具备腾讯云完备的能力，用户在弹性、开放的云平台上能够快速构建自己的 IT 基础设施和区块链服务。

TBaaS 是一个企业级的区块链开放平台，可一键式快速部署接入、拥有去中心化信任机制、支持多组织资源分配模式、拥有私有化部署与网络运维管理能力。

TBaaS 平台基础设施架构如图 6-13 所示。

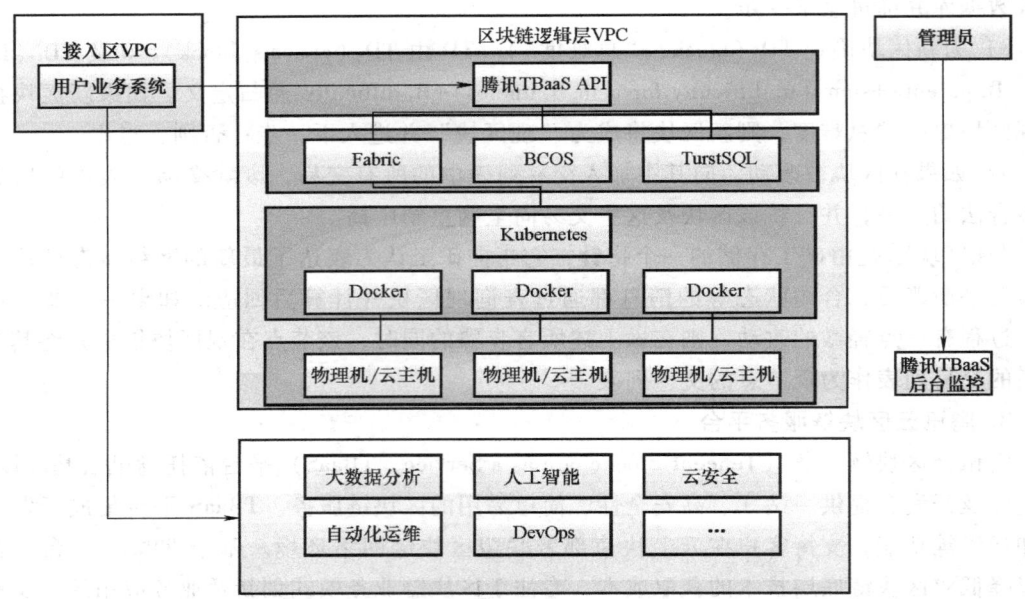

图 6-13　TBaaS 平台基础设施架构

TBaaS 提供两种模式的服务：腾讯公有云金融专区和腾讯专有云。用户可以根据实际业务需求，购买金融云上的区块链服务。TBaaS 也支持将系统搭建在自建数据中心或私有云上。

TBaaS 构建于 Docker 和 Kubernetes 之上，自身具备极高的可靠性和扩展性。同时，与腾讯云其他产品能完全打通，用户无须担心数据膨胀和性能等问题。客户可以根据自身的需求，灵活地选择将整个区块链网络或者部分节点构建于 TBaaS 之上。TBaaS 提供多种互连互通能力，支持客户充分使用现有 IT 基础设施，并连接周边生态和业务合作伙伴。

TBaaS 目前支持 Hyperledger Fabric、BCOS 等区块链底层平台。TBaaS 提供多种用户层接口，包括 API 和多语言 SDK，并进一步优化服务能力，提供一站式的合约编辑、调试、部署、运行环境，大限度降低区块链系统门槛。同时，针对各个行业的特性，TBaaS 提供实践和高度定制化的解决方案，帮助各行业客户快速落地业务场景。

对于 TBaaS 平台，其有三种底层引擎。

（1）Hyperledger Fabric　Hyperledger Fabric 是一个企业级的区块链框架实现，是 Linux 基金会旗下托管的 Hyperledger 开源项目之一，具有高度的模块化、可配置设计，拥有完备的成员管理和治理措施，支持可插拔的共识协议。例如，银行、保险、医疗、供应链等行业可以根据自身特色灵活配置使用 Fabric 和各种主流编程语言来开发智能合约，将其与自身的业务进行对接。

Hyperledger Fabric 不需要利用传统的发币、挖矿、PoW 等手段来激励参与方。针对联盟链场景，差异化设计使得 Fabric 成为当前性能优秀、广受认可的区块链底层引擎。Hyperledger Fabric 系统框架如图 6-14 所示。

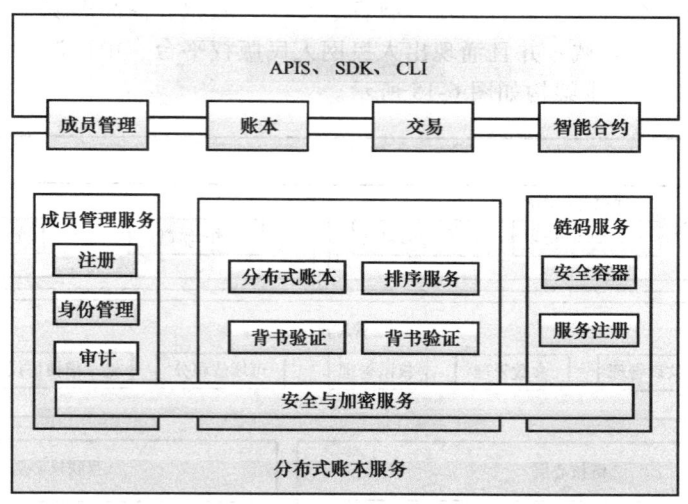

图 6-14　Hyperledger Fabric 系统框架

Hyperledger Fabric 中的智能合约被称为"链码"或者"链代码"。可以使用主流的开发语言，如 Go、NodeJS、Java 来开发智能合约，并在对应的容器环境中执行。

在传统的区块链中，智能合约的执行使用"排序—执行"的架构，其执行结果必须是确定性的，否则可能无法达成共识。为了解决非确定性问题，许多平台要求智能合约使用特定的脚本或者特定的语言（例如 Solidity）进行编写。这需要开发人员熟悉特定语言的开发，否则可能会带来不可预知的错误。此外，由于所有节点上都无差别地顺序执行多笔交易，因此性能和规模受到限制，所有节点必须具备完善的防护措施来抵御恶意合约带来的影响。

Fabric 引入了"预执行—排序—验证"的全新架构，它可以将任何一笔交易分成三个步骤来解决上述"排序—执行"可能带来灵活性、可伸缩性、性能和隐私性方面的问题。该操作步骤如下：

1）预执行一笔交易，并检查其结果的正确性。如果正确，将对结果进行背书/签名，并进行下一步。

2）通过排序服务，对批量的交易进行排序。

3）根据特定的验证策略，对交易的执行结果进行检查。如果检查通过，则应用到账本中。

Fabric 支持多种主流语言开发智能合约。在交易参与排序之前，配合全局的排序服务，以及最终落盘前的验证机制，对交易进行预执行和背书，灵活设定节点，消除不确定性。

（2）FISCO BCOS　FISCO BCOS 是首个国内企业主导研发、对外开源、安全可控的企业级金融联盟链底层平台，由金融区块链合作联盟（深圳）（简称金链盟）成立的开源工作组协作打造，于 2017 年 12 月正式对外开源。

目前，FISCO BCOS 单链性能达到万级 TPS。通过提供易用的工具，开发者可在极短的时间内搭建联盟链，并基于智能合约和多种业务模板开发应用。同时，FISCO BCOS 采用权限控制、隐私保护等策略保护业务安全和隐私，可满足包括金融业在内的广泛行业对区块链解决方案的诉求。

截至 2019 年 6 月，FISCO BCOS 开源生态圈已涵括 400 多家企业机构、逾 6000 名社区成员，并且数量还在与日俱增。基于 FISCO BCOS 搭建的应用有数百个，投产上线的有数十个，场景覆盖政务、金融、公益、医疗、教育、交通、版权、商品溯源、供应链、招聘、农业、社交、游戏等多个领域，并且涌现出人民网人民版权平台、中国澳门智慧城市建设等重磅应用。FISCO BCOS 技术架构如图 6-15 所示。

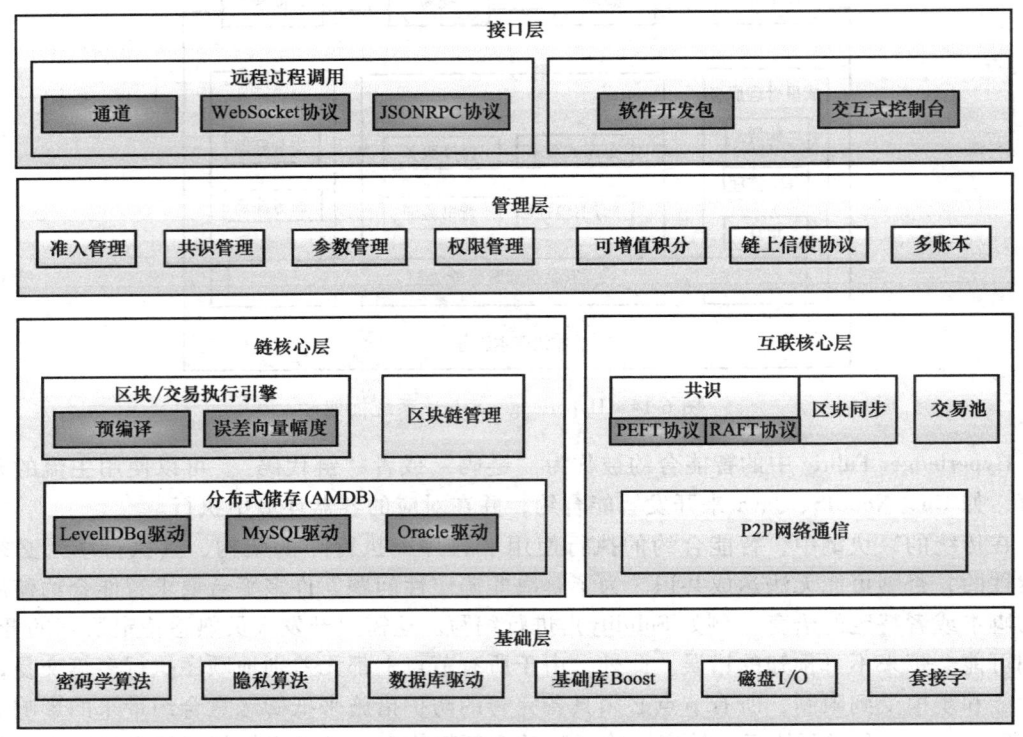

图 6-15 FISCO BCOS 技术架构

在 FISCO BCOS 技术架构中，基础层提供基础工具和算法库。核心层实现区块链内核逻辑以及网络共识算法等关键模块，包括链核心层与互联核心层。链核心层实现区块链的链式数据结构、交易执行引擎和存储驱动。互联核心层实现区块链的基础 P2P 网络通信、共识机制和区块同步机制。管理层实现区块链的管理功能，包括参数配置、账本管理和 AMOP 等。接口层面向区块链用户，提供多种协议的 RPC 接口、SDK 和交互式控制台。

（3）Tencent TrustSQL　Tencent TrustSQL 的核心目标是建立可信赖的区块链服务平台。在此基础上，为行业伙伴提供企业级区块链基础设施、行业解决方案以及安全、可靠、灵活的区块链云服务。在可实现安全可靠的交易对接前提下，TrustSQL 通过高性能的区块链服务、可视化的数据管理手段，帮助企业机构有效降低运营综合成本并提高运营效率。Tencent TrustSQL 系统框架如图 6-16 所示。

4. IBM Hyper Ledger

IBM Hyper Ledger 源于 IBM，初衷是为了服务工业生产。IBM 将 44,000 行代码开源，让人们可以探究区别于比特币的区块链原理。

通过超能云（IBM 中国研究院开发的超能云平台提供了各种云服务）平台，用户可以基于 Hyper Ledger 进行区块链开发，这比想象中要简单得多。超能云给区块链爱好者、开发

第6章 工业区块链

图 6-16 Tencent TrustSQL 系统框架

者的区块链开发测试环境。通过超能云平台，用户能够免费、超快速创建基于 Hyperledger Fabric 的多节点区块链，并在自己的链上调试智能合约。Hyperledger Fabric 的合约是基于 Go 语言的，上手比较简单。

5. LISK

LISK 是新一代的区块链平台，该平台允许用户基于 JavaScript 进行开发。相较于前面几个区块链底层平台，LISK 的优势不仅在于它是第一个完全写在 JavaScript 里的去中心化的应用解决方案，还在于它把每个应用加到 LISK 的单独侧链上。用过比特币和以太坊的用户会发现，由于比特币和以太坊只有一条主链，所有功能和数据都加入这条主链会引发区块快速膨胀，导致超大的区块体积，超长的同步时间。LISK 的侧链模式为在处理高交易量下如何解决网络拥堵的问题提供了一种方法，用户只有用到相关的应用时才需要下载对应的侧链，这大大减少了无效的同步数据，保持了整个 LISK 网络的高效运行。而且，LISK 网络的速度随着时间的推移会持续加快，其优势会愈发明显。

与以太坊和 Hyper Ledger 等以智能合约为核心的区块链不同，LISK 区块链建立的目的并不是为了创建智能合约，而是使用 LISK App SDK 框架来开发不同的应用程序和功能。

6. 布比网络

布比网络是国内区块链技术，特别是底层技术领先者之一，已拥有多项核心技术，并已经成熟地应用在商业积分、游戏币、游戏道具、预付卡、电子券、保险卡单、证券化资产、互助保险等行业和领域。

布比区块链平台系统框架如图 6-17 所示。布比区块链平台分为基础框架层（BubiChain）和应用适配层（Bubi Application Adaptors）。底层基础框架层提供区块链的基础服务；应用适配层提供上层应用所需的功能组件，为具体的应用系统开发提供接口和 SDK，降低由于区块链自身复杂的逻辑所带来的应用开发的难度。对于一般开发的应用适配层，布比提供布萌区块链应用开发平台。该平台基于布比区块链技术，将上层应用所需要的功能组件进行封装，开发者想实现对应的功能，只需要注册成为布比开发者即可获得接口使用权限。同时，平台提供开发者运维所需要的可视化管理工具。

就体验来说，布比区块链的接入应该是几大区块链底层中最容易的，因为它不仅提供标准 REST API，并提供 Java 等主流语言的 SDK 接入。而且，布比区块链平台专注数字资产应用场景，与其他大部分区块链接口纯技术和面向广泛应用的方式相比，布比提供的接口更贴近业务场景，更便于相关数字资产的应用接入到区块链。与以太坊等着重区块技术和智能合约的区块链不同，布比区块链的接入更务实和更易落地。

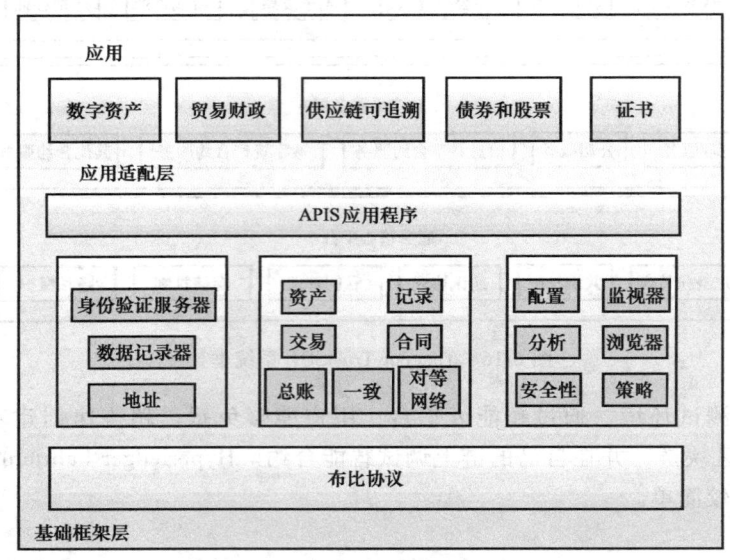

图 6-17　布比区块链平台系统框架

6.4　工业区块链的应用案例

区块链使得相关参与方能够以更加安全、可信、准入的方式分享数据、流程和规则。工业应用和其他应用不同，其过程非常复杂，行业众多，相关参与方除了人、机构以外，还包含工业设备。在整个链条中，除了人和机构的身份以外，更重要的是需要能够给工业设备分配一个区块链的身份，如此才可以让工业应用更为安全。于是，围绕着工业安全，便衍生出设备身份管理、设备注册管理、设备访问控制和设备状态管理的应用场景。当设备、人、机构都有了身份以后，工业生产组织就可以通过共识的智能合约（智能合约代表了集中式协调好的生产组织逻辑，通过分布式的共识来执行）以及分布式账本来刻画与组织相应的生产过程，进而增强过程透明度，提高生产组织的效率。其中，典型的应用场景包括供应链可视化、工业品运输监控、分布式生产以及维修工单管理等，均可以借助区块链的透明性或者智能合约集中式"大脑"协作性的特点，提高工业生产过程效率。

产业生态的复杂化及多样化，使得以往单一链条中某一家或两家巨头可以轻易解决的问题变得越发棘手，往往需要借助金融机构、科技机构来共同提供服务，并在此过程中构筑服务型联盟。工业企业以盟主的身份通过区块链来搭建这样的服务型联盟，提供供应链金融服务、融资租赁服务、二手交易服务、工业品回收服务，帮助制造业的服务型升级。这种服务性联盟不仅能够带来传统生产制造以外的服务收入，也增强了产品服务能力、用户黏性以及生态黏性。

区块链应用图谱如图 6-18 所示。

图 6-18　区块链应用图谱

6.4.1　区块链在飞机制造中的应用

今天的商用飞机可能有数十万甚至数百万个部件，区块链可以为飞机制造商、航空公司和供应商提供一种使制造过程更加透明的方法。

一架典型的单通道商用喷气式飞机由 30 多万个部件组成，而一架超级巨型飞机可由 200 多万个部件组成。即使现有的传感器技术、连接设备、数据分析和云计算技术已取得了很大的进步，但关于哪些部件在哪个飞机上（以及在哪个配置中），以及最后一次由谁提供服务仍然缺乏透明度。事实上，无论谁（例如，飞机制造商、航空公司或关键供应商）要在整个飞机制造过程中获得完整、实时的零部件信息几乎都是不可能的。

区块链技术可以提供解决方案。它有能力在可能是市场竞争关系的各方之间建立信任（但这种信任必须建立在各竞争对手实现共同生态系统内的合作的基础之上），同时实现透明度和隐私之间的平衡。区块链不仅可以跟踪单个组件的来源，还能够在提供飞机上所有部件的信息的前提下，无缝记录飞机 30 年飞行过程中的所有配置数据。飞机制造商供应链示意图如图 6-19 所示。

区块链能够为安装在飞机上的每个部件生成数字"出生证明"，并在每次技术人员维修或检查时更新。收集的数据可以包括飞机的机尾号、部件的位置（GPS 和/或飞机上的插槽位置）、制造商、维修人员的身份信息以及执行维修服务的位置等。而区块链驱动的解决方案可以让所有相关人员/厂商看到飞机全生命周期内的实时状态，同时保留其他人的数据，以避免泄露专有信息或商业机密。例如，实施这种解决方案的机身制造商或航空公司能够看

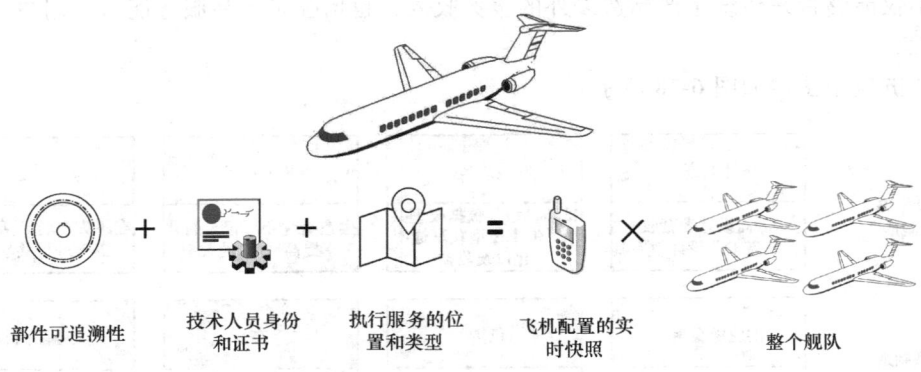

图 6-19 飞机制造商供应链示意图

到其每架飞机上所有部件的状况、使用、安装和制造商,而部件制造商只能看到其产品安装在其中的飞机,而不能看到与竞争对手产品一起安装的飞机。

在效率和安全性方面,区块链技术可以带来巨大的收益。

1)提高资产利用率。实时、不断更新的各部件状况和使用情况分类账将有助于减少飞机日常检查和维护所花费的时间,并减少航空公司所需的备件库存。

2)提高二手飞机的转售价值。喷气式发动机按照制造商的标准进行维护,只使用经过区块链验证的真实部件,在二级市场上就可以卖得高价。通过区块链提供的可验证性同样可以提高二手飞机的转售价值。

3)降低飞行安全成本。操作员(旅客或货物)不会使用没有经过区块链验证的部件。使用没有出处的零件带来的风险要远大于由于缺少零件而不能飞行所带来的风险。了解某个部件的来龙去脉,会大大降低对安全飞行的影响。

6.4.2 区块链在汽车制造中的应用

汽车制造商管理着庞大而复杂的供应链,如图 6-20 所示。原材料被制成独立的部件,组装成更大的系统,最终组装成汽车。不过,尽管汽车制造商最终要对客户和监管机构负责,确保汽车的可靠性和安全性,但它们可能对汽车零部件的来源缺乏足够的了解。

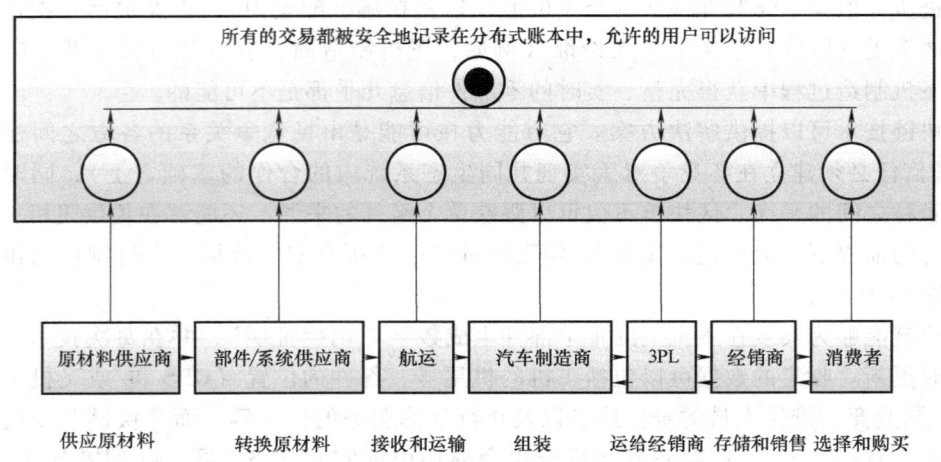

图 6-20 汽车制造商供应链示意图

一个使用区块链技术的解决方案有助于汽车制造商追踪这一过程的每一步,并进入所有供应链层次。此外,无论是由于劣质钢、某个供应商的工作或汽车制造商工厂自身所导致的问题,如果一个零部件存在缺陷,该解决方案能够帮助其确定原因。当与连接的传感器和其他物联网(IoT)技术相结合时,一个区块链驱动的系统甚至可以记录火车或集装箱上的组件装运情况。

当组成汽车供应链的公司形成一个相互依赖的网络,所有利益相关者都可以对产品配置有一定了解,而当信息存储在多个不兼容的系统中时就很难实现。

区块链帮助汽车制造商管理其供应链的其他方式包括:

1)改进召回响应。识别哪些汽车的部件需要召回是一项耗时和资源密集型的任务。数据通常存储在多个系统中,需要协调以确保跟踪产品的准确性。通过利用区块链,有缺陷部件的车辆甚至在离开工厂之前就可以快速、无缝地被识别出来。从供应商工厂到最终装配的故障零件的行程可以追踪。

2)加强库存管理。区块链驱动的解决方案可以帮助汽车制造商及其供应商在整个供应链中实时跟踪瓶颈,并实现更好的库存规划。

参 考 文 献

[1] 袁勇,王飞跃. 区块链共识算法的发展现状与展望 [J]. 自动化学报,2016,4:481-494.
[2] 赵敏. 工业互联网平台的六个支撑要素:解读《工业互联网平台白皮书》[J]. 中国机械工程,2018,29(8):1000-1007.
[3] 陈鹏. 区块链本质 [M]. 北京:清华大学出版社,2019.
[4] 张应平. 大话区块链 [M]. 北京:清华大学出版社,2019.
[5] 谭磊,陈刚. 区块链2.0 [M]. 北京:电子工业出版社,2016.
[6] 梁循. 区块链:技术与应用 [M]. 北京:中国人民大学出版社,2020.
[7] ZHANG S, LIU Y H. Information security and storage of Internet of things based on block chains [J]. Future Generation Computer Systems,2020,106:296-303.
[8] 杨保华,陈昌. 区块链:原理、设计与应用 [M]. 北京:机械工业出版社,2017.
[9] 任华. 华为申请区块链技术专利 [J]. 中国设备工程,2018(6):6.
[10] 周昌岐. 区块链技术专利问题研究 [D]. 昆明:云南大学,2019.
[11] 范凌杰. 自学区块链:原理、技术及应用 [M]. 北京:机械工业出版社,2019.
[12] 毕伟,雷敏,贾晓芸. 区块链导论 [M]. 北京:北京邮电大学出版社,2019.
[13] 彭帅兴. 区块链从入门到精通 [M]. 北京:中国青年出版社,2019.
[14] 熊健,刘乔. 区块链技术原理及应用 [M]. 合肥:合肥工业大学出版社,2018.
[15] 蒋润祥,魏长江. 区块链的应用进展与价值探讨 [J]. 甘肃金融,2016,2:19-21.
[16] 毛德操. 区块链技术 [M]. 杭州:浙江大学出版社,2019.
[17] 郭全中. 文化企业在"新基建"大潮中能做什么 [N]. 中国新闻出版广电报,2020-05-26(3).
[18] 刘志毅. AI与区块链智能 [M]. 北京:人民邮电出版社,2020.
[19] 何蒲,于戈,张岩峰,等. 区块链技术与应用前瞻综述 [J]. 计算机科学,2017,4:6-15.
[20] ZHANG J, SUN M L. Research on the application of block chain big data platform in the construction of new smart city for low carbon emission and green environment [J]. Computer Communications,2020,149:332-342.
[21] 黄舍予. 工业区块链正在改变什么?[N]. 人民邮电,2020-12-16(3).
[22] 徐强. 工业区块链:通往未来工业的金钥匙 [J]. 浙江经济,2020(6):42.

[23] 徐强. 深化制造业数字化变革,探索建设工业区块链 [J]. 智能制造, 2018 (10): 20-23.

[24] 王征. 工业区块链要革了谁的命? 治了谁的病? [J]. 今日制造与升级, 2018 (4): 28-29.

[25] 邓莅川, 龙远朋, 周圣. 区块链技术在工业互联网领域的应用综述 [C] //中国通信学会. 2020 中国信息通信大会论文集 (CICC 2020). 北京: 人民邮电出版社, 2020.

[26] 李汀. 基于区块链的工业物联网节点行为数据分析与追踪模型研究 [D]. 重庆: 重庆邮电大学, 2020.

[27] 曾诗钦, 霍如, 黄韬, 等. 区块链技术研究综述: 原理、进展与应用 [J]. 通信学报, 2020, 41 (1): 134-151.

[28] 阚雷, 王征, 刘欣源. 区块链瞄准工业互联网: 两把刷子解决互信机制 [J]. 今日制造与升级, 2018 (10): 20-21.

[29] 李枞恬, 郭翔宇, 宁黄江, 等. 区块链技术在工业互联网中的应用及网络安全风险分析 [J]. 工业技术创新, 2021, 08 (2): 37-42.

[30] 钟合. 区块链在工业领域的应用场景 [N]. 中国信息化周报, 2021-03-08 (21).

[31] 赵浩然, 张继栋, 谢人超, 等. LHB: 用于工业互联网标识解析的轻量级混合区块链模型 [EB/OL]. [2021-06-07]. https://doi.org/10.19734/j.issn.1001-3695.2020.11.0567.

[32] 张银利. 基于区块链的工业互联网平台体系架构设计 [J]. 电子技术与软件工程, 2021 (3): 195-196.

[33] 曹玉红, 荆博. 基于区块链的工业互联网企业协同架构 [J]. 工业技术创新, 2020, 07 (6): 92-98.

[34] 谢家贵, 李海花. 区块链与工业互联网协同发展构建新基建的思考 [J]. 信息通信技术与政策, 2020 (12): 38-45.

第 7 章

大数据与云计算

导读

随着网络技术及计算机技术在近些年的迅猛发展，数据的价值也随之提升，各个机构都在收集和存储大量数据。从这些数据中获取有用的信息是这些机构保持其竞争优势的关键。对于这些机构来说，数据的分析解决方案非常重要，因为这些分析可以帮助机构从私人获取的或者网络公开获取的数据中提取对提高自身竞争力有用的信息。例如，一些公司将源于消费者票号和产品的私人信息与来自推文、博客、产品评估和社交网络的信息进行交叉关联，并且对这些数据进行分析，以了解并预测客户的需求，并且对资源优化使用。这种模式通常被称为大数据。云计算是分布式计算、效用计算、负载均衡、并行计算、网络存储、热备份冗杂和虚拟化等计算机技术混合演进的结果。

本章知识点

- 大数据与云计算的时代背景以及发展过程
- 云计算的内涵与特性
- 大数据的基础技术与分析技术
- 虚拟机技术与云存储技术

7.1　身边的大数据与云计算

大约从 2009 年开始，"大数据"与"云计算"成为互联网信息技术行业的流行词汇，随处可见"大数据""云计算"等高大上的字样。但是，大数据到底是什么呢？作为一个普通人，并不是专业的 IT 人才，怎样了解大数据？大数据和云计算是不是一样的？它们两个有区别吗？又说，大数据在生活中的应用很多，随处可见，就连我们的吃喝住行都有它的影子。那么，大数据在我们日常生活中又有哪些应用呢？大数据给我们的生活带来了哪些影响呢？

大数据技术离我们并不遥远，它已经来到我们身边，渗透进入我们每个人的日常生活之中。它实现了光怪陆离的全媒体，难以琢磨的云计算，无法抵御的仿真环境。大数据依仗无处不在的智能终端设备，如手机、手环，甚至是能够收集司机身体数据的汽车。通过大数据技术，人们能够在医院之外了解自己的健康状况；通过收集普通家庭的能耗数据，大数据技术给出人们切实可用的节能提醒；通过对城市交通的数据收集处理，大数据技术能够实现城市交通的优化。

近些年，人们的生活以及消费方式已经发生了极大的转变。自淘宝公司创立以来，大众的消费方式越发多元化，O2O、B2B等方式越来越丰富人们的日常生活。大数据以及地图的应用，已经对人们的生活产生了很大的影响。现今类似的网站应用有很多都与数据以及地理信息相关，大众点评正是大数据与地理信息相互结合的优质产品。

对于住房来说，有几个决定因素：区位、人口、环境。人口数据对于城市商业来说是至关重要的。通过定量空间模型制作而成的超精细（160m左右）网格化人口分布数据，结合遥感、地理信息等数十种背景信息数据，制作涵盖全国328个城市的网格（包括其所辖的所有县、县级市、区和街道），网格总数约3亿个，数据项包括总人口数、不同性别人口数、儿童人口数、成人人口数、老年人口数、网格的经纬度等数据项。这些数据为近些年兴起的租房软件提供了技术基础。

对于交通来说，人们的出行情况组成了大数据，可以实时反应交通状况。近年来交通所带来的能耗问题被逐渐重视起来，这不光是对个人资金的节省，更是对自己所在这个环境的一种责任。交通大数据为我们的出行提供了很多的便利。同时，对于环保领域，这些数据也能提供广泛的帮助。通过导航软件所用的传感器来感知每个路段的流量和速度，利用环境学经典公式即可算出汽车的排放量。具体做法是，利用已有GPS数据算出有限道路上的车流量，按照单位时间通过的车流量，最终得出某一行车路段的污染指数。进一步还可以算出这个城市里每一个区域、每一个时间段、每一种污染物的成分和比例，以及随着时间的变化各个地方的污染程度。

除了以上述的应用外，大数据在我们生活中还充当着一些别的角色。例如，当我们浏览网站时，会留下浏览记录，一些网站就会将这些浏览记录拿来分析，从中发现我们自己都可能不知道的秘密。假如，用户经常看一些爱情文章，一些网站就可以认为该用户是在寻找安慰或者最近遇到了情感上的问题，在此基础上，网站的运营者就会给该用户推荐一些爱情文章，从而达到运营者获取用户好感的目的。某些网站为了盈利，就会向用户推荐一些该用户可能感兴趣的东西，其实就是网站对用户数据进行了分析和挖掘，从而得到一些结论。大数据的分析并不是仅仅只对一人，而是对许多的人，所以会让人有种数据被窃取的感觉。

总而言之，技术可以带来进步，让我们的生活有更多便利，但是技术的不良运用也会带来一定的损失和负面效果。

7.2 大数据与云计算概述

近些年来，无论是信息科学研究人员、政策制定者和决策者，还是企业的研究人员，大数据日益引起他们的关注。在这些大量的数据中隐藏着很多潜在的非常有用的价值。因此，在这种数据密集型的科学中诞生了一种新的科学范式，即大数据问题。大数据对于提高企业的生产力和科学学科的突破具有很高的价值，同时，大数据在探索提升企业未来生产力中也会起到关键作用。

7.2.1 大数据的定义与特征

随着计算机在各个行业得到普及，医疗保险、互联网和金融公司以及供应链系统等领域均产生了大量的数据，这些数据被称为大数据。大数据作为一个抽象的概念，除了具备大量数据这个特征，大数据本身还具备其他的一些特征，以将"海量数据"和"非常大的数据"区别开来。一般来说，大数据是指传统的 IT 和软件/硬件工具在可容忍的时间内无法获取、感知、管理和处理的数据集。表 7-1 列出了大数据与传统数据之间的比较。

表 7-1 大数据与传统数据之间的比较

项目	传统数据	大数据
体积	GB	不断更新（当前是 TB 或 PB）
产生速率	每小时	更快
结构	结构化的	半结构化或无结构化
数据源	集中式	完全分配式
数据整合	容易	困难
数据储存	RDBMS	HDFS、NOSQL
评估	交互式	批处理或进展及时

学者们对大数据的具体意义有着不同的解读。为应对数据增加带来的挑战和机遇，Gartner 分析师 Doug Laney 在 2001 年提出了 3V（体积、速度和多样性）模型。尽管这种模型最初并未用于定义大数据，但 Gartner 和许多其他企业，包括 IBM 和微软的一些研究部门仍然使用 3V 模型来描述大数据。在 3V 模型中，体积代表着数据规模会随着大量数据的生成和收集而增大；速度代表着大数据的及时性，特别是数据的收集和分析，必须快速、及时地进行，才能最大限度地实现大数据的商业价值；多样性代表着结构化数据、半结构化和非结构化数据，如视频、音频、网页和文本等，包括了各种类型的数据。

2011 年，麦肯锡公司在其报告中指出，大数据是创新与生产力的下一个前沿。大数据在这份报告中被定义为无法获取、管理和储存的经典数据库软件数据集。该定义包括两个含义：首先，与大数据兼容的数据集正在发生变化，且可能随着时间的推移或技术的进步而增加；其次，不同应用程序中的大数据兼容数据集互不相同。从麦肯锡公司的定义可以看出数据集的体积不是大数据的唯一标准。

在 2011 年 IDC 公司的报告中，将大数据定义为"大数据技术描述新一代技术和架构，旨在通过实现数据的高速发现、捕获，以及从大量数据中经济地提取数据的价值或分析数据。"如图 7-1 所示，大数据的特征根据这个定义，可以概括为体积（大体积）、速度（快速生成）、多样性（各种模态）和价值（价值巨大但密度非常低），这四个 V。因为 4V 突出了大数据的含义和必要性，所以这个定义得到很大程度的认可。该定义解决了从具有巨大规模、各种类型和快速生成的数据集中发现价值这一关键问题。

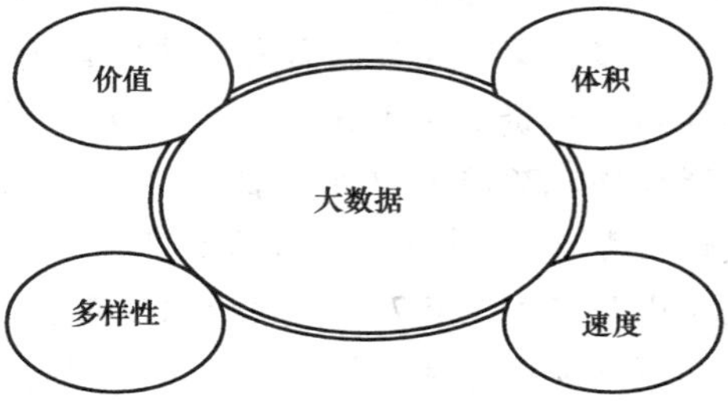

图 7-1 大数据的四个特征

7.2.2 大数据的发展历史

1943 年，一家英国工厂为了破译第二次世界大战期间的纳粹密码，让工程师开发了一系列能进行大规模数据处理的机器，并使用了第一台可编程的电子计算机进行运算。该计算机被命名为"巨人"。为了找出拦截信息中的潜在模式，它以每秒钟 5000 字符的速度读取纸卡，将原本需要耗费数周时间才能完成的工作量压缩到了几个小时完成。破译了德国部队前方阵地的信息，帮助盟军成功登陆了诺曼底。这是人类早期对大量数据进行处理的开始。

"数据库机器"是一种专门用于存储数据和分析数据的技术，这一概念在 20 世纪 70 年代后期开始出现。单个主机计算机系统面对数据量的增加，存储和处理能力变得难以应对。在 20 世纪 80 年代，人们为了满足不断增长的数据量的需求，提出了"无须共享"的并行数据库系统。基于群集使用的无共享系统架构，每台机器都有自己的存储、磁盘和处理器。1986 年，为帮助北美的大型零售公司扩展其数据仓库，Teradata 向零售商 Kmart 交付了第一个存储容量为 1TB 的并行数据库系统，在数据库的发展史上具有里程碑的意义。由此，Teradata 系统成为第一个成功的商业并行数据库系统。在数据库领域，并行数据库的优势在 20 世纪 90 年代后期得到凸显。

目前，索引和查询内容随着互联网服务的发展得以迅速增长。如何处理这些大数据带来的挑战是搜索引擎公司需要面对的问题，大规模数据处理机制和计算架构需要一场根本性的改变。吉姆·格雷作为数据库软件的先驱，将这种转变命名为"第四范式"。EMC/IDC 于 2011 年发布了一份里程碑式的研究报告——"从混沌中提取价值"，首次介绍了大数据的概念和潜力。业界由此对大数据产生兴趣。2011 年，麦肯锡全球研究院发布《大数据：下一个创新、竞争和生产力的前沿》。2012 年，随着维克托·舍恩伯格的《大数据时代：生活、工作与思维的大变革》一书的出版，大数据概念逐渐开始风靡全球。微软、谷歌、EMC、甲骨文、IBM、亚马逊和 Facebook 等业界重要企业在过去几年中均开启了大数据项目。蓝色巨人 IBM 正在加速在大数据领域的布局，自 2005 年以来累计投资 160 亿美元共完成 30 多项大数据相关收购。

大数据在学术界也广受关注。大数据概念于 2008 年首次在 Nature 发布。2011 年，关于大数据"数据处理"关键技术的特刊在 Science 发布。次年，欧洲信息与数学研究联合会（ERCIM）发布了关于大数据的特刊。2012 年初，一份名为"大数据，大影响"的报告在瑞士达沃斯论坛上宣布大数据已经成为一种新的经济资产，就像货币或黄金一样。截至 2021 年，在大数据与云计算领域，全球的市场规模在 3120 亿美元，取得了长足的发展。

很多国家对大数据研究也非常重视。2012 年 3 月，美国政府为推出"大数据研究与发展计划"斥资 2 亿美元，自 1993 年"信息高速公路"倡议后，这是美国的第二项重大科技发展计划。2012 年 7 月，日本总务省 ICT 基本战略委员会发布的《面向 2020 年的 ICT 综合战略（草案）》提出，"提升日本竞争力，大数据应用不可或缺"，战略将重点关注"大数据应用"。2012 年 7 月，联合国发布了"大数据促发展"报告，其中总结了政府如何利用大数据更好地服务和保护其人民。2014 年 5 月，美国白宫发布了 2014 年全球"大数据"白皮书的研究报告《大数据：抓住机遇，守护价值》，该报告鼓励使用数据推动社会进步。我国也于 2019 年，在由中国信息通信研究院、中国通信标准化协会主办的 2019 大数据产业峰会上，发布了四大白皮书，分别是《数据资产管理实践白皮书 4.0》《内存数据库白皮书》《关系型云数据库应用白皮书》和《城市大数据平台白皮书》，并推出了六项举措推进大数据产业发展。

7.2.3 云计算

云计算（Cloud Computing）是一种基于互联网相关服务的使用和交互模式，通常涉及通过互联网来提供动态的、易扩展的且通常是虚拟化的资源。美国国家标准与技术研究院对云计算进行了定义：云计算是一种按使用量付费的模式，这种模式提供可用的、便捷的、按需的网络访问，可使用户进入可配置的计算资源共享池（资源包括网络、服务器、存储、应用软件、服务），这些资源能够被快速提供，只需投入很少的管理工作，或与服务供应商进行很少的交互。也就是说，云计算既是一种商业模式，也是一种计算模式。

通俗地说，云计算就是通过大量在云端的计算资源进行计算，如用户通过自己的计算机发送指令给提供云计算的服务商，通过服务商提供的大量服务器进行计算，再将结果返回给用户。虚拟化作为适宜云计算实施的基础技术之一，通过它实现了在大数据环境中访问、存储、分析和管理分布式计算组件所需的许多平台属性的基础。

云计算通过增加 IT 消费方式的灵活性，使用户只需为其使用的资源和服务付费。为了减少 IT 资本和运营支出，很多用户都在使用云来提供运行其应用程序所需的资源。云在其特定技术和实现方面差异很大，但通常提供基础设施、平台和软件资源作为服务。

云服务可以分为三大类：软件级服务（SaaS）、平台级服务（PaaS）和基础架构级服务（IaaS）。SaaS 可以通过互联网访问，是指在云提供商提供的远程云基础架构上运行的应用程序，例如 Google Docs、Gmail、Salesforce.com 和 Online Payroll 此类服务平台。PaaS 作为平台层资源（可进行操作系统支持、软件开发框架等），是指在云上运行的不同资源，最终为用户提供平台计算，例如 Force 和 Microsoft Azure 此类平台。IaaS 指的是在服务提供商提供的云上运行的硬件设备，并最终由用户根据需要使用。IaaS 的用户能够控制操作系统、应用程序和存储，例如亚马逊的 EC2 平台。考虑到企业应用程序和云环境不同的问题（例如降低成本、提高可靠性等），每种类型的云都有自己的优缺点。因此，如何选择适当的云模型取决于特定的业务场景。

云计算是现代 ICT 和企业应用服务中最重要的变革之一，并已成为执行大规模和复杂计算的强大架构。云计算在经济与技术领域很占优势。在经济上，云计算模型具有很强的吸引力，因为它使用户免于投资基础设施，只要根据需要租用资源支付云资源的使用费用即可。此外，云计算可以帮助降低运营成本，因为服务提供商不必根据峰值负载提供容量。最后，将服务基础设施外包给云，业务风险转移到基础设施提供商，通常基础设施提供商能够更好地管理服务基础设施。除了这些经济优势之外，云计算还具有许多技术优势，包括高能效、硬件和软件资源利用的优化、弹性伸缩、性能隔离和灵活性。

通过以上介绍，可以总结出云计算的特点如下：

1）规模大：大型企业通常均备有几十万甚至几百万台服务器进行云计算，可以保障高速的云计算。

2）虚拟化：终端用户在运用云计算时，通过网络服务来满足用户的需求，并不需要实体提供资源。

3）可靠性高：与本地计算机相比，云计算实现了对多个数据副本的容错，可以调用相同结构的计算节点来减少数据出错的可能性，云计算的可靠性大幅提升。

4）通用性强：云计算能够支持不同的应用同时运行。

5）扩展性高：应用程序和用户规模增长的需要使得云计算能够动态扩展。

6）按需服务：云计算服务是用户根据需要购买的，提高了云计算的利用率。

7）价格便宜：云计算通过自动化集中管理降低了企业大量的管理成本，其高度的通用性和利用率也让普通用户充分享受到云计算带来的便利。

8）具有潜在的危险性：云计算不仅包括计算服务，还包括存储服务。如果选择使用云计算，需要接受潜在的危险，如泄露重要的用户信息文件等。

7.2.4 大数据与云计算的关系

大数据和云计算的相同点在于，它们都是数据存储和处理服务，都需要占用大量的存储和计算资源，因而都要用到海量数据存储技术、海量数据管理技术等。随着数据量的递增、数据处理复杂程度的增加，相应的性能和扩展瓶颈将会越来越大。在这种情况下，云计算所具备的弹性伸缩和动态调配、资源的虚拟化、按需使用以及绿色节能等基本要素正好契合了新型大数据处理技术的需求。在数据量爆发增长以及对数据处理要求越来越高的当下，实现大数据和云计算的结合，才能最大程度上发挥二者的优势，满足用户的需求，带来更高的商业价值。

简单来说就是，大数据的超大容量自然需要容量大、速度快、安全的存储，满足这种要求的存储离不开云计算。高速产生的大数据只有通过云计算的方式才能在可等待的时间内对其进行处理。同时，云计算是提高对大数据的分析与理解能力的一个可行方案。大数据也只有通过数据挖掘才能从低价值密度的数据中发现其潜在价值，而大数据挖掘技术的实现离不开云计算技术。总之，云计算是大数据处理的核心支撑技术，是大数据挖掘的主流方式。大数据与云计算的关系如图 7-2 所示。

大数据与云计算也具有一定的区别。首先，两者的目的不同。大数据是为了发掘信息价值，而云计算主要是通过互联网管理资源，提供相应的服务。其次，两者的研究对象不同。大数据的对象是数据，云计算的对象是互联网资源以及应用等。再次，两者的背景不同。大数据的出现在于用户和社会各行各业所产生的数据呈现几何倍数的增长，而云计算的出现在于用户服务需求的增长，以及企业处理业务能力的提高。最后，两者的价值不同。大数据的价值在于发掘数据的有效信息，云计算则可以大量节约使用成本。

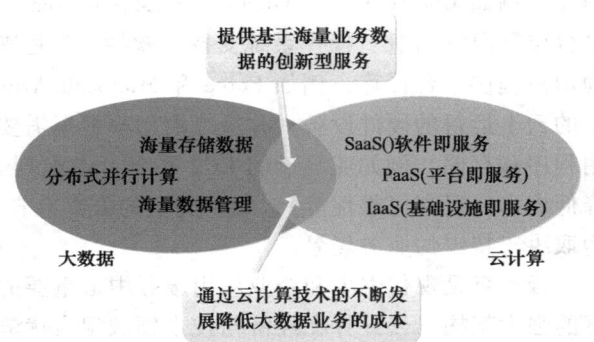

图 7-2 大数据与云计算的关系

7.3 大数据基础技术与分析技术

大数据的本质就是对大量的数据进行收集、存储与分析的操作。由于大数据技术所需处理的数据量大大超过过去人们所能处理的范围，因此大数据采集、传输、存储与传统的技术有所不同。利用数据解决问题是大数据的本质，算法在大数据处理中起着核心的作用。本节主要介绍大数据采集、传输、存储、分析的一些基础技术与一些常用的大数据分析算法。

7.3.1 大数据基础技术

对于大数据，如果我们将数据作为原材料，数据采集是一个开发过程，数据传输是一个传输过程，数据存储是一个存储过程，数据分析是利用大数据创造新价值的生产过程。那么，大数据的基础技术就可以分为四个：数据采集、数据传输、数据存储和数据分析。

1. 数据采集

数据采集通常也被称为数据获取，它是指从模拟和数字被测单元（如传感器和其他被测设备）自动收集信息的过程。在数据分类的新一代数据体系中，可将采集的数据分为线上行为数据与内容数据两大类。线上行为数据包括页面数据、交互数据、表单数据、会话数据等；而内容数据包括应用日志、电子文档、机器数据、语音数据、社交媒体数据等。

大数据采集技术就是对数据进行 ETL 操作，即通过对数据进行提取、转换和加载，最终挖掘出数据的潜在价值，然后提供给用户解决方案或者决策参考。ETL 是指数据从数据来源端经过抽取（Extract）、转换（Transform）、加载（Load）到目的端，然后进行处理分析的过程。由于采集的数据种类错综复杂，对于不同种类的数据，进行数据分析时必须采用提取技术。从原始的、复杂格式中提取需要的数据时，可以丢弃一些不重要的数据。对于提取后的数据，由于数据源头的采集可能存在不准确，所以必须进行数据清洗，对于那些不正确的数据进行过滤、剔除。针对不同的应用场景，对数据进行分析的工具或者系统也有所不同，所以还需要对数据进行数据转换操作，将数据转换成不同的数据格式。最终，按照预先定义好的数据仓库模型，将数据加载到数据仓库中去。

大数据采集主要有三种形式：系统日志采集法、网络数据采集法以及其他数据采集法。

1）系统日志采集法是一种广泛使用的数据收集方法。在该方法中日志文件是由数据源系统自动生成的记录文件，以便用指定的文件格式记录活动供后续分析。很多互联网企业为采集系统日志，会配有自己的海量数据采集工具，如 Facebook 的 Scribe 等。这些工具全部采用分布式架构，可以适应数百 MB/s 的日志数据采集和传输需求。

2）网络数据采集法是指通过网络爬虫和一些网站平台提供的公共 API（如 Twitter 和新浪微博 API）等方式从网站上获取数据。这种方法可以将非结构化数据和半结构化数据的网页数据从网页中提取出来，并将其提取、清洗、转换成结构化的数据，同时将其存储为统一的本地文件数据。目前，常用的网络爬虫系统有 Apache Nutch、Crawler4j、Scrapy 等框架。

3）其他数据采集法是指对于企业生产经营数据或学科研究数据等保密性要求较高的数据，可以通过与企业或研究机构合作，使用特定系统接口等相关方式采集数据。

2. 数据传输

在数据传输过程中，当原始数据被收集后，数据将被传输到数据存储基础架构进行处理和分析。数据传输包括两个阶段：DCN 间传输和 DCN 内传输。DCN 间传输是指从数据源到数据中心间的数据传输，通常通过现有的物理网络基础设施实现。DCN 内传输是指在数据中心内的数据通信流。DCN 内传输取决于数据中心内的通信机制（即物理连接板、芯片、数据服务器的内部存储器、数据中心的网络架构和通信协议）。

由于数据的来源不同，所收集的数据集在噪声、冗余、一致性等方面可能具有不同的质量水平，这就造成转移和存储原始数据将具有一定的成本。在需求方面，某些数据分析方法和应用可能对数据质量有严格的要求。所以，在数据传输之前对数据进行预处理就显得尤为必要。通过预处理来整合不同来源的数据，这不仅可以降低存储费用，还可以提高分析的准确性。典型的数据预处理技术有三种，分别为数据集成、数据清理与冗余消除。

数据集成技术能够组合不同来源的数据，并为用户提供统一的数据视图。数据清理技术是指找出不准确、不完整或不合理数据，然后修改或删除这些数据以提高数据质量的过程。数据冗余是各种数据集的常见问题，指的是数据的多余或重复。数据冗余会增加不必要的数据传输开销并导致存储系统的浪费。因此，许多研究人员提出了各种冗余减少方法，如冗余检测和数据压缩。

3. 数据存储

大数据存储既能实现数据存取的可靠性和可用性，又能实现对大数据的存储和管理。一方面，存储基础设施需要提供足够的可靠存储空间以及信息存储服务的能力；另一方面，为了满足查询和分析大量数据的需求，它必须提供强大的访问接口。关于数据存储技术，主要包括传统集中式数据存储和分布式数据存储。

（1）集中式数据存储　企业是传统互联网数据的重头用户，企业用户多以结构化数据为主，这使得数据的种类较为单一，因此集中式的存储方式对这些数据库管理的数据非常适用。集中式存储涵盖了直连式存储、网络附加存储和存储区域网络三种方式。

1）直连式存储。直连式存储（Direct Attached Storage，DAS）是指将外部存储设备作为整个服务器的一部分，经由数据接口来直接挂载在服务器的内部总线上的存储方式，如图7-3所示。这种存储方式适用于一些对存储要求较低的小型服务器。

2）网络附加存储。网络附加存储（Network Attached Storage，NAS）通过网络技术（如以太网）将外部存储设备与服务器连接起来，如图7-4所示。在该存储方式中，存储设备成为网络中的独立节点，而不再是服务器的一部分。

3）存储区域网络。存储区域网络（Storage Area Network，SAN）为存储设备建立高速专用网络，通过光纤交换机采用光纤通道（Fiber Channel，FC）技术将服务器和存储设备连接起来，如图7-5所示。

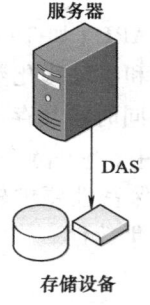
图7-3　直连式（DAS）存储图

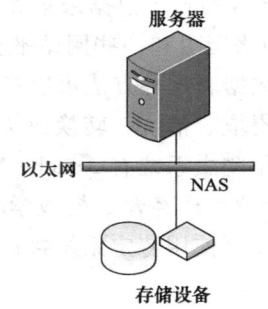
图7-4　网络附加存储（NAS）图

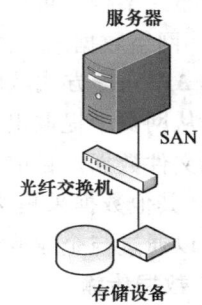
图7-5　存储区域网络（SAN）图

4）三种存储方式的对比。如图7-6所示，从连接方式上比较，DAS采用了存储设备直接连接应用服务器，具有一定的灵活性和限制性；NAS通过网络（TCP/IP、ATM、FDD）技术连接存储设备和应用服务器，存储设备位置灵活，随着万兆网的出现，传输速率有了很大的提高；SAN则是通过光纤通道技术连接存储设备和应用服务器，具有很好的传输速率和扩展性能。从产品的价格方面来说，SAN和NAS远远高于DAS，所以许多用户出于价格因素选择了低效率的直接连接存储而不是高效率的共享存储。

（2）分布式数据存储　人们获取的数据近年来呈指数级增长。单纯依靠在固定位置来扩充硬盘已经不能满足容量、扩展速度、读/写速度和数据备份的要求。并且大数据处理系统由于数据多是来自于不同的客户，其数据种类繁多。面对存储系统需要存储的图片、文档、视频等各种半结构化、非结构化的数据，更适合用分布式文件系统来进行大数据存储管理。

分布式数据存储，是指在不同的地理位置分布存储设备，使得数据可以实现就近存储。

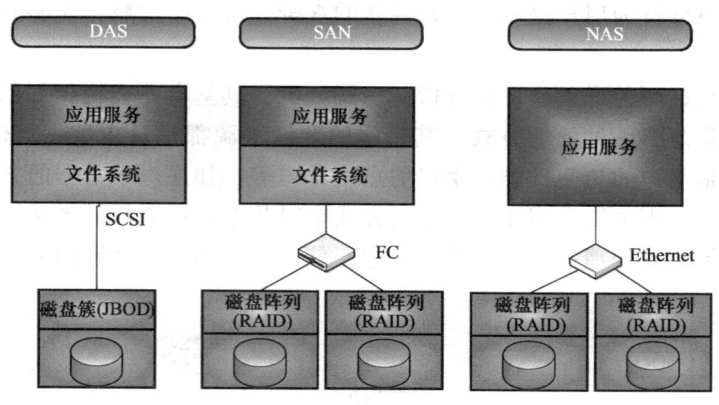

图 7-6 三种大数据存储方式对比图

其优点是带宽压力较小；为降低设备价格和维护成本，可采用多套低端小容量的存储设备来进行分布部署。分布式数据存储在多个存储节点上分发数据，每个节点通过网络连接起来管理这些节点的资源。该系统为用户提供了文件系统的访问接口，使其类似于传统的本地文件系统操作模式，对用户更为透明、直观。

主/从（Master/Slave）体系结构是现今较为主流的分布式文件系统结构，如图 7-7 所示，通常包括主控节点（或称元数据服务器，一般会配置一个活动节点和一个备用节点以实现高可用性）、多个数据节点（或称存储节点）和由各种大数据应用程序或最终用户组成的客户端。

主控节点主要负责管理文件系统命名空间和管理客户端的访问。常见的主控节点命名空间结构有经典的目录树结构，如 Hadoop。分布式文件系统，如淘宝文件系统（Taobao File System，TFS），管理的物理存储资源不一定直接连接在主

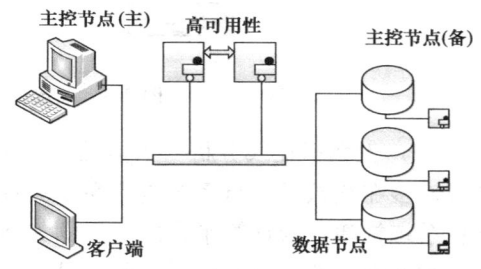

图 7-7 主/从体系结构示意图

控节点上，而是通过计算机网络与节点（可简单地理解为一台计算机）相连。为了维护命名空间，主控节点需要存储一些元数据（Metadata），如文件的所有者和权限、文件到数据节点的映射关系等。除了管理命名空间，主控节点还要对数据节点轮询或接收来自数据节点的定期心跳（Heartbeat）来集中管理数据节点。主控节点根据得到的消息可以验证文件系统的元数据，若发现数据节点有故障，主控节点将采取修复措施，重新复制在该节点丢失的数据块；若有新的数据节点加入或某个数据节点负载过高，主控节点会根据情况执行负载均衡。数据节点负责数据在集群中的持久化储存。数据节点通常以机架的形式组织，机架通过交换机连接起来。数据节点响应来自客户端的读/写请求，还响应来自主控节点的删除和复制命令。

4．数据分析

大数据分析是将大量的原始数据转换成"相关数据"的过程，在将大数据转换为信息的过程中起关键的作用。与传统的数据分析相比，大数据分析的概念有以下三个明显的变化：第一，数据是整体收集的，而不是样本收集的；第二，分析更看重效率而不是绝对的精准性；第三，分析的结果不是因果性而是相关性。相关性是比因果性更广泛的概念，在大数

据时代,相关关系分析为用户提供了一系列新的视野和有用的预测,能够分析出很多以前不曾注意到的联系。

大数据分析包括两种形式,在线分析与离线分析,其基本处理构架如图7-8所示。在互联网应用中,不管是哪一种处理方式,其基本的数据来源都是日志数据。例如对于Web应用来说,则可能是用户的访问日志、用户的点击日志等。如果对于数据的分析结果在时间上有比较严格的要求,则可以采用在线处理的方式来对数据进行分析。当然,如果只是希望得到数据的分析结果,对处理的时间要求不严格,就可以采用离线处理的方式。

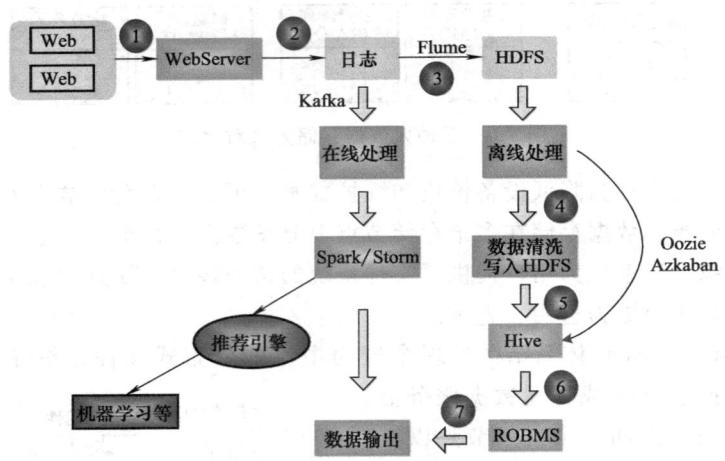

图7-8 大数据在线处理与离线处理架构图

(1) 大数据在线分析 当前的在线分析系统已经能够实时地处理数千万甚至数亿条记录。许多在线数据分析系统构建在以关系数据库为核心的数据库之上,不少新兴的在线数据分析系统构建在云计算平台之上,例如 NoSQL 系统和 Hadoop 上的 HBase,后者开源、易于扩展和管理,并且成本更低。如果没有大数据的在线分析和处理,则无法存储和索引数量庞大的互联网网页,也就不会有现在的搜索引擎,构建在大数据处理基础上的微博、博客、社交网络等也得不到蓬勃发展。

(2) 大数据离线分析 当今单个计算机的存储和处理能力已经远不能负载大数据的数据量。目前,离线数据分析通常建立在云计算平台上。离线分析主要应用于开源 Hadoop 的 HDFS 文件系统和 MapReduce 计算框架。很多的 Hadoop 机群每天运行着成千上万的离线数据分析作业,涵盖了数百台乃至数千台服务器,存储了数 PB 乃至数十 PB 的数据,即 MapReduce 任务。每个作业要处理几百 MB 到几百 TB 的数据,甚至更多的数据,作业运行时间也随之从几分钟延长至几个小时、几天甚至更长的时间。

7.3.2 大数据分析技术

大数据的分析在大数据的处理中处于核心地位,它能帮助人们从大量数据中得到想要获得的有用信息,指导人们的工作与生活。现阶段的大数据分析技术中,最常用的包括可视化分析、数据挖掘算法与预测性分析。

1. 可视化分析

大数据可视化分析是指应用大数据自动分析挖掘方法的同时,利用支持信息可视化的用户界面以及支持分析过程的人机交互方式与技术,有效融合计算机的计算能力和人的认知能力，以获得对于大规模复杂数据集的洞察力。数据可视化对数据分析专家和普通用户来说都是数据分析工具的最基本要求。可视化是指通过让数据自己说话、让观众看到结果，从而直观地展示数据。

可视化技术作为解释大数据最有效的手段之一，最初是在科学与计算领域运用。后因它对分析结果的形象化处理和显示，在很多领域得到了迅速而广泛应用。由于图形化的方式比文字更容易被用户理解和接受，数据可视化就是借助人脑的视觉思维能力，将抽象的数据表现成可见的图形或图像，帮助人们发现数据中隐藏的内在规律。通过将可视化和数据处理分析方法相结合，提高可视化质量的同时也为用户提供更完整的大规模数据解决方案。

2. 数据挖掘算法

可视化是给人看的，数据挖掘则是给机器看的。数据挖掘（Data Mining）是近年来伴随数据库系统的大量建立和万维网的广泛应用而发展起来的一门技术，它是数据库、机器学习与统计学这三个交叉结合而形成的一门新兴技术。

（1）数据挖掘的功能　数据挖掘的目的是从数据库中发现隐含的、有意义的知识。它主要有以下五类功能。

1）自动预测趋势和行为。过去需要进行大量人工分析的问题，如今数据挖掘可以自动通过在大型数据库中寻找的预测性信息迅速得出结论。以市场预测问题为例，数据挖掘利用过去的促销数据，在未来的投资中找到最赚钱的产品。

2）关联分析。关联分析的目的是找出数据间隐藏的关联性。如果两个或多个变量的值之间存在某种相关性，则称之为关联。关联分析生成的规则具有可信性。有时我们不知道数据库中数据的关联函数，即使我们知道该函数的存在，它也是不确定的。

3）聚类。聚类是概念描述和偏差分析的先决条件，指的是数据库中的记录可被划分的一系列有意义的子集。传统的模式识别方法和数学分类学是聚类技术的两种主要方法。Mchalski 在 20 世纪 80 年代初提出了聚类技术的概念。该技术的要点不仅是考虑对象之间的距离，而且要求分类时有一定的内容描述，避免了传统技术的片面性。

4）概念描述。概念描述是对某一类对象的内涵进行描述，并总结其相关特征。概念描述可简单划分为特征性描述和区别性描述。前者描述一类对象的共同特征，后者描述不同类对象之间的差异。生成一个类的特征性描述只对该类对象中所有对象的共性有所涉及。生成区别性描述的方法有很多，例如决策树方法、遗传算法等。

5）偏差检测。偏差指的是数据库中的数据常有一些异常记录，将这些偏差从数据库中检测出来很有必要。偏差通常包括很多潜在的知识，如分类中的反常实例、观测结果与模型预测值的偏差、不满足规则的特例、量值随时间的变化等。偏差检测的基本方法是寻找观测结果与参照值之间有意义的差别。

（2）数据挖掘常用算法　数据挖掘的效果主要取决于数据挖掘的目的与所采用的算法，常用的数据挖掘算法有 k-means 算法、Apriori 算法、最大期望（EM）算法、PageRank、k 最近邻分类算法。

1）k-means 算法。

k-means 算法是一个聚类算法。聚类也是数据挖掘中一个重要的概念，其核心是寻找数据对象中隐藏的有价值的信息。聚类的目的是将数据对象分成多个类或簇，同一簇中的对象具有较高的相似度，而不同簇中的对象差别较大。

k-means 算法通常也被称为 k 均值算法。该算法思想核心为：从目标样本集中随机选取

k 个样本作为簇中心,并计算所有样本与这 k 个"簇中心"的距离;之后,将其划分到与其距离最近的"簇中心"所在的簇中;对于新的簇计算各个簇的新的"簇中心"。

在计算时,假设样本为 $T(X_1, X_2, \cdots, X_m)$,第一步,需要选择初始化的 k 个类别中心 $(a_1, a_2, \cdots, a_k)$。第二步,对于每个样本 X_i,将其标记为距离类别中心 a_j 最近的类别 j。第三步,更新每个类别的中心点 a_j 为隶属于该类别的所有样本的均值。接下来重复第二步与第三步,直到达到某个终止条件为止。

k-means 算法的优点是易理解,有良好的聚类效果。并且该算法在处理大数据集时可以保证高效和良好的伸缩性。当簇近似高斯分布时,该算法有着不错的效果。但是,该算法仍有一些缺点:第一,k 值由用户给定,在数据处理之前,k 值是未知的,不同的 k 值会得到不同的结果;第二,k-means 算法对初始聚类中心点敏感;第三,该算法不适用于寻找非凸形状或大小差异较大的簇。同时,特殊值(离群值)对模型的影响很大。

2)Apriori 算法。

在数据挖掘中,Apriori 算法应用较为广泛。Apriori 算法常用于挖掘属性和结果之间的相关性。我们通常把这种寻找数据内部关联关系的方法称为关联分析或关联规则学习。Apriori 算法就是关联分析中著名的算法之一。关联分析主要是借由算法发现大规模数据集中的频繁项集和关联规则。经常出现在一起的物品或者属性的集合为频繁项集。关联规则是指物品或属性之间的内部关系(统计学上的关系)。因此,频繁项集的函数模块和探索关联规则的函数模块是常见的 Apriori 算法中的主要内容。

Apriori 算法首先要找出所有的频繁项集,这些项集出现的频繁性最低限度要与预定义的最小支持度一样。然后,根据频繁项集产生强关联规则。这些规则必须满足最低支持度和最低可信度。接着,使用第一步中找到的频繁项集生成期望的规则,产生只包含集合的项的所有规则,其中每一条规则的右部只有一项,这里采用的是关联规则的定义。一旦生成这些规则,就只会留下那些大于用户给定的最小置信水平的规则。Apriori 算法使用了递推的方法生成所有频繁项集。

以商品购买作为范例来介绍 Apriori 算法的原理。设想场景如下:有一商场,记录对比每位顾客每次购买商品的清单,会发现购买了某类商品的顾客很大概率还会购买另外一类商品,为了更好地布局商品货架和进行捆绑促销的活动,需要统计分析不同种类商品的关联性。

进一步假定商场仅有四类商品 0、1、2、3,为了统计分析商品的关联性,会自然去逐个计算不同商品组合出现的概率,1、2、3、01、02、03、12、13、23、012、013、023、123,这些组合在 Apriori 中称为项集。如图 7-9 所示。

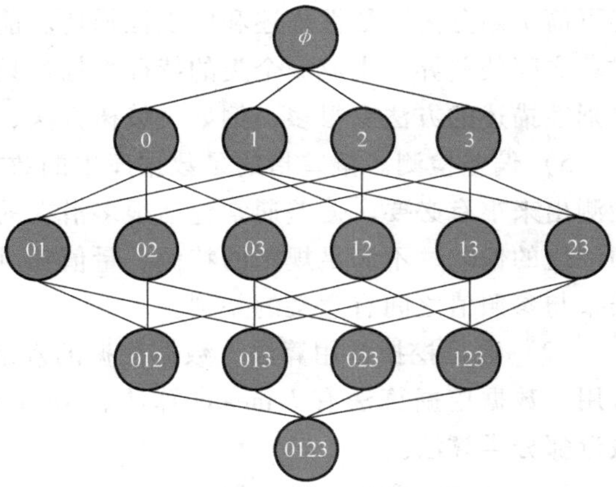

图 7-9 商品组合图

引入具体概念如下:

项与项集:设 itemset = {item1, item2, $\cdots$, itemm} 是所有项的集合,其中,item$k$(k = 1, 2, $\cdots$, m)称为项。项的集合称为项集(Itemset),包含 k 个项的项集称为 k 项集(k-itemset)。

关联规则：关联规则是形如 A = > B 的蕴涵式，其中 A、B 均为 itemset 的子集且均不为空集，而 A 交 B 为空。

支持度（Support）：关联规则的支持度即是项集 A、B 同时发生的概率。

置信度（Confidence）：关联规则的置信度定义如下：

$$\text{confidence}(A \Rightarrow B) = P(B|A) = \frac{\text{support\_count}(A \cup B)}{\text{support\_count}(A)}$$

即项集 A 发生的情况下，则项集 B 发生的概率为关联规则的置信度。

项集的出现频度（Support Count）：相应项集的出现次数，简称为项集的频度、支持度计数或计数。

频繁项集（Frequent Itemset）：满足最小支持度的所有项集。

强关联规则：满足最小支持度和最小置信度的关联规则，即待挖掘的关联规则。

为了便于理解，假定有有 5 份购物清单，总计 5 类商品，1 表示购买，0 表示未买，见表 7-2。

表 7-2　商品项集表

id	item0	item1	item2	item3	item4
1	1	1	0	0	0
2	1	0	1	1	1
3	0	1	1	1	0
4	1	1	1	1	0
5	1	1	1	0	0

其中，项包含 item0、item1、item2、item3、item4，项集为每个 id 对应的 item。

现在想研究 {item1，item2} 与 item3 的关联性。

支持度：{item1，item2，item3} 同时发生概率为 2/5。

置信度：在 {item1，item2} 发生情况下，item3 发生概率，即计算 {item1，item2，item3} 出现的次数占 {item1，item2} 发生次数的比重为 2/3。

若最小支持度为 1/5 而最小置信度为 1/2，则此关联规则为强规则，其为频繁项集中的一个子集。

针对这些商品，要从大量购买数据中分析找到经常一起被购买的商品，我们采用支持度在寻找频繁项集（常见的商品组合）的过程中过滤商品组合，即频繁项集。对于这四种商品，需要对整个数据集进行 15 次轮询，以计算每个频繁项集的支持度。

在 Apriori 算法的原理中，若某个项集是频繁的，其所有子集也是频繁的。若项集是非频繁集，那么其所有超集（包含该非频繁集的父集）是非频繁的。所以将图 7-9 进行适当的优化，如图 7-10 所示。

根据 Apriori 原理，项集 {2,3} 是非频繁的，所以它所有的超集也都是非频繁的，如图 7-10 中白色所示。在实际计算过程中，若计算出 {2,3} 的支持度不满足最小支持度，那么不需要计算 {0,2,3}、{1,2,3} 和 {0,1,2,3} 的支持度，就能得知它们都是非频繁集。

如果遇到数据量较大且种类繁多的情况，逐个轮询的方式会带来巨大的运算量，频繁项集的组合种类会随着商品种类的增加而增加，将变为 $2^n - 1$ 种，运算代价呈现指数级增加。

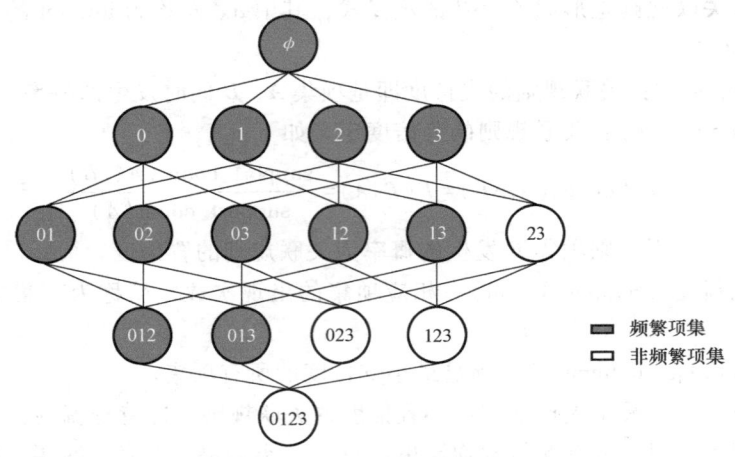

图 7-10 商品组合改进图

研究人员在 Apriori 原理的基础上设计了相应算法以解决巨大运算量的问题。

3) 最大期望（EM）算法。

EM 算法是在依赖无法观测的隐藏变量的概率模型中，寻找参数最大似然估计或者最大后验估计的算法。首先看一下最大期望算法能够解决什么样的问题。举个例子，假如班级里有 50 个男生和 50 个女生，且男生站左，女生站右。假定男生和女生的身高分布分别服从正态分布。这时，用极大似然法，分别通过这 50 个男生和 50 个女生的样本来估计这两个正态分布的参数，便可知道男女身高分布的情况。

通常来说，只有知道了精确的男女身高的正态分布参数才能知道每个同学更有可能是男生还是女生，从另一方面来说，只有知道每个人是男生还是女生才能尽可能准确地估计男女生各自身高的正态分布参数。但当这 50 个男生和 50 个女生混在一起，我们拥有 100 个人的身高数据，但却不知道这 100 个同学中的每个人是男生还是女生，那么如何区别每个同学是男生还是女生呢？

EM 算法可以用迭代的方法来解决这个问题。首先假设男生身高和女生身高分布的参数（初始值），然后根据这些参数去判断每个人是男生还是女生，之后根据标注后的样本反过来重新估计这些参数。多次重复上述过程，直到稳定。

EM 算法大致可分为两个步骤：一是计算期望（E），也就是说，利用已有的概率模型参数估计值来计算隐藏变量的期望值。二是最大化（M），利用 E 步中得到的隐藏变量的期望值，对参数模型进行最大似然估计。M 步中找到的参数估计值被用于下一个 E 步计算中，这两个过程不断交替进行。

下面用一个抛硬币的例子介绍 EM 算法。首先，给定两个硬币 A 和 B，随机抛掷后正面朝上的概率分别记为 p 和 q。每次随机选择一个硬币并抛掷，共抛掷 16 次，可以得到以下观察序列：$H_A H_A T_B T_A H_B H_B T_A H_B H_A T_A T_A H_B H_B H_A T_B$。从而可以从给定数据中估计出 p 和 q 的值。

此时计算 p 和 q 是很容易的，但是如果硬币上的标签（A 和 B）被隐藏起来，不知道每次投掷哪个硬币。鉴于 A 和 B 硬币同样可能被选中，那如何估计未知参数 p 和 q 呢？可以通过 EM 算法进行多次迭代计算来解决这个问题。在每次迭代中有两个步骤：E 步骤和 M 步骤。在 E 步骤中，首先初始化 p 和 q 的值（初始猜测）；其次，我们不说所抛硬币来自特定的硬币，而是说它以概率为 x 来自硬币 A，则来自硬币 B 的概率为 $1-x$；最后，计算出每枚硬币的正反期望数量。在 M 步骤中，首先从 E 步骤的结果中计算出每个硬币正反期望的最大似然；其次，从最大似然值中估计出隐藏变量，并重新估计 p 和 q 的新值。最后，使用新的 p 和 q 值重复 E 步骤，直到它收敛为止。

假设进行了 5 次实验，并且在每次实验中进行了 10 次抛掷（使用两个硬币），结果如图 7-11 所示。

```
1 H T T T H H T H T H
2 H H H H T H H H H H
3 H T H H H H H T H H
4 H T H T T T H H T T
5 T H H H T H H H T H
```

图 7-11 抛硬币结果图

计算时，首先对未知参数初步进行猜测，假设 $p=0.6$ 和 $q=0.5$。对于第一次实验，将此次观察称为 S，如果想要估计观察 S 来自硬币 A 的可能性是多少，即 $P(A|S)$。利用贝叶斯公式：

$$P(A/S) = \frac{P(S/A) \times P(A)}{P(S)}$$

$P(A)$ 是选择硬币 A 的概率，它是 0.5（等于 $P(B)$），因为我们知道每个硬币具有相同的被拾取概率。$P(S|A)$ 是观察的概率，因为它来自硬币 A，使用二项分布，可推断它是

$$P(S/A) = P^5 \times (1-P^5)$$

同样，有

$$P(S/B) = q^5 \times (1-q^5)$$

$P(S)$ 是观察的概率。由于观察可以来自硬币 A 或硬币 B 或两者，因此

$$P(S) = P(S,A) + P(S,B) = P(S/A) \times P(A) + P(S/B) \times P(B)$$

然后，可以得到

$$P(A/S) = \frac{0.5 \times (P^5 \times (1-P)^5)}{0.5 \times (P^5 \times (1-P)^5) + 0.5 \times (q^5 \times (1-q)^5)}$$

将初始猜测的值代入 $p=0.6$ 和 $q=0.5$，得到 $P(A|S)=0.45$，从而得到 $P(B|S)=1-P(A|S)=0.55$。给定观察 1，它来自硬币 A 的概率是 0.45 并且来自硬币 B 的概率是 0.55。因此，预期的头部数量来自硬币 $A=5\times0.45$ 并且尾部 $=5\times0.45$，类似地，来自硬币 B 的头部的预期数量 $=5\times0.55$ 并且尾部 $=0.5\times0.55$。对其他四次实验重复相同的期望（E）步骤，得到硬币 A 预期头部总数 $=21.3$ 且尾部 $=8.6$ 的，硬币 B 预期头部总数 $=11.7$ 且尾部 $=8.4$。因此，对未知参数 p 和 q 的新估计是 0.71 和 0.58。重复上述 E 和 M 步骤，直到 p 和 q 的值收敛。在这个例子中，p 和 q 的值在大约第 10 次中收敛到最终值 $p=0.8$ 和 $q=0.52$。

4）PageRank 算法。

PageRank 又称网页排名、谷歌左侧排名，是一种由搜索引擎根据网页之间相互超链接计算的技术。它以 Google 公司创办人拉里·佩奇（LarryPage）之姓来命名，Google 用它来体现网页的相关性和重要性。

假设一个由四个网页组成的群体：A、B、C 和 D。如果所有页面都只链接至 A，那么 A 的 PR（PageRank）值将是 B、C 及 D 的 PR 总和，即

$$PR(A) = PR(B) + PR(C) + PR(D)$$

重新假设，B 链接到 A 和 C，C 只链接到 A，并且 D 链接到全部其他的三个页面。因为一个页面总共只有一票，所以 B 给 A 和 C 每个页面半票。以同样的逻辑，D 投出的票只有 1/3 算到了 A 的 PR 值上，即

$$PR(A) = \frac{PR(B)}{2} + PR(C) + \frac{PR(D)}{3}$$

如果一个网页被很多其他网页链接到，那说明这个网页的重要性较高，也代表了这个网页的 PR 值会较高。如果一个网页链接到 PR 值很高的网页，那么这个网页的 PR 值也会相应提升。

PageRank 算法有着显著的优点，效率高、原理简单。同时，它也存在着自身的缺点。第一，更能体现 PR 值的传递关系是不同网站之间的链接，但是算法未能对不同网站之间的链接和站内导航链接进行区分。第二，对于没有什么实际价值的广告链接和功能链接（例如"分享给微信好友"），算法也没有过滤。第三，通常新网页的入链较少，要成为一个高 PR 值的页面需要一定时间，这就使得好的新网页不能被识别，即这个算法对新网页不够友好。

5）k 最近邻分类算法。

k 最近邻（k-Nearest Neighbor，kNN）分类算法是指在特征空间中，如果一个样本附近的 k 个最近（即特征空间中最邻近）样本的大多数属于某一个类别，则该样本也属于这个类别。该算法是一个理论上比较成熟的方法，也是最简单的机器学习算法之一。

下面通过一个案例对该算法进行介绍。如图 7-12 所示，用正方形和三角形分别代表两类不同的样本数据，待分类的数据用图正中间的圆表示。下面讲解如何对圆表示的数据进行分类。

判断圆属于哪一类数据，要从它的邻居着手。对于邻居的取样数据要有一定的依据。如图 7-12 所示，若 $k=3$，那要观察距离圆的最近的 3 个邻居，分别是 2 个三角形和 1 个正方形，基于少数从属于多数的统计方法，判定这个圆待分类点属于三角形这类。若 $k=5$，那要观察距离圆点

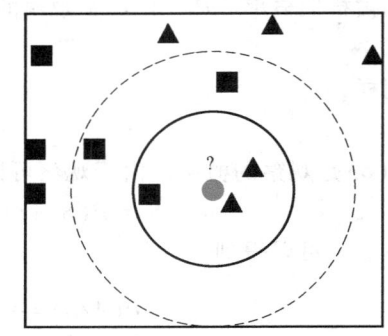

图 7-12 k 近邻算法示例图

最近的 5 个邻居，分别为 2 个三角形和 3 个正方形，判定这个圆待分类点属于正方形一类。

由此可知，k 最近邻分类算法可应用于无法判定当前待分类点是从属于已知分类中的哪一类的情况。依据统计学的理论根据其所处的位置特征，衡量它周围邻居的权重，把它归为（或分配）到权重更大的那一类。k 最近邻分类算法所选择的邻居均为正确分类过的对象。k 最近邻分类算法在决策中只根据最近的一个或多个样本的类别来确定待分类样本的类别。

k 最近邻分类算法本身简单有效，分类器不需要使用训练集进行训练，训练时间复杂度为 0。k 最近邻分类算法的计算复杂度和训练集中的文档数目成正比，即如果训练集中的文档总数为 n，则 k 最近邻分类算法的时间复杂度为 $O(n)$。

k 最近邻分类算法在原理上依赖极限定理，但在类别决策时，只与极少量的相邻样本有关。由于 k 最近邻分类算法主要依赖于周围有限的邻近样本，而不是靠判别类域的方法来确定所属类别的，因此对于类域的交叉或重叠较多的待分样本集来说，k 最近邻分类算法较其他方法更为适合。

k 最近邻分类算法不仅可以用于分类，还可以用于回归。通过找出一个样本的 k 个最近邻居，将这些邻居的属性的平均值赋给该样本，就可以得到该样本的属性。更有用的方法是将不同距离的邻居对该样本产生的影响给予不同的权值（Weight），如权值与距离成反比。

该算法在分类时有个主要的不足是，当样本不平衡时，如一个类的样本容量很大，而其他类样本容量很小时，有可能导致当输入一个新样本时，该样本的 k 个邻居中大容量类的样本占多数。该算法只计算最近的邻居样本，某一类的样本数量很大，这类样本并不接近或很靠近目标样本，无论怎样，数量并不能影响运行结果。此时，可以采用权值的方法（和该样本距离小的邻居权值大）来改进。

求得每一个待分类样本的 k 个最近邻点，都需要计算它到全体已知样本的距离，因此该方法存在计算量较大的不足之处。应对这个问题，解决方案是对已知样本点事先进行处理，提前把对分类作用不大的样本剔除。但是，对于样本容量较小的类域采用这种方法比较容易导致误分类，这种方法更适用于样本容量比较大的类域的自动分类。

3. 预测性分析

数据挖掘可以让人们更好地理解数据，该技术是一种数据的前期铺垫工作，而预测性分析可以让人们根据可视化分析和数据挖掘的结果做出一些预测性的判断。

大数据的根本任务是通过数据解决问题，大数据预测就是基于大数据和预测模型去预测未来某件事情的概率，这是大数据最核心的应用。大数据预测的优点在于它可以把一个非常困难的预测问题，转化为一个相对简单的描述问题，传统的小数据集在这方面是无法企及的。从预测的角度看，大数据预测所得出的结果不仅仅是用于处理现实业务的简单、客观的结论，更是能用于帮助企业经营的决策。

通常，每个非常规的变化事前会有征兆，每一件事都有痕迹可循。如果我们能归纳出征兆和变化之间的规律，就能根据规律进行预测，这就是大数据预测的逻辑。大数据预测未来并不是简单地预测某件事情必然会发生，更多的是给出一个事件会发生的概率。通过不断地重复实验，大数据积累到足够的规模，并从中分析规律，从而达到预测未来的功能。

预测分析同时也是一个极端困难的任务，实施成功的预测分析有赖于数据的质量。数据是预测分析的基础，数据通常来自内部数据，如客户交易数据和生产数据。为了预测的准确性，还需要补充外部数据源，如行业市场数据、社交网络数据和其他统计数据。与内部数据不同，这些外部数据未必一定是"大数据"，外部数据中的变量是否有助于预测才是关键所在。总之，数据越多，相关度和质量越高，找出原因和结果的可能性就越大。

2009 年，谷歌利用大数据对流感的准确预测可以很好地说明大数据在预测分析中的作用。2009 年，全球首次出现甲型 H1N1 流感，在短短几周之内迅速传播开来，引起了全球的恐慌，公共卫生机构面临巨大压力，如何预防这种疾病的传染，是一个急需解决的重大问题。预防的核心是预测病情的蔓延程度，现实的情况是人们可能患病多日，实在忍不住才会去医院，即使医生在发现新型流感病例时，立刻告知美国疾病控制与预防中心（CDC），然后 CDC 汇总统计，整体上仍然需要大约两周的时间。对于一种飞速传播的疾病而言，信息滞后两周将会带来非常严重的后果。能否提前或者实时对疫情进行预测呢？

碰巧的是，在甲型 H1N1 流感爆发的几周前，谷歌的工程师们在《Nature》杂志上发表了一篇论文，通过谷歌累计的海量搜索数据，可以预测冬季流感的传播。在互联网普及率比较高的地区，当人们遇到问题时，网络搜索已经成为习惯。谷歌保留了多年来所有的搜索记录，而且每天都会收到来自全球超过 30 亿条的搜索指令，谷歌的数据分析师通过人们在网上的搜索记录就可以完成各种预测。就流感这个具体问题，谷歌用几十亿条检索记录，处理了 4.5 亿个不同的数字模型，构造出一个流感预测指数，即 GFT。结果证明，这个预测指数与官方数据的相关性高达 97%。和 CDC 流感播报一样，基于 GFT 指数可以判断流感的趋势和流感发生的地区,但是比 CDC 的播报可以提前两周,有力地协助卫生当局控制流感疫情。也就是说,人们不需要等 CDC 公布根据就诊人数计算出的发病率,就可以提前两周知道未来医院因流感就诊的人数了。有了这两周,人们就可以有充足的时间提前预防。

然而,大数据预测也有失准的时候。2014 年,Lazer 等学者在 *Science* 发文报告了 GFT 近年的表现。2009 年,GFT 没有能预测到非季节性流感 A-H1N1;从 2011 年 8 月到 2013 年 8 月的 108 周里,GFT 有 100 周高估了 CDC 报告的流感发病率。相比于 2013 年实际的流感趋势,GFT 的预测偏差高达 140%。当谷歌关闭 GFT 的时候,这个项目已经从"大数据运用的典范"变成了"大数据缺陷的典范"。

但 GFT 的失败并不能够抹灭大数据本身的价值。在 2009 年甲型 H1N1 流感爆发的时候,与滞后的官方数据相比,谷歌的流感趋势是一个更有效、更及时的风向标。公共卫生机构的官员获得了非常及时、有价值的数据信息。谷歌并不懂医学,也不知道流感传播的原理,但是以事物相关性为基础,以大数据为样本,其预测精准性与传统方式不相上下,而且其超前性是传统方式所无法比拟的,而如今的大数据预测也在不断地调整和完善。

7.4 云计算基础技术

云计算是一种分布式计算,通过网络"云"将庞大的数据计算处理程序分解成无数的小程序,再通过由多台服务器组成的系统对这些小程序进行处理和分析,得到结果并返回给用户。数以万计的数据通过这项技术,可以在很短的时间内(几秒钟)完成处理,从而实现强大的网络服务。本节着重介绍虚拟机技术与云存储技术这两种云计算的核心技术。

7.4.1 虚拟机技术

云计算的核心首先是计算。从技术上来说,云计算最核心的功能就是计算虚拟化,即虚拟机技术。从功能上来分析,虚拟机技术的主要功能在于更好地扩大硬件容量,同时在计算过程中,促使计算机元器件能够在一个虚拟环境中运行。经过长期的研究和应用,虚拟机技术还能够利用软件的相关方法,较好地模拟其他操作系统的硬件。这种操作并不需要连接大量的服务器或者设备,完全可以在一台计算机上完成,从而提高工作效率,促使虚拟化更加的真实。

什么是虚拟化呢?所谓虚拟化,是指将一台计算机虚拟为多台逻辑计算机。这样,每个逻辑计算机可以运行不同的操作系统,并且应用程序都可以在相互独立的空间内运行而互不影响,从而显著提高计算机的工作效率。

虚拟化的核心软件是虚拟机监控器(Virtual Machine Monitor,VMM),它是一种运行在物理服务器和操作系统之间的中间层软件。VMM 可以访问服务器上包括 CPU、内存、磁盘、网卡在内的所有物理设备。VMM 不但协调着这些硬件资源的访问,同时也在各个虚拟机之间施加防护。当服务器启动并执行 VMM 时,它会加载所有虚拟机客户端的操作系统,同时会分配给每一台虚拟机适量的内存、CPU、网络和磁盘。

虚拟化技术有很多实现方式,根据虚拟化的程度和级别,有软件虚拟化、硬件虚拟化、完全虚拟化和半虚拟化。

1)软件虚拟化,就是采用纯软件的方法在现有的物理平台上实现物理平台访问的截获和模拟。该物理平台往往不支持硬件虚拟化。常见的软件虚拟化技术是 QEMU。该技术是通过纯软件来仿真 x86 平台处理器的指令，然后解码和执行。该过程并不在物理平台上直接执行，而是通过软件模拟实现，因此往往性能比较差，但是可以在同一平台上模拟出不同架构平台的虚拟机。近些年，新兴的软件虚拟化技术是 VMM，该技术采用了动态二进制翻译技术，允许客户机的指令在可控的范围内直接运行。客户机指令在运行前会被 VMM 扫描，其中突破 VMM 限制的指令被动态替换为可以在物理平台上直接运行的安全指令，或者替换为对 VMM 的软件调用。因此，其在性能上比 QEMU 有大幅提升，但是失去了跨平台虚拟化的能力。

2）硬件虚拟化，简单来说，就是物理平台本身提供了对特殊指令的截获和重定向的硬件支持，新的硬件会提供额外的资源来帮助软件实现对关键硬件资源的虚拟化，从而提升性能。例如 x86 平台，CPU 带有特别优化过的指令集来控制虚拟过程，通过这些指令集，VMM 会将客户机置于一种受限模式下运行，一旦客户机试图访问硬件资源，硬件会暂停客户机的运行，将控制权交回给 VMM 处理。同时，VMM 还可以利用硬件的虚拟化增强技术，将客户机对硬件资源的访问，完全由硬件重定向到 VMM 指定的虚拟资源。由于硬件虚拟化可提供全新的架构，支持操作系统直接在上面运行，无须进行二进制翻译转换。同时，该架构减少了性能开销，极大地简化了 VMM 的设计，从而使 VMM 可以按标准编写，并且具有通用性更好、性能更强的优点。

3）完全虚拟化，又叫作硬件辅助虚拟化。最初所使用的虚拟化技术就是完全虚拟化（Full Virtualization）技术，它在虚拟机（VM）和硬件之间加了一个软件层（Hypervisor），或者叫作虚拟机管理程序或虚拟机监视器（VMM）。完全虚拟化技术几乎能让任何一款操作系统不用改动就能安装到虚拟服务器上，而且可以让用户完全不知道自己运行在虚拟化环境下。但是，完全虚拟化技术在性能方面不如裸机，因为 VMM 需要占用一些资源，会给处理器带来负担。

4）半虚拟化技术，是近几年出现的新技术，也叫作准虚拟化技术，它就是在完全虚拟化的基础上，把客户操作系统进行了修改，增加了一个专门的 API，这个 API 可以将客户操作系统发出的指令进行最优化，即不需要 VMM 耗费一定的资源进行翻译操作。因此，VMM 的工作负担变得非常小，从而整体的性能也有很大的提高。半虚拟化的缺点就是要修改包含该 API 的操作系统，但是对于某些不含该 API 的操作系统（主要是 Windows）来说，就不能用这种方法。半虚拟化技术的优点是性能高，经过半虚拟化处理的服务器可与 VMM 协同工作，其响应能力几乎不亚于未经过虚拟化处理的服务器。

7.4.2 云存储技术

云存储是指通过集群应用、网格技术或分布式文件系统等功能，将网络中大量各种不同类型的存储设备通过应用软件集合起来协同工作，共同对外提供数据存储和业务访问功能的一个系统。该系统本质上是一个以数据存储和管理为核心的云计算系统。用户可以将本地的资源上传至云端，可以在任何地方连入互联网来获取云上的资源，如图 7-13 所示。

在数据存储方面，云计算采用的是具有可用性

图 7-13　云储存示意图

强、安全性高、经济性好的分布式存储方式，同一份数据使用多个副本进行存储，有效地解决了用户对存储容量、存储位置以及存储数据安全性等问题的担忧，提高了云计算的使用效率。此外，随着现代科学技术的快速发展，对云计算的数据存储也提出了更高的要求，其数据存储技术必须具备吞吐率高和传输率快的优点，才能在满足诸多客户需求的同时并行地为客户提供优质服务，使客户的工作效率得到显著提升。谷歌的 GFS 是云计算存储技术的主要代表。除此之外，一些 IT 公司也对数据存储的解决方案进行了各自的分析和研究。他们的主要目的是进一步完善云计算的数据存储技术，为将来在超大规模的数据存储、加密和安全保障等方面的发展提供帮助。

与传统的存储设备相比，云存储不仅仅是一个硬件，还是一个由网络设备、存储设备、服务器、应用软件、公用访问接口、接入网和客户端程序等多个部分组成的复杂系统。各部分以存储设备为核心，通过应用软件来对外提供数据存储和业务访问服务。云存储系统的结构模型如图 7-14 所示，它由存储层、基础管理层、应用接口层与访问层组成。

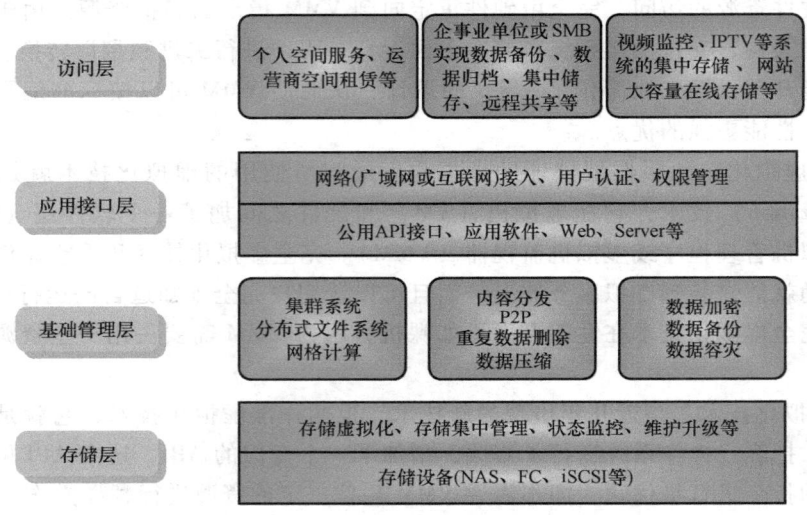

图 7-14 云存储系统的结构模型

存储层是云存储系统最基础的部分。存储设备可以是光纤通道存储设备，可以是 NAS 和 iSCSI 等 IP 存储设备，也可以是 SCSI 或 SAS 等 DAS 存储设备。云存储中的存储设备往往数量庞大且多分布在不同地域，彼此之间通过广域网、互联网或者光纤通道（FC）网络连接在一起。存储设备之上是一个统一存储设备管理系统，可以实现存储设备的逻辑虚拟化管理、多链路冗余管理，以及硬件设备的状态监控和故障维护。

基础管理层是云存储最核心的部分，也是云存储中最难实现的部分。基础管理层通过集群、分布式文件系统和网格计算等技术，实现云存储中多个存储设备之间的协同工作，使多个存储设备可以对外提供同一种服务，并提供更大、更强、更好的数据访问性能。

应用接口层是云存储最灵活多变的部分。不同的云存储运营单位可以根据实际业务类型，开发不同的应用服务接口，提供不同的应用服务，例如视频监控应用平台、IPTV 和视频点播应用平台、网络硬盘应用平台、远程数据备份应用平台等。

访问层提供用户访问云存储系统的功能，任何一个授权用户都可以通过标准的公用应用接口来登录云存储系统，享受云存储服务。云存储运营单位不同，云存储提供的访问类型和访问手段也不同。

7.5 大数据与云计算的应用

近些年,大数据与云计算的应用变得愈加广泛,涉及物流、交通、安防、能源、医疗、建筑、制造、家居、零售和农业等各个领域。

7.5.1 大数据与云计算在制造业中的应用

目前,大数据与云计算在制造业中有广泛的应用。通过在制造业中的推广和应用,大数据与云计算可以从多方面提高企业的生产率和竞争力。通过分析大数据的相关性,制造业企业在营销方面可以更准确地预测消费者行为。同时,企业在比较大量数据后,可以优化产品价格。在运营中,企业可以提高运营效率和满意度,准确预测人员需求,优化劳动力配置,避免产能过剩,降低劳动力成本。在供应链方面,企业可以利用大数据进行库存优化、物流优化。

可以通过大数据来帮助制造业企业进行消费者需求分析。目前,很多企业管理者都意识到了消费者再也不是营销产品的被动接收器,于是企业管理者通过大数据来了解并设计消费者需求的产品,这应该是所有制造业企业都应该去考虑的一个大数据的生产应用场景。借助大数据,企业对采集来的企业内部数据(内源数据),例如销售网点的数据、消费者直接反馈等,与外部数据(外源数据),例如社交媒体的评论、描述产品用途的传感器数据等,通过微观细分、情感分析、消费者行为分析以及基于位置的营销等手段,摸清消费者的需求,彻底改变曾经那种"跟者感觉走"的状态,改变直觉猜测消费者需求的局面。基于对消费者需求分析的需要,制造业企业需要建立利用内源数据以及外源数据的机制,全渠道了解消费者的需求,使用多重分析法,例如联合分析法,来确定消费者对于产品某种特点的支付意愿,了解使产品抢占市场的重要产品特征,从而改善产品设计,为产品提供相应的改造升级的明确方向和规格参数。

大数据同时可以帮助企业打通生产上的企业竖井。企业竖井首先是指在过去 20 年中,企业信息化建设中所形成的各种大量的、种类繁多的大型应用,这些竖井是信息和数据的孤岛。每个应用系统都有自己的数据,与组织结构的竖井相辅相成,逐步形成了我们今天看到的信息独岛。其次,竖井是对于组织部门的一种比喻。被称为竖井的组织部门虽然有自己的管理团队和人才,但与其他组织单位缺乏合作或交流的动机与需求。重塑企业架构,改造竖井式组织部门是当代制造业企业面临的共同问题。大数据湖等先进的大数据架构,可以使跨部门、跨公司、跨地区,甚至跨行业的相关组织与产品设计师、制造工程师共享数据,对不同的产品设计进行模拟测试,并计算出相关成本,从而促进产品设计与测试,实现情报与信息的融合。企业改善企业库存管理大数据也同样可以发挥作用。产品成本中很大一部分是库存成本,如果库存过多,管理成本也会变得很高。企业在发展过程中,利用信息化手段,实现实时跟踪货物,采集数据,确定不同地区在不同时间的库存水平,让库存水平具备良好的适应性就显得尤为重要。利用大数据使得供需信号紧密相连,企业可以整合不同层面的数据,如销售记录、销售网点数据、天气预报、季节性销售周期、区域库存信息等,形成实时感知需求信号,并与实时货位等信息进行关联,对供需关系进行分析和匹配,从而提供准确的供需信息。这些信息可以反馈到生产计划、库存水平与订单量等库存计算的各个环节,从而使企业了解具体地区的库存量并且能够自动生成订单，实现从"需求感应"到"适应性的库存"管理，不断优化库存水平。

大数据也可以帮助企业进行质量管理。从20世纪90年代开始，大量的企业就开始通过应用分析法来提高产品质量和生产率，其核心是实现生产与服务需求相匹配。今天的大数据分析手段也是如出一辙。大数据不仅能够使生产商制造产品的时间缩短20%~50%，还能够在产品批量生产前通过模拟和检验，以避免产品缺陷，并减少产品开发周期过程中不必要的环节等。质量管理强调产品质量要符合消费者预期，这个预期包括预算、功能、外观等。通过对内源与外源数据的实时采集和分析，企业能够准确地了解消费者的需求以及购买行为，明确产品特征，运用高级分析法准确地指导生产、运输与采购，以提升产品或服务的质量。大数据的实时性与实效性，给企业的生产质量管理提供了质的飞跃。传统质量管理主要是通过静态的、历史的、沉淀的数据，通过检查表、散点图、控制图等检测手段，来发现生产过程的质量问题。而大数据则基于物联网，通过在产品上安装传感器、标签等手段，实时监测并采集数据，认知产品性能，提高质量。

7.5.2 大数据与云计算在其他行业中的应用

1. 在医疗健康行业的应用

医疗行业是数据密集型行业，IDC（国际数据公司）预测，截至2020年，医疗数据量将达40万亿GB，是2010年的30倍，同时，数据生成和共享速度增加，导致数据加速积累。大数据可以有效地存储、处理、查询和分析医疗数据，以减少海量数据和非结构化数据给医疗行业带来的负担。2015年，我国医疗大数据行业市场规模在466亿元左右，上升空间比较大，预计到2022年，市场规模将达到910亿元。

大数据应用能有效提高医疗比较效果研究（Comparative Effectiveness Research，CER）。通过全面分析病人特征数据和疗效数据，比较多种干预措施的有效性，可以找到针对特定病人的最佳治疗途径。研究表明，病人选择不同的医疗服务时，同一个病人面对医疗服务提供方的不同会造成医疗护理方法和效果的不同，花费的成本也会有很大差别。准确分析大数据集，包括患者的物理数据、疗效数据、成本数据，可以帮助医生确定临床上最有效、最经济的治疗方法。医疗护理系统实现CER，将有可能减少过度治疗以及治疗不足。

大数据引用还可用于医疗临床决策支持系统，以提高医疗工作效率和诊疗质量。目前的临床决策支持系统分析医生输入的条目，比较其与医学指引不同的地方，从而提醒医生避免潜在的错误，如药物不良反应等。通过部署这些系统，医疗服务提供方可以降低医疗事故率和索赔数，尤其是那些临床错误引起的医疗事故。在美国Metropolitan儿科重症病房的研究中，两个月内，临床决策支持系统就削减了40%的药品不良反应事件数量。大数据分析技术将使临床决策支持系统更智能，这得益于对非结构化数据的分析能力的日益加强。例如，可以使用图像分析和识别技术，识别医疗影像（X光、CT、MRI）数据，或者挖掘医疗文献数据，建立医疗专家数据库（例如IBM Watson），从而给医生提出诊疗建议。此外，临床决策支持系统还可以使医疗流程中大部分的工作转移给护理人员和助理医生，使医生从耗时过长的简单咨询工作中解脱出来，从而提高治疗效率。

2. 在能源系统中的应用

据麦肯锡的报告预测，大数据分析的广泛使用可以在全球范围内每年削减3000亿美元的电费。有电网专家分析称，每当数据利用率提高10%，便可使电网提高20%~49%的利润。电力大数据的有效应用可为各行业提供大量高附加值的增值服务业务,对于电力企业盈利与控制水平的提升有重要的意义。

大数据在能源系统中的应用主要体现在智能电网。智能电网现在在欧洲已经做到了终端,也就是所谓的智能电表。在德国,为了鼓励利用太阳能,电网公司会在家庭安装太阳能,除了卖电给用户,当用户的太阳能有多余电的时候,电网还可以将多余的电力回购。智能电网还可以每隔5min或10min收集一次用电数据,收集来的这些数据可以用来预测客户的用电习惯等,从而推断出在未来2~3个月的时间里,整个电网大概需要多少电。有了这个预测后,就可以向发电或者供电企业购买合理数量的电,以降低采购成本。

智能电网是由传统能源网络组成的下一代电网,集计算、通信和控制于一体,能够优化发电、供电和用电。大数据广泛应用于智能电网,主要是因为异构、多态的数据会在电网运行的发电、输电、变电、配电、用电力管理、负荷调度、设备检修等各个过程中海量产生,如图7-15所示。

在图7-15中,各个环节随时会生成数据,这些数据包括结构化数据和非结构化数据。当前大数据于智能电网应用相关研究的重要课题主要集中于对于数据的准确性、存储与处理、异构多数据来源的融合,以及数据视觉化解构等。

通过分析智能电网中的数据,可以识别具有过高电负载或高断电频率的区域,甚至可以识别具有高故障率的传输线。分析结果有助于电网的升级改造和维护。加州大学

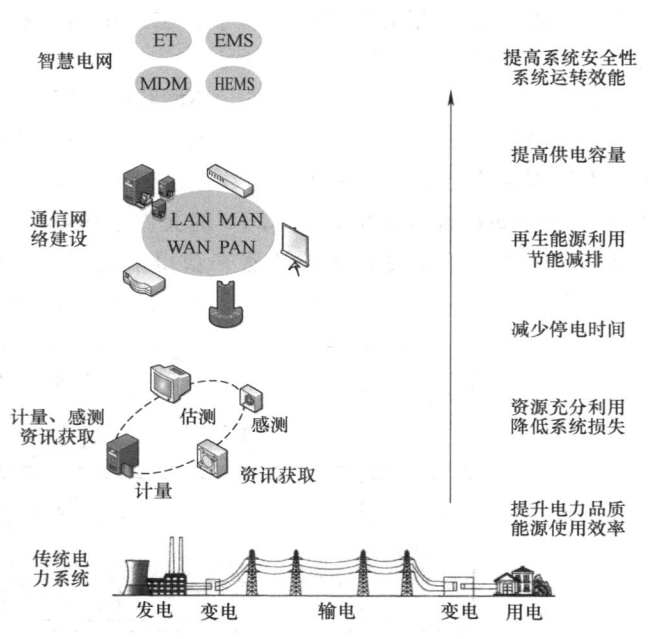

图7-15 智慧电网建设架构与能效图

洛杉矶分校的研究人员基于大数据理论并结合人口普查信息和真实信息设计制作了一个加州电子地图。通过使用电力公司提供的电力使用信息,该地图可以以块为单位来显示当前每个块的功耗。通过将街区用电量与人均收入和建筑类型进行比较,从而更准确地揭示社区各类群体的用电习惯。该地图可以为城市的电网规划提供直观、有效的负荷预测。

能够平衡发电和消耗才是理想电网的应有状态。然而,传统的电网是基于传输—变换—分配—消耗的单向方法构建的,无法根据功耗的需求调整发电容量,造成了很大程度的电能浪费。因此,美国TXU Energy公司开发了能够实时读取电力数据的智能电表,以提高电源效率。TXU Energy目前已成功部署智能电表,该电表可帮助供应商每隔15min读取一次电力使用数据,而不是过去的每个月读取一次。通过快速获取和分析电力利用数据,供电公司可以根据峰值和低电耗时段调整电价。TXU Energy利用这样的价格水平来稳定峰值和低功耗波动。事实上,大数据在智能电网中的应用有助于实现分时动态定价,这对能源供应商和用户来说是双赢的局面。

目前,如太阳能等一些新的能源资源,均可以连接到电网。然而,由于新能源的发电能

力受到气候条件影响较大，而天气条件具有随机性和间歇性，因此将它们连接到电网是具有挑战性的。对电网的大数据进行有效分析，就可以有效地管理这种间歇性可再生新能源，并且将新能源产生的电力分配给缺电的地区，以补充传统的水电和火力发电。

3. 在交通系统中的应用

交通运输的效率和能耗受很多因素影响。例如，对于河运与海运，路径、水流情况、船只状况、天气情况均会对运输的效率和能耗产生影响。2019年，武汉理工大学的科研团队运用大数据技术，建立了一套大数据分析系统，通过对船只在长江中的运行数据与环境数据进行分析，优化船只的路径，以达到降低燃料消耗的目的。

为了充分释放大数据在船舶导航优化中的潜在价值，该团队设计了一个基于广泛使用的 Hadoop 框架的大数据分析平台。该平台主要由四个功能层组成，分别是数据采集层、计算层、优化层和决策层，如图 7-16 所示。

数据采集层负责收集有关导航、环境和能耗状态的数据。这些数据可以分为两类：运行数据，包括航行速度、位置、发动机转速和油耗；环境数据，包括风速、风向、水深和水速。当数据采集之后，对采集到的数据进行预处理，并存储在计算层的数据库系统中，利用基于 MapReduce 的算法和基于 HDFS 的文件系统对数据进行数据分析。之后，在优化层中，可以基于优化模型和关联的求解器来获得最优解。最后，将获得的优化结果提供给管理人员、船东和运营人，以在决策层中推动有关导航优化的决策。

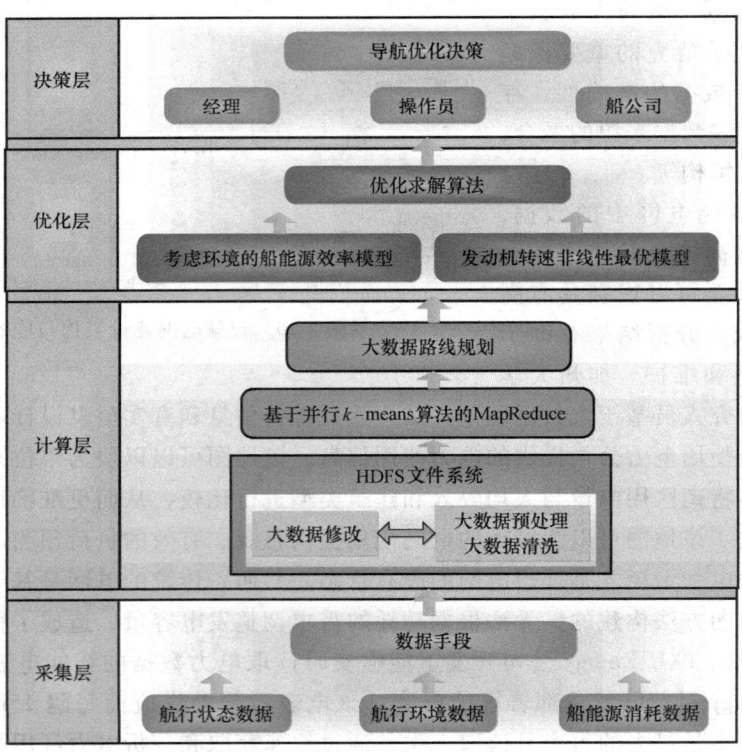

图 7-16 船舶导航优化大数据平台逻辑图

该大数据分析优化方案的原理是基于获得的航道环境因素，通过分析船体、螺旋桨和主机之间的能量传递，建立一个考虑多种环境因素的船舶能效优化模型，同时采用分布式并行

k-means 算法实现更精细的航路划分。在此基础上,通过建立的船舶能效非线性优化模型和智能求解算法(粒子群优化算法),可以获得不同区段的最优发动机转速,从而降低燃料的消耗。

结果显示,通过大数据算法,船只在长江的整个航线中,每趟可以减少 1t 左右的燃料消耗。这种优化工作无疑可以提高航运公司的利润率,改进意义重大。

参 考 文 献

[1] 廖建新. 大数据技术的应用现状与展望[J]. 电信科学,2015(7):7-18.
[2] 汪业周,张瑜. 哲学社会科学视阈下大数据的若干基本问题[J]. 南京邮电大学学报(社会科学版),2017,1(7):43.
[3] 付杨. 大数据时代高校学生思想政治教育存在的问题与应对策略研究[D]. 四平:吉林师范大学,2017.
[4] 孟小峰,慈祥. 大数据管理:概念、技术与挑战[J]. 计算机研究与发展,2013,50(1):146-169.
[5] 刘聚海,贾文珏. 大数据时代土地管理的创新之路[J]. 中国土地,2014(10):10-12.
[6] 汪波,赵丹. 互联网、大数据与区域共享公共服务:基于互联网医疗的考察[J]. 吉首大学学报(社会科学版),2018,39(3):122-128.
[7] 邢祥瑞. 在实际操作当中如何正确看待技术分析[J]. 财经界(学术版),2013,(33):266.
[8] 杜特门窗软件. 有一种未来,叫马云[EB/OL]. http://www.fstutor.com/Article/youyizhongweilaijiao.html.
[9] 应俊. 云环境下的集群负载分析及调度策略研究[D]. 杭州:杭州电子科技大学,2013.
[10] 赵彦,单广荣. 云计算及其关键技术研究[J]. 计算机光盘软件与应用,2014,12:45-46.
[11] 郑志刚,邹宇,崔丽. 合伙人制度与创业团队控制权安排模式选择:基于阿里巴巴的案例研究[J]. 中国工业经济,2016(10):126-143.
[12] 何清. 大数据与云计算[J]. 科技促进发展,2014(1):35-40.
[13] 阚涛,赵跃东,刘焕晓,等. 基于大数据工业数据采集系统设计与实现[J]. 锻压装备与制造技术,2021,56(2):122-124.
[14] 何沃林. 高速数据采集系统的关键技术[J]. 硅谷,2011(13):37.
[15] 许杰,张锋军,陈捷,等. 一种面向大数据主动防御的低损耗数据采集方法[J]. 通信技术,2021,54(4):962-966.
[16] 刘晓飞. 大数据背景下电商数据采集的方案研究[J]. 中国新通信,2021,23(8):104-106.
[17] 杨俊杰,廖卓凡,冯超超. 大数据存储架构和算法研究综述[J]. 计算机应用,2016,9:2465-2471.
[18] 陈明. 大数据概论[M]. 北京:科学出版社,2015.
[19] 杨凡,孙力群. 面向第三方支付的校园消费大数据系统及其数据采集与预处理设计[J]. 电脑知识与技术,2020,16(29):44-46.
[20] 任磊等. 大数据可视分析综述[J]. 软件学报,2014,15(9):1909-1936.
[21] 刘智慧,张泉灵. 大数据技术研究综述[J]. 浙江大学学报(工学版),2014,28(2):957-972.
[22] 何雨晴. 基于数据挖掘的经济城小企业税收辅助系统设计[D] 上海:复旦大学,2009.
[23] 杨俊闯,赵超. k-means 聚类算法研究综述[J]. 计算机工程与应用,2019,55(23):7-14;63.
[24] Peak_One. 【机器学习】Apriori 算法——原理及代码实现(Python 版)[EB/OL]. (2018-12-03)[2020-05-10]. https://www.imooc.com/article/266009.
[25] 夏棒,EMILION R,王惠文. Dirichlet 混合样本的 EM 算法与动态聚类算法比较[J]. 北京航空航天大学学报,2019,45(9):1805-1811.

[26] 张亮. 基于机器学习的信息过滤和信息检索的模型和算法研究[D]. 天津：天津大学, 2007.
[27] 殷硕. 基于分布式计算的 PageRank 算法改进及实现[D]. 西安：长安大学, 2020.
[28] 吕本富, 陈健. 大数据预测研究及相关问题[J]. 科技促进发展, 2014, 20（1）：60-65.
[29] 祝建武. 云存储在企业容灾备份中全新模式探析[J]. 现代商贸工业, 2011, 3：268-269.
[30] 鲍禹含, 付印金, 陈卫卫. 多云存储关键技术研究进展[J]. 计算机工程, 2020, 46（10）：18-32；40.
[31] 底慧萍, 王静宁. 云计算环境下云存储技术探究[J]. 计算机产品与流通, 2020（5）：138.
[32] 崔力. 云存储技术的优势研究[J]. 中国新通信, 2020, 22（6）：89-91.
[33] 王建民. 工业大数据软件面临的挑战及应用发展[J]. 信息通信技术与政策, 2020（10）：1-5.
[34] 郭凯成. 大数据时代下工业企业的信息化应用[J]. 计算机光盘软件与应用, 2014, 6：139-140.
[35] 吴成霞. 物联网环境下供应链企业合作策略及其比较研究[D]. 天津：天津大学, 2016.
[36] 张红雨. 大数据助推"智慧双拥"[N]. 解放军报, 2021-06-05（005）.
[37] 冯煦明. 在数字海洋中"淘宝"[J]. 新经济导刊, 2012, 12：50-51.
[38] MARIA L S, JAZ I. Energy-efficient shipping：An application of big data analysis for optimizing[J]. Information Processing & Management, 2019, 169：457-468.

第 8 章 人工智能算法

导读

人工智能算法是一门新兴技术，该技术研究并且开发用于模拟、延伸人的智能的理论、方法及技术。人工智能算法的目标是在对智能的实质有足够了解的基础上，开发一种智能算法，这种算法在计算过程中与人类智能无限趋近。作为计算机科学的一个分支，人工智能算法能够模拟人的意识、思维和处理信息的过程。人工智能算法的理论技术日趋完善和成熟，在近些年许多行业都对人工智能算法投入了关注，其应用领域也不断扩张，人们熟知的研究有机器人、图像识别、语言识别、自然语言处理及专家系统等。现如今，大数据与云计算、物联网、工业互联网与工业区块链技术的发展日新月异，传统的工作方式和人力投入已不能完全满足许多新兴行业的需求，人工智能算法能够很大程度上给人的大脑带来解放，这极大地契合了市场的需求。目前，人工智能算法已逐渐参与到人们的工作和生活中，涵盖了工业、商业、农业、教育等许多产业。智能家居、智能穿戴、无人化工厂等都是人工智能算法在人们生活中的缩影，这些应用证明，人工智能算法在未来具有无限的发展潜力。

本章知识点

- 人工智能的内涵及发展过程
- 机器学习算法的特性
- 深度学习算法的特性

8.1 人工智能与生活

人工智能，可以说是近几年最为火爆的一个概念。很多人对人工智能存在诸多的误解，认为其会在未来替代人类的工作。然而，抛开人工智能就是人形机器人的固有偏见，打开手机，你会发现，人工智能已经变成每个人生活的一部分。在一部智能手机上，人工智能已经是许多应用程序的核心驱动力。苹果的 Siri、百度的小度、Google 的 Allo、微软的小冰、亚马逊的 Alexa 等智能助理和智能聊天类应用，正试图颠覆人们和手机交流的根本方式，将手机变成聪明的小秘书。新闻头条等热门新闻应用依赖于人工智能技术向我们推送最适合的新闻内容，甚至，今天的不少新闻稿件根本就是由人工智能程序自动撰写的。谷歌照片（Google Photos）利用人工智能技术快速识别图像中的人、动物、风景、地点，帮助用户组织和检索图像；美图秀秀利用人工智能技术自动对照片进行美化；Prisma 和 Philm 等图像、视频应用则基于拍摄的照片或视频完成智能创作。在人工智能的驱动下，谷歌、百度等搜索引擎早已提升到了智能问答、智能助理、智能搜索的新层次。以谷歌翻译为代表的机器翻译技术正在深度学习的帮助下迅速发展。使用百度地图、高德地图等出行时，人工智能算法会帮助驾驶员选择路线、规划车辆调度方案，不远的将来，自动驾驶技术还将重新定义智慧出行、智慧交通和智慧城市。使用手机购物时，淘宝、亚马逊等电子商务网站使用人工智能算法为人们推荐最适合的商品，而先进的仓储机器人、物流机器人和物流无人机正帮助电子商务企业高效、安全地分发货物。

8.2 人工智能基础算法

人工智能算法的研究历史脉络非常清晰，最初以"推理"为重点，接下来以"知识"为重点，最终以"学习"为重点。近些年为了实现人工智能的学习目的，着重于研发机器能够掌握自主学习的能力。机器学习作为一种使智能系统模拟人的学习行为，能够使智能系统通过学习自动获取知识和技能的技术，已逐渐成为人工智能算法的一个重要实现途径与核心。深度学习是机器学习的一个分支，也是近几年来人工智能的研究热点之一。深度学习使机器能够模仿人类的视觉、听觉和思维能力来解决复杂的模式识别问题，这促使人工智能技术获得了巨大的进展。

8.2.1 机器学习

机器学习被认为是当今最具开创性的创新之一，机器学习不仅是强大竞争优势的推动者，而且拥有对世界进行改变的巨大潜力。机器学习在已经存在的60多年间一直发展较为平缓，直到最近几年才显示出对社会和经济的巨大影响力和潜力。医疗保健、银行、制造和运输等行业均受到了机器学习的影响和冲击。机器学习可以在 IT 运营、银行、基础架构和维护方面起到降低成本的作用。根据埃森哲2018年的调查，机器学习不仅可以将成本降低20%~25%，而且能够在服务和产品方面加以完善，提高客户对服务和产品的保留率和满意度，进而产生新的收入。通过将人工流程转换为智能、自动化的流程，企业可以将其资源集中用于高价值的活动，例如为客户提供更好的产品和服务以获取和保留客户。

机器学习的优点有很多。如银行使用机器学习来分析各种交易场景，使产品价格与价值相匹配并增加收入。机器学习使投资银行能够高速处理大型数据集，并即时预测各种自动交易活动，例如买卖股票、商品和衍生品。机器学习同样可帮助零售银行的自动化流程，包括抵押、贷款和客户服务。例如，美国银行聊天机器人埃里卡（Erica）能够帮助客户执行日常银行交易，同时提供有关改善财务管理的简单建议。美国主要零售商 Target，采用了几种机器学习应用程序，这些应用程序使用数百万客户的大数据集来预测他们的购物行为。

1. 什么是机器学习

从广义上来说，机器学习是一种能够赋予机器学习的能力，并且以此让它完成直接编程无法完成的功能的方法。但从实践的意义上来说，机器学习是一种通过利用数据，训练出模型，然后使用模型预测的一种方法。

顾名思义，机器学习（Machine Learning，ML）是研究如何使用机器来模拟人类学习活动的一门科学。稍为严谨的提法是，机器学习是一门研究机器获取新知识和新技能，并识别现有知识，重新组织已有的知识结构并且使之不断改善自身性能的科学。这里所说的"机器",指的就是计算机。

第一个机器学习的定义来自于 Arthur Samuel,他对机器学习的定义为,"在进行特定编程的情况下,给予计算机学习的能力"。Samuel 的定义可以回溯到 20 世纪 50 年代,他编写了一个西洋棋程序,特别的是这个程序具有学习能力,Samuel 通过编程使得西洋棋程序可以在不断的对弈中改善自己的棋艺。4 年后,这个程序战胜了设计者本人。又过了 3 年,这个程序战胜了美国一个保持 8 年之久的常胜不败的冠军。这绝对是令人瞩目的成果,这个程序向人们展示了机器学习的能力。

1997 年,来自卡内基梅隆大学的 Tom Mitchell 提出,一个好的学习问题定义是,一个程序被认为能从经验 E 中学习,解决任务 T,达到性能度量值 P,当且仅当,有了经验 E 后,经过 P 评判,程序在处理 T 时的性能有所提升。结合 Samuel 的定义,经验 E 就是程序上万次的自我练习的经验,而任务 T 就是下棋。性能度量值 P 就是程序在与一些新的对手比赛时,赢得比赛的概率。2004 年,Alpaydin 提出了自己对机器学习的定义,机器学习是用数据或以往的经验,来优化计算机程序的性能标准。另外,机器学习还有下面几种定义:机器学习是一门人工智能的科学,该领域的主要研究对象是人工智能,特别是如何在经验学习中改善具体算法的性能;机器学习是对能通过经验自动改进的计算机算法的研究。

机器学习作为人工智能(AI)的子集,可以在不事先定义它们的情况下从数据中学习。当被处理数据的更多信息被应用程序了解后,它们在特定任务上的性能也可以得到逐步提高。机器学习与许多其他应用程序一样,在其开发和操作中同样遵循输入、过程和输出阶段。图 8-1 展示了人工智能、机器学习和深度学习之间的关系。人工智能包括图像和语音识别,自然语言处理(NLP)和对象操纵。对比机器学习而言,人工智能所处领域更为宽广。深度学习通常被视为机器学习的一个子集。

机器学习最大的突破就是 2006 年以来深度学习的发展。深度学习是一类机器学习,目的是模仿人脑的思维过程,经常用于图像和语音识别。例如,Facebook 使用神经网络来识别照片中的面孔,智能手机用一种复杂的语音解析算法分析人们的话语。

机器学习的核心是使用算法解析数据,从中学习,然后对某件事情做出决定或预测。这意味着,与其显式地编写程序来执行某些任务,不如教计算机如何开发一个算法来完成任务。有三种主要类型的机器学习:监督学习、无监督学习和强化学习。这些类型都有其特定的优点和缺点。

监督学习涉及一组标记数据。计算机可以使用特定的模式来识别每种标记类型的新样本。监督学习的两种主要类型分别是分类

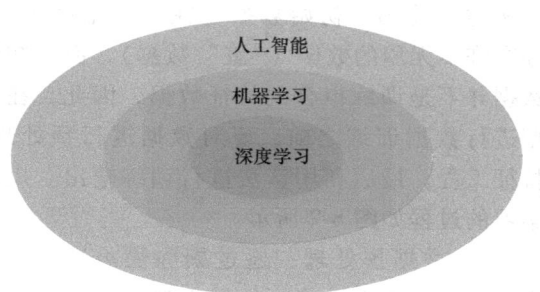

图 8-1 人工智能、机器学习和深度学习之间的关系

和回归。在分类中,机器被训练成将一个组划分为特定的类。分类的一个简单例子是电子邮件账户上的垃圾邮件过滤器。过滤器分析人们以前标记为垃圾邮件的电子邮件,并将它们与新邮件进行比较。如果匹配一定的百分比,这些新邮件将被标记为垃圾邮件并发送到适当的文件夹。那些相对不相似的电子邮件被归类为正常邮件并发送到人们的收件箱。在回归中,机器使用先前标记的数据来预测未来。天气预报就是回归的典型应用,它使用气象事件的历史数据(即平均气温、湿度和降水量等),并结合当时的气象情况,对未来的天气进行

预测。

在无监督学习中，数据是无标签的。由于大多数真实世界的数据都没有标签，无监督学习算法应用广泛。典型的无监督学习是聚类。聚类用于根据属性和行为对象进行分组，这与分类不同，因为这些分组不是人提供的。聚类是将一个组划分成不同的子组，例如基于年龄和婚姻状况进行分组，然后应用到有针对性的营销方案中。市场分割也是无监督学习的典型应用。许多公司有大型的数据库，用于存储消费者信息，公司能检索这些消费者数据集，自动地发现市场分类，并自动地把消费者划分到不同的细分市场中，从而能够自动并更有效地销售或不同的细分市场一起进行销售。这就是无监督学习。公司虽然拥有所有的消费者数据，但是并不清楚有什么样的细分市场，以及分别有哪些数据集中的消费者属于不同的细分市场，通过聚类分析，公司可以让算法从数据中发现这一切。

最后，强化学习是使用机器的经验来做出决定。强化学习的经典应用是玩游戏。与监督和无监督学习不同，强化学习不涉及提供"正确的"答案或输出，相反，它只关注性能，这反映了人类是如何根据积极和消极的结果学习的，很快就学会了不要重复这一动作。同样的道理，西洋棋程序可以学会不把它的国王移到对手的棋子可以进入的空间。然后，这一基本教训就可以被扩展和推断出来，直到西洋棋程序能够对抗并最终击败人类顶级玩家为止。

这三种技术推动了机器学习在各个行业中的快速应用。随着技术的进步，社会和竞争压力推动企业进行转型和创新，机器学习的应用正达到其拐点。随着机器学习技术的飞速发展和越来越多的企业采用该技术，各级管理人员都必须熟悉机器学习技术。尽管已知许多深度学习方法可产生高度准确的结果，但由于其黑盒性质，它们通常缺乏可解释性。而许多基于机器学习的决策需要透明且可解释才能理解基础决策逻辑。因此，在针对特定应用确定最合适的机器学习方法时，管理人员需要在各种机器学习方法的可解释性和准确性之间进行权衡。

2. 机器学习的过程

机器学习的过程一般包括从数据的处理到算法建模输出。初始数据往往过于杂乱无章，存在许多无用的数据（"脏"数据），而且初始数据并不是训练拟合的特征数据，因此，在模型进行数据训练之前，要对数据进行预处理、特征工程，最后利用算法进行训练输出。机器学习的过程如图8-2所示。

1）数据预处理：通过剔除噪声数据，利用数据变化等方式将原始数据变换成带有一定特征的训练数据，并对缺失值进行填充处理。常见的填充方法有均值插补、高频值插补等。

2）特征工程：通过特征选择方法选择样本训练特征。常用的特征选择方法有PCA、LDA等。

3）模型训练测试：在进行模型训练时采取适合的机器学习算法，并进行参数调优，并测试算法模型的适用性。

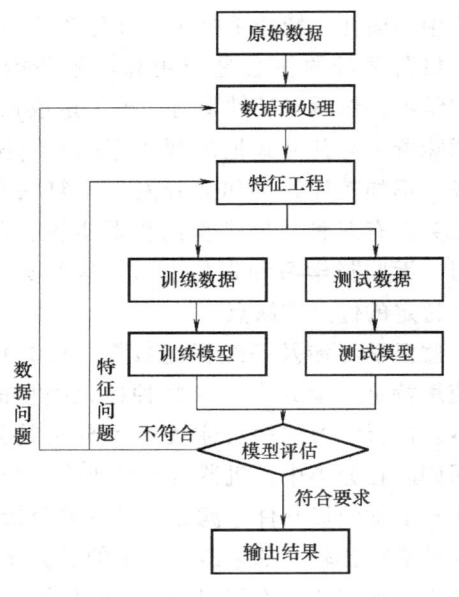

图8-2 机器学习过程流程图

4）模型评估：在对数据进行预测时，采取一定的指标值评估算法模型的适用性，符合要求的模型进行结果的输出。

3. 神经网络算法

神经网络（也称为人工神经网络，ANN）算法是 20 世纪 80 年代机器学习界非常流行的算法，在 20 世纪 90 年代中途衰落。现在，随着深度学习算法逐渐流行，神经网络算法重装归来，重新成为最强大的机器学习算法之一。

神经网络的诞生起源于对大脑工作机理的研究。早期，学者们使用神经网络来模拟大脑。在使用神经网络进行机器学习的实验时，发现在视觉与语音的识别上效果都相当好。在加速神经网络训练过程的数值算法（BP 算法）诞生以后，神经网络的发展进入了一个热潮。

分解与整合即为神经网络的学习机理。下面以大脑识别一个正方形为例，来展现大脑视觉识别的机理和神经网络工作的机理。当正方形出现在人的视野中，首先被分解为四个折线，进而传入视觉处理的下一层中。在下一层的处理过程中，四个折线分别由四个神经元进行处理，每个折线进而被分解为两条直线，每条直线再继续被分解为黑白两个面。于是，一个复杂的图像被分解转化成大量的细节录入神经元中，大量细节由神经元进行处理之后再完成整合，最终大脑得出的结论看到了正方形。

神经网络由三部分组成：输入层、隐藏层和输出层。图 8-3 所示为一个简单的神经网络的逻辑架构。数据从输入层输入，通过权值和偏移项的线性变换，然后通过激活层，进入隐藏层；在隐藏层，数据再通过权值和偏移项的线性变换，然后通过激活层，到达输出层。激活层（激活函数）就是在人工神经网络的神经元上运行的函数，负责将神经元的输入映射到输出端。在一些情况并下激活层不是必须引用的。

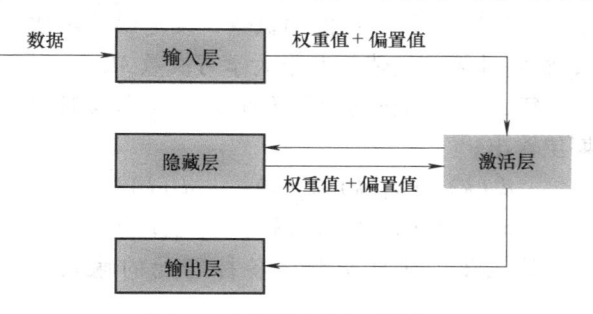

图 8-3　神经网络的逻辑架构

在神经网络中，每个处理单元事实上就是一个逻辑回归模型，逻辑回归模型接收上层的输入，把模型的预测结果作为输出传输到下一个层次。神经网络经过这样的过程可以完成非常复杂的非线性分类。

4. BP 神经网络算法

BP（Back Propagation）神经网络算法是由 Rumelhart 和 McClelland 为首的科学家于 1986 年首次提出的。BP 神经网络是一种基于误差反向传播算法训练的多层前馈神经网络，是目前神经网络应用最广泛的一种。

BP 神经网络作为一种智能信息处理系统，算法称为 BP 算法，是实现其功能的核心。它的基本思想是梯度下降法，利用梯度搜索技术，以期使网络的实际输出值和期望输出值的误差均方差最小。

基本 BP 算法包括信号的前向传播和误差的反向传播两个过程。也就是说，计算误差输出时按从输入到输出的方向进行，而调整权值和偏置值则从输出到输入的方向进行。正向传播时，输入信号通过隐藏层作用于输出节点，经过非线性变换，产生输出信号；若实际输出与期望输出不相符，则转入误差的反向传播过程。误差反传是将输出误差通过隐藏层向输入层逐层反传，并将误差分摊给各层所有单元，以从各层获得的误差信号作为调整各单元权值的依据。通过调整输入节点与隐藏层节点的连接强度和隐藏层节点与输出节点的连接强度以及偏置值，使误差沿梯度方向下降，经过反复学习训练，确定与最小误差相对应的网络参数（权值和偏置值），训练即告停止。此时，经过训练的神经网络即能对类似样本的输入信息自行处理，输出误差最小的经过非线性转换的信息。

BP 算法是一种有监督式的学习算法，其主要思想是，输入学习样本，使用反向传播算法对网络的权值和偏置值进行反复的调整训练，使输出的向量与期望向量尽可能地接近，当网络输出层的误差平方和小于指定的误差时训练完成，保存网络的权值和偏置值。BP 算法的基本步骤如下：

1) 初始化，随机给定每个连接权 w、v，以及偏置值 θ_i、rt。
2) 由给定的输入-输出模式对计算隐藏层、输出层各单元输出。
3) 计算新连接的权值及偏置值。
4) 选择下一个输入模式返回步骤 2)。重复训练，直到网络输出误差满足要求。

图 8-4 所示为 BP 神经网络计算流程。

对于图 8-4，BP 神经网络的算法可具体分为九个步骤。

第一步：网络初始化，给各连接权值分别赋一个区间 $(-1,1)$ 内的随机数，设定误差函数 e，给定计算精度值 ε 和最大学习次数 M。

第二步：随机选取第 k 个输入样本及对应期望输出；

$$d_o(k) = (d_1(k), d_2(k), \cdots, d_q(k))$$
$$x_o(k) = (x_1(k), x_2(k), \cdots, x_n(k))$$

第三步：计算隐藏层各神经元的输入和输出。

第四步：利用网络期望输出和实际输出，计算误差函数对输出层的各神经元的偏导数 $\delta_0(k)a$。

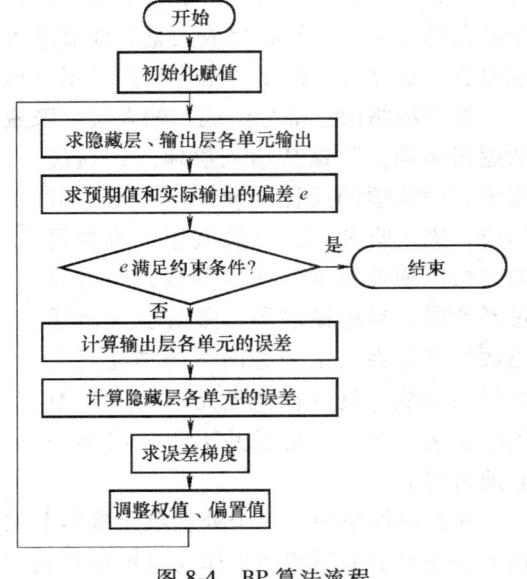

图 8-4 BP 算法流程

第五步：利用隐藏层到输出层的连接权值、输出层的 $\delta_0(k)a$ 和隐藏层的输出计算误差函数对隐函层和神经的偏导数 $\delta_h(k)$。

第六步：利用输出层个神经元的 $\delta_0(k)a$ 和隐藏层各神经元的输出来修正连接权值 $w_h(k)$；

第七步：利用隐含层各神经元的 $\delta_h(k)$ 和输入层各神经元的输入修正连接权。

第八步：计算全局误差 $E = 1/2m \sum_{k=1}^{m} \sum_{o=1}^{q} (d_o(k) - y_o(k))^2$。

第九步：判断网络误差是否满足要求。当误差达到预定精度或学习次数大于设定的最大次数时，算法结束；否则，选取下一个学习样本及对应的期望输出，返回到第三步，进入下一轮学习。

BP 神经网络在理论和性能上都比较成熟。BP 神经网络有柔性的网络结构和很强的非线性映射能力，这是其突出的优点。可根据具体情况任意设定网络的中间层数和各层神经元的个数,其性能也会随着其结构的差异变得不同。BP 神经网络也存在缺陷。

1)学习速度慢,即便面对简单的问题,也需要几百次甚至上千次的学习才能掌握。
2)易陷入局部极小值。
3)在网络层数和神经元个数的选择上缺乏相应的理论指导。
4)网络推广能力不足。

5. Hopfield 神经网络算法

Hopfield 神经网络(HNN)是一种具有循环、递归特性,结合存储和二元系统的神经网络,由 Jone Hopfield 在 1982 年提出。Hopfield 神经网络是一种单层互相全连接的反馈型神经网络,它的每个神经元之间都是全连接的,构成一个完全图,如图 8-5 所示,N 个神经元的权值就有 $N×N$ 个。Hopfield 网络是一种存储系统和二进制系统相结合的神经网络。它保证收敛到局部极小,但可能是错误的局部极小,而不是全局极小。

在网络结构上,Hopfield 神经网络是一种单层互相全连接的,每个神经元既是输入也是输出,网络中的每一个神经元都将自己的输出通过连接权传送给所有其他神经元,同时接收所有其他神经元传递过来的信息。具体来说,网络中的神经元在 t 时刻的输出状态实际上间接地与自己 $t-1$ 时刻的输出状态有关。在 Hopfield 神经网络之中,神经元之间互连接,所以得到的权重矩阵将是对称矩阵。

Hopfield 神经网络将能量函数的概念成功引入,为判断网络运行的稳定性提供了可靠的依据。Hopfield 神经网络是一个由非线性元件构成的全连接型单层递归系统,其状态变化可以用差分方程来表示。具有稳

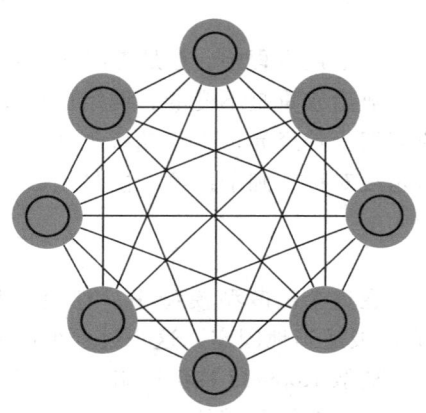

图 8-5　Hopfield 神经网络

定状态是递归型网络的一个重要特点,当网络状态达到稳定时,它的能量函数也将达到最小。这里的能量函数不是物理意义上的能量函数,只是在表达形式上与物理意义上的能量概念一致,即它表征网络状态的变化趋势,并可以依据 Hopfield 网络模型的工作运行规则不断地进行状态变化,最终能够到达具有某个极小值的目标函数。

Hopfield 神经网络与电路硬件密切相关是它最突出的特点。Hopfield 神经网络最大的贡献是其提出了利用硬件电路来模拟神经网络的优化过程这一主要思想。由于这个过程使用的电路是模拟电路的形式而不是数字电路的形式,因此速度很快。Hopfield 神经网络与 BP 神经网络相比较,具有以下特点:

1)每个神经元既是输入也是输出,构成单层全连接递归网络。
2)与其他神经网络不同的是,网络的突触权值在搭建网络时就按照一定的规则计算出来,且在整个网络迭代过程中网络的权值不再改变,而不是通过有监督或无监督重复学习来获得。
3)网络的状态是随时间的变化而变化的,每个神经元在 t 时刻的输出状态和自己 $t-1$ 时刻的状态有关。
4)引入能量函数的概念,用来判断网络迭代的稳定性,即网络的收敛,指能量函数达到极小值。
5)网络的解是网络稳定时每个神经元的状态集。

Hopfield 神经网络模型有两种,分别是离散型和连续型。离散型适用于联想记忆,连续型适合处理优化问题。

Hopfield 早期提出的网络是二值神经网络,各神经元的激励函数为阶跃函数或双极值函数,神经元的输入、输出只取 $\{0,1\}$ 或者 $\{-1,1\}$,所以也称为离散型 Hopfield 神经网络(Discrete Hopfield Neural Network,DHNN)。在 DHNN 中,所采用的神经元是二值神经元,因此,所输出的离散值 1 和 0 或者 1 和 -1 分别表示神经元处于激活状态和抑制状态。神经元 i 和神经元 j 之间的权重由 w_{ij} 决定。神经元有当前状态 u_i 和输出 v_i。虽然 u_i 可以是连续值,但 v_i 在离散模型中是二值的。神经元状态和输出的关系,即 DHNN 演化方程如下:

$$u_i(t+1) = \sum_{j=1}^{n} w_{ij} v_j(t) + I_i$$

$$v_i(t+1) = f(u_i) = f(x) = \begin{cases} 1, u_i > 0 \\ 0, u_i < 0 \end{cases}$$

在上述方程中,I_i 是神经元 i 的外部连续输入,$f(x)$ 是激活函数。由于联想记忆时训练完成后权重是不变的,网络中可变的参数只有一直在更新的神经元状态和神经元输出。此模型因为神经元可进行随机更新,所以被称为离散型。当网络更新时,如果权重矩阵以非负对角线对称,则下面这个能量函数可以保证最小化,直到系统收敛到其稳定状态之时。

$$E = -\frac{1}{2} \sum_{i=1}^{n} \sum_{j=1}^{n} W_{ij} V_i V_j - \sum_{j=1}^{n} I_i V_i$$

在这个离散型模型中,神经元状态方程对能量函数执行梯度下降。如果权重和偏置(I_i)被适当地固定,这个过程可以用来最小化任何二元变量的二次函数。

离散 Hopfield 神经网络(DHNN)是一个具有 n 个神经元节点的单层网络。每个神经元的输出都连接到其他神经元的输入。每个节点没有自反馈并且都可处于一种可能的状态(1 或 -1),也就是说,当神经元的刺激超过其阈值(0 和 1)时,神经元将处于一种状态(比如 1),否则神经元将始终处于另一状态(比如 -1)。

DHNN 有串行(异步)和并行(同步)共两种工作方式。串行工作方式是指在时刻 t 时,只有某一个神经元 j 的状态发生变化,而其他 $n-1$ 个神经元的状态不因神经元 j 的变化而改变。并行工作方式是指在任一时刻 t,所有的神经元的状态都产生了变化。

在拓扑结构上,连续型 Hopfield 神经网络(Continuous Hopfield Neural Network,CHNN)与 DHNN 相一致。在生物系统中,由于神经元的细胞膜输入电容 C_I、跨膜电阻 R_i 和确定阻抗 $R_{ij} = W_{ij}^{-1}$,状态会滞后于其他神经元的瞬时输出 v_I。神经元的输出将是 0、1 之间的连续值,而不是之前离散模型的二值。在这个模型中,使用电阻电容微分方程 $i_I = C \dfrac{\mathrm{d}u_I}{\mathrm{d}t}$ 来决定 u_I 的更新速率,可以得到如图 8-6 所示的连续型 Hopfield 神经网络。

在 CHNN 中,每个神经元可以看成一个基本的电器元件,整个神经网络可以看成一个数字点数。在这个神经网络模型之中,组成电路的基本器件为:带有同向和反向输出端的运算放大器,且具有饱和非线

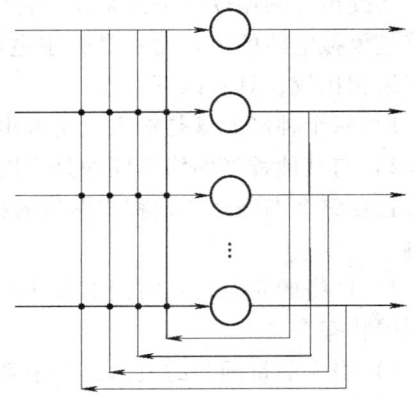

图 8-6 连续型 Hopfield 神经网络

性特性的 S 型输入/输出关系，即

$$v_i = f(u_i) = \frac{1}{2}\left[1 + \tanh\left(\frac{u_i}{u_0}\right)\right]$$

其中，u_0 相当于输入信号的放大倍数，也控制激活函数的斜率，当 u_0 趋于 0 时，f 就成为二值阈值函数。

放大器的输入电容 c_i 与输入电阻 r_i 的乘积是神经元的时间常数，它描述了神经元的动态特性。

$T_{ij} = \dfrac{1}{R_{ij}}$ 代表网络神经元连接的权值，R_{ij} 为连接电阻。

外加偏置电流 I_i 相当于神经元的阈值 θ_i，整个电路系统的动态方程为

$$C_i \frac{du}{dt} = \sum_{j=1}^{n} T_{ij} V_j - \frac{u_i}{R_i} + I_i$$

其中，u 是放大倍数，R_i 是跨膜电阻。

若这个方程有解，则表示系统状态变化最终会趋于稳定。在对称连接和无自反馈的情况下，定义系统的能量函数为

$$E = -\frac{1}{2}\sum_{i=1}^{n}\sum_{j=1}^{n} T_{ij} v_i v_j - \sum_{i=1}^{n} I_i V_i + \sum_{i=0}^{n}\int_{0}^{V_i} f^{-1}(V)dV$$

稳态时，可忽略最后的积分项得到

$$E = -\frac{1}{2}\sum_{i=1}^{n}\sum_{j=1}^{n} T_{ij} v_i v_j - \sum_{i=1}^{n} I_i V_i$$

当非线性作用函数 f^{-1} 是连续的单调递增函数时，可以证明能量函数 E 是单调递减且有界的，即 $\dfrac{dE}{dt} \leqslant 0$。

连续型 Hopfield 神经网络可以用于处理组合优化问题。用这种基本的神经网络组织形式，只要选择好能够恰当表示要被最小化的函数和期望的状态权重和外部输入，便可以计算出解决特定优化问题的方法。根据微分方程来更新神经元确保了能量函数和优化问题可以同时被最小化。神经元的模拟性质和更新过程的硬件实现可以结合起来，创建一个快速而强大的解决方案。用神经网络解决各种组合优化问题时的关键是把问题映射到神经网络动力系统中，并编写相应的动力学方程和能量函数表达式，它们应满足问题的约束条件。最后，研究神经网络的动力学过程，以保证网络的稳态输出对应于组合优化问题的解以及能量函数的极小值。

通过学习离散型和连续性 Hopfield 神经网络，可以归纳出 Hopfield 的特点如下：

1) 反馈性神经网络可以用离散变量也可以用连续变量，考虑输出与输入在时间上的延迟，需要用动态方程（差分方程或微分方程）来描述神经元和系统的数学模型。

2) 前馈神经网络采用误差修正法，计算一般比较慢，收敛速度也慢。Hopfield 神经网络是反馈型神经网络，主要采用 Hebb 规则，一般情况下、收敛速度很快，它与电子电路存在对应关系，使得该网络易于理解和易于硬件实现。Hebb 规则是一个无监督学习规则，这种学习的结果是使网络能够提取训练集的统计特性，从而把输入信息按照它们的相似性程度划分为若干类。Hebb 规则只根据神经元连接间的激活水平改变权值，因此这种方法又被称为相关学习或并联学习。

3) Hopfield 神经网络也具有类似于前馈神经网络的应用，在优化计算方面的应用更加凸显出 Hopfield 神经网络的特点。由于联想记忆和优化计算是对偶的，当用于联想记忆时，通过样本模式的输入来给定网络的稳定状态，经过学习求得突触权重值；当用于优化计算时，以目标函数和约束条件建立系统的能量函数，确定突触权重值，网络演化到稳定状态，即是优化问题的解。

8.2.2 深度学习

深度学习实际上是深层神经网络的一个代名词，它是由感知机慢慢进化演变而来的。最初的神经网络模仿了生物学中大脑神经元传播学习的原理。1958 年，Frank Rosenblatt 教授提出了感知机（Perception）模型。感知机模型是神经网络最早的雏形。但是由于当时的计算能力低下，无法实现多层的神经网络，之后的十多年中，神经网络的研究几乎处于停滞状态。

到 20 世纪 80 年代末，随着反向传播算法（Back Propagation，BP）的提出和非线性分类难题的解决，神经网络的算法得到了改进，神经网络进行训练花费的时间得到了大幅度的降低。但当时硬件的计算能力和设备资源还是十分有限的，训练深度较大的神经网络仍然要花费极多的时间。并且，当时大数据的概念还未提出，数据链远远不能满足训练深层神经网络的需求。

直到 2006 年，Geoffrey Hinton 教授在《Science》发表了一篇论文，首次提出了深度学习和深度神经网络的概念，为深度神经网络之后的发展奠定了基础。随着计算机技术的发展，云计算、大数据等名词的出现，为深度神经网络的发展带来了极大的机遇，同时，随着 GPU 在深度网络上的应用，之前是瓶颈的算力得到了突破，深度神经网络不再缺乏算法。且人们对数据的积累越来越重视，获取足够量级的数据也不再困难。随后，全球都展开了对深度学习的研究与应用。如今，深度学习已经从最初的计算机图像领域扩展到了机器学习的各个领域，已经在自然语言处理、语音识别、人机博弈等领域取得了极大的成果。

1. 什么是深度学习

深度学习是指在多层神经网络上运用各种机器学习算法解决图像、文本等各种问题的算法集合。深度学习在大类上可以归入神经网络，不过在具体实现上有许多变化。深度学习的核心是特征学习，旨在通过分层网络获取分层次的特征信息，从而解决以往需要人工设计特征的重要难题。

深度学习是一个包含多个重要算法的框架，其中包括卷积神经网络（CNN）、限制玻尔兹曼机（RBM）、深信度网络（DBN）、多层反馈循环神经网络（RNN）等。应对不同的问题（图像、语音或文本），为达到更好的效果，需要配合选用不同的网络模型。

深度学习的精确定义为：一类通过多层非线性变换对高复杂性数据建模算法的合集。深层神经网络是实现多层非线性变换最常用的一种方法。深层神经网络可以解决部分浅层神经网络和其他机器学习算法模型解决不了的问题。

一般来讲，神经网络包括输入层、隐藏层和输出层。当隐藏层只有一层时，该网络为两层神经网络（由于输入层未做任何变换，可以不看作单独的一层）。网络输入层的每个神经元代表了一个特征，输出层个数代表了分类标签的个数，而隐藏层层数以及隐藏层神经元是由人工设定的。一个基本的三层神经网络的结构图如图 8-7 所示。

由图 8-7 可以看出，多个神经元以一种有向无环的方式相互连接，共同组成了人工神经网络。一个人工神经网络把神经元组织成不同的层，同一层内的神经元没有连接，但相邻层的神经元之间可以相互连接。

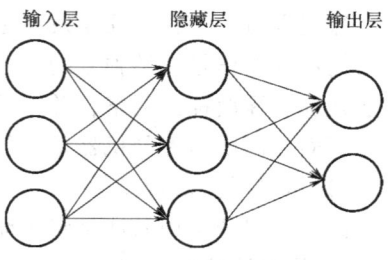

每一对相互连接的神经元都有其对应的权重，在网络前向计算过程中，每一个神经元从与其相连的神经元中收集输入，并利用对应的连接权和自身的非线性激励对输入信号进行整合处理后发送给下一层神经元，直到得到最后的网络输出。

图 8-7　三层神经网络结构示意图

神经元模型是神经网络中的最基本成分，如图 8-8 所示。

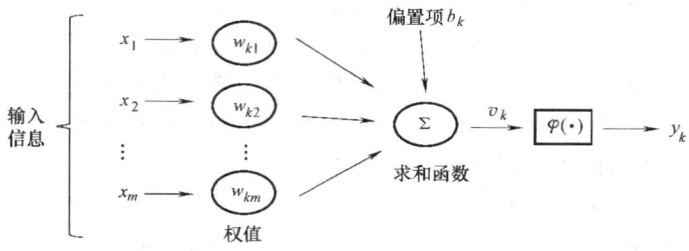

图 8-8　神经元模型

在单个神经元模型中，神经元能够接收其他隐藏层中多个神经元的输出，对这些输出进行处理，进行相关的矩阵乘法之后，同时使用激活函数（Activation Function）对数值进行处理，能够得到一个全新的输出。这个输出同时是下个隐藏层多个神经元的输入。最后，在神经网络的输出层我们能够得到整个神经网络的结果，然后再通过 Softmax 等函数的处理得到最终的输出。一个神经元的计算过程可以表示为

$$y_k = \varphi\left(\sum_{i=1}^{n} x_i w_{ki}\right)$$

其中，x_i 代表着输入向量中的各个分值，并且每个分值关联着相应的神经元突触权值 w_{ki}，权值 w_{ki} 越大则代表神经元之间的连接程度越高。当 $w_{ki}>0$ 时，代表着该神经元正处于激活状态；当 $w_{ki}<0$ 时，则处于抑制状态。在对各个神经元进行求和时需要加入一个偏置项 b_k，通过一个传递函数 $\varphi(x)$ 来构建非线性映射，从而得到回归值 y_k。

基于神经网络，深度学习通过设计和建立合适的多层运算层次结构和神经元计算节点，选择适当的输入层和输出层，通过网络的学习和优化，建立起从输入到输出的函数关系，这将更多地靠近现实的关联关系。

2. 深度学习和机器学习的区别

机器学习与深度学习作为人工智能技术，采用的均为人工神经网络。

机器学习最基本的方法是使用算法来分析数据并从中学习，以达到预测和决策现实世界中的真实事件。机器学习的本质是一种实现人工智能的方法，它用大量的数据来"练习"，并通过各种算法得出的数据来学习如何完成任务。传统的硬编码软件程序只可以解决特定的任务，机器学习与此相比有着很大的差异。

深度学习是机器学习的子集，是基于人工神经网络发展而成的概念，其本质上是一种实现机器学习的技术。人工神经网络作为早期机器学习中的一种算法，是对人脑神经元网络的抽象摘要，其主要应用领域为语音识别、图像识别和自然语言处理。

深度学习由于在近几年发展迅猛,并且例如残差网络等特殊学习手段被相继提出,因此被人们逐渐看作是一种独立的学习方法。但是它在初期本身也会用到有监督和无监督的学习方法来训练深度神经网络,并不是一种真正的独立的学习方法。

下面对深度学习与机器学习的不同进行总结。

1) 深度学习对模型结构的深度进行了强调。

深度学习的常用做法是将更简单的模型组合在一起,构成多层,通常有 5 层、6 层,甚至 10 多层的隐藏层节点,然后将数据从一层传递到另一层来构建更复杂的模型。

2) 深度学习将特征学习的重要性进行了明确。

机器学习大部分算法需要人们自己寻找特征,而且需要大量的领域专业知识,深度学习作为机器学习的一个分支,它的应用方向即是解决特征提取方面的问题。特征学习是深度学习的核心,它不需要人工特征提取环节便能自动学习特征和任务之间的关联,并且能将复杂特征从简单特征中提取出来。深度学习通过逐层特征变换,将样本在原空间的特征表示变换到一个新特征空间,从而使分类或预测更容易。与人工规则构造特征的方法相比,利用大数据来学习特征,更能够刻画数据丰富的内在信息。

3) 深度学习需要庞大的数据量。

深度学习的参数通常较为庞大,训练参数需要通过大量数据来进行多次优化。并且深度学习的学习效果会随着数据量的增加而变得更为突出。而机器学习却能适应各种数据量,尤其适用于数据量较小的场景。

4) 深度学习具有对硬件的依赖性。

深度学习算法在设计上对高端设备依赖度高,这与传统机器学习算法正相反。深度学习算法需要充足的硬件资源作为支持,用以运行大量矩阵乘法运算。

3. 卷积神经网络

卷积神经网络(Convolutional Neural Networks,CNN)由 Lecun 等人提出,属于人工神经网络算法的一种。该算法主要在图像检测、图像识别等领域被广泛应用。CNN 仿照生物系统网络的设计,出现了一些共享的网络层结构,这样有助于网络复杂度的权值数量的降低。该网络更适合于多维图片,可以使图像直接作为网络的输入,对图像平移、缩放,以及其他形式的变形具有很强的鲁棒性。

CNN 的基本思想源于对猫科动物皮层视觉细胞的研究,从而提出了感受野的概念。卷积神经网络的第一次实现是一位日本学者 Fukushima 基于感受野的概念提出的神经认知机。神经认知机具有分解视觉模式的功能,然后利用分层相连的特征平面进行处理,即便出现轻微的位移或者变形也可以将视觉系统进行模型化,从而完成整个识别过程。CNN 是一个监督性的深度学习网络模型,它可以应用在众多领域,如手写字体识别、车牌检测等领域。

卷积神经网络的提出对机器学习领域具有极大的影响,并逐渐形成了深度学习技术,几乎所有计算机视觉、语音识别领域的重要突破都是基于卷积神经网络。卷积神经网络相较于传统的图像处理算法的优点在于,减少了为降低图像复杂度而需要进行前期预处理(主要是人工提取特征)的过程,原始图像通过尺寸设定后直接输入即可。卷积神经网络可以自动从(通常是大规模)数据中学习特征,并把结果向同类型未知数据泛化。在做图像处理时,往往会将图像看成是一个或多个二维向量,传统神经网络中某层内的神经元与其相邻层内的所有神经元连接即为全连接方式。随着训练任务难度增加,神经网络的层级数和宽度随之增加,全连接的方式使网络参数数量剧增,训练难度呈指数级增长。学者们研究发现通过局部连接（Sparse Connectivity）和权值共享（Shared Weights）等方法可以有效地降低网络复杂度，从而提出了卷积神经网络。

（1）局部连接和权值共享 感受野（Receptive Field）即视觉所能感受的区域范围。卷积神经网络中的感受野是指经过卷积层卷积操作输出的特征图中的像素点在原始图像上映射的区域大小。神经元感受野的值越大表示其能感受到的原始图像范围就越大，也意味着它可能蕴含更为全局、语义层次更深的特征；相反，感受野的值越小则表示其包含的特征信息越趋向局部和细节。因此，通过感受野的值可以大致判断每一层的抽象层次。对于较大尺寸的图片和复杂的神经网络，感受野的值太大会导致训练参数的数量巨大，对特征区域敏感度下降，所以卷积神经网络中普遍存在的卷积层和池化层之间均为局部连接，以减少参数计算量，即局部感受野，加强神经元对原始图像的所有信息进行感知。图8-9所示为卷积神经网络的局部连接示意。

虽然采用局部连接方法以减少卷积过程中的参数计算量，但参数量级仍然很大。卷积神经网络通过权值共享的方法进一步减少计算量。权值共享的主要思想就是对于一张输入卷积层的图片用卷积核进行卷积操作，得到的卷积核参数为权重，然后用具有相同参数的卷积核对该图片的其他位置进行卷积即为共享。图8-10所示为卷积神经网络的权值共享示意。

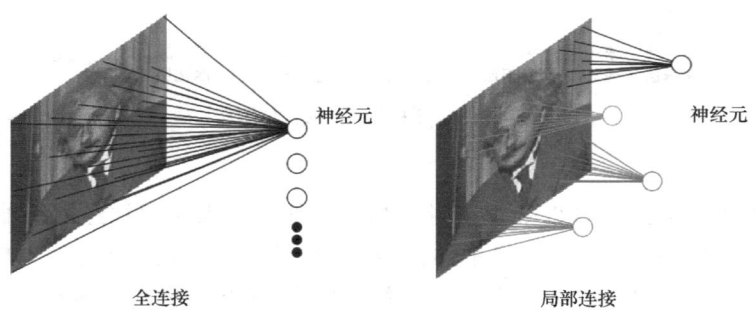

图8-9 卷积神经网络的局部连接示意图

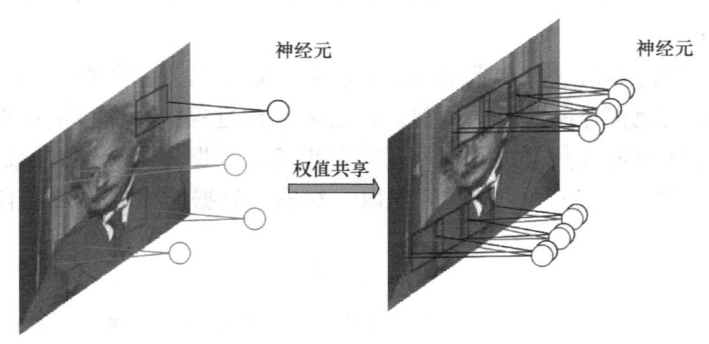

图8-10 卷积神经网络的权值共享示意图

权值共享的计算具体过程为，假设隐藏层中有 k 个神经元，其中一个神经元连接的是一个 $n×n$ 大小的局部区域，因此产生 $n×n$ 个权值参数，将 $n×n$ 个权值参数同时共享给该层中其他的 $k-1$ 个神经元，也就是隐藏层中所有神经元的权值参数相同，所以无论隐藏层包含多少个神经元，需要训练的参数一直是原来的 $n×n$ 个权值参数。

（2）卷积神经网络结构 卷积神经网络的基本结构与人工神经网络类似，都是将神经元分层组织,每个神经元从其输入神经元中收集输入,并与对应的权重向量做内积,然后经过非线性激励函数处理后输出。不同的是,卷积神经网络将每一层的神经元组织成三维向量,而不是一维向量。不同层的神经元相互堆叠共同构成一个完整的卷积神经网络。由于卷积神经网络的输入一般是一张图像,维度通常较高,因此卷积神经网络需要在普通人工神经网络的基础上,引入新的层,以减少网络的参数维度,使网络的前向运算更为高效。下面来介绍卷积神经网络中可能出现的各种层。

卷积神经网络的结构包含两端的输入层和输出层,以及中间的隐藏层,其中隐藏层又由若干卷积层、池化层、全连接层组成。具体结构如图 8-11 所示。

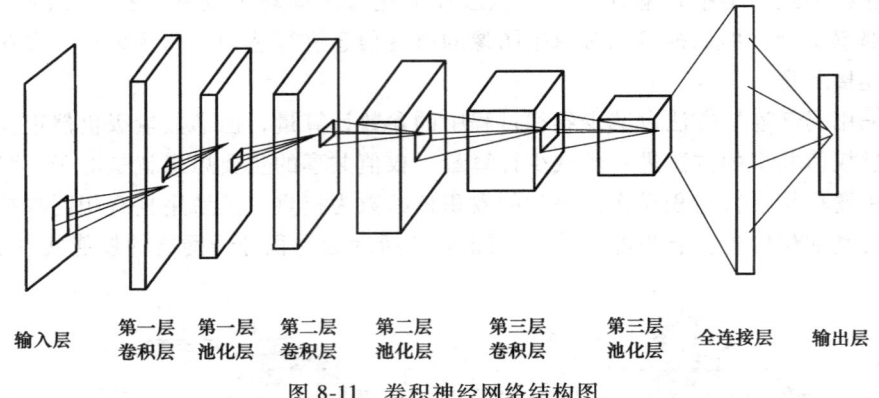

图 8-11 卷积神经网络结构图

1) 输入层。

卷积神经网络的输入层可以处理张量数据。例如,一维卷积神经网络输入的是三维张量,其中第一个维度是对时间或频谱采样,第二个维度可以包括多个通道的输入特征,第三个维度包含多个样本集合;二维卷积神经网络输入层输入的是四维张量;三维卷积神经网络输入层接收五维张量。在计算机视觉领域,卷积神经网络有着广泛的应用。在很多研究中介绍其网络结构时默认使用四维张量输入数据,即单通道像素空间中的二维像素空间、多通道维度、多样本维度。

由于使用梯度下降算法进行参数学习,在将输入数据送入卷积神经网络前需要对其进行标准化处理,这和其他神经网络算法类似。在实际操作过程中,在将学习数据输入卷积神经网络前,需在通道前对输入数据进行归一化,如果输入数据为图像数据,也可将原始像素值 [0,255] 的数据的归一化至 [0,1] 区间内。对输入数据的标准化处理有助于提升算法的运行效率和表现。

2) 隐含层。

在卷积神经网络中,隐含层通常包含卷积层、池化层和全连接层三类结构块,在最新算法中还有残差块、Inception 模块等类似门控机制的结构块。在常见网络结构中,卷积层和池化层交替出现,沿用了 Yan Le Cun 提出的 LeNet-5 的思想。在卷积层中,通过卷积核参数来学习图像特征,而池化层则不包含任何参数,因此在一些文献中,池化层不被认为是独立的层。以 LeNet-5 为例,在隐含层中三类常见结构块的出现顺序通常为:卷积层—池化层—卷积层—池化层—全连接层。

① 卷积层。卷积神经网络中的卷积层通过卷积核对输入数据进行特征提取。其内部通常包含多个卷积核,卷积核中的每个元素都对应一个权值参数和一个偏置量,这与前馈神经

网络的神经元类似。卷积层内每个神经元都通过卷积核与前一层中局部区域的多个神经元相连，卷积核的大小决定着连接区域的大小，这样的局部连接形式是模仿生物感知细胞的最小单位——感受野的结果，其具体含义与视觉皮层细胞的感受野类似。卷积核通过对输入特征进行扫描实现局部特征提取，在感受野内对输入特征进行卷积操作并叠加偏置量。

② 池化层。池化层的作用是对卷积层输出的特征图通过预定的池化函数进行特征选择和信息过滤。池化层其功能是使用池化区域统计特征代替原特征图，这样可以缩减特征图尺寸，减少卷积神经网络的计算量。与卷积核相似，池化层的选取需要使用池化区域大小、步长和填充三个超参数来控制。在机器学习的中，超参数是在开始学习过程之前设置值的参数，而不是通过训练得到的参数数据。通常情况下，需要对超参数进行优化，给学习机选择一组最优超参数，以提高学习的性能和效果。

③ 全连接层。与传统的前馈神经网络中的隐藏层一样，卷积神经网络中的全连接层以全连接形式接收上一层所有神经元的信号。全连接层通常被用于构成卷积神经网络隐藏层的最后部分，进行深层特征的语义分类。特征图输入全连接前将失去空间信息，它被展开为向量并与权值矩阵相乘，再叠加相对应的偏置量，最后通过激励函数向下一层传递。

3）输出层。

卷积神经网络输出层的结构和工作原理与传统的前馈神经网络中的输出层相同。通常，输出层连接到前一个全连接层的输出上。在图像分类问题中，输出层采用归一化指数函数或逻辑函数输出分类标签。在目标识别问题中，输出层往往被设计为输出目标对象的中心坐标、边框宽高和类别标签。图像语义分割在本质上是对输入图像进行逐像素分类，输出层将以语义特征图的形式直接输出在像素空间中对应位置的分类结果。

（3）卷积神经网络算法流程　卷积神经网络的训练过程可分为前向传播阶段与反向传播阶段两个阶段。前向传播阶段为第一个阶段，这个阶段数据由低层次向高层次传播。反向传播阶段是第二阶段，当前向传播得出的结果与预期不相符时，误差将从高层次向底层次进行传播训练。卷积神经网络算法流程如图 8-12 所示。

在计算的开始阶段，首先将输入信号进行分段预处理，构建训练集和测试集。具体的训练过程如下：

1）将网络进行权值初始化。CNN 的初始化主要是初始化卷积层和输出层的卷积核（权值）和偏置值。

2）输入数据经过卷积层、池化层、全连接层的向前传播得到输出值。

3）求出网络输出值与目标值之间的误差。

4）反向传播误差值。当误差大于期望值时，将误差传回网络中，依次求得全连接层、池化层和卷积层的误差。各层的误差可以理解为对于网络的总误差，网络应承担多少。当误差等于或小于期

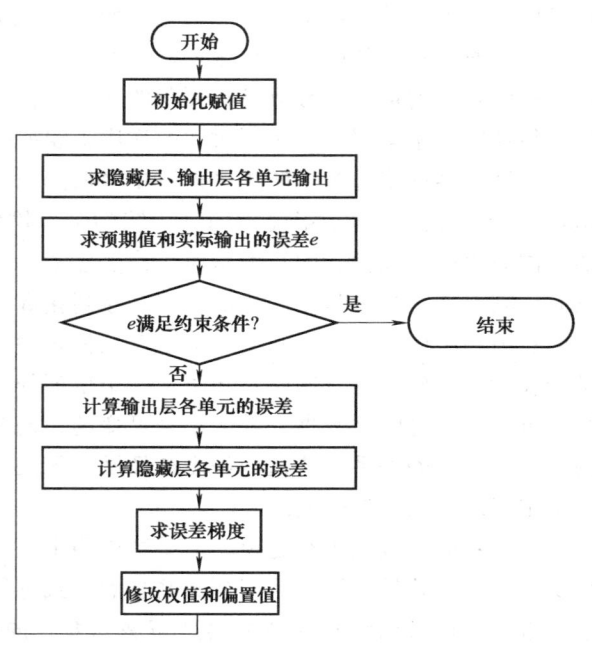

图 8-12　卷积神经网络算法流程图

望值时,结束训练。

5)根据求得的误差进行权值、偏置值的更新。然后,返回第2)步。

当训练结束后,对结构进行测试。在测试阶段,计算过程总共有三个步骤。

1)从测试集中随机抽取测试样本,并将其输入到模型中进行测试,得到输出。

2)将输出结果与测试集真实类别进行比较,并以此对分类结果进行统计。

3)返回第1)步,重新抽取测试样本进行测试,直到完成对所有样本的测试,结束计算。

(4)卷积神经网络的优缺点 相比较于其他传统的神经网络算法,卷积神经网络算法的优点主要包括:

1)卷积神经网络算法的主要优势在于具有区域连接、多层堆叠、权值共享和池化等功能,这些功能使传统的网络模型降低了复杂度,同时避免了模型的过拟合。

2)对图像的位移、缩放以及外界光照变化等具有一定程度的鲁棒性。

3)网络的特征提取过程和分类过程能够同时进行,并且网络可以直接得出实验结果。

4)相比于之前对图像的检测时间和精力,深度卷积神经网络可以快速提高效率,在短时间内实现对图像的正确检测。

卷积神经网络也有一些缺点,主要包括:

1)卷积神经网络算法的网络参数比较多,很容易导致网络出现过度学习现象。

2)该算法初期很难对网络参数进行赋值。现在经常使用的是用高斯函数进行初始化。

3)算法网络结构复杂并且很难设计出通用的结构。对于不同的项目,网络结构差别比较大。训练参数会随着卷积神经网络层数的增加而增加。

4. 循环神经网络

循环神经网络(Recurrent Neural Network,RNN)是一类以序列(Sequence)数据为输入,在序列的演进方向进行递归(Recursion)且所有节点(循环单元)按链式连接的递归神经网络。循环神经网络是一类具有短期记忆能力的神经网络,适合用于处理视频、语音、文本等与时序相关的问题。在循环神经网络中,神经元不但可以接收其他神经元的信息,还可以接收自身的信息,形成具有环路的网络结构。循环神经网络的参数学习可以通过随时间反向传播算法来学习,即按照时间的逆序把误差一步步往前传递。

循环神经网络是为了解决序列数据建模问题所使用的神经网络,该神经网络的结构是由Rumelhart等人于1986年提出的。传统的神经网络一般会认为所有输入和输出是固定大小的,同时也是相互独立的。但是对于许多任务,如处理自然语言文本或股票价格等序列化数据时,其对应的数据是序列化的。这些序列化数据具有如下特点:一方面,数据本身是不定长的;另一方面,数据之间实际上是存在依赖关系的。例如,在自然语言的语言模型中,句子的长度是不确定的,同时对句子下一个单词的预测需要依赖之前的单词。这种序列类型的数据可以看成是时序数据,其大小是可变的,同时每一个时间步的数据与之前每一个时间步的数据存在依赖关系。普通的深度神经网络无法对输入长度不同的数据进行处理。循环神经网络很好地解决了这个问题。

为了对时序数据进行建模,需要解决两个问题:序列长度可变和数据存在依赖。对于序列长度可变的特性,可以采用参数共享的方式进行解决,对于序列中每个时间步都使用同一套参数,这样可以将神经网络模型拓展到变长的时序数据。对于每个时间步之间的关联关系,可以将上一个时间步的输出作为下一个时间步的输入,使得上一个时间步的输入能够影响到下个时间步的输出。循环神经网络的每次输出取决于先前输入和当前输入产生的隐藏状态。当前输出的选择取决于当前输入以及之前使用的其他输入。这就是循环神经被认为有记忆的原因，也是能够处理序列数据的原因。

（1）循环神经网络的结构　循环神经网络的典型结构如图 8-13 所示。

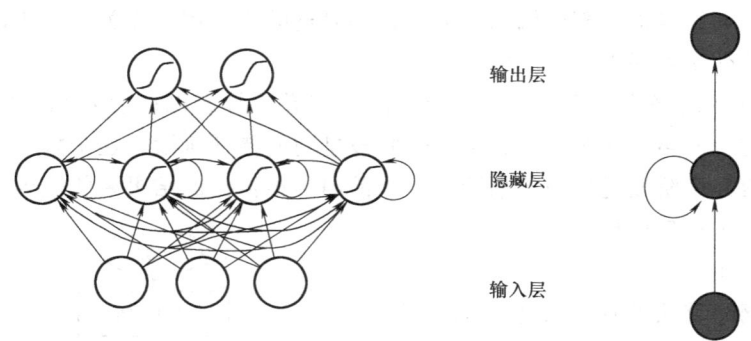

图 8-13　循环神经网络的典型结构

典型的循环神经网络结构与神经网络结构保持一致，依然由输入层、隐藏层和输出层组成。与传统神经网络不同的是，循环神经网络在隐藏层的输出与上一隐藏层的输出反馈有关。将循环神经网络中的输出结构展开，如图 8-14 所示。

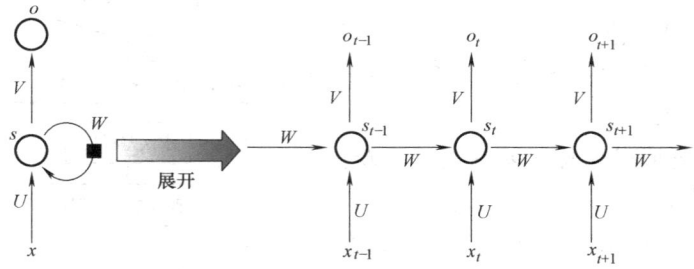

图 8-14　循环神经网络中的输出结构

循环神经网络是一种能够处理时间序列数据的神经网络模型，其内部包含循环计算单元。模型通过迭代的方式对输入数据进行计算，每次迭代其内部隐藏状态根据上次迭代内容和本次输入数据进行信息更新，通过这种方式理解序列内部的时序依赖关系。

在图 8-14 中，参数 t、x、s、o 均为网络结构的基本参数，分别表示时序、输入层、隐藏层和输出层；参数 U 和 W 为传递函数偏置。RNN 隐藏层和输出层的表达式如下：

$$S_t = f(Ux_t + Ws_{t-1})$$
$$o_t = g(Vs_t)$$

其中，$f(Ux_t + Ws_{t-1})$ 是一个非线性函数，隐藏层的活性值 s_t 又称为状态或隐状态。对于每个时间步 t，循环神经网络根据上个时间步获取隐层状态 s_{t-1} 和当前时间步输入 x_t，得到当前时间步隐层状态 s_t，再通过全连接层或者其他类型的网络结构得到这个时间步的输出 o_t。

将两个公式合并，并且将合并后的函数展开，即可得到循环神经网络输出层的完整表达式：

$$o_t = g(Vs_t)$$
$$= Vf(Ux_t + Ws_{t-1})$$

$$= Vf(Ux_t + Wf(Ux_{t-1} + Ws_{t-2}))$$
$$= Vf(Ux_t + Wf(Ux_{t-1} + Wf(Ux_{t-2} + Wf(Ux_{t-3} + \cdots)))) $$

由以上公式可见，循环神经网络和传统神经网络有着类似的表达式，但在输出表达上，循环神经网络存在权值和偏置的递归计算，这是隐藏层的循环计算过程决定的。这一显著特点使得循环神经网络当前时刻的输出与之前每一时刻的输出都存在关系，使得循环神经网络对时间序列的特征学习能力大大增强。

（2）循环神经网络算法流程　循环神经网络与卷积神经网络有着相似的训练过程，也分为前向传播与反向传播两个阶段：第一个阶段是前向传播阶段，这个阶段数据由低层次向高层次传播；第二个阶段是反向传播阶段，当前向传播得出的结果未能达到预期时，误差将从高层向底层次进行反向传播。图 8-15 展示了循环神经网络训练过程。

循环神经网络算法的计算过程在训练阶段可分为以下五步骤：

1）将神经网络进行权值的初始化。
2）将输入数据经过向前传播得到输出值。
3）计算出网络输出值与目标值之间的误差。
4）反向传播误差值。当总误差大于期望值时，将误差传回网络中；当误差等于或小于期望值时，结束训练。
5）权值及偏置值根据总误差来进行更新。然后，再进入到第 2）步。

训练结束后，对结果进行测试。在测试阶段，主要有以下三个步骤：

1）从测试集中随机抽取测试样本，输入到模型中进行测试，得到输出。
2）将输出结果与测试集真实类别进行比较，并以此对分类结果进行统计。
3）返回第 1）步，重新抽取测试样本进行测试，直到完成对所有样本的测试，结束计算。

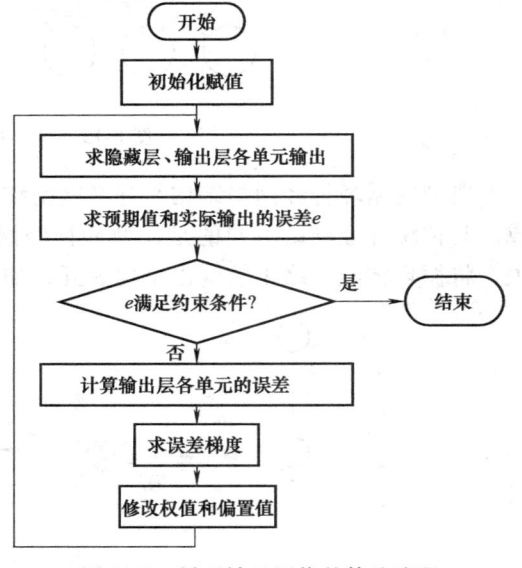

图 8-15　循环神经网络的算法流程

神经网络训练的基础是反向传播算法，神经网络为降低目标函数的误差使用梯度下降算法。对于输出层，误差由网络输出和标签计算得到。对于隐藏层，需要用反向传播算法将输出误差传递到上层网络。对反向传播算法的直观理解是，除了输入层外，神经网络每层的输出是前一层的输出和两层之间的连接参数运算加上激活函数后得到，则当前层的误差也是从后一层的误差中传递过来，因此当知道本层的误差后，前一层的误差就可以根据本层误差和两层间的连接参数以及本层激活函数推算出来了。

循环神经网络与卷积神经网络或其他神经网络存在很大的区别。循环神经网络可以通过随时间反向传播算法来进行参数学习，即误差可以按照时间的倒序一步一步地传递，根据所得到的误差，可以对权值和偏置值进行修正。而卷积神经网络是反向逐层传播。它将误差传回网络中，全连接层、池化层和卷积层的误差被依次求得。

（3）循环神经网络的特点　很多神经网络是前馈神经网络，前馈神经网络是一个单向信息传递的静态网络，其网络的输出不具备记忆能力，只依赖于当前的输入。然而，通过使用自带反馈的神经元，循环神经网络的输出不仅与电流输入有关，而且与前一时间的输出有关，因此在处理任意长度的时间序列数据时具有短时记忆能力。

循环神经网络的计算过程包括隐状态更新计算、输出计算参数共享，即在计算时，每一步使用的参数 U、W、V 都是一样的。同时，循环神经网络模型是一种时间维度上的深度模型，可以对序列内容进行建模。

在传统的循环神经网络对时间序列进行处理的过程中，随着时间跨度的增加，循环神经网络存在对先前信息的长距离依赖问题，即在某时间序列中当相关信息与目标信息时间跨度较大时，循环神经网络的学习能力显著下降，网络模型难以训练，这一现象称为"梯度爆炸"。此外，循环神经网络需要训练的参数较多，容易出现梯度消失或梯度爆炸问题，因此造成循环神经网络算法不具有特征学习能力。

8.3　人工智能算法的应用

人工智能算法已经成为当前的热门前沿技术。人工智能算法已经在医药、诊断、金融贸易、机器人控制、法律和生产制造等领域有大量的应用。本节主要介绍其在制造领域、医学领域与供应链领域中的应用。

8.3.1　人工智能算法在制造领域的应用

在现代机械电子工程模块优化设计中，相关数据基本上都是经由精确的状态科学来进行控制的。但是，在实际应用中，外界客观数据的变化会影响机械电子系统在运行应用过程中的功能，工作人员必须结合系统运行情况，将各项功能中的数据信息进行合理调整，才能保障机械电子系统安全、稳定地运行。机械电子系统面对突发情况第一时间内往往难以完全解决问题。但是，将机械电子系统和人工智能进行有机结合，可以使人工智能神经模式的作用得到充分发挥，从而实现高精确度地控制机械电子系统。人工智能的加入有效地协助了工作人员优化调整各项数据，机械电子工程的整体工作效率与质量都得到了提升。

机械电子工程在发展过程中因其系统不稳定性而受到制约。机械电子系统及其系统的输入与输出关系，都具有一定的不稳定性。机械电子设备受到这些不稳定性因素的影响，导致其实际功能不能得到有效发挥，进而影响企业的正常生产水平，企业的经济效益也受到折损。为将机械电子系统的不稳定性得到控制和解决，技术人员通常依赖于传统解析方法。但是传统解析方法不能将整个系统做到全面精确地控制，不足以将系统的稳定性进行提高。因此近些年，许多企业结合自身条件以及发展情况，将人工智能技术积极引进到企业中。人工智能的加入可以有效弥补传统解析方法的缺点，可将企业各项机械电子设备的稳定性得到全面提高。人工智能技术的应用科学高效，可以帮助工作人员快速有效地解决处理复杂的系统输入和输出信息，以及海量的机械电子系统运行数据，充分保障机械电子设备的安全稳定运行。

企业可以借用人工智能系统良好的逻辑分析能力和科学计算能力，通过在机械电子系统中融入人工智能技术，对机械电子系统工程的各项操作要求进行满足，从而对企业的工作水准进行提升。因此，现代机械制造企业通过加强人工智能技术的培训教育工作，培养出大量的人工智能研究应用人才。在企业机械电子工程系统中嵌入先进的人工智能系统，可以使复杂而难以操作的机电工程系统更加人性化、简单化。在实际控制和操作过程中，技术人员只需根据人工智能系统显示的操作要求和目的，通过模糊推理以及神经网络系统独立完成优化设计，在促使企业机械电子模型管理控制变得更为简化的同时保障了机械电子系统操作的良好工作效果。

通过在机电工程中应用人工智能，机电制造企业可以根据相关的数据信息找到最佳的表达空间，对机械电子系统数据实现优化整合，并从中提取有价值的数据信息，这也为企业科学管理决策提供可靠的依据。增强函数连接方式在人工智能应用中是推动机械电子工程展开空间表达的关键方式之一。数值高速运算过程的高精度可通过增强函数连接方式进行实现，促使该种空间表达方式在语言表达能力上更加严谨和周密。同时，企业工作人员在机械电子工程中将人工智能函数连接技术进行有效应用，它能够帮助自身达到优化整个网络系统空间建设的目标，对机械电子工程的系统的操作控制水平进行全面提高。

8.3.2 人工智能算法在其他领域的应用

1. 医学领域

大多数疾病与蛋白质功能紊乱密切相关。基于蛋白质结构的药物设计策略可用于发现作用于蛋白质靶标的小活性分子。但是，目前对蛋白质的三维（3D）结构进行实验测定的时间较长且成本过高。因此，有必要对蛋白质的3D结构进行计算机预测。大部分氨基酸的一维（1D）序列决定了其蛋白质的三维（3D）结构；然而，尽管目前可以获取大多数蛋白质的一维序列信息，但尚未解决其3D结构的准确预测。这一挑战主要是由于蛋白质构象空间是一个天文数字。因而，蛋白质结构预测的组成部分通常可分解为许多小的成分，例如蛋白质二级结构、骨架扭转角、溶剂-可及表面积等一系列一维结构特征。但是，蛋白质的二级结构也会产生大量的数据集，这给人们对蛋白质的研究造成了很大的困扰。

机器学习方法在促进该领域的发展方面表现出了巨大的优势。近年来，蛋白质的二级结构已经可以运用机器学习技术来进行预测，如骨骼扭转角、α-碳原子的二面角和溶剂-可及表面积。例如，2012年，有学者利用人工神经网络算法作为分类器来开发统一的多任务局部蛋白质结构预测因子。他们训练了一个神经网络，以使用序列和进化特征来预测蛋白质的二级结构和溶剂的可及性。2015年，Spencer等人使用深度信念网络（DBN）来预测蛋白质的二级结构，准确率为80.7%。随后，Wang等人将浅层神经网络与条件随机场（CRF）集成在一起，提出了DeepCNF方法来预测蛋白质的二级结构，从而将预测准确性提高到84%，可用于预测蛋白质的结构特征，例如接触数、无序区域和溶剂-可及性。

近年来，基于人工智能的应用已迅速开发出来并用于精神病学研究和诊断。例如，有学者提出了一种可以监测抑郁的人工智能系统，该系统可以根据声音和视觉表达来预测贝克抑郁量表II（BDI-II）得分。此外，有些学者基于多模态神经影像提取了多种类型的灰白质特征，并使用机器学习为每个特征的核函数分配权重。

MRI是行为和认知神经科学的主要技术。近些年，以深层神经网络（DNN）和卷积神经网络（CNN）技术为基础，一些学者提出了一种新的深度监督自适应三维（3D）CNN，它可以自动提取和识别阿尔茨海默氏病特征，将阿尔茨海默氏症所带来的变化进行捕捉，并将MRI图像用这些网络来进行分析和识别。

2. 供应链领域

当今服务供应链面临的最大挑战是增加库存管理成本，同时确保客户高满意度。这是因为需求模式会随着供应链伙伴适应的业务战略而变化。例如，备件供应链作为典型的物流网络，具有契约型和非契约型的经营策略。在多个供应商和严格的质量标准下，客户订单不局限于原始设备制造商（OEM）。这是因为一个客户订单可以从多个供应商在不同的成本和交货时间得到所需的、符合质量标准的零件。这往往导致越来越多的备件进入非合同业务战略，导致在成本和交货期上的竞争。因此，新出现的需求模式是高度不确定和不可预测的。

在这种复杂和竞争的情况下，备件供应链可以降低库存成本、目标库存水平（TSL）和改善再订货点（ROP），同时确保客户的最短交货时间，前提是他们能够更准确地预测需求。这对商用飞机制造商的零部件供应链构成了更大的挑战，因为相对于客运航空公司来说，商用飞机的飞行模式和使用情况是不可预测的。这导致需求模式更加波动，其中预测更可能是不准确的，并对各自供应链的财务业绩造成严重影响。

这些供应链中的备件在 300,000～500,000 个库存量之间，计算复杂度更高，并且迫切需要对备件进行分组，表现出类似的需求特征。此外，这些零件的成本和交货期可以从几美元到数百、数千美元不等，交货期最长可达两年。与这些物流网络相关的库存成本高达数十亿美元，其中大部分由资本投资支付。这引起了人们对商用飞机零部件服务供应链预测方法的极大兴趣，因为如果需求预测精度部分提高，这可以节省数百万美元，这对公务机制造商和公司股东同样都是有利的，这不仅减少了资本投资，而且同时确保了更高的客户满意度水平。

为了优化供应链，法国达索公司利用人工智能算法对飞机零件供应链进行预测。达索公司基于自身的公务机零部件的备件需求数据，针对每一组或每一组具有相似需求特征的零部件，寻找其竞争优势的最佳预测方法。结果表明，神经网络算法可以较为准确地预测供应链的变化，并且降低财务支出。同时，达索公司发现，特征数越高的神经网络，对不确定和不可预测需求的预测精度越高。

参 考 文 献

[1] LEE I, SHIN Y J. Machine learning for enterprises: applications, algorithm selection, and challenges [J]. Business Horizons, 2020, 63 (2): 157-170.
[2] 方路平, 何杭江, 周国民. 目标检测算法研究综述 [J]. 计算机工程与应用, 2018, 54 (13): 11-18; 33.
[3] 白途思. AI 第七章 机器学习 [EB/OL]. (2010-09-06) [2020-01-04]. https://www.cnblogs.com/begtostudy/archive/2010/09/06/1819025.html.
[4] 罗海波, 许凌云, 惠斌, 等. 基于深度学习的目标跟踪方法研究现状与展望 [J]. 红外与激光工程, 2017, 46 (5): 14-20.
[5] 李素, 袁志高, 王聪, 等. 群智能算法优化支持向量机参数综述 [J]. 智能系统学报, 2018, 13 (1): 70-84.
[6] 张庆科. 粒子群优化算法及差分进行算法研究 [D]. 济南: 山东大学, 2017.
[7] 许可. 人工智能的算法黑箱与数据正义 [N]. 社会科学报, 2018-03-29 (006).
[8] 王璇, 薛瑞. 基于 BP 神经网络的手写数字识别的算法 [J]. 自动化技术与应用, 2014 (5): 5-10.
[9] 李朝静, 唐幼纯, 黄霞. BP 神经网络的应用综述 [J]. 劳动保障世界（理论版）, 2012 (8): 71-74.
[10] 王万良, 张兆娟, 高楠, 等. 基于人工智能技术的大数据分析方法研究进展 [J]. 计算机集成制造

系统，2019，25（3）：529-547.

[11] 田启川，王满丽. 深度学习算法研究进展 [J]. 计算机工程与应用，2019，55（22）：25-33.

[12] 翟俊海，张素芳，郝璞. 卷积神经网络及其研究进展 [J]. 河北大学学报（自然科学版），2017，37（06）：640-651.

[13] 刘铭，吕丹，安永灿. 大数据时代下数据挖掘技术的应用 [J]. 科技导报，2018，36（9）：73-83.

[14] 谢娟英，刘然. 基于深度学习的目标检测算法研究进展 [J]. 陕西师范大学学报（自然科学版），2019，47（5）：1-9.

[15] 郭鹏. Hopfield 神经网络及其在电厂中的应用研究 [D]. 保定：华北电力大学，2004.

[16] 潘君锴. 一种面向条件表达式语义错误定位与修复的深度学习方法 [D]. 南京：南京大学，2019.

[17] 卓维，张磊. 深度神经网络的快速学习算法 [J]. 嘉应学院学报，2014，32（5）：13-17.

[18] 秦淑莲，姜玉英，曾娟，等. 神经网络测报软件的设计实现 [J]. 青岛农业大学学报（自然科学版），2013，30（1）：64-69.

[19] 张少迪. 基于深度学习的文本摘要生成技术研究 [D]. 乌鲁木齐：新疆大学，2019.

[20] 卢浩. 基于神经网络的北京市二手住宅价格评估研究 [D]. 兰州：兰州财经大学，2019.

[21] 姜雅慧. 人工智能中的机器学习研究 [J]. 计算机光盘软件与应用，2013，16（21）：237-239.

[22] 徐隐飞. 基于卷积神经网络的维吾尔文检测 [D]. 乌鲁木齐：新疆大学，2019.

[23] 李学沧，贾识桢. 基于卷积神经网络的小细胞型肺癌辅助检测方法 [J]. 中国数字医学，2013，08（2）：65-67；72.

[24] 徐姗姗，刘应安，徐昇. 基于卷积神经网络的木材缺陷识别 [J]. 山东大学学报（工学版），2013，43（2）：23-28.

[25] 孙凯云. 基于卷积神经网络的误识手势检测与纠错算法研究 [D]. 济南：济南大学，2019.

[26] 刘庆飞. 农业场景下卷积神经网络的应用研究 [D]. 乌鲁木齐：新疆大学，2019.

[27] 肖红，曹茂俊，李盼池，等. 基于分段线性插值的过程神经网络训练 [J]. 计算机工程，2011，37（20）：211-212；215.

[28] 刘志刚，杜娟，许少华，等. 基于改进粒子群算法的过程神经网络训练 [J]. 科学技术与工程，2011，11（12）：2675-2679.

[29] 张安杰. 基于卷积神经网络的循环肿瘤细胞检测算法研究 [D]. 济南：济南大学，2019.

[30] 王毫. 基于 LSTM 循环神经网络的 BTA 钻头磨损监测技术研究 [D]. 西安：西安理工大学，2019.

[31] 刘泫梓. 基于软件无线电平台和循环神经网络的电磁干扰采集与识别系统的研究与实现 [D]. 北京：北京邮电大学，2019.

[32] 吕少华. 基于循环神经网络的攻击行为预测研究 [D]. 北京：北京交通大学，2019.

[33] 赵庆. 面向短时交通流分析与预测的循环神经网络算法研究 [D]. 西安：西安理工大学，2019.

[34] 易炜，何嘉，邹茂扬. 基于循环神经网络的对话系统记忆机制 [J]. 计算机工程与设计，2019，40（11）：3259-3264.

第 9 章 数字孪生技术

导读

数字孪生（Digital Twin，DT）简单来说是一个仿真过程。该过程充分利用物理模型、传感器更新、运行历史等数据，集成多学科、多物理量、多尺度、多概率的仿真过程，在虚拟空间中完成映射，从而反映相对应的实体装备的全生命周期过程。数字孪生是一种超越现实的概念，可以被看作一个或多个重要的、彼此依赖的装备系统的数字映射系统。虽然数字孪生概念自21世纪初以来就存在，但这一方法现在正达到一个临界点，在不久的将来可能会广泛应用。目前，一些关键使能技术已经达到了支持将数字孪生用于企业应用所需的成熟水平。这些技术包括廉价可靠的传感器、低成本的数据存储和计算能力，以及有保障的高速有线和无线网络。多年来，科学家和工程师创造了真实物理对象的数学模型，随着时间的推移，这些模型变得越来越复杂。目前，随着计算能力、数据存储能力以及传感器和网络技术的发展，人们能够将以前离线的物理资产与数字模型联系起来。这样，物理对象所经历的变化就反映在数字模型中，从模型中导出的结果同时也允许对物理对象实现反向操作，从而实现以前所未有的精确控制。

本章知识点

- 数字孪生的概念
- 数字孪生的意义及应用价值
- 数字孪生体系架构与系统组成
- 数字孪生模型与开发工具

9.1 生活中的数字孪生

数字孪生是近些年兴起的新技术，简单来说，便是运用物理模型，应用传感器读取数据的模拟仿真全过程，在虚拟空间中进行映射，以体现对应实体的生命周期全过程。在未来，物理世界中的各类事物都将能够应用数字孪生技术进行复刻。在工业生产领域，数字孪生技术的应用，将大幅度促进产品在方案设计、生产制造、维护保养及检修等阶段的转型。

数字孪生技术不但能够让我们见到产品外部的转变，更关键的是能够见到产品内部的每一个零部件的运行状态。例如，根据数字 3D 模型，我们可以看到轿车在运行过程中，柴油发动机内部的每一个零部件、线路、各类连接头的每一个数字化的转变，进而能够对轿车开展维护与保养。毫不夸张地说，数字孪生将是改变制造行业游戏规则的一项新技术。据预测，到 2022 年，85% 的物联网云平台将应用某类数字孪生技术展开监管，极少数城市将率先运用数字孪生技术实现智慧城市。当然，数字孪生不仅将在加工厂与城市经营中发挥作用，也将在生活家居、个人健康服务等领域大有作为。

未来，物联网技术会使人们生活中的家居产品联系得更加紧密，因而需要一个中央管理系统对安全系统、电视网络、WiFi、电冰箱、太阳能、电热水器、厨具设备、暖气片/中央空调等系统展开统一管理。未来十年内，大部分家庭都将拥有一个中央管理系统。数字孪生的应用将能够实时显示家庭各个系统的运行状况，同时对其进行在线优化。因此，数字孪生系统将变成对未来家庭需求管理尤为重要的智能化系统。

9.2 数字孪生概述

多年来，科学家和工程师创造了真实世界中物体的数学模型。随着时间的推移，这些模型变得越来越复杂。目前，传感器和网络技术的发展使人们能够将以前离线的物理资产与数字模型联系起来。这样，物理对象所经历的变化就反映在数字模型中，从模型中仿真出的结果能够对物理对象反向进行指导，从而完成过去所未有的精确控制。

数字孪生概念在 21 世纪初就存在，并且这一技术在不久将会被广泛应用。这是因为一些关键技术的发展已经达到了企业应用所需的成熟水平。这些技术包括低成本的数据存储和计算、高速有线和无线网络，以及廉价可靠的传感器。

起初，构建数字孪生体的复杂性和成本限制了它们的应用领域，过去它仅应用在航空航天和国防领域。因为物理实体是高价值的关键任务资产，从模拟中建立真实的仿真环境具有很大的挑战性，这种情况正在迅速变化。目前，作为正常业务流程的一部分，很多公司正在使用自己的产品来生成构建数字孪生所需的大部分数据。

随着企业对数字孪生兴趣的增加，数字孪生技术提供商的数量也逐渐增加。行业研究人员预计，数字孪生市场将以每年 38% 的速度增长，到 2025 年，市场规模将超过 260 亿美元。数字孪生所需的广泛基础技术鼓励许多公司进入市场，很多科技公司都关注这个潜在的市场，包括 SAP、Microsoft 和 IBM 等大型企业技术公司。这些公司完全有能力将云计算、人工智能和企业安全功能应用于创建数字孪生解决方案。同时，通用电气（GE）、西门子（Siemens）和霍尼韦尔（Honeywell）等自动化系统和工业设备制造商正在开创一个建立在数字孪生基础上的工业机械和服务的新时代。此外，提供产品生命周期管理（PLM）的公司，如 PTC 和 Dassault Systems，正将数字孪生作为一项基本核心技术来管理从最初概念到生命周期结束的产品开发。

在实践中，虽然有不同的应用程序和利益相关者参与其中，然而，对于什么是数字孪生还没有一个完全的共识。对于数字孪生来说，区别数字孪生与其他类型的计算机建模的特点主要有：数字孪生是真实"事物"的虚拟模型；数字孪生体模拟物体的物理状态和行为；数字孪生体是独一无二的，与事物的单一、特定实例相关；数字孪生体与事物相连，根据事物状态的已知变化进行自我更新。

数字孪生可以通过对物理对象可视化、分析、预测或优化来产生价值。例如，数字孪生体可能在其物理孪生体形成之前就已经存在，并在物理对象生命周期结束后长期存在。一个事物可以有不止一个孪生体，可以为不同的用户构建不同的模型。例如，假设场景规划或预测事物在未来操作条件下的行为；再如，工厂、医院和办公室的所有者在评估对现有布局或操作流程更改所造成的影响时，可以创建现有设施的多个模型。

如今，研究人员和科技公司已经在各尺度上建立了数字孪生体。数字孪生体可以表示特定材料、化学反应或药物相互作用的行为。同时，数字孪生也可以模拟整个城市的运行过程。目前，数字孪生大多数应用都针对产品及其制造过程的建模。一个值得注意的趋势是，随着组织从单一产品或机器的建模发展到完整生产线、工厂和设施的建模，数字孪生体朝着更大、更复杂的方向发展。同样，数字孪生也可以应用于整个城市甚至国家级能源基础设施和运输网络。英国正在制定计划开发一个全国的数字孪生体，作为与建筑物、基础设施和公用事业相关的多个数据源的存储库。

9.2.1 数字孪生的概念

数字孪生在业界和学术界有多种不同的定义，但目前来说，业界和学术界均未对数字孪生的流程层面给予足够重视。部分定义认为，数字孪生是一件成品的综合模型，可反映产品的所有生产缺陷，同时该模型还将随着产品的使用持续更新，反映产品的消耗磨损情况。其他一些广泛采用的定义认为，数字孪生是基于传感器所建立的某一物理实体的数字化模型，可模拟现实世界中的具体事物。从根本上讲，数字孪生是以数字化的形式对某一物理实体过去和目前的行为或流程进行动态呈现，有助于提升企业绩效。

数字孪生技术本身是以针对物理世界众多层面持续、实时开展的大量数据检测为基础的。该检测可以通过数字化的形式对某一物理实体或流程进行动态呈现，从而有效反映系统运行情况。企业可根据所获得的信息采取实际行动，例如调整产品设计或生产流程。

数字孪生不同于传统的计算机辅助设计（CAD），也并非另一种以传感器为基础的物联网解决方案，数字孪生的功能远高于这两者。计算机辅助设计完全局限于计算机模拟的环境中。物联网系统的功能比数字孪生简单，可用于位置检测和整个组件的诊断，但无法对不同组件间的相互作用和整个生命周期过程进行检测。

数字孪生的真正功能在于能够在物理世界和数字世界之间建立全面的、实时的联系，这也是该技术的价值所在。基于产品或流程的现实情况与虚拟情况之间的交互，数字孪生能够创造更加丰富的模型，从而对不可预测的情况进行更加真实和全面的检测。随着计算能力的提升和成本的降低，如今可采用先进的处理架构和算法实现交互式检测，进而获得实时预测反馈，并开展离线分析。

物联网、云计算、API 和开放标准、人工智能以及数字现实技术等五种技术趋势正在以互补的方式发展，以实现数字孪生。

物联网的快速发展是推动数字孪生应用的重要因素之一。物联网技术使数字孪生成为可能，此技术使得从更广泛的对象中收集大量数据在技术和经济上更具可实施性。企业往往低估了物联网产品和平台生成数据的规模及复杂性，因此，需要工具来帮助他们管理和理解收集的所有数据。数字孪生通常是构造、访问和分析复杂产品相关数据的理想方法。

开发、使用和维护数字孪生是一项计算和存储密集型工作。由于处理能力和存储成本不断下降，通过软件即服务（SaaS）解决方案，企业能够在需要时准确获取所需的计算资源，同时控制成本。

目前，封闭的、专有的模拟工具和工厂自动化平台正成为过去。开放标准和公共应用程序编程接口（API）的可用性大大简化了数据共享与交换的复杂性，使用户能够通过多个系统和工具快速组合数据。

到目前为止，大多数数字孪生都是在二维空间中呈现的，因为当今传统的计算规范限制了在显示器、笔记本式计算机和其他屏幕上的显示。但是，增强现实技术能够在3D中显示数字内容，此外，混合现实技术允许在现有的物理环境中与数字内容交互。虚拟现实能够创造全新的环境，以高度沉浸的方式呈现数字孪生，创造出最丰富的信息。

在上述技术中，物联网、云计算、API和开放标准能够提供创建数字孪生所需的底层传感和处理基础设施，增强、混合和虚拟现实是数字孪生的可视化工具。通过这些技术实现的数字孪生可以以不同的方式为产品、用户或企业增加价值。

数字孪生的可用价值高度依赖于其应用程序。在应用程序中，其价值主要体现在描述性价值、诊断值与预测值三个方面。当资产处于偏远或危险状态时，通过其数字孪生体实时可视化资产状态的能力是很有价值的，即描述性价值，例如航天器、海上风力发电机和发电站。数字孪生使信息更容易获取、更容易解读。结合模拟技术的数字孪生可以提供无法直接在物理实体上测量的数据，即诊断值，例如物体内部生成的信息。诊断值可以用作现有产品的故障排除，并有助于优化后续产品性能。数字孪生可以使用测量或导出的数据找出导致特定状态或行为最可能的原因。预测值是指对物理对象未来可能运行状态的预测数据。例如，通用电气在风电场中使用数字孪生来预测发电量。最复杂的数字孪生不仅可以预测可能发生的问题，还能够提出相应的解决方案。数字孪生将在未来智能工厂的发展中发挥重要作用，这些工厂能够自主决定要做什么、何时做和如何做，以便最大限度地提高客户满意度和盈利能力。

9.2.2　数字孪生概念的不同形态

数字孪生技术贯穿了产品生命周期中的不同阶段，它与产品生命周期管理（Product Lifecycle Management，PLM）的理念不谋而合。数字孪生以产品为主线，并在生命周期的不同阶段引入不同的要素，形成了不同阶段的表现形态。

1. 设计阶段的数字孪生

在产品的设计阶段，利用数字孪生可以提高设计的准确性，并验证产品在真实环境中的性能。这个阶段的数字孪生，使用CAD工具开发出满足技术规格的产品虚拟原型，精确地记录产品的各种物理参数，以可视化的方式展示出来，并通过一系列的验证手段来检验设计的精准程度。同时，通过一系列可重复、可变参数的仿真实验，来验证产品在不同外部环境下的性能和表现，在设计阶段即可验证产品的适应性。

在汽车设计过程中，由于对节能减排的要求，达索利用其3D Experience平台，帮助包括宝马、特斯拉、丰田在内的汽车公司，进行准确的空气动力学、流体声学等方面的分析和仿真，在外形设计方面通过数据分析和仿真，大幅度地提升流线性，减少空气阻力。

2. 制造阶段的数字孪生

在产品的制造阶段，利用数字孪生可以加快产品导入的时间、提高产品设计的质量、降低产品的生产成本和提高产品的交付速度。制造阶段的数字孪生是一个高度协同的过程，通过数字化手段构建起来的虚拟生产线，将产品本身的数字孪生同生产设备、生产过程等其他形态的数字孪生高度集成起来，实现生产过程仿真、数字化生产线与关键指标监控和过程能力评估的功能。

生产过程仿真是指在产品生产之前，通过虚拟生产的方式来模拟在不同产品、不同参数、不同外部条件下的生产过程，实现对产能、效率以及可能出现的生产瓶颈等问题的提前预判，从而加速新产品导入的过程。

数字化生产线是指将生产阶段的各种要素，如原材料、设备、工艺配方和工序要求，通过数字化的手段集成在一个紧密协作的生产过程中，并根据既定的规则，自动地完成在不同条件组合下的操作，实现自动化的生产过程，同时记录生产过程中的各类数据，为后续的分析和优化提供依据。

关键指标监控和过程能力评估是指通过采集生产线上各种生产设备的实时运行数据，实现全部生产过程的可视化监控，并且通过经验或者机器学习建立关键设备参数、检验指标的监控策略，对出现违背策略的异常情况进行及时处理和调整，实现稳定并不断优化的生产过程。

寄云科技为盖板电子玻璃生产线构建的在线质量监控体系，充分采集了冷端和热端设备产生的数据，并通过机器学习获得流程生产过程中关键指标的最佳规格，设定相应的 SPC 监控告警策略，并通过相关性分析，在几万个数据采集点中实现对特定的质量异常现象的诊断与分析。

3. 服务阶段的数字孪生

随着物联网技术的成熟和传感器成本的下降，很多工业产品，从大型装备到消费级产品，都使用了大量的传感器来采集设备运行和产品使用阶段的环境和工作状态，并通过数据分析和优化来避免产品的故障，改善用户对产品的使用体验。这个阶段的数字孪生，可以实现如下的功能。

1）远程监控和预测性维修：通过读取智能工业产品的传感器或者控制系统的各种实时参数，构建可视化的远程监控，并给予采集的历史数据，构建层次化的部件、子系统乃至整个设备的健康指标体系，并使用人工智能实现趋势预测；基于预测的结果，对维修策略以及备品/备件的管理策略进行优化，降低和避免客户因为非计划停机带来的损失。

2）优化客户的生产指标：对于很多需要依赖工业装备来实现生产的工业客户，工业装备参数设置的合理性以及在不同生产条件下的适应性，往往决定了客户产品的质量和交付周期。而工业装备厂商可以通过采集的海量数据，构建起针对不同应用场景、不同生产过程的经验模型，帮助其客户优化参数配置，以改善客户的产品质量和生产率。

3）产品使用反馈：通过采集智能工业产品的实时运行数据，工业产品制造商可以了解客户对产品的真实需求，不仅能够帮助客户缩短新产品的导入周期、避免产品被错误使用而导致的故障、提高产品参数配置的准确性，更能够精确地把握客户的需求，避免研发决策失误。

寄云科技为石油钻井设备提供的预测性维修和故障辅助诊断系统，不仅能够实时采集钻机不同关键子系统，如发电机、泥浆泵、绞车、顶驱的各种关键指标数据，而且能够根据历史数据的发展趋势，对关键部件的性能进行评估，并根据部件性能预测的结果，调整和优化维修的策略；同时，还能够根据钻机的实时状态分析，对钻井的效率进行评估和优化，有效地提高钻井的投入产出比。

9.2.3 数字孪生的意义

自数字孪生概念提出以来，数字孪生技术在不断地快速演化，无论是对产品的设计、制造还是服务，都产生了巨大的推动作用。

1. 提高便捷性与创新性

数字孪生通过设计工具、仿真工具、物联网、虚拟现实等各种数字化手段,将物理设备的各种属性映射到虚拟空间中,形成可拆解、可复制、可转移、可修改、可删除、可重复操作的数字镜像。这极大地加速了操作人员对物理实体的了解,可以让很多原来由于物理条件限制、必须依赖于物理实体等因素而无法完成的操作,如模拟仿真、批量复制、虚拟装配等成为触手可及的工具,更能激发人们去探索新的途径来优化设计、制造和服务。

2. 全面测量

只要能够测量,就能够改善,这是工业领域不变的真理。无论是设计、制造还是服务,都需要精确测量物理实体的各种属性、参数和运行状态,以实现精准的分析和优化。但是,传统的测量方法必须依赖价格不菲的物理测量工具,如传感器、采集系统、检测系统等,才能够得到有效的测量结果。这无疑会限制测量覆盖的范围,对于很多无法直接采集到测量值的指标,更是无能为力。而数字孪生技术,可以借助物联网和大数据技术,通过采集有限的物理传感器数据,并借助大样本库,通过机器学习推测出一些原本无法直接测量的指标。例如,可以利用润滑油温度、绕组温度、转子扭矩等一系列指标的历史数据,通过机器学习来构建不同的故障特征模型,间接推测出发电机系统的健康指标。

3. 更全面的分析和预测能力

现有的产品生命周期管理很少能够实现精准的预测,因此往往无法对隐藏在表象下的问题提前进行预判。而数字孪生可以结合物联网的数据采集、大数据的处理和人工智能的建模分析,实现对当前状态的评估、对过去发生问题的诊断,以及对未来趋势的预测,并给出分析的结果,模拟各种可能性,提供更全面的决策支持。

4. 经验数字化

在传统的工业设计、制造和服务领域,经验往往是一种模糊且很难把握的形态,很难将其作为精准判决的依据。而数字孪生的一大关键进步,是可以通过数字化的手段,将原先无法保存的专家经验进行数字化,并提供保存、复制、修改和转移的能力。例如,针对大型设备运行过程中出现的各种故障特征,可以将传感器的历史数据通过机器学习训练出针对不同故障现象的数字化特征模型,并结合专家处理的记录,将其形成未来对设备故障状态进行精准判决的依据,并可丰富和更新不同的、新形态的故障进行特征库,最终形成智能诊断和智能决策。

9.2.4 数字孪生的发展背景与历程

最早,数字孪生思想由密歇根大学的 Michael Grieves 命名为"信息镜像模型"(Information Mirroring Model),而后演变为"数字孪生"的术语。数字孪生也被称为数字双胞胎和数字化映射。数字孪生是在 MBD 基础上深入发展起来的,企业在实施基于模型的系统工程(MBSE)的过程中产生了大量的物理的、数学的模型,这些模型为数字孪生的发展奠定了基础。

数字孪生根植于一些现有技术,如三维建模、系统仿真、数字原型(包括几何、功能和行为原型)。数字孪生的日益普及,反映了虚拟世界与物理世界日益紧密地联系在一起、融为一体的趋势。

数字孪生代表了对许多技术瓶颈限制的突破(如数据采集、数字描述,以及计算机性能和算法等)。目前,越来越多的研究者致力于数字孪生的研究,相关出版物的数量开始呈指数级增长。陶飞等人于 2017 年 1 月提出了数字孪生车间（Digital Twin Shopfloor，DTS）的概念，讨论了数字孪生车间的特点、构成以及数字孪生车间的运行机制和关键技术，为数字孪生在制造业中的应用提供了理论支持。随后，为了促进数字孪生在更多领域的进一步应用，陶飞等人对现有的三维数字孪生模型进行了扩展，增加了两个维度（数字孪生数据和服务），提出了数字孪生五维模型。数字孪生发展的一些里程碑如图 9-1 所示。

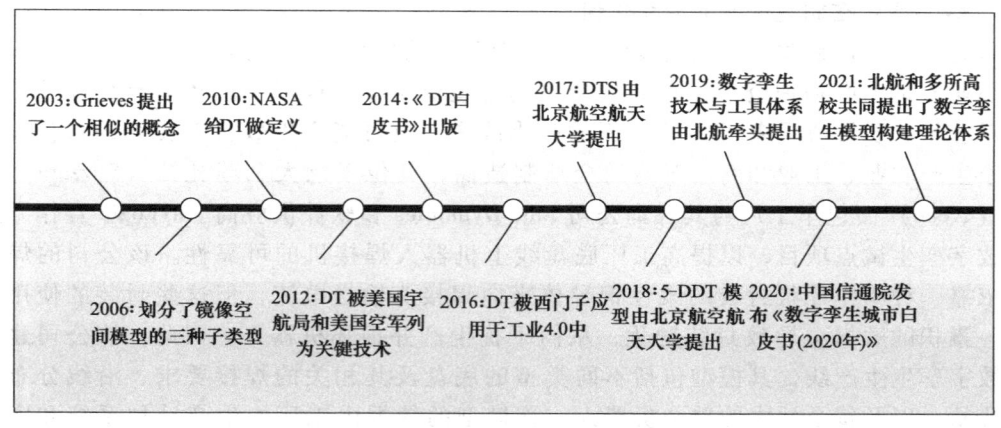

图 9-1　数字孪生发展历程

2019 年，北京航空航天大学（简称北航）数字孪生研究组牵头和 5 个国家学者共同建立了数字孪生技术与工具体系；牵头 18 家单位建立了数字孪生标准体系。中国电子信息产业发展研究院（赛迪集团）推出《数字孪生白皮书（2019）》。安世亚太科技股份有限公司和数字孪生体实验室联合发布《数字孪生体技术白皮书 2019》。

2020 年，北航数字孪生研究组出版了数字孪生设计英文专著。美国工业互联网联盟发布《工业应用中的数字孪生》白皮书。工信部中国电子技术标准化研究院牵头编写的《数字孪生应用白皮书》发布。中国信通院发布《数字孪生城市白皮书（2020 年）》。

2021 年，北京城市副中心"十四五"开展数字孪生城市应用试点。北航和多所高校共同提出了数字孪生模型构建理论体系。北航陶飞教授创办了 *Digital Twin* 国际期刊。

物理产品的数字化演变进程如图 9-2 所示。

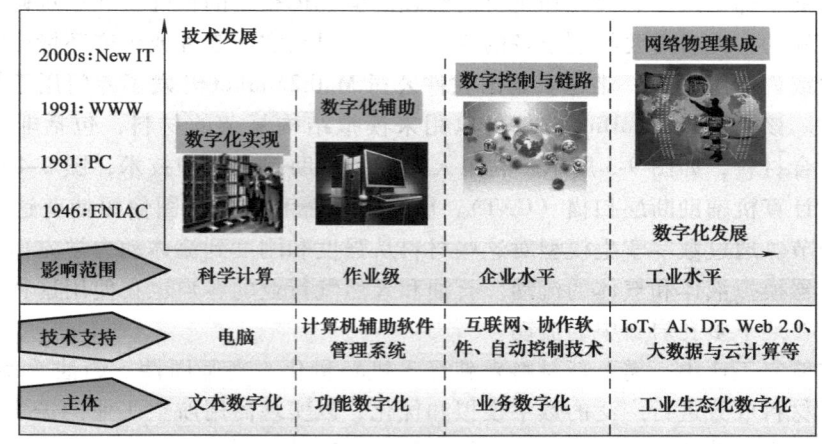

图 9-2　物理产品数字化演进

9.2.5 数字孪生的应用价值

数字孪生可以代表任何物理事物,如纳米材料,甚至整座城市。在某些情况下,甚至人类及其行为也可以被数字孪生所模拟。目前,很多企业均在开发、测试和利用其业务中的数字孪生模型。

1. 数字孪生在制造领域的应用价值

制造业务一直是数字孪生发展中一个特别关注的领域。工厂是一个数据丰富的环境,其核心业务是生产物理资产。在高生产率的制造业中,有很多生产环节有待改善。即使是在吞吐量、质量或设备可靠性方面的微小改进,也可能产生数百万美元的价值。CNH是一家生产农业、工业和商用车辆的全球制造商,其位于意大利苏扎拉(Suzzara)的依维柯(Iveco)面包车工厂与其咨询公司 Fair Dynamics 和软件供应商 AnyLogic 合作开展了一个数字孪生试点项目,以提高工厂底盘线上机器人焊接机的可靠性。该公司的焊接机器人依靠一种叫作片状封装的柔性铜导体来向焊接头输送电流,但这些封装的使用寿命有限,累积的磨损会导致封装融化,从而干扰生产并损坏机器人。因此,该公司建立了一个数字孪生生产线,其模型包括不同类型的底盘及其相关的焊接要求、沿线分布的自动焊接站,以及每个站中的单个机器人。该模型的数据由工厂的生产计划系统和安装在每个机器人上的状态监测传感器提供。利用仿真和机器学习的方法,数字孪生电路可以预测元器件失效的概率。该系统允许对生产线进行虚拟仿真,比较不同的操作和维护策略,使得计划内和计划外停机时间最小化。

为石油和天然气行业提供生产设备的通用电气公司贝克休斯(Baker Hughes),利用母公司的技术,在其位于美国内华达州明登(Minden)的工厂中建立了一个全面的数字孪生模型。该模型包含了整个工厂数千台机器和流程的数据,以及来自供应商的部件交付数据。通过提供工厂绩效的全面实时视图,帮助管理人员和员工发现改进机会,并在出现问题时快速做出反应。贝克休斯公司发现数字孪生有助于提高高性能设施的准时交货率。随着时间的推移,公司的目标是通过数字孪生的持续优化,使材料在工厂中的流动速度翻倍。

2. 数字孪生在其他领域的应用价值

(1) 在材料科学领域的应用价值 物理产品的性能取决于其材料特性。例如,坚固、轻质的材料有助于降低汽车、火车和飞机的油耗。但具体材料的精确特性很难确定。实物测试可能是破坏性的,或者需要特别准备的样品,这使得在实际零件或生产环境中很难进行。

数字孪生或许能解决这一难题。德国软件公司 Math2Market 开发了专门用于模拟各种材料特性的软件。该公司的 GeoDict 软件可以用来模拟结构复杂的材料,包括非织造布、泡沫、陶瓷和复合材料,如图 9-3 所示。利用人工智能辅助图像处理技术,图 9-4 所示的测量技术可以通过计算机辅助断层扫描(CAT)、电子显微镜和类似的图像源捕获这些材料内部几何结构的细节。通过数字孪生模型对这些材料从强度和刚度到流体动力学方面进行仿真分析,使用过滤器模拟液体和气体的流动。石油和天然气行业的客户也在使用这种方法来模拟石油和天然气在地下多孔岩石中的流动。

同时,在航空工业中,需要新材料来满足飞机轻量化、高坚固性、燃油效率高的需求。因此,需要对材料成分进行广泛的数字模拟和优化,以实现商用航空工业的需求。图 9-3 显示了波音 787 客机的碳纤维复合材料机身是如何在生产设施中有效编织在一起的。

(2) 在工业产品领域的应用价值 除了制造业,数字孪生技术的主要应用是工业产品

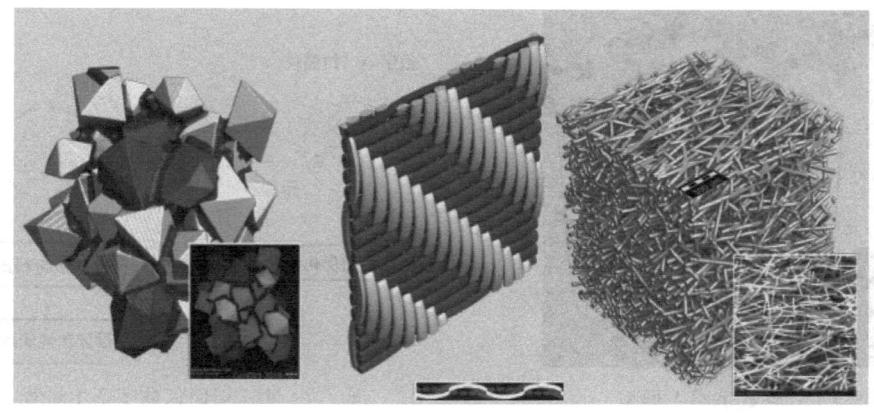

图 9-3　Math2Market 在数字孪生系统模拟材料编织过程

领域。这主要是因为拥有这些资产的公司经常追求服务化战略，而这些战略要求产品能够长时间无故障运行。

数字孪生通过允许这些公司在客户手中监控他们的产品来支持服务化战略。数字孪生支持有效的维护策略和远程诊断及维修。在某些应用中，客户甚至可能愿意为制造商拥有的数字孪生体所生成的数据或解决方案付费。包括劳斯莱斯（Rolls-Royce）、通用电气（GE）和普惠公司（Pratt&Whitney）在内的主要航空发

图 9-4　人工智能辅助测量技术测量材料内部细节

动机制造商部是当今数字孪生技术最先进的用户之一，他们在新产品开发、制造中应用了数字孪生技术。当然，数字孪生还帮助监控飞机发动机的运行状态。

数字孪生近些年也开始在非航空领域上应用。例如，荷兰的压缩空气系统制造商 Kaeser Compressoren 与 SAP 合作开发了一个涵盖其整个产品生命周期的数字孪生解决方案。该系统充当新安装规范和招标过程中创建的文档和数据的存储库，同时提供远程监控和预测性维护功能。

（3）在生命科学领域的应用价值　医疗部门的研究人员和临床医生也在探索数字孪生的潜力，研究大多集中在人体建模方面。这样的模型可以帮助医生更详细地了解身体的结构或行为，同时减少进行侵入性检查的需要。数字孪生可以让复杂的操作进行安全地预演及排练。西门子 Healthineers 公司开发了一种类似于图 9-5 所示的人体心脏数字孪生模型。该系统模拟心脏的机械和电气行为，并使用机器学习技术，基于医学成像和心电图数据创建特定于患者的模型。西门子的研究小组通过一项为期六年的研究，对 100 名因心力衰竭接受治疗的患者建立了心脏数字孪生体。

医疗设备制造商飞利浦（Philips）正在探索一系列额外的数字孪生应用。例如，在产品开发中，使用建模和仿真来测试虚拟原型。同时，飞利浦正在应用人工智能技术来支持远程复杂的设备，例如执行如图 9-6 所示的磁共振成像（MRI）的 CT 扫描仪。在使用中，扫描仪每天可生成 800,000 条日志消息，飞利浦对这些的数据进行分析，寻找机器故障的早期预警信号。

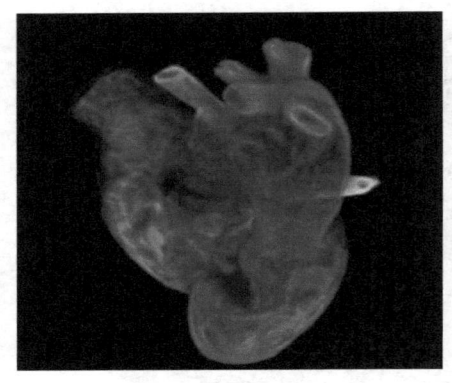
图 9-5　心脏数字孪生模型

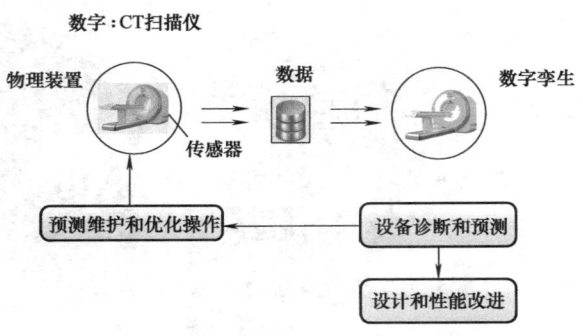
图 9-6　MRI 扫面仪数字孪生过程

还有其他一些企业正在使用在制造应用程序中开发的数字孪生体来提高医院和类似医疗环境的生产率。例如，爱尔兰都柏林的马特私立医院在西门子的另一个团队的帮助下，创建了放射科的数字孪生系统。该小组利用医院的运营数据，通过对员工和患者的工作流程进行建模，然后进行一系列假设分析，以检查布局修改对需求性质和数量的影响。GE Healthcare 公司表示，其未来的医院分析平台中内置的数字孪生体将会实现对整个医院工作流程进行建模和模拟。

（4）在基础设施和城市规划领域的应用价值　以物理对象规模的大小来衡量，当今一些较大的数字孪生体是物理基础设施的复制品，如能源和运输网络以及城市环境。

在英国，铁路设备公司阿尔斯通（Alstom）建立了一个数字孪生体，以简化其在西海岸干线上的列车维护运营管理。阿尔斯通的数字孪生列车包括车队中每列列车的详细信息，以及它们的运行时间表和维护策略，还有阿尔斯通五个维修站的可用容量。该模型运行在 AnyLogic 仿真环境中，使用启发式算法对维修活动进行调度，并将其分配到最合适的车辆段。该系统与列车位置和计划运行的实时信息相连接，可以不断调整维护计划以适应紧急维修。

芬兰电力传输系统运营商 Fingrid 与 IBM、西门子和其他公司合作，建立了芬兰电力系统的数字孪生体——Verkko 信息系统（ELVIS）。如图 9-7 所示，它将不同系统组合成一个应用程序，为 Fingrid 提供了一个一致全面的、不断更新的网络模型。数字孪生系统用于日常电网运行，帮助工作人员管理电力配送和保护设置，以满足电力需求，而不会使变压器或输电线路过载。它还支持设计和规划活动，允许运营商模拟电网配置更改或升级对资产投资的可能影响。

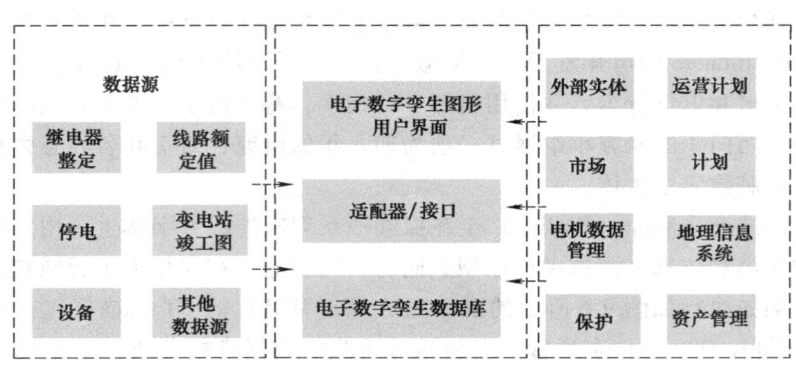
图 9-7　芬兰电力系统数字孪生程序系统组成

（5）在能源部门的应用价值　对于能源生产，无论是化石燃料还是可再生能源，都涉及庞大而复杂的生产设备，这些设备往往位于偏远地区。这些特点促使人们探索和采用数字孪生技术，以此来提高设备可靠性和安全性，同时控制运营成本。

在海上石油和天然气领域，英国石油（BP）在挪威海岸的 Ivar Aasen 项目中使用了西门子分析技术，该项目成功降低了平台的人力需求，优化了设备维护计划。因此，两家公司达成了战略协议。根据协议，BP 和西门子将为该领域所有的相关设备提供数字生命周期自动化和性能分析解决方案。

荷兰皇家壳牌公司参与了一个为期两年的项目，开发一个现有海上生产平台的数字孪生体。在联合工业项目中，该公司正与仿真软件开发公司 Akselos 和工程研发咨询公司 LIC engineering 合作，开发了管理离岸资产结构完整性的新方法。试验项目主要工作是开发平台的结构模型，该模型将使用来自传感器的数据来监测平台的健康状况和未来情况。

与此同时，在风能领域，数字孪生技术正在帮助企业管理更大的发电机，并提高其可靠性，达到成本降低的目标。挪威工程咨询公司 DNV-GL Group 开发了 WindGEMINI 数字孪生包，用于监测涡轮和部件的结构完整性并预测剩余疲劳寿命。通用电气还在自己的风电业务中探索数字孪生的潜力，在一个试点项目中，该公司建立了一个关键风力发电机部件的热力学模型，使工程师能够创建虚拟传感器，根据附近安装的物理传感器的数据来估计某些难以测量的部件温度。

9.3　数字孪生基础技术

数字孪生的基础是收集数据并且利用数据对物理实体进行建模仿真。本节将对数字孪生系统的体系架构、系统组成、孪生模型、使能技术及孪生工具进行介绍。

9.3.1　数字孪生体系架构

数字孪生体系架构可视为制造流程数字孪生模型组成部分的扩展视图或内部视图，相同的基本原则也可应用于任何数字孪生系统。该概念性体系架构可分为六大步骤。

1. 创建

创建步骤包括给物理过程配备大量传感器，以检测获取物理过程及其环境的关键数据。传感器检测的数据大体上可分为两类：①生产性资产（包括多种在建项目）的物理性能标准的相关操作数据，如拉伸强度、位移、力矩以及色彩均匀度；②影响物理资产运营的环境或外部数据，如周围环境温度、大气压力以及湿度等。这些检测数据利用编码器转换为受保护的数字信息，并传输至数字孪生程序。传感器的信号可利用制造执行系统、企业资源规划系统、CAD 模型以及供应链系统的流程导向型信息进行增强。这可为数字孪生提供大量持续更新的数据用以分析。

2. 传输

传输步骤有助于实现流程和数字平台之间进行无缝、实时的双向整合互联。网络传输是促使数字孪生成为现实的重大变革之一，包含三大组成部分。

1）边缘处理。边缘接口连接传感器和流程历史数据库，在近源处处理其发出的信号和数据，并将数据传输至平台。这有助于将专有协议转换为更易于理解的数据格式，并减少网络传输量。过去，这方面的许多瓶颈限制了数字孪生的可行性，近期，技术方面的重大突破消除了这些障碍。

2) 传输接口。传输接口将传感器获取的信息转移至计算机。鉴于传感器依数字孪生的设置可放置于几乎任何地点,该领域有多种方案以供选择,如放置在工厂、家中、采矿场或停车场以及其他各类地点。

3) 边缘安全。新型传感器和传输设备带来了新的安全问题。常用的安全措施包括采用防火墙、应用程序密钥、加密以及设备证书等。随着互联网资产愈加增多,实现数字孪生安全应用的解决方案便愈显迫切。

3. 聚合

聚合步骤可支持将获得的数据存入数据库中,并进行处理以备用于分析。数据聚合及处理均可在现场或云端完成。驱动数据聚合及处理的技术领域在过去数年获得了极大的发展,使设计人员得以创造大规模的延伸架构,具有更高的敏捷度,而成本仅是过去的一小部分。

4. 分析

在分析步骤中,将数据进行分析并做可视化处理。数据科学家和分析人员可利用先进的数据分析平台和技术,开发迭代模型,发掘规律,提出建议,并引导决策过程。

5. 预测

在预测步骤中,分析工具发掘的预测规律将通过仪表板中的可视化图表列示,以一个或更多的维度突出显示数字孪生模型和物理世界类比物性能中的差异,标明可能需要调查或更换的区域。

6. 行动

行动步骤是指之前几个步骤形成的可执行预测反馈至物理资产和数字流程,实现数字孪生的作用。模拟结果经过解码后,进入资产流程上负责移动或控制机制的优化,或在管控供应链和订单行为的后端系统中更新。这些均可进行人工干预。

这些步骤完成了物理世界与数字孪生之间的闭环连接。数字孪生应用程序通常以企业的主系统语言编写,通过以上步骤复制物理资产和流程。此外,在整个过程中,可应用标准和安全措施进行数据管理和可互操作的连接。大数据引擎的计算能力、分析技术的广泛适用性、聚合领域大量且灵活的储存可能性,以及标准数据的整合,使数字孪生能够创建比以往更为丰富、互动程度更高的环境。而这些发展将推动更加复杂和真实的模型的开发,并具有降低软、硬件成本的潜力。

9.3.2 数字孪生系统组成

数字孪生应用程序会持续分析所输入的数据流。一段时间过后,该数据分析可通过与一系列正常运行情况的对比,识别实际生产流程在哪些方面存在异常情况。企业可根据此类对比分析结果展开调查,并对实际生产流程进行一定优化。这就是所呈现的物理世界与数字世界的交互作用。这一过程体现了数字孪生所具备的巨大潜力,即数以千计的传感器持续开展重要检测,并向数字化平台传输数据,数字化平台进而开展实时分析,通过比较透明的形式优化运营流程。

数字孪生的系统组成呈现了六大驱动要素,如图9-8所示。以下是对这些构成要素的概括性介绍。

1) 传感器:生产流程中配置的传感器可发出信号,数字孪生可通过信号获取实际流程相关的运营和环境数据。

2）数据：传感器提供的实际运营和环境数据将在聚合后与企业数据合并，企业数据包括物料清单、企业系统和设计规范等。其他类型的数据还包括工程图纸、外部数据源链接以及客户投诉记录等。

3）集成：传感器通过集成技术（包括边缘，通信接口和安全）达成物理世界与数字世界之间的数据传输。

4）分析：数字孪生利用分析技术开展算法模拟和可视化程序，进而分析数据，提供可视界面。

5）数字孪生体："数字化"层面是指数字孪生本身。该应用程序综合以上所有要素，建立物理实体和流程的准实时数字化模型。数字孪生旨在识别不同层面偏离理想状态的异常情况。无论是数字孪生出现逻辑错误，还是分析结果显示应削减成本，提升质量，提高效率，出现偏离情况即意味着需开展运营优化。企业将最终根据分析结果采取实际行动。

6）驱动器：若确定应当采取的实际行动，则数字孪生将在人工干预的情况下通过驱动器展开实际行动，推进实际流程的开展。

实际流程（或物理实体）及其数字虚拟镜像明显比简单的模型或结构要复杂得多。当然，模型只是一个数字孪生结构，重点呈现产品生命周期的生产环节。数字孪生系统旨在呈现物理世界和数字世界之间的映射所具备的集成、全面和交互特征，可帮助企业实现数字孪生。

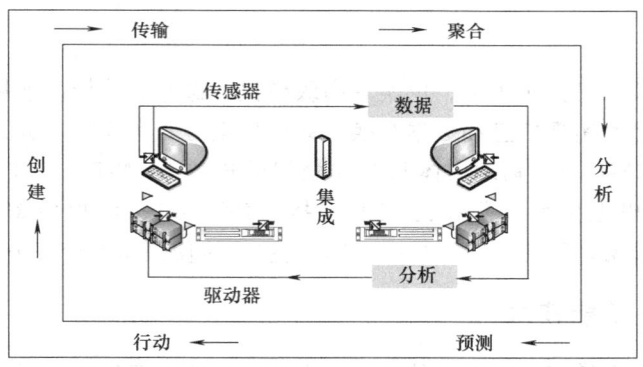

图 9-8　数字孪生六大驱动要素

9.3.3　数字孪生模型

对于数字孪生模型，一般可以用五维模型表示。五维数字孪生模型可以用如下公式表示：

$$MDT = (PE, VM, SS, DD, CN)$$

其中，PE 是物理实体，VM 是虚拟模型，SS 是服务，DD 是数字孪生数据，CN 是连接。

1. 物理实体

数字孪生是以数字方式为物理实体建立虚拟模型，模拟其行为。物理实体是数字孪生的基础。物理实体由设备或产品、物理系统、活动过程和组织组成。它们根据物理规律执行活动，并处理不确定的环境。物理实体按功能和结构可分为三个层次，即单元层次、系统层次和系统体系层次。

2. 虚拟模型

虚拟模型应该是物理实体的完全副本，它再现物理几何、属性、行为和规则。三维几何模型根据形状、尺寸、公差和结构关系来描述物理实体。物理模型以物理特性（如速度、磨损和力）为基础，反映了实体的变形、分层、断裂和腐蚀等物理现象。行为模型描述了实体对外部环境变化的行为（如状态转换、性能退化和协调）和响应机制。规则模型通过遵循从历史数据中提取或来自领域专家的规则，使数字孪生具有推理、判断、评价和自主决策等逻辑能力。

3. 服务

在产品服务全方位集成的背景下，越来越多的企业意识到服务的重要性。从全能服务（XaaS）的范式来看，服务是数字孪生的重要组成部分。首先，数字孪生为用户提供仿真、验证、监测、优化、诊断、预测与健康管理等应用服务；其次，在数字孪生的建设过程中，需要大量的第三方服务，如数据服务、知识服务、算法服务等。最后，数字孪生的运行需要各种平台服务的持续支持，能够适应定制的软件开发、模型构建和服务交付。

4. 数据

数据是数字孪生的关键驱动因素。数字孪生处理多时间尺度、多维、多源、异构的数据。一些数据是从物理实体中获取的，包括静态属性数据和动态条件数据。一些数据由虚拟模型生成，反映了仿真结果；一些数据是从描述服务调用和执行的服务设备获得的；有些数据是由领域专家提供或从现有数据中提取出来的知识；有些数据是融合数据，它是所有上述数据融合的结果。

5. 连接

动态连接数字表示与真实表示，以实现高级模拟、操作和分析。连接在物理实体、虚拟模型、服务和数据之间实现信息和数据交换。数字孪生有六个连接，分别是物理实体和虚拟模型之间的连接（CN-PV）、物理实体和数据之间的连接（CN-PD）、物理实体和服务之间的连接（CN-PS）、虚拟模型和数据之间的连接（CN-VD）、虚拟模型和服务之间的连接（CN-VS）、服务和数据之间的连接（CN-SD）。这些连接使模型各个部分能够相互协作。

9.3.4 数字孪生使能技术

根据数字孪生五维模型，需要多种使能技术来支持数字孪生的不同模块。

对于物理实体来说，对物理世界的充分理解是数字孪生的先决条件。数字孪生涉及多学科知识，包括动力学、结构力学、声学、热学、电磁学、材料科学、流体力学、控制理论等。结合知识、传感和测量技术，将物理实体和过程映射到虚拟空间，使模型更精确、更接近现实。对于虚拟模型，各种建模技术是必不可少的。可视化技术对于物理资产和过程的实时监控至关重要。虚拟模型的准确性直接影响数字孪生的有效性。因此，虚拟模型必须通过验证、确认和认可（VV&A）技术进行验证，并通过优化算法进行优化。此外，仿真和追溯技术可以实现质量缺陷的快速诊断和可行性验证。由于虚拟模型必须与物理世界共同进化，因此需要模型进化技术来驱动模型的更新。对于数字孪生数据来说，在数字孪生的运行过程中，会产生大量的数据。为了从原始数据中提取有用的信息，需要先进的数据分析和融合技术。这个过程包括数据收集、传输、存储、处理、融合和可视化。数字孪生服务包括应用服务、资源服务、知识服务和平台服务。要交付这些服务，需要应用软件、平台架构技术、面向服务架构（SoA）技术和知识技术。最后，数字孪生的物理实体、虚拟模型、数据和服务需要相互连接，从而实现交互和信息交换。连接涉及互联网技术、交互技术、网络安全技术、接口技术、通信协议等。

1. 认识和控制物理世界的使能技术

五维数字孪生模型的物理世界往往是复杂的。物理世界中的各种实体之间有着错综复杂的属性和联系（包括显式的和不可见的属性和联系）。虚拟模型的创建基于物理世界中的实体，以及它们的内部交互逻辑和外部关系。要虚拟地再现这样一个复杂的系统是非常困难的。因此，数字孪生的建立和完善是一个漫长的过程。一方面，与物理实体相对应的虚拟模型并不完善。虚拟模型需要进化以逐渐改善与物理实体的对应关系，这需要对物理世界有充分的理解和感知。另一方面，对物理实体数字化后，可以发现许多隐含的关联，可以用来促进物理实体的演化，从而控制物理世界。

要创建高保真模型，必须认识物理世界和感知数据。如图 9-9 所示，识别物理世界的第一步是测量尺寸、形状、结构、公差、表面粗糙度、密度、硬度等参数，现有的测量技术包括激光测量、图像识别测量、转换测量和微纳级精密测量。要使虚拟模型与其物理模型同步，必须收集实时数据（例如扭矩、压力、位移速度、加速度、振动、电压、电流、温度、湿度等）。为此，数字孪生不断地提取实时传感器和系统数据，以表示物理实体接近实时的状态。对于不同的行业，结构分析模型、演化模型和故障预测模型可能会有很大的不同，这需要专业知识。例如，智能制造涉及机械工程、材料工程、控制和信息处理等方面的知识和技术，特别是如何对制造设备进行自适应、有效的自动控制是一个重要问题。由于数字孪生的方法、技术和工具具有前瞻性，因此需要不同行业之间有效协作。

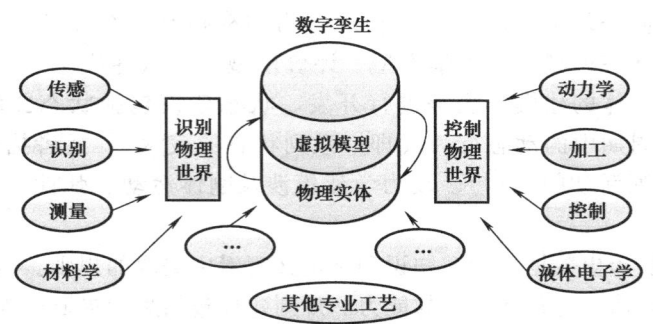

图 9-9 数字孪生基本结构

此外，数字孪生还有助于提高物理实体的性能。当物理实体执行预定的功能时，能量由控制系统控制，以驱动它们的执行器精确地完成指定的动作。该过程涉及动力技术（如液压动力、电力和燃料动力）、驱动系统（如无轴传动、轴承传动、齿轮传动、皮带传动、链条传动和伺服传动技术）、过程技术（如过程规划、设计、管理、优化和控制），以及控制技术（如电气控制、可编程控制、液压控制、网络控制，以及跨学科技术，如液压控制技术）。

数字孪生应用需要新技术来更好地感知物理世界。大数据是指大量的多源、异构的数据，大数据分析提供了一种了解物理世界的新方法。通过数据分析，可以从复杂的现象中发现有价值的信息，适用于各个行业。机器视觉是一门集神经生物学、图像处理和模式识别于一体的跨学科技术，它可以从图像中提取信息，用于检测、测量和控制。此外，各学科、各行业的前沿技术都值得进一步研究，使模型更加精确、模拟预测结果更符合实际情况。对于制造业来说，新的特殊加工技术、制造工艺和设备技术以及智能机器人技术都可以帮助数字孪生控制智能制造过程。对于建筑业而言，新兴技术（如新材料、工程机械和减震技术）正在改变建筑业。

2. 数字孪生模型的使能技术

建模是指用计算机处理、分析和管理物理实体的过程。建模可以说是数字孪生的基石，它为产品设计、分析、计算机数控加工、质量检验、生产管理等提供了信息表示方法。数字孪生建模包括几何建模、物理建模、行为建模和规则建模。

几何模型用适当的数据结构描述物理实体的几何形状和外观，这些数据结构适合于计算机信息转换和处理。几何模型包括几何信息（如点、线、面和体）以及拓扑信息（如相交、相邻、相切、垂直和平行等元素关系）。几何建模包括线框建模、曲面建模和实体建模。线框建模使用基本线定义目标的脊线部分以形成立体框架。曲面建模描述实体的每个曲面，然后拼接所有曲面以形成整体模型。实体建模描述三维实体的内部结构，包括顶点、边、表面和实体等信息。此外，为了增加真实感，开发人员使用表示三维实体表面细节的位图创建外观纹理效果（如磨损、裂缝、指纹和污渍等）。纹理技术主要是纹理混合（带或不带透明度）和光照贴图。几何模型描述实体的几何信息，但不描述实体的特征和约束。

物理模型添加了精度信息（例如尺寸公差、形状公差、位置公差和表面粗糙度等）、材料信息（例如材料类型、性能、热处理要求、硬度等）和装配信息（例如配合关系和装配顺序等）等信息。特征建模包括交互式特征定义、自动特征识别和基于特征的设计。

行为模型描述了一个物理实体为履行功能、应对变化、与其他事物互动、调整内部运作、维护健康等而采取的各种行为。物理行为的模拟是一个复杂的过程，涉及多个模型，如问题模型、状态模型、动力学模型、评价模型等，这些模型可以基于有限状态积、马尔可夫链和基于本体的建模方法等进行开发。状态建模包括状态图和活动图表。前者描述实体在其生命周期中的动态行为（即一系列状态的表示），后者描述完成一个操作所需的活动（即一系列活动的表示）。动力学建模涉及刚体运动、弹性系统运动和高速旋转体运动。

规则模型描述从历史数据、专家知识和预定义逻辑中提取的规则。这些规则使虚拟模型具有推理、判断、评估、优化和预测的能力。规则建模包括规则提取、规则描述、规则关联和规则演化。规则提取包括符号方法（如决策树和粗糙集理论）和连接方法（如神经网络）。规则描述包括逻辑表示法、产生式表示法、框架表示法、面向对象表示法、语义 Web 表示法、基于 XML 的表示法、本体表示法等方法。规则关联包括类别关联、诊断/推理关联、集群关联、行为方法关联、属性关联等。规则演化包括应用程序演化和周期性演化进化。应用程序演化是指根据应用过程中获得的反馈调整和更新规则的过程。周期性演化是指定期评估当前规则在一定的时间段（时间根据应用而变化）更新规则的过程。关键建模技术包括几何模型的实体建模技术、增强真实感的纹理技术、物理模型的有限元分析技术、行为模型的有限状态机、基于 XML 的表示和规则模型的本体表示。

VV&A 模型可以提高模型精度和仿真置信度。VV&A 模型旨在分析正确性、公差、可用性和运行结果是否满足要求，以及在多大程度上满足要求。VV&A 模型包括静态方法和动态方法。静态方法用于评估建模与仿真的静态方面，包括语法分析、语义分析、结构分析、因果图、控制分析等。动态方法用于验证建模与仿真的动态方面，包括黑盒测试、白盒测试、执行跟踪、回归测试、统计技术和图形比较。

目前，建模技术主要集中在几何模型和物理模型的构建上，缺乏能够反映不同空间尺度下不同粒度的行为、特征和规则的"多空间尺度模型",缺乏能够描述不同时间尺度下物理实体动态过程的多时间尺度模型。从系统的角度来看,集成不同维度、不同空间尺度、不同时间尺度的各种模型仍然是一个挑战。因此,现有的虚拟模型无法真实、客观地描述物理实体。未来的建模技术具有多学科、多功能综合的特点。数字孪生建模过程是一个跨学科的综合过程,涉及机械科学、水力学、空气动力学、结构力学、流体力学、声学、热学、电磁学和控制理论。建模应优化为多目标和全性能,以达到高精度、可靠性,并再现动态和静态特性。此外,结合历史使用、维护和升级数据,通过贝叶斯、机器学习等数据挖掘方法和优化算法,可以逐步优化各种数字孪生模型(如结构分析模型、热力学模型、产品失效和寿命预测分析模型等)。

3. 数字孪生数据管理的使能技术

数据驱动的数字孪生可以感知、响应和适应不断变化的环境和操作条件。整个数据生命周期包括数据的采集、传输、存储、处理、融合和可视化。数据源包括硬件、软件和网络。硬件数据又分为静态属性数据和动态状态数据。条形码、二维码、射频识别设备(RFID)、摄像头、传感器和其他物联网技术被广泛应用于信息识别和实时感知。软件数据可通过软件应用程序编程接口(API)收集和开放数据库接口。通过网络爬虫、搜索引擎和公共 API 从互联网上下载网络数据。

数据传输技术包括有线和无线传输。有线传输技术又包括双绞线电缆传输、对称电缆传输、同轴电缆传输、光纤传输等。无线传输技术又包括短程以及远程技术。广泛使用的短程无线技术包括 Zig Bee、蓝牙、WiFi、超宽带(UWB)和近场通信(NFC)。远程无线技术包括 GPRS/CDMA、数字无线电、扩频微波、无线网桥、卫星通信等。有线和无线传输都依赖于传输协议、接入方式、多址方案、信道复用调制编码和多用户检测技术。

数据存储是为进一步的处理、分析和管理而存储所收集的数据。数据存储离不开数据库技术。然而,由于多源数字孪生数据的海量性和异构性,传统的数据库技术已经不再适用。分布式文件存储(DFS)、NoSQL 数据库、NewSQL 数据库、云存储等大数据存储技术正日益受到人们的关注。DFS 使许多主机能够通过网络同时访问共享文件和目录。NoSQL 的特点是能够水平扩展以处理大量数据。NewSQL 表示新的、可伸缩的高性能数据库,它不仅拥有海量数据的存储和管理能力,而且同时支持传统数据库的 ACID 和 SQL。NewSQL 通过使用冗余机器实现复制和故障恢复。

数据处理是指对大量的、不完整、无结构、有噪声、模糊和随机的原始数据进行处理的过程。首先,对数据进行仔细的预处理,去除冗余、无关、误导、重复和不一致的数据。相关技术包括数据清洗、数据压缩、数据平滑、数据归约、数据转换等。接下来,通过统计方法、神经网络方法等对预处理的数据进行分析。相关统计方法包括描述性统计(如频率、中心趋势、离散趋势和分布分析)、假设检验(如 u 检验、t 检验、$x2$ 检验和 F 检验)、相关分析(如线性相关、偏相关和距离分析)、回归分析(如线性回归、曲线回归、二元回归和多元回归)、聚类分析(如分块聚类、层次聚类、基于密度的聚类和基于网格的聚类)、判别分析(如最大似然、距离判别、贝叶斯判别和费希尔分布)、降维(如主成分分析及因子分析)、时间序列分析等。神经网络方法包括前向神经网络(即基于梯度的神经网络算法,如 BP 网络;优化正则化方法,如支持向量机、径向基神经网络和极限学习机神经网络)、反馈网络(如 Hopfield 神经网络、Hamming 网络、小波神经网络、双向接触存储网络、Boltzmann 机)和自组织神经网络(如自组织特征映射和竞争学习)。此外,深度学习也为处理和分析海量数据提供了先进的分析技术。数据库方法包括多维数据分析和 OLAP 方法。

数据融合是指通过综合、滤波、关联和集成来处理多源数据。数据融合包括原始数据级融合、特征级融合和决策级融合。数据融合方法包括随机方法和人工智能方法。随机方法（如经典推理、加权平均法、卡尔曼滤波、贝叶斯估计和 Dempster-Shafer 证据推理）适用于所有三个层次的数据融合。人工智能方法（如模糊集理论、粗糙集理论、神经网络、小波理论和支持向量机）适用于特征层和决策层的数据融合。

数据可视化服务，即以直观和交互式的方式呈现数据分析结果。一般来说，任何想通过图形来明确数据所包含的基本原理、规律和逻辑的方法都称为数据可视化。数据可视化表现为直方图、饼图、折线图、地图、气泡图、树形图、仪表盘等多种形式。根据其可视化原理，可分为基于几何的技术、面向像素的技术、基于图标的技术、基于层的技术、基于图像的技术等。

随着数据量的不断增加，现有的数据技术不断向前发展。在数据采集方面，未来的数据采集技术应以实时状态数据采集为重点。因此，有必要探索智能识别技术、先进的传感器技术、机器视觉技术、自适应和访问技术等。对于数据传输，有必要探索高速度、低延迟、高性能、高安全的数据传输协议（例如，光纤通道协议和 5G），以及相应的设备。

此外，量子传输技术也有潜在的应用前景，包括量子密钥分配（QKD）、量子隐形传态、量子安全直接通信（QSDC）、量子秘密共享（QSS）。通过采用新的存储介质（如感应薄膜和磁性随机存取内存）和重组存储体系结构（如时间序列、分布式和 MPP 体系结构）来实现量子传输技术。随着算法变得越来越复杂，新的数据处理架构（如边缘计算和雾计算）可以解决海量数据处理的问题。

此外，新的数据处理技术，如图形处理的发展，正在不断地完善数据之间的融合。未来的数据融合方向包括实时数据融合、在线数据与离线数据融合、物理数据与仿真数据融合、结构化与非结构化数据融合、大数据融合、基于对象的数据融合、相似性融合、跨语言数据融合等。

目前，大规模、高维数据的可视化还有一定难度。今后应采取多种模式通过并行可视化技术、复杂数据降维可视化技术、定制数据可视化结果技术、非结构化数据可视化技术等。

数据生命周期管理关键技术包括数据采集的传感器和其他物联网技术、数据传输的 5G 技术、数据存储的 NewSQL 技术、数据处理的边缘云架构计算技术、数据融合的人工智能技术，数据可视化技术因应用而异。

4. 数字孪生学科管理的使能技术

数字孪生集成了多个学科，从而实现监测、仿真、诊断和预测。监测需要计算机图形学、图像处理、三维绘制、图形引擎、虚拟现实同步技术等。仿真涉及结构仿真、力学（如流体力学、固体力学、热动力学和运动学）仿真、电子电路仿真、控制仿真、过程仿真、虚拟测试模拟等。诊断和预测以数据分析为基础，包括统计理论、机器学习、神经网络、模糊理论、故障树等，硬件和软件资源甚至知识都可以封装到服务中。

资源服务的生命周期可分为三个阶段：服务生成、服务管理和服务的按需使用。服务生成技术包括资源感知和评估（如传感器、适配器和中间件）、资源虚拟化和资源封装技术（如 SOA、Web 服务和语义服务）等。服务管理技术包括服务搜索、匹配、协作、综合效用评估、服务质量（QoS）、调度、容错技术等。由交易和业务组成的按需使用技术和管理技术等，实现了自动匹配、交易过程监控、综合服务和用户业务的评估、优化调度。知识边缘服务涉及知识获取、存储、共享、重用等知识获取的常用技术，其中包括关联规则挖掘、统计方法、人工神经网络、决策树、粗糙集方法、案例推理方法等。应用程序服务可以通过工业物联网平台进行管理，平台提供了发布、查询、搜索、智能匹配、推荐、在线交流、在线承包以及服务评估等平台相关技术。此外，还提供了平台架构、组织模式、运营及主要维护管理、安全技术等。

此外，虚拟模型的建立是一项复杂而专业的工程，数据融合与分析也是如此。对于没有相关知识的用户来说，自己去构建和使用数字孪生是很困难的。因此，模型和数据必须能够被用户共享和使用。由于服务可以屏蔽底层的异构性，所以可以将数字孪生组件封装到服务平台中进行管理和使用。因此，无法在内部轻松开发的数字孪生组件可以通过服务以方便的方式"现收现付"方式购买、共享和重用。得益于全面的服务化，数字孪生可以在一个服务平台上统一管理。在数字孪生服务的支持技术中，面向服务的体系结构是最重要的。

未来，运动目标检测对于智能监控具有重要意义。对于多状态、多物理、多尺度、复杂耦合的仿真，要求它们更加精确、细致，并具有连续的动态优化能力。由于数字孪生是一个综合多个工程学科的复杂系统，未来的研究主要包括多领域仿真、多仿真系统耦合的联合仿真。此外，未来的仿真还需要提高高性能计算和并行可扩展性能力。海量操作数据的产生对诊断和预测提出了新的挑战。基于大数据的诊断和预测将是主流研究方向，包括算法设计、特征提取、性能改进等。服务交易涉及服务提供者、需求者和运营商。如何考虑所有参与者的利益，并平衡他们的效用是一个急需解决的问题。效率和安全是平台的两个基本要素，在不影响性能的前提下，安全性和可靠性的体系结构、算法和标准是研究的重中之重。

5. 数字孪生应用管理的使能技术

在通过 CN-PV 实时数据交换的基础上，不仅可以动态地反映物理实体在虚拟世界中的运行状态，而且还将虚拟模型的分析结果反馈给物理实体进行控制。通过 CN-PD，数字孪生用于管理整个产品生命周期，为分析、预测、质量追溯和产品规划奠定了数据基础。通过 CN-PS，服务（如监测、诊断和预测）与物理实体相连接，以接收数据并反馈服务结果。在物理实体与模型、数据和服务的连接中，物理实体的识别、感知和跟踪至关重要。因此，RFID、传感器、无线传感器网络等物联网技术是必不可少的。数据交换需要通信技术、统一通信接口和协议技术，包括协议解析和转换、接口兼容性和通用网关接口等。考虑到许多不同的模型，CN-VD 需要通信、接口、协议和标准技术，以确保虚拟模型和数据之间的平滑数据交互。类似地，服务和虚拟模型（CN-VS）之间的连接以及服务和数据（CN-SD）之间的连接也需要通信接口、协议、标准技术和协作技术。最后，必须结合安全技术（如设备安全、网络安全、信息安全）来保障数字孪生的安全。在数字孪生网络的连接中，通信接口和协议技术、人机交互技术以及安全技术都应受到重视。

目前，接口、协议和标准的不一致性是数字孪生连接的瓶颈。因此，有必要研究并开发具有多源异构元件的通用互连理论、标准和器件。随着数据流量的指数级增长，多维复用（如时分、波分、频分、码分、模块化等）和相干技术等研究热点可以提供更多的带宽和更低的延迟接入服务。面对海量的数据输入，一个很有前途的解决方案是建立具有数千万个小路由入口的超大容量路由器，提供端到端的通信。为了实现对网络流量的灵活控制，使网络（如管道）更加智能化，需要开发新的网络体系结构。随着通信带宽和能源消耗的增加，有必要制定新的绿色通信策略和方法。

9.3.5 数字孪生工具

本小节基于数字孪生的五维模型、功能要求和使能技术，介绍数字孪生开发工具，包括认识和控制物理世界的工具、数字孪生建模工具、数字孪生数据管理工具、数字孪生服务应用工具和数字孪生连接工具。

1. 认识和控制物理世界的工具

数字孪生物理部分的工具可分为认知物理世界的工具和控制物理世界的工具。认知物理世界的不同方面是数字化的基础，物联网是数字孪生的驱动力之一。当物理实体连接到数据感知和收集系统时，数字孪生将数据转化为可视化的界面，并最终转化为优化的流程和业务成果。例如，阿里云物联网提供安全可靠的设备感知能力，实现对多协议、多平台、多地域设备的快速接入。此外，虚拟模型与物理资产并行运行，可使用户通过传感器数据的驱动实时模拟物理世界的运行状态。例如，石油公司可以从连续运行的海上石油钻井平台传输传感器数据。

IoTSyS 是一个物联网中间件，它为智能设备之间的通信提供了一个通信协议栈。IoTSyS 支持多种标准和协议，包括 IPv6、oBIX、6LoWPAN 和高效的 XML 交换格式。此外，大多数认知物理世界的工具都与视觉有关。例如，在未知的车间环境中，AGV（自动引导车辆）可以使用 LIDAR（光探测和测距）、深度摄像机、GPS（全球定位系统）和通过 ROS（机器人操作系统）软件架构建立的地图来优化路径。

对虚拟世界中感知到的物理实体状态信息进行分析和处理，是一种基于反馈信息控制物理世界的工具，可以使物理实体更高效、更安全地运行。数字孪生主要通过反馈控制操作来调节物理世界。因此，改变物理世界的工具大多与控制有关。例如，TwinCAT 软件系统可以将几乎任何一台兼容的 PC 变成一个具有多 PLC 系统、数控轴控制、编程环境和操作站的实时控制器。SAP 公司通过实时数据分析为 Trenitalia（意大利的主要列车运营商）提供车辆维护和远程诊断服务，此外，还通过调度系统为列车的健康状态和运行状态提供了优化的运行计划。

2. 建模工具

虚拟模型再现了物理几何、属性、行为和规则。模型包括几何模型、物理模型、行为模型和规则模型。因此，数字孪生建模工具包括几何建模工具、物理建模工具、行为建模工具和规则建模工具。

几何建模工具用于描述实体的形状、尺寸、位置和装配关系，并以此为基础，形成结构分析和生产计划。例如，在 SolidWorks 中建立了数控机床数字孪生模型的性能测试装置。此外，3D Max 是一个用于三维建模、动画、渲染和可视化的软件。3D Max 用于塑造和定义详细的环境、对象（人、地方或事物），被广泛应用于广告、电影和电视、工业设计、建筑设计、3D 动画、多媒体制作、游戏和其他工程领域。

利用物理建模工具，将物理实体的物理特性赋给几何模型，通过几何模型分析物理实体的物理状态。例如，通过 ANSYS 有限元分析软件，传感器数据可以用来定义几何模型的实时边界条件，并将磨损系数或性能退化集成到模型中。此外，Simulink 还可以利用多领域建模工具创建基于物理的模型。使用 Simulink 进行基于物理的建模涉及多个模型，包括机械、液压和电气组件。

利用行为建模工具可建立对外部驱动因素和干扰因素的响应模型，提高数字孪生的仿真服务性能。例如，基于软 PLC 平台 CoDeSys，可以设计数控机床的运动控制系统。运动控制系统通过 socket 通信，与软件平台 MWorks 建立的三轴数控机床多域模型进行信息交互，从而实现数控机床单轴和三轴插补的运动控制。

规则建模工具可以通过对物理行为的逻辑、规律和规则进行建模来提高服务性能。例如，PTC 公司的 ThingWorx 在 HP EL20 边缘计算系统上的机器学习能力可以监控传感器，在泵运行时自动学习泵的正常状态。基于所学习的规则，数字孪生可以识别异常工况，检测异常模式，预测未来趋势。

3. 数据管理工具

数据是信息的载体，是数字孪生的关键驱动因素。数字孪生数据管理工具包括数据采集工具、数据传输工具、数据存储工具、数据处理工具、数据融合工具和数据可视化工具。

数据采集工具通过合理的传感器布置，可以获得完整、稳定、有效的数据。例如，DH-DAS 信号采集分析系统是一套信号分析处理软件。该软件可以与多种模型配合使用，完成对不同信号的实时采集和分析。该软件还具有信号处理能力。

数据传输的目的是在保证数据信息不丢失、不损坏的前提下，实现数据的实时传输，最大限度地保持数据的真实性。随着大数据时代的到来，传统的 FTP 解决方案已经不能满足数据传输速度和对可靠性的要求。Aspera 是一种表示工具，它以具有传输大文件、长传输距离和在不良网络条件下传输的能力而闻名。Aspera 使用现有的广域网基础设施以比 FTP 和 HTTP 快得多的速度传输数据。在不改变原始网络架构的情况下，它支持 Web 界面、客户端、命令行和用于传输的 API，以及 PC、移动设备、MAC 和 Linux 设备。

数据存储是后续操作的保证，通过高效的读/写机制实现数据的分类和保存，并实时响应数据调用。近年来，数据存储技术得到了飞速发展，以基于 Hadoop 平台的 HBase 为代表。HBase 是一个高度可靠、高性能、面向列、可扩展、实时读/写的分布式数据库。它可以支持半结构化和非结构化数据的存储，以及独立索引和高可用性。

数据处理消除了干扰和相互矛盾的信息，使数据可供有效使用。例如，Spark 是一个开源的集群计算软件，具有实时数据处理能力。Spark 支持用 Java、Scala 和 Python 等多种语言编写的应用程序，大大降低了用户的使用门槛。Spark 还支持用 SQL 和 Hive SQL 进行数据查询。

数据融合指集成、过滤、关联和综合处理数据，以帮助判断、规划、验证和诊断。例如，Spyder 是支持 Python 编程的常用数据融合工具，另一个数据融合软件 Pycharm 可以提高调试、语法突出显示、项目管理、代码跳转、智能提示、自动完成、单元测试和版本控制方面的效率。

数据可视化为人们提供整洁、直观、清晰的数据信息，实现对目标信息的实时监控和快速捕获。例如，开源软件 Echarts 可以在 PC 和移动设备上平稳运行，并且与大多数当前浏览器兼容。Echarts 为海量和动态数据提供直观、生动和定制的可视化数据。它可以容纳各种数据格式，而无须额外转换。

4. 服务应用工具

数字孪生服务应用工具可分为平台服务工具、仿真服务工具、优化服务工具、诊断和预测服务工具。

平台服务工具整合了物联网、大数据、人工智能等新兴技术。例如，ThingWorx 平台可以将数字孪生模型连接到正在运行的产品中，显示传感器数据，并通过 Web 应用程序分析结果。ThingWorx 平台可以提供工业协议转换、数据采集、设备管理、大数据分析等服务。

HIROTEC 是国内著名的自动化制造设备和零部件供应商，在 ThingWorx 平台上实现了数控机床运行数据与 ERP 系统数据的连接，有效减少了设备停机时间。西门子推出了 MindSphere 平台。该平台可以通过安全通道将传感器、控制器和各种信息系统采集的工业现场设备数据实时传输到云端，为企业提供大数据分析和挖掘、工业应用和增值服务。

先进的仿真工具不仅可以进行诊断并确定维护的最佳效益，还可以获取信息以改进下一代设计。如果缺乏适当的有限元仿真分析，在数控机床的设计中，机床会出现振动故障。另一方面，如果为了增加强度和减少振动而添加额外的材料，那么由于数控机床的过度设计，机器的成本将会上升。但是，在有限元软件 ANSYS 中进行相应的结构仿真分析，并辅之以相应的评价功能，就能兼顾性能和成本，满足数控机床的设计要求。

使用孪生数据，如传感器数据、能源成本或性能指标，优化服务工具被触发运行数百或数千个假设模拟，以评估准备状态或对当前系统设定点的必要调整。这使得系统操作能够在操作期间得到优化或控制，以降低风险、降低成本和能耗，并提高系统效率。例如，西门子的工厂仿真软件可以优化生产线调度和工厂布局。而在数字孪生电网中，Simulink 从电网中接收测量数据，然后运行数千个仿真场景，以确定能量储备是否足够以及电网控制器是否需要调整。

诊断和预测服务工具通过对孪生数据的分析和处理，可以为设备提供智能预测性维护策略、减少设备停机时间等。例如，ANSYS 仿真平台帮助客户自行设计 IIoT 连接的资产，并分析由这些智能设备创建的操作数据，以便进行故障排除和预测性维护。此外，与数据驱动方法（机器学习、深度学习、神经网络和系统辨识等）相结合，可以使用 MATLAB 来确定维护使用寿命，以便在最合适的时间通知操作人员维修或更换设备。例如，为石油开发和加工行业提供产品和服务的大型服务公司贝克休斯（Baker Hughes）开发了基于 MATLAB 的预测维修报警系统。

5. 连接工具

数字孪生连接工具用于连接物理世界和虚拟世界，以及连接数字孪生的不同部分。任何数字孪生的核心都是在物理世界和虚拟世界之间绘制地图，并打破物理实体和虚拟现实之间的界限。例如，PTC 的 ThingWorx 可以充当传感器和数字模型之间的网关，将各种智能设备连接到物联网生态系统。MindSphere 是西门子基于云的开放式物联网操作系统，连接产品、工厂、系统和机器。MindSphere 使用先进的分析技术，实现物联网产生的丰富数据。来自 Cisco Jasper 的 Jasper 控制中心可以使用 NB IoT 技术更好地管理连接的设备。Jasper 控制中心通过实时诊断和主动监控连接状态，持续监控网络状况、设备行为和物联网服务状态，确保高服务可靠性。数字孪生中的连接是指物理实体、数据中心、服务和虚拟模型之间的通信、交互和信息交换。这些信息连接对于帮助开发问题诊断和故障排除、根据每个物理资产的特征确定理想的维护计划、优化物理资产的性能等都是必要的。例如，Azure IoT Hub 可基于机器学习的分析用于构建引擎模型和执行数据。通过这种方式，它可以检测出即将失效的部件的异常情况，并制定适当的解决方案。

6. 数字孪生工具总结

实现数字孪生是一个复杂的系统和漫长的过程，需要多种技术和工具才能实现。例如，再现风力涡轮机需要监测变速箱、发电机、叶片、轴承、轴、塔和功率转换器的各种数据（例如振动信号、声音信号、电信号等），以及环境条件（例如风速、风向、温度、湿度和压力等）。此外，数字孪生包括物理资产的虚拟表示。风电机组需要建立多种模型来模拟，包括几何模型、功能模型、行为模型、规则模型、有限元分析模型、故障诊断模型、寿命预测模型等。所有这些都需要一种使能技术和工具。例如，风电机组各种信号的数据采集需要传感器技术。数据的传输、存储、处理和融合可以采用5G、NewSQL、Edge-Cloud架构和人工智能技术等，几何模型可以通过SolidWorks、UG、AutoCAD、CATIA等工具建立，有限元分析模型可以在ANSYS、MARC、ADINA等软件中运行，Dymola、MWorks、SimulationX等可以支持系统建模和仿真。综上所述，数字孪生涉及由不同公司开发的各种技术和工具，这些技术和工具有不同的协议和标准。为了使这些技术和工具能够协同工作，数据和模型应该标准化，并且以通用格式、协议和标准交付。

9.4 数字孪生在工业生产中的应用

目前，传感器和数据传输技术越来越多地应用于产品生命周期的不同阶段收集数据，包括产品设计、制造、分销、维护和回收。大数据分析可以充分利用数据发现故障原因，优化供应链，优化产品性能，提高生产率。对于制造过程的智能化来说，其关键挑战之一是连接物理和虚拟空间。仿真、数据采集、数据通信等先进技术的迅速发展，引发了物理空间与虚拟空间之间前所未有的互动。以网络物理一体化为特征的数字孪生越来越受到学术界和工业界的重视。

数字孪生与制造业是相辅相成的技术，广泛应用于产品设计、生产计划、装配、车间人机交互等领域。数字孪生可以在整个产品生命周期中集成物理和虚拟数据，进而分析与处理大量数据，其分析结果可用于改善产品/过程在物理空间中的性能，使制造商能够做出更准确的预测、合理的决策和明智的计划。此外，数字孪生可以为网络物理制造系统提供有关真实世界情况和运行状态的信息。这些信息可以增强制造系统在分析评估、预测诊断和性能优化方面的智能。

9.4.1 数字孪生在产品全生命周期中的应用

数字孪生的工业应用集中在设计、生产、预测和健康管理（PHM）等领域，在这些领域数字孪生显示出优于传统解决方案的优势。

在产品设计领域，数字孪生能以更灵敏、更高效的方式设计新产品。通过添加数字孪生的数据反馈，产品设计可以得到显著改善。此外，数字孪生模型可以有效管理三维产品配置，加强设计和制造之间的协作。数字孪生模型还可以通过管理几何变化，使设计师能够在早期阶段评估产品的质量。由于大多数的设计决策都是在预期和外部空间之间没有充分交互作用的情况下做出的，所以基于数字孪生驱动的设计框架，可以在产品规划、概念设计和详细设计等阶段做出更准确的预测和合理的决策。

在生产作业方面，数字孪生可以使生产过程更加可靠、灵活和可预测。最重要的是，数字孪生能够可视化和更新实时状态，十分有利于监视生产过程。数字孪生在开发先进的网络物理生产系统中起着至关重要的作用。由于数字孪生可以同步物理空间和虚拟空间，因此操作员可以依赖数字孪生来监视复杂的生产过程，及时做出调整，并优化流程。

数字孪生可以方便地根据实际情况和仿真调整生产操作。由于数字孪生可以集成各种数据（例如环境数据、操作数据和过程数据），所以即使在正在进行的操作中，自治系统也可以响应状态变化。例如，Bielefeldt结合形状记忆合金（SMA）、感观粒子和有限元分析技术来检测、监测和分析商用飞机机翼的结构损伤。

此外，数字孪生还有助于生产设备的数字化和范式的转变，促进生产优化，减少材料浪费，延长机器寿命。

目前，数字孪生的应用大多与 PHM 有关。数字孪生广泛应用于故障诊断、寿命预测、设备的维护和维修、产品开发、生产过程数据预测等诸多环节。

数字孪生技术可以应用于飞机飞行状态监测。数字孪生通过多物理建模、多尺度损伤建模、结构有限元与损伤模型的集成、不确定性量化和高分辨率结构分析，可以对飞机结构寿命进行预测，促进飞机使用寿命的管理。国外有学者建立基于动态贝叶斯网络的数字孪生模型，对飞机机翼的工作状态进行了监测，用概率模型代替确定性物理模型。基于对飞机机翼前缘的案例研究，数字孪生模型能够提供更准确的诊断和预测。此外，数字孪生模型还可以预测轮胎接地磨损和失效概率。与传统模型相比，数字孪生模型在预测下沉率、偏航角和速度变化时的失效概率方面具有许多优势。

数字孪生在制造业中的应用并不局限于飞机。在增材制造过程中，数字孪生模型可以预测冷却速度、温度梯度、显微硬度、速度分布和凝固参数。与水平集方法和热传导模型相比，它可以更准确地预测冷却速率和熔化速率。数字孪生与感官材料相结合，克服了传统方法过于依赖经验数据，以及对不确定性反应不强的缺点。对一个非标准试样的案例研究表明，数字孪生可以更准确地预测修复和更换。

数字孪生还可以应用于产品使用与维护以及产品开发中。例如，利用有限元模型和计算流体动力学建立了某飞机结构的数字孪生模型，可以有效降低生产成本，提高可靠性。

除了上述在设计、生产和 PHM 中的应用外，数字孪生偶尔也应用于其他领域。例如，数字孪生模型可以描述基于云的网络物理系统，能够对基于远程信息处理的驾驶员辅助系统提出有效建议。

相较于传统的 PHM 方法，数字孪生驱动的 PHM 在模型、数据、交互和决策四个方面都有很大的优势。

1）传统的 PHM 主要集中在几何建模和物理建模上，很少考虑行为建模和规则建模。因此，该模型不能达到很高的精度。相比之下，数字孪生驱动的 PHM 可以集成四种建模（即几何建模、物理建模、行为建模和规则建模），以更准确地描述实际情况。超逼真度可以提高 PHM 的有效性。

2）传统的物理模型主要由历史数据和一些静态物理数据驱动，而很少考虑仿真数据、实时数据以及物理数据和虚拟数据之间的数据融合。相比之下，数字孪生驱动的 PHM 将物理数据与虚拟数据、实时数据与历史数据进行了全面的融合。

3）传统的物理-物理模型无法支持物理实体与其虚拟模型之间的来回交互。相反，数字孪生驱动的 PHM 连接物理空间和虚拟空间。这样不仅可以更好地控制物理实体，而且可以逐步优化和升级虚拟模型。

4）在数字孪生的支持下，在传统优化算法的基础上，利用高保真度的虚拟模型来驱动维修决策，从而使维修策略更加合理。

9.4.2 数字孪生在分布式制造中的应用

近年来，工业技术革命带来的诸如个性化生产和分布式制造的制造概念已引起关注。这些新的制造范式和工业物联网（IIoT）将工厂即服务系统中的微型智能工厂连接起来。为了解决成本高和生产率低下的问题，有学者设计并实现了一个以过程为数字表示形式的数字孪生，其具有制造元素、同步信息和单元配置的功能。此外，衍生了数字孪生应用程序详细设计的组成部分。该研究与其他数字孪生研究不同，后者仅专注于单个机器的预测健康管理，前者可以接收对当前的实时监视、跟踪过去的信息以及支持对未来的运营决策，管理人员通过基于层次结构的数字孪生实现智能化管理。另外，所提出的应用减少了成本，同时解决了生产率低下的问题，使得制造系统有效运行。

分布式制造是一种制造概念，旨在通过供应链和制造要素的增值网络提高生产率。主要基于后勤、经济和环境限制，分布式制造概念通过分布式工厂网络支持产品定制。然而，管理分布式进程是困难的。因此，一些研究旨在开发有前景的网络体系结构和应用程序，以实现产品监控和跟踪，从而实现有效管理。

工厂即服务（FaaS）是一种开放式的制造服务，它通过解决个人或公司在将想法商业化启动时可能遇到的生产困难来促进个性化生产。FaaS还面临着访问、成本和性能方面的障碍。访问障碍是指理解其他制造定制/个性化概念的详细产品需求的困难，成本障碍表示不断增长的成本问题，性能障碍表示制造效率低下。FaaS通过互连微型智能工厂（CMSF）来解决这些困难，CMSF是一个分布式制造系统，通过使用IIoT应用程序互连来解决生产中的问题。

实现个性化生产，首先要解决访问障碍。客户希望生产产品的详细、准确信息能够在价值链的参与者之间共享。此外，在设计阶段需要大量的反馈和工程知识，以满足不同市场客户的需求。信息共享媒介是实现个性化生产所必需的，应提供共享此类信息的空间或平台来满足此要求。

同样，FaaS系统还包含一个FaaS平台，用于在价值链的参与者之间共享和利用信息。图9-10显示了FaaS平台的服务场景的概念图。服务平台通过互联网接收客户订单，并根据客户订单与工程专家进行交互，最终完成产品设计。当通过IIoT操作与客户相关的制造元素来制造产品时，整个服务场景就完成了。在上述FaaS场景的第四阶段，即制造阶段，产品在微型智能互连工厂中进行个性化生产。

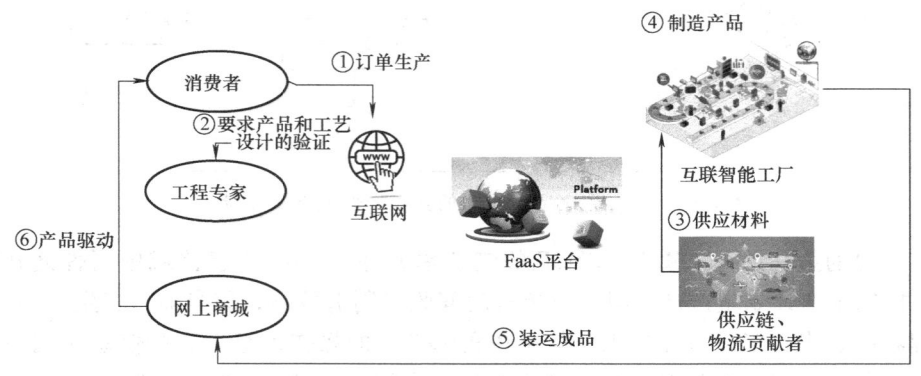

图9-10　FaaS个性化生产平台

图9-11所示为数字孪生应用程序的概念图。该应用程序旨在解决个性化生产的问题，即生产各种产品并创建许多动态情况。数字孪生应用程序还为FaaS内的多个分布式制造系统进行行集成管理。为了完成这些任务，它生成并同步一个基于IIoT的数字孪生体。根据同步信息，数字孪生体实时监控现在，跟踪过去，并做出预测，以支持未来的决策。

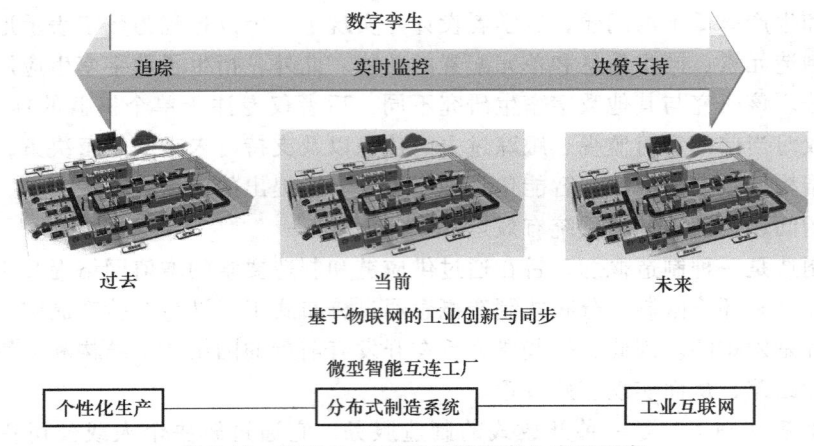

图 9-11 基于 FaaS 系统的数字孪生应用程序

如图 9-12 所示,现实世界包括 CMSF 和 IIoT,网络世界涉及制造应用和云应用。粗线表示与其他单元格的数据或信息交换,而细线箭头表示第一个活动需要其他活动才能进行下一个步骤。这个场景从物理世界的 CMSF 开始,在网络世界的制造应用层结束。

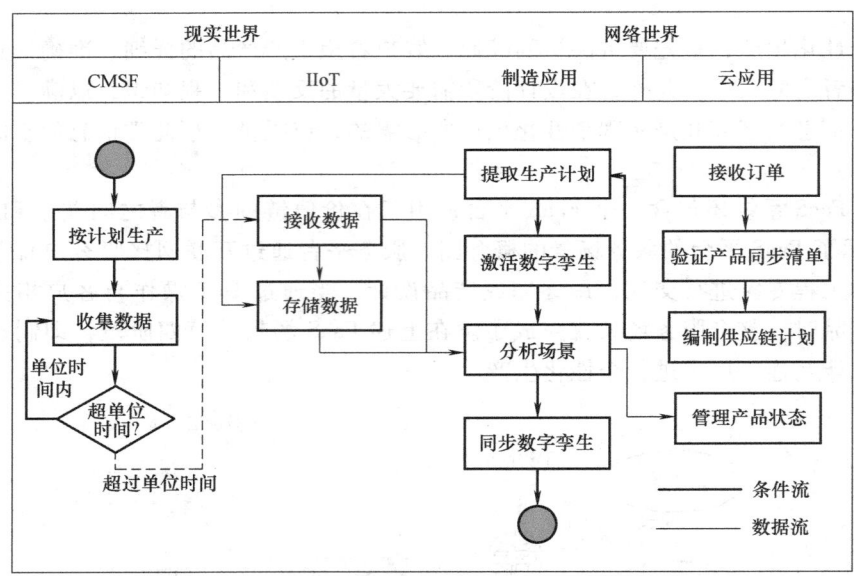

图 9-12 数字孪生应用的互操作性上下文场景

现实世界的第一层是 CMSF。CMSF 的制造单元通过 IIoT 传感器或中间件连接到 IIoT。当 CMSF 按照生产计划生产产品时,每单位时间收集制造数据,如当前正在生产的产品的信息、过程状态、来自工厂单元的工厂信息和实际工厂的操作信息。这些信息流到 IIoT。IIoT 通过接收的制造数据,对与 IIoT 协议或中间件本身的连接进行分类和存储。

网络世界由一个制造应用层和一个云应用层组成,前者旨在克服个性化生产的性能障碍,后者充当客户和系统之间的联系点,并执行管理角色。云应用层还通过接收客户订单和 FaaS 场景帮助克服访问障碍。此外,云应用层验证了产品同步,以准确把握客户需求。在清单确认后,为分布式制造系统编制供应链计划,并从制造应用层请求生产计划。然后将提取的生产计划转移到 IIoT 网络层并存储在数据库中。

制造应用层基于从 IIoT 的数据库或协议接收的制造信息，根据用户想要监视的时间，同步过去、现在和将来的操作。如果用户想跟踪过去，可以从数据库中查询过去的制造信息，根据获得的信息识别状态，并根据识别出的状态进行同步如果用户想知道当前的操作，可从 direct 协议接收数据，如果对未来的生产计划感兴趣，则需要同步数据库并在数字孪生中执行系统角色之前，从数据库中获得一个排程计划。

9.4.3 数字孪生在先进制造业企业中的应用

目前，数字孪生已应用于航空航天、电网、汽车制造、石油工业、医疗保健等多个领域。

西门子将数字孪生应用于电力系统和污水处理厂。它开发了用于芬兰电力系统规划、运行和维护的数字孪生，显著提高了自动化程度、数据利用率和决策能力。西门子还开发了废水处理厂的数字孪生，以实时监控管道，节约能源，并提前预测故障趋势。

通用电气证明了数字孪生可以改变风电场开发、运营和维护的模式。与没有数字孪生的传统范式相比，新范式可以提高 20% 的运作效率。通用电气还开发了用于建立风电场数字孪生的硬件和软件。此外，通用电气还将数字孪生应用于其他领域，如机车和医疗保健。数字孪生用于跟踪机车的生命周期，包括设计、配置、建立、运行等。特别是数字孪生可以实时获得每个部件的状态，从而及时优化机车的运行。

英国石油公司应用数字孪生来解决偏远地区石油/天然气设施的监测和维护挑战。例如，英国石油公司部署数字孪生以提高阿拉斯加石油勘探和生产设施的可靠性。

IBM 将数字孪生应用于自动车辆制造，通过分析发动机转速、机油压力和其他关键参数，不仅可以有效地防止故障，而且可以开发出更高效的发动机。

除上述领域外，数字孪生还可应用于车间调度优化、运行控制等新领域。

数字孪生可以实现更精确的计划和更高效的调度。物理模型可以实时监控生产状态；同时，虚拟模型可以通过自组织和自学习对调度方案进行分析、评价和优化。

控制在工业中起着至关重要的作用。良好的控制策略能显著提高生产率。相关的控制理论包括比例积分微分（PID）控制、模糊控制、神经网络控制、最优控制、鲁棒控制等，但现有的控制理论很少考虑数字孪生的网络物理联系。在给定新任务的情况下，数字孪生可以自动提出新的控制方案，并根据运行情况调整控制方案。这样，控制系统具有更强的适应性和鲁棒性。

参 考 文 献

[1] 陶飞，刘蔚然，张萌，等. 数字孪生五维模型及十大领域应用［J］. 计算机集成制造系统，2019，25（1）：1-18.
[2] 陶飞，刘蔚然，刘检华，等. 数字孪生及其应用探索［J］. 计算机集成制造系统，2018，24（1）：1-18.
[3] 卡纳迪，李韵. 数字孪生技术的关键在于数据［J］. 航空维修与工程，2019（10）：15-16.
[4] 陈选滨. 从现实到虚拟，"数字孪生"承载人类多大的野心？［J］. 大数据时代，2020（9）：12-17.
[5] 唐堂，滕琳，吴杰，等. 全面实现数字化是通向智能制造的必由之路：解读《智能制造之路：数字化工厂》［J］. 中国机械工程，2018，29（3）：366-377.
[6] 封顺天，张东，张舒，等. 数字孪生城市开启城市数字化转型新篇章［J］. 信息通信技术与政策，2020（3）：9-15.

[7]　黄海松，陈启鹏，李宜汀，等. 数字孪生技术在智能制造中的发展与应用研究综述［J］. 贵州大学学报（自然科学版），2020，37（5）：1-8.

[8]　黄培. 数字孪生在制造业的应用［J］. 中国工业和信息化，2020（7）：20-26.

[9]　李德仁. 数字孪生：城市智慧城市建设的新高度［J］. 中国勘察设计，2020（10）：13-14.

[10]　李农. 数字孪生：工业智能发展新趋势［J］. 上海信息化，2020（5）：53-55.

[11]　李仁旺，肖人彬. 数字孪生驱动的大数据制造服务模式［J］. 科技导报，2020，38（14）：116-125.

[12]　林晓清. 基于数字孪生理念的智能工厂与案例分析［J］. 数字制造科学，2019，17（4）：314-318.

[13]　刘南余，李思，康晋阳，等. 数字孪生空间引领大数据时代革命［J］. 中国新通信，2020，22（13）：114-116.

[14]　刘青，刘滨，王冠，等. 数字孪生的模型、问题与进展研究［J］. 河北科技大学学报，2019，40（1）：68-78.

[15]　裴爱根，戚绪安，刘云飞，等. 基于五维模型的数字孪生树状拓扑结构［J］. 计算机应用研究，2020，37（S1）：240-243.

[16]　石朗渡. 数字孪生技术前景广阔［N］. 人民日报，2019-12-09（5）.

[17]　王君弼. 智能城市中的数字孪生［J］. 互联网经济，2020（7）：84-88.

[18]　赵敏，朱铎先. 新工业革命四大术语辨析［J］. 软件和集成电路，2020（7）：14-21.

[19]　钟山. 发展数字孪生（DT）建设新型智慧城市［N］. 中国信息化周报，2020-06-22（7）.

[20]　刘大同，郭凯，王本宽，等. 数字孪生技术综述与展望［J］. 仪器仪表学报，2018，39（11）：1-10.

[21]　张映锋，张党，任杉. 智能制造及其关键技术研究现状与趋势综述［J］. 机械科学与技术，2019，38（3）：329-338.

[22]　伍朝辉，武晓博，王亮. 交通强国背景下智慧交通发展趋势展望［J］. 交通运输研究，2019，5（4）：26-36.

[23]　秦晓珠，张兴旺. 数字孪生技术在物质文化遗产数字化建设中的应用［J］. 情报资料工作，2018（2）：103-111.

[24]　戴晟，赵罡，于勇，等. 数字化产品定义发展趋势：从样机到孪生［J］. 计算机辅助设计与图形学学报，2018，30（8）：1554-1562.

[25]　李浩，陶飞，王昊琪，等. 基于数字孪生的复杂产品设计制造一体化开发框架与关键技术［J］. 计算机集成制造系统，2019，25（6）：1320-1336.

[26]　李柏松，王学力，王巨洪. 数字孪生体及其在智慧管网应用的可行性［J］. 油气储运，2018，37（10）：1081-1087.

[27]　杨林瑶，陈思远，王晓，等. 数字孪生与平行系统：发展现状、对比及展望［J］. 自动化学报，2019，45（11）：2001-2031.

[28]　陶飞，马昕，胡天亮，等. 数字孪生标准体系［J］. 计算机集成制造系统，2019，25（10）：2405-2418.

[29]　刘强. 智能制造理论体系架构研究［J］. 中国机械工程，2020，31（1）：24-36.

[30]　李欣，刘秀，万欣欣. 数字孪生应用及安全发展综述［J］. 系统仿真学报，2019，31（3）：385-392.

[31]　陶飞，张贺，戚庆林，等. 数字孪生十问：分析与思考［J］. 计算机集成制造系统，2020，26（1）：1-17.

[32]　褚乐阳，陈卫东，谭悦，等. 虚实共生：数字孪生（DT）技术及其教育应用前瞻 兼论泛在智慧学习空间的重构［J］. 远程教育杂志，2019，37（5）：3-12.

[33]　李洪阳，魏慕恒，黄洁，等. 信息物理系统技术综述［J］. 自动化学报，2019，45（1）：37-50.

第 10 章

沉浸式扩展现实

导读

  近几年在人们的日常生活之中，两种新技术开始广泛出现，这两种新技术分别为增强现实技术与虚拟现实技术。在增强现实技术中，人们可以通过电子设备将日常的真实图景和虚拟的场景结合起来，提供不同的体验。近年来一个源自日本叫作 Pokemon Go 的游戏十分流行。用户可以在游戏的虚拟空间中领养一个宠物，并且通过摄像头使宠物在实景中得到显示。通过智能拍照应用程序 SekaiCamera，用户可以在手机屏幕上看到实景中展示的地点，并同时可以显示其他游戏玩家在这个实景地点提交的评论和照片。这些应用所使用的技术就是增强现实技术，也就是我们日常熟悉的"AR"。增强现实技术是利用计算机产生的附加信息来对看到的现实世界进行增强，它不会将用户与周围环境隔离开，而是将计算机生成的虚拟信息叠加到真实场景中，从而实现对现实的增强。用户看到的是虚拟物体和真实世界的共存。虚拟现实是由美国 VPL 公司创建人拉尼尔在 20 世纪 80 年代提出的。其具体内涵是：综合利用计算机图形系统和各种现实及控制等接口设备，在计算机上生成的、可交互的三维环境中提供沉浸感觉的技术。

本章知识点

- 增强现实与虚拟现实技术的内涵与定义
- 增强现实与虚拟现实技术的区别
- 增强现实技术的原理与系统组成
- 虚拟现实技术的原理与系统组成

10.1 身边的增强现实技术与虚拟现实技术

  近些年，增强现实与虚拟现实技术在生活中的应用越发普遍，可以说在人们的日常生活中随处可见。

10.1.1 生活中的增强现实技术

  近些年，增强现实（Augmented Reality，AR）技术作为一个新兴技术，被广泛应用于各领域。在娱乐领域，Pokemon 公司和谷歌 Niantic Labs 联合开发了 AR 宠物养成对战类手游《Pokemon Go》，如图 10-1 所示。由于 AR 类游戏直接借助移动端呈现画面，它的娱乐性更强,与用户的互动也更加直接,因此受到大众的欢迎。《Pokemon Go》的暴热也预示着 AR 光明的发展前景。借助 AR 技术,生活中许多问题都能很好地解决。如长久以来儿童迷恋电子屏幕的问题,这让很多家长担忧,可借助 AR 技术进行深入探索,找到新的方式改变当前状况,使其成为亲子之间一起娱乐的新型媒介。

图 10-1 增强现实技术在游戏中的应用

在购物领域,随着当下电商的迅猛发展及生活方式的改变,越来越多的人选择线上购物,与此同时产生的一个问题便是用户体验不强。而这个问题,通过在线 AR 体验便可得到很好的解决。在极容易引发"大规模争吵"的家装方面,AR 作用极大。例如宜家此前推出的 AR 购物,人们可借助 AR 技术直接把家具模拟放置在房间内,大到沙发衣柜,小到一盆多肉盆栽,都可以方便快捷地"摆放"在消费者自己规划的模拟位置,再也不用担心尺寸不对、不符合装修风格等问题。

在出行领域,AR 技术与汽车制造业早已结缘,最为人所熟知的就是平视显示功能(Head-up Display)。驾驶员在行车的过程中可以直接通过平视的视野了解仪表盘信息,如车辆时速、燃油表等,同时还可以实现道路导航和多媒体播放等功能。不仅降低了驾驶员低头的频率,同时能更加方便、快捷地为驾驶员提供准确的道路信息,保证行驶安全。

在医疗领域,AR 技术将会在医学领域大有作为。医疗保健和医疗技术领域的专家表示,未来外科医生将可以通过 AR 技术来操作难度系数较高的手术。AR 系统将利用 CT 扫描和核磁共振来创建人体的立体三维图像,因此医生可以不必对患者进行大面积的切口操作,就能直观地观察到患者需要动手术的部位。AR 系统还能提供一些手术操作的辅助功能。

在教育领域,AR 技术也将带来很大的改变。相比较于传统教育中课本的纸上谈兵,AR 技术可以在教育以及培训方面更具有实践性和吸引性。它将帮助学生通过虚拟体验的方式,身临其境地学习到相关知识,更直观、更真实。同样,对于一些特殊职业的培训,例如之前提到的医学领域,以及消防、军事等,学生可以在相对安全的环境中进行相关培训,帮助学生提高在紧急情况下的决策、规划能力,同时又不必真正处于危险的紧急情况之中。

10.1.2 生活中的虚拟现实技术

虚拟现实技术(Virtual Reality,VR)是 20 世纪发展起来的一项新技术。虚拟现实技术融合计算机、电子信息、仿真技术于一体,其基本实现方式是计算机模拟虚拟环境从而给人以环境沉浸感。随着社会生产力和科学技术的不断发展,各行各业对 VR 技术的需求日益增长。

在医疗领域,VR 的应用具有十分重要的现实意义。在虚拟环境中,可以建立虚拟的人体模型,借助跟踪球、头戴式显示器(HMD)、感觉手套等,医学专业的学生可以很容易了解人体内部各器官的结构,这比教科书方式要有效得多。VR 技术不仅影响医疗设备的发展,还影响整个医疗行业的发展。目前,VR 医疗应用主要在以下几个方面:首先,VR 技术可用于各种心理疾病或康复训练,通过 VR 技术虚拟出各种现实中不存在的场景,可以帮助病人进行心理治疗、完成各种康健项目。其次,VR 技术带来的视觉沉浸感和交互性可以让医生"进入"人体观察学习、模拟人体解剖等活动。另外,在远距离遥控外科手术、复杂手术的计划安排、手术过程的信息指导、手术后果预测及改善残疾人生活状况，乃至新型药物的研制等方面，VR 技术都有十分重要的意义。

在教育领域，VR 技术也带来了深刻的变化。推进 VR 虚拟现实技术在高等教育、职业教育等领域，以及物理、化学、生物、地理等实验性和演示性较强的课程中的应用，构建虚拟教室、虚拟实验室等教育教学环境，发展虚拟备课、虚拟授课、虚拟考试等教育教学新方法，促进以学习者为中心的个性化学习，推动教、学模式转型。通过 VR 全景将校园整体环境、基础设施等进行真实展示，为学生在择校时提供更加直观、全面的选择。

在娱乐领域，丰富的感觉能力与 3D 显示使得 VR 成为理想的视频和游戏工具。对于游戏的开发，目前 VR 技术比较适合开发角色扮演类、动作类、冒险解谜类、竞速赛车类的游戏，其先进的图像引擎丝毫不亚于目前主流游戏引擎的图像表现效果，而且整合配套的动力学和 AI 系统更给游戏的开发提供了便利。由于在娱乐方面对 VR 的真实感要求不是太高，故近些年来 VR 在该方面发展最为迅猛。如芝加哥开放了世界上第一台大型可供多人使用的 VR 娱乐系统，其主题是关于 3025 年的一场未来战争；英国开发的称为"Virtuality"的 VR 游戏系统，配有 HMD，大大增强了真实感。另外，在家庭娱乐方面 VR 也显示出了很好的前景。

10.2 增强现实技术与虚拟现实技术概述

增强现实技术是一种将真实世界信息和虚拟世界信息"无缝"集成的新技术。通过这种技术，可以把原本在现实世界中一定时间和空间范围内很难体验到的实体信息（视觉信息、声音、味道、触觉等），通过计算机等科学技术，模拟仿真后再叠加，真实的环境和虚拟的物体实时地叠加到了同一个画面或在空间中同时存在，被人类感官所感知，从而达到超越现实的感官体验。虚拟现实技术是一种综合计算机图形技术、多媒体技术、人机交互技术、网络技术、立体显示技术及仿真技术等多种科学技术综合发展起来的计算机领域的新技术，其特点在于可以创建和体验虚拟世界。该技术可以使用户直接通过视、听、触等感知行为产生一种完全沉浸于虚拟环境的感觉，并可以与虚拟环境进行互动，从而引起虚拟环境的实时变化。

10.2.1 增强现实技术的定义与特征

增强现实技术是一种实时地计算摄像机影像的位置及角度并加上相应图像、视频、3D 模型的技术，这种技术的目标是在屏幕上把虚拟世界套在现实世界并进行互动。人们通过增强现实技术，看到的是一部分真实事物和一部分假的虚拟事物的结合体。借助该技术，人们甚至可以看到虚拟景象在现实景象中的呈现。

增强现实技术具备三个主要特征：

1) 融合虚拟和现实：与虚拟现实技术不同的是，增强现实技术不会把使用者与真实世界隔开，而是将计算机生成的虚拟物体和信息叠加到真实世界的场景中，以实现对现实场景更直观、深入的了解和解读，在有限的时间和有限的场景中实现对与现实相关知识领域的理解。增强的信息可以是与真实物体相关的非几何信息，如视频、文字，也可以是几何信息，如虚拟的三维物体和场景。

2) 实时交互：通过增强现实系统中的交互接口设备，人们以自然的方式与增强现实环境进行交互操作。这种交互要满足实时性。

3) 三维注册:"注册"(这里也可以解释为跟踪和定位)指的是将计算机产生的虚拟物体与真实环境进行一一对应,且用户在真实环境中运动时,也将继续维持正确的对准关系。

10.2.2 虚拟现实技术的定义与特征

虚拟现实系统是一个复杂的多媒体环境,用户可以在其中接触并参与代理式触觉-视听体验。这些体验是通过连接到特殊类型的外围设备的计算机系统所创建的,使用户能够与交互环境中存在的虚拟构建的世界和人工对象进行交互。虚拟现实有很多流行和常用的术语,例如合成体验、虚拟世界、人造世界和人工现实。

从本质上说,虚拟现实是一种由计算机和电子技术创造的新世界,是一个看似真实的模拟环境。通过多种传感设备,用户可根据自身的感觉,使用人的自然技能对虚拟世界中的物体进行考察和操作,参与其中的事件,同时提供视、听、触等直观而又自然的实时感知,并使参与者"沉浸"于模拟环境中。

虚拟现实一般定义为实时交互式图形与三维模型相结合。另外,有些学者认为虚拟现实是指沉浸式、交互式、多感官、以查看器为中心的三维计算机生成的环境,以及构建这些环境所需的技术的组合。还有一些观点认为虚拟现实可让用户实时导航和查看三维世界,自由度为六度。再有定义虚拟现实是物理现实的克隆。尽管这些定义之间存在一些差异,但它们本质上是等效的。这些定义都意味着虚拟现实在模拟(自主)世界中具有互动性和身临其境(具有存在感)的体验。

虚拟现实具有以下四个重要特征:

1) 多感知性:指除一般计算机所具有的视觉感知外,还有听觉感知、触觉感知、运动感知,甚至还包括味觉感知、嗅觉感知等。

2) 存在感:指用户感到作为主角存在于模拟环境中的真实程度。理想的模拟环境应该达到使用户难辨真假的程度。

3) 交互性:指用户对模拟环境内物体的可操作程度和从环境得到反馈的自然程度。

4) 自主性:指虚拟环境中的物体依据现实世界物理运动定律而产生自主动作。

10.2.3 增强现实技术与虚拟现实技术的区别

增强现实是一种将真实世界信息和虚拟世界信息集大成的信息技术。它不仅展现了真实世界的信息,而且将虚拟的信息同时显示出来,实现两种信息相互补充和叠加。简而言之,用户可以通过增强现实技术更大范围地扩展自己的真实世界,直接看见真实世界中看不见的虚拟物体或信息。

虚拟现实技术的发展带来了增强现实技术,但是这两种技术有着很大的不同。

虚拟现实技术是为用户通过计算机等设备创造另一个世界,并使用户沉浸于虚拟世界;而增强现实技术则是把虚拟信息带入到用户的真实世界中,让用户在真实的世界中进行体验。增强现实技术更能体现以人为本的理念。它们二者之间存在着明显的差异。

10.2.4 增强现实技术与虚拟现实技术的发展历史与现状

1. 虚拟现实技术的发展历史与现状

虚拟现实的发展主要可以分为以下五个阶段:

第一个阶段：1935 年—1961 年，虚拟现实概念萌芽期。

第二个阶段：1962 年—1972 年，虚拟现实技术的萌芽期，因技术限制导致设备体积庞大，虚拟现实仍处于原型机阶段。

第三个阶段：1973 年—1989 年，技术积累期，该阶段是整个虚拟技术理论和概念形成的时期。

第四个阶段：1990 年—2015 年，产品迭代期，在这个阶段中，虚拟现实技术理论逐步完善，并且开始向应用转型。

第五个阶段：2016 年至今，虚拟现实技术爆发期。

VR 最初的构想来自于 1932 年出版的长篇反乌托邦小说《美丽新世界》，这部作品描写了一个集权的高科技世界，其中提到"一种头戴式设备可以为观众提供图像、气味、声音等一系列的感官体验，以便让观众能够更好地沉浸在电影的世界中。"23 年后，有人画出了它的原型，它的外观形态与现在的 VR 眼镜很相似。1935 年，小说家 Stanley Weinbaum 在小说中描述了一款眼镜，具有视觉、嗅觉、触觉等全方位沉浸式体验。他的这部小说被认为是世界上率先提出虚拟现实概念的作品。

1957 年，电影摄影师 Morton Heiling 发明了名为 Sensorama 的仿真模拟器，并在 1962 年为这项技术申请了专利，这就是虚拟现实原型机，如图 10-2 所示。Sensorama 是通过三面显示屏来形成空间感。它无比巨大，用户需要坐在椅子上将头探进设备内部，才能体验到沉浸感。通过这个设备，用户可以观看在眼睛水平面上拍摄的参与式 3D 电影。电影播放时，座椅和车把振动，风吹到"骑手"的脸上，形成在城市中开车的错觉。在演进过程中，在适当的地点引入香气（废气和比萨饼的气味），可以强化这种虚幻体验。这是创建虚拟现实系统的第一种方法，但它不是交互式的。1963 年，未来学家 Hugo Gernsback 向人们展示了他构思的一款头戴式电视收看设备——Teleye Glasses。虽然在外观上与当今的 VR 很像，但在技术上与当今的 VR 还是有差别的。同年，Morton Heilig 的 Sensorama 系统开发完成，四年后的升级版 Sensorama Simulator 系统被称为历史上第一套 VR 系统。

1968 年美国计算机图形学之父 Ivan Sutherland 开发了第一个计算机图形驱动的头盔显示器及头部位置跟踪系统，只是碍于技术的限制，体积十分沉重，因需要在顶棚上设计专门的支撑杆，所以被人们戏称为悬在头上的"达摩克利斯之剑"，如图 10-3 所示，这也说明其应用范围受限。1983 年，为 NASA 定制的虚拟现实设备 VIVED VR 能在训练的时候帮助宇航员增强太空工作临场感。

图 10-2　虚拟现实原型机 Sensorama

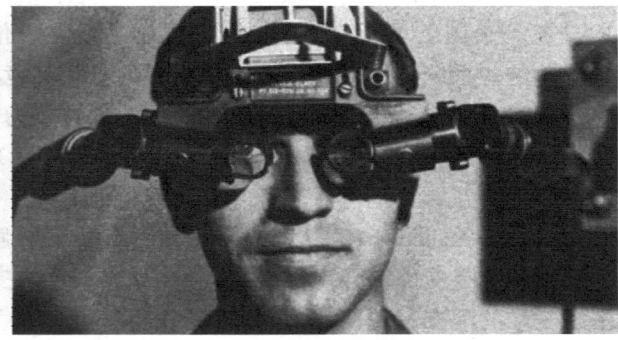

图 10-3　"达摩克利斯之剑"头戴式显示设备

"虚拟现实"一词最初是由VPL研究创始人贾伦·拉尼尔（Jaron Lanier）于1989年提出的。

1991年出现的一款名为"Virtuality 1000CS"的VR头盔充分暴露了当时VR产品的缺点——外形笨重、功能单一、价格昂贵，但VR游戏的火种却也在这个时期被种下。1995年，任天堂针对游戏产业推出了Virtual Boy，引起了不小的轰动，但因设备成本很高，并且在当时的环境过于超前，依然没有普及。同时，其在技术上也依然面临一些问题，如游戏画面质量差、故障等问题都不利于其发展，以至于VR这次小小的爆发以失败告终。

直到2012年，Oculus公司又将VR带到了公众视野之中。Oculus直接将VR设备降低到了300美元的价格（约合人民币1900元，而同期的索尼头戴式显示器HMZ-T3高达6000元左右），这为VR的大众化奠定了基础。这种亲民的设备定价也为VR技术的爆发奠定了基础。

2016年被称为"VR元年"，一波又一波的VR设备出现。2016年以后，随着Oculus、HTC、索尼等一线大厂多年的努力，VR产品拥有了更亲民的设备定价、更强大的内容体验与交互手段，辅以强大的资本支持与市场需求，整个VR行业正式进入爆发成长期。

2017年微软提出并设计出第一代MR设备。2018年，VR一体机的需求兴起。2020年，脸Face book（脸谱网）发售第二代VR设备Quest2，产品配置全新升级带来的VR体验大幅度提升导致销量激增，Quest2有望成为VR历史上单个产品销量过千万级的产品。

虚拟现实技术的发源地是美国。目前，美国把注意力主要放在了四个方面：用户界面、感知、后台软件和硬件。在虚拟现实技术研究与开发中，有一定实力的另一个国家就是日本。日本的研究目前主要致力于建立大规模VR知识库。我国的虚拟现实技术的研究和开发跟美国和日本还是有很大的差距。但有关部门和一些科学家也开始重视这一领域。国内一些高校纷纷开展有关课程，对一些有想法有创意的人也给予了强力支持。还有许多单位和企业对虚拟现实在不同领域进行了研究，并成功取得了一定的研究成果。

2. 增强现实技术的发展历史与现状

20世纪80年代末至90年代初，增强现实技术开始发展。VCASS显示器是增强现实技术早期研制的代表设备，它由美国莱特帕森特（Wright Patterson）空军基地Armstong研究实验室的Furness设计于1986年。VCASS显示器利用增强现实技术将射程、射击目标等军用信息叠加在飞行员视野之上。

1990年，波音公司的研究员Tom Caudell提出"增强现实"一词，增强现实这个概念才正式在业界出现。Tom Caudell和他的同事在开发军事训练系统中，为降低头盔在拆卸过程中的出错率，把简单的布线路径和文字等提示信息实时地叠加在机械师头盔的显示器上。1992年，美国空军开发了虚拟帮助显示系统，哥伦比亚大学研制了KARMA修理帮助显示系统。这些系统都能够使用户产生强烈的身临其境感，极大地扩展了增强现实系统的应用。

1994年，艺术家Julie Martin设计了名为赛博空间之舞（Dancing in Cyberspace）的表演，增强现实技术首次应用于艺术领域。舞者作为现实存在的实体，与投影到舞台上的虚拟内容产生交互，这是对AR概念非常精准的诠释。

Ronald Azuma于1997年发布了第一个关于增强现实技术的报告。他在报告中提出了一个已被广泛接受的增强现实定义，这个定义包含三个要素：将虚拟和现实结合；实时互动；基于三维的配准。现在，AR技术已获得了巨大的发展，AR系统的重心和难点已发生了巨大的变化，但是这三个基本要素在AR系统中依旧不可或缺。

体育转播图文包装和运动数据追踪公司Sport Vision于1998年开发了一套用于实况体育

转播的 1st&Ten 系统。如图 10-4 所示，在实况橄榄球直播中，该系统首次实现了"第一次进攻"黄色线在电视屏幕上的可视化。这项技术是针对冰球运动开发的，利用该系统，冰球的实时位置可在体育转播中实时标记。

图 10-4 1st&Ten 系统在橄榄球直播中运用

Bruce Thomas 等人于 2000 年在计算机游戏《Quake》(《雷神之锤》) 的基础上进行了扩展和延伸，发布了《ARQuake》。ARQuake 是一个基于 6DOF 追踪系统的第一人称应用，这个追踪系统使用了 GPS、数字罗盘和基于标记（Fiducial Makers）的视觉追踪系统。这款游戏在室内或室外都能进行，使用者只需要背着可穿戴式计算机背包以及一个输入器和一台 HMD，如图 10-5 所示。由使用者在实际环境中的活动和简单输入界面代替通常游戏中的鼠标和键盘。体验者在真实的环境中会看到一些怪物出现，然后由体验者来对怪物进行攻击。

手机作为人们每天都在使用的电子媒介，在 AR 的发展历程中占据着重要的地位。第一个 AR 浏览器 RWWW 由 Kooper 和 MacIntyre 于 2000 年研发而成。使用这套设备需要一个头戴式显示器和一套复杂的追踪设备。作为一个互联网入口界面的移动 AR 程序，这套系统的 AR 硬件过于笨重，极大地制约其发展。直到 Wikitude 于 2008 年在手机上实现了类似的设想才解决了这一问题。

2005 年，ARToolKit 与软件开发工具包（SDK）相结合，可以应用到早期的塞班智能手机中。开发者通过 SDK 启用 ARToolKit 的视频跟踪功能，手机摄像头与真实环境中特定标志之间的相对方位可以通过实时计算得出。ARToolKit 目前在 Andriod 以及 iOS 设备中仍有一席之地，这种技术的诞生被看作是增强现实技术的一场革命。

2006 年，诺基亚研究院的 MARA（Mobile Augmented Reality Applications）项目，在搭配有摄像头和传感器的手机终端上实现了 AR 技术的应用。

2007 年后，iPhone 的发布极大地扩展了手机的使用场景，手机的功能重新被定义。随着智能手机的普及，基于移动 AR 技术的位置服务应用大量出现，用户可以通过手机应用查看附近休闲娱乐场，还可以对其进行辨识甚至发表评论。这些应用都是通过手持设备的 GNSS 模块和电子罗盘，定位计算当前位置及手机摄像头朝向，通过无线通信网络获取兴趣点的相关信息，再将信息叠加、配准到手机屏幕中，以达到虚实融合的效果。

在 2009 年 2 月的 TED 大会上，帕蒂·梅斯（Pattie Maes）和普拉纳夫·米斯特莱（Pranav Mistry）展示了他们研发的 AR 系统。该系统属于麻省理工学院媒体实验室流体界面小组的研究成果，称之为 Sixth Sense（第六感）。它依靠众多 AR 系统中常见的一些基本器件来工作：摄像头、小型投影仪、智能手机和镜子。这些器件通过一根类似绳索的仪器串连起来，然后戴在佩戴者的头上。用户还会在手指上戴上四个不同颜色的特殊指套，这些指套可以用来操纵投影仪投射的图像，如图 10-6 所示。

图 10-5　ARQuake 应用系统设备　　　　图 10-6　Sixth Sense 应用系统设备

2012 年 4 月，Google 宣布该公司开发 Project Glass 增强现实眼镜项目。这种增强现实的头戴式现实设备将智能手机的信息投射到用户眼前，通过该设备也可直接进行通信。当然，谷歌眼镜（Google Glass）远没有成为增强现实技术的变革，但其重燃了公众对增强现实的兴趣。2014 年 4 月 15 日，Google Glass 正式开放网上订购，不过价格依然还是太高。不仅如此，Google Glass 那怪异的造型以及不太舒服的佩戴感受，甚至让用户发明出了"Glass-holes"这样的贬义词。2015 年 1 月份，Google 停止销售第一版 Google Glass，并将 Google Glass 项目从 Google X 研究实验室拆分至一个独立部门。增强现实技术又一次开始沉寂。不过，2015 年 3 月 23 日，Google 执行董事长埃里克·施密特表示，Google 会继续开发 Google Glass，因为这项技术太重要了，以至于无法放弃。

2014 年，首个获得成功的 AR 儿童教育玩具——Osmo 诞生。它由一个 iPad 配件和一个 App 组成。Osmo 包含一个可以让 iPad 垂直放置的白色底座和一个覆盖前置摄像头的红色小夹子，夹子内置的小镜子可以把摄像头的视角转向 iPad 前方区域，并用该区域玩识字、七巧板、绘画等游戏。

2015 年，现象级 AR 手游《Pokémon GO》诞生。《Pokémon GO》是由任天堂公司、Pokémon 公司授权，Niantic 负责开发和运营的一款 AR 手游。在这款 AR 类的宠物养成对战游戏中，玩家捕捉现实世界中出现的宠物小精灵，进行培养、交换以及战斗。同年，微软发布了 AR 头戴显示器 HoloLens，被誉为目前已发布的体验最好的 AR 设备。2016 年，微软开始发售称为 HoloLens 的可穿戴 AR 设备，该技术比 Google Glass 更为先进，但价格却不菲。

2017 年，在 WWDC17 大会上，苹果宣布在 iOS 11 中增加了全新的增强现实组件 ARKit。该应用适用于 iPhone 和 iPad 平台，使得 iPhone 一跃成为全球最大的 AR 平台。从功能上来看，苹果 ARKit 所展示的功能与谷歌早前推出的 Tango 很相似。ARKit 的"World Tracking"使用的技术名为"Visual-inertial Odometry"（视觉惯性测程法）。使用 iPhone 和 iPad 的相机和动作传感器，ARKit 能够在环境中寻找几个点，当用户移动手机的时候也能够进行保持追踪，构造出的虚拟物体会被钉在原处，即便把手机移开，但当再次对准原区域，虚拟物体仍然会在那里。此外 ARKit 还能够寻找环境中的平面，这能够使虚拟物体放在桌上的场景更加逼真。经过实测，iPhone 6s Plus 能够保持 60fps 的稳定刷新率，偶尔出现掉帧。

2020 年，华为 AR Engine3.0 发布，华为 XR Kit 提供场景化框架等，发布了 RSDZ 3D 数

据格式标准,支持多型 AR 应用的开发。同年,高德和腾讯发布了 AR 导航。

AR 技术会成为人们生活中不可或缺的一部分。例如,苹果 CEO 库克就很重视 AR 技术的发展,在发布的 iPhoneX 中就有人脸识别技术,而这项技术的研发可以说是苹果公司在 AR 领域的铺垫,可能在之后的新品中有强大的 AR 技术的应用。

增强现实眼镜目前是比较大型的,而在未来,眼镜可能会越来越小巧,就像太阳镜一样,能够让人们在任何地方都轻松使用增强现实应用,抑或者以后可能会取代手机,实现社交、办公、导航等应用。

增强现实技术在未来的发展中会渗透到生活中的各个领域。例如设计师可以利用 AR 共享视角,办公室白领可以在桌子上、墙壁上甚至是地板上做 PPT,厨师在做饭前可以先看一遍做菜步骤,医生在手术前看到虚拟演示,游戏也不再局限于屏幕都会带入真实世界。因此,我们有理由相信,AR 技术能够改变人们的生活方式。

10.3 增强现实技术与虚拟现实技术基础

增强现实与虚拟现实技术根本在于对所反映的图像的复刻。本节对增强现实技术与虚拟现实技术的基本原理进行介绍,着重介绍两种技术的技术基础与不同的实现方法。

10.3.1 增强现实技术原理

由于 AR 应用系统在实现的时候涉及多种因素,因此 AR 研究对象的范围十分广阔,包括信号处理、计算机图形和图像处理、人机界面、移动计算、计算机网络、分布式计算、信息获取、信息可视化,以及新型显示器和传感器的设计等。AR 应用系统虽不需要显示完整的场景,但是由于需要通过分析大量的定位数据和场景信息来保证由计算机生成的虚拟物体可以精确地定位在真实场景中,因此 AR 应用系统一般都包含以下四个基本步骤:

1) 获取真实场景信息。
2) 对真实场景和相机位置信息进行分析。
3) 生成虚拟景物。
4) 合并视频或直接显示。

图 10-7 所示为一个简单 AR 系统从数据收集到显示的过程。图形系统首先根据相机的位置信息和真实场景中的定位标记来计算虚拟物体坐标到相机视平面的仿射变换,然后按照仿射变换矩阵在视平面上绘制虚拟物体,最后直接通过显示设备显示,或与真实场景的视频合并后一起显示在显示器上。在 AR 应用系统中,成像设备、跟踪与定位技术以及交互技术是实现一个基本 AR 系统的支撑技术。

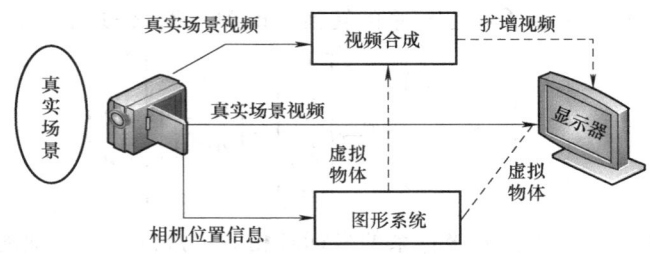

图 10-7 简单 AR 应用系统的基本工作流程

AR 从其技术手段和表现形式上，可以分为两类：一是 Vision based AR，即基于计算机视觉的 AR；二是 LBS based AR，即基于地理位置信息的 AR。

1. Vision based AR

基于计算机视觉的 AR 是利用计算机视觉方法建立现实世界与屏幕之间的映射关系，使人们想要绘制的图形或是 3D 模型可以如同依附在现实物体上一般展现在屏幕上。如何做到这一点呢？本质上来讲就是要找到现实场景中的一个依附平面，再将这个三维场景下的平面映射到二维屏幕上，最后在这个平面上绘制想要展现的图形。从技术实现手段上可以分为以下两类。

（1）Marker-Based AR 这种实现方法需要一个事先制作好的 Marker（例如，绘制着一定规格形状的模板卡片或者二维码），而后把 Marker 放到现实中的一个位置上，相当于确定了一个现实场景中的平面，通过摄像头对 Marker 进行识别和姿态评估（Pose Estimation），并确定其位置，接着将以 Marker 中心为原点的坐标系称为 Marker Coordinates，即模板坐标系。我们要做的事情实际上是要得到一个变换，从而使模板坐标系和屏幕坐标系建立映射关系，这样，根据这个变换在屏幕上画出的图形就可以达到该图形依附在 Marker 上的效果。理解其原理需要一些 3D 射影几何知识，从模板坐标系变换到真实的屏幕坐标系需要先旋转平移到摄像机坐标系（Camera Coordinates），然后再从摄像机坐标系映射到屏幕坐标系。Marker-Based AR 技术原理如图 10-8 所示。

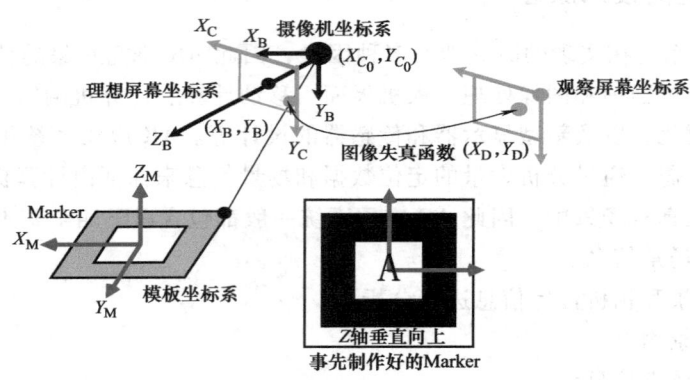

图 10-8 Marker-Based AR 技术原理

在计算机视觉中，由模板坐标系（世界坐标系）变化到摄像机坐标系属于刚体变换。刚体变换指的是物体不会发生形变，所需要进行的是旋转和平移。在实际的编码中，所有这些变换都是一个矩阵，对坐标进行矩阵左乘便是一个线性变换（对于平移这种非线性变换，可以采用齐次坐标来进行矩阵运算）。

首先，从模板坐标系到摄像机坐标系的转换，即 M→B，公式如下：

$$\begin{bmatrix} X_B \\ Y_B \\ Z_B \end{bmatrix} = R \begin{bmatrix} X_M \\ Y_M \\ Z_M \end{bmatrix} + T \Rightarrow \begin{bmatrix} X_B \\ Y_B \\ Z_B \\ 1 \end{bmatrix} = \begin{bmatrix} R & T \\ 0 & 1 \end{bmatrix} \begin{bmatrix} X_M \\ Y_M \\ Z_M \\ 1 \end{bmatrix}$$

其中，R 为旋转矩阵，描述了世界坐标系的坐标轴相对于摄像机坐标轴的方向；T 为平移矩阵，描述了在摄像机坐标系下，空间原点的位置；旋转矩阵和平移矩阵共同描述了如何把点从世界坐标系转换到摄像机坐标系。$[R:T]$ 叫作摄像机外参矩阵,由 3×3 的旋转矩阵 R 和 3×1 的位移向量 T 构成。摄像机外参决定摄像机坐标与世界坐标系之间相对位置关系。

然后,将摄像机坐标系进一步变换,摄像机坐标系进行屏幕坐标系的映射,属于透视投影关系,从三维转换到二维,公式如下:

$$Z_B \begin{bmatrix} X_C \\ Y_C \\ 1 \end{bmatrix} = \begin{bmatrix} f_x & s & X_{C_0} \\ 0 & f_y & Y_{C_0} \\ 0 & 0 & 1 \end{bmatrix} \begin{bmatrix} X_B \\ Y_B \\ Z_B \\ 1 \end{bmatrix}$$

其中,f_x,f_y 为焦距,一般情况下 $f_x = f_y$;X_{C_0}、Y_{C_0} 为主点坐标(相对成像平面 X_C-Y_C 面);s 为坐标轴倾斜参数,理想情况等于 0。

$$K = \begin{bmatrix} f_x & s & X_{C_0} & 0 \\ 0 & f_y & Y_{C_0} & 0 \\ 0 & 0 & 1 & 0 \end{bmatrix}$$

被称为摄像机内参矩阵,K 是二维平面的变换矩阵。

综合起来,模板坐标系可以由外参的三维平面变换矩阵和内参的二维平面变换矩阵组合起来得到摄像机平面坐标系。其中,内参矩阵 K 是需要事先进行摄像机标定得到的,而外参矩阵是未知的,需要根据屏幕坐标(X_C,Y_C)和事先定义好的 Marker 坐标系以及内参矩阵来估计外参矩阵 $[R:T]$,然后绘制图形的时候根据外参矩阵来绘制(初始估计的外参矩阵不够精确,还需要使用非线性最小二乘进行迭代寻优)。总转换关系公式如下:

$$Z_B \begin{bmatrix} X_C \\ Y_C \\ 1 \end{bmatrix} = \underbrace{\begin{bmatrix} f_x & s & X_{C_0} & 0 \\ 0 & f_y & Y_{C_0} & 0 \\ 0 & 0 & 1 & 0 \end{bmatrix}}_{\text{摄像机坐标系映射到屏幕坐标系}} \cdot \underbrace{[R:T] \cdot \begin{bmatrix} X_M \\ Y_M \\ Z_M \\ 1 \end{bmatrix}}_{\text{模板坐标系转换到摄像机坐标系}}$$

(2) Marker-less AR 基本原理与 Marker-based AR 相同,如图 10-9 所示,不过它可以用任何具有足够特征点的物体(如书的封面)作为平面基准,而不需要事先制作特殊的模板,摆脱了模板对 AR 应用的束缚。它的原理是通过一系列算法(如 SURF、ORB、FERN 等)对模板物体提取特征点,并记录或者学习这些特征点。当摄像头扫描周围场景,会提取周围场景的特征点并与记录的模板物体的特征点进行比对,如果扫描到的特征点和模板特征点匹配数量超过阈值,则认为扫描到该模板,然后根据对应的特征点坐标估计 T_M 矩阵(摄像机外参矩阵),之后再根据 T_M 进行图形绘制(方法与 Marker-based AR 类似)。

2. LBS-based AR

其基本原理如图 10-10 所示,是通过 GPS 获取用户的地理位置,然后从某些数据源(如 Wiki,Google)处获取该位置附近物体(如周围的餐馆、银行、学校等)的 PoI(Point of Information,信息点),再通过移动设备的电子指南针和加速度传感器获取用户手持设备的方向和倾斜角度,通过这些信息建立目标物体在现实场景中的平面基准(相当于 Marker),之后坐标变换显示的原理与 Marker-based AR 类似。

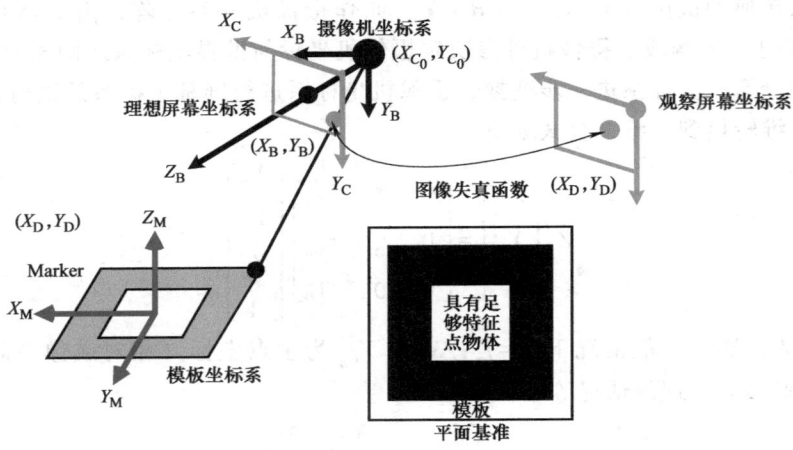

图 10-9 Marker-less AR 技术原理

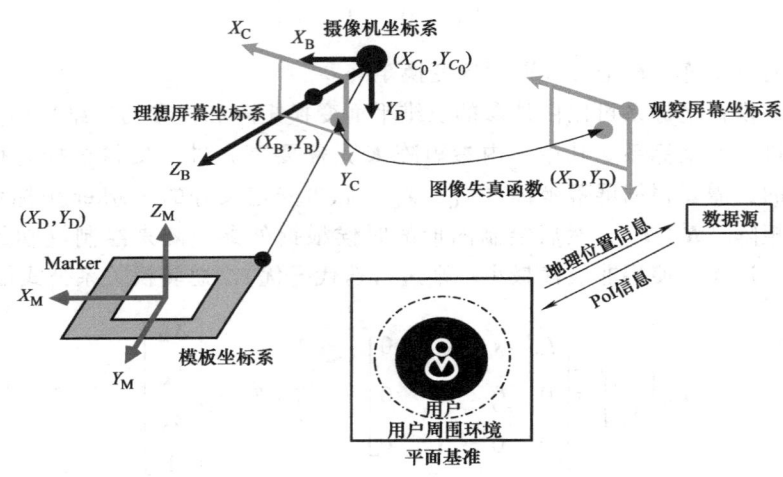

图 10-10 LBS-based AR 技术原理

这种 AR 技术利用设备的 GPS 功能及传感器来实现,摆脱了应用对 Marker 的依赖,用户体验方面要比 Marker-based AR 更好,而且由于不用实时识别 Marker 姿态和计算特征点,性能方面也好于 Marker-based AR 和 Marker-less AR,因此对比 Marker-based AR 和 Marker-less AR,LBS-based AR 可以更好地应用到移动设备上。

10.3.2 虚拟现实技术原理

虚拟现实的主要技术是立体投射技术。根据该技术,以及用户参与和沉浸感的程度,通常把虚拟现实分为四类:桌面虚拟现实系统、沉浸式虚拟现实系统、增强式虚拟现实系统和分布式虚拟现实系统。

1. 立体投射技术

在许多应用中,增加场景中三维深度的感知非常重要。眼脑系统使用的深度感知方式有两种基本类型,即单目方式和双目方式。

单目方式主要包括透视(平行线的收敛)、运动视差(当头部横向移动时,靠近物体似乎比远物体对投影平面移动更多)、已知对象的相对大小、重叠(更近的物体重叠出现在较远的物体前面)、高光和阴影。双目方式是指眼睛光轴的会聚角度和视网膜的差异(投射在眼睛视网膜上的物体的不同位置被解释为与眼睛距离的差异)。

单目方式一般只能产生对深度的感知。由于眼脑系统将每只眼睛产生的两个独立的、截然不同的图像融合成一个单一的图像,双目方式可以产生非常强烈的三维感知。该感知可以产生具有与真正的双目视觉相似特征的立体图像。这些图像的生成依赖于用不同的图像来支撑左眼和右眼,这需要眼睛能够完整地接收图像。为了使眼睛能够接收完整的图像,一般使用滤光片来确保左、右眼接收到正确和分离的图像。常用的技术有彩色浮雕技术、极化法、交替投影法。

简单地说,彩色浮雕技术创建了两种不同颜色的图像,一种用于左眼,另一种用于右眼。当通过相应的过滤器观察时,左眼只能看到左边的图像,而右眼只能看到右边的图像。眼脑系统将两个二维图像结合成一个单一的三维图像与正确的颜色。极化法采用偏振滤光片代替彩色滤光片。交替投影法是使用闪烁系统交替投影左眼和右眼视图。

所有这些技术都要求将一个物体从两个不同的投影中心投射到平面上,一个是右眼,另一个是左眼。图 10-11a 显示了点 P 从 $E_L(-e, 0, d_e)$ 的投影中心到 $z=0$ 平面上的投影,以及分别对应于左眼和右眼的 $E_R(e, 0, d_e)$ 的投影。为了方便起见,将左眼的投影中心平移到 z 轴上,如图 10-11b 所示。然后,使用相似三角形生成

$$\frac{x_L^{*'}}{d_e} = \frac{x'}{d_e - z}$$

$$x_L^{*'} = \frac{x'}{1 - \frac{z}{d_e}} = \frac{x'}{1 + rz}$$

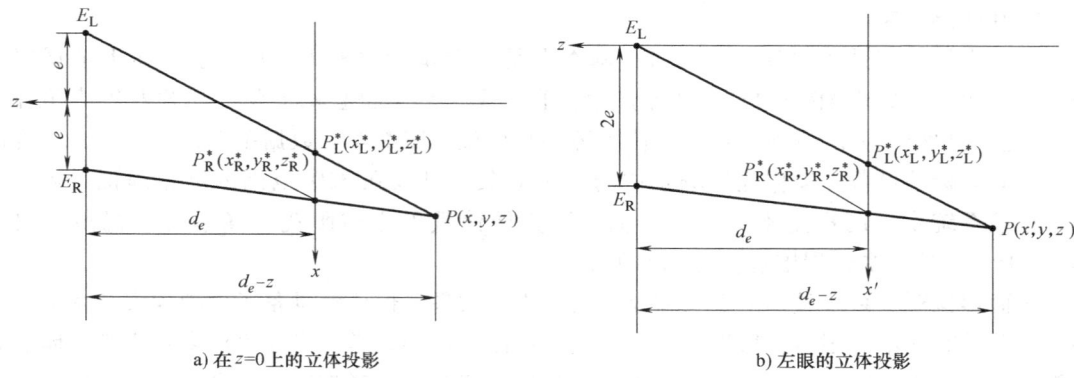

a) 在 $z=0$ 上的立体投影　　　　　　b) 左眼的立体投影

图 10-11　立体投射原理

类似地,将右眼的投影中心平移到 z 轴上,同样使用相似三角形,也可以得到

$$\frac{x_R^{*''}}{d_e} = \frac{x''}{d_e - z}$$

$$x_R^{*''} = \frac{x''}{1 - \frac{z}{d_e}} = \frac{x''}{1 + rz}$$

由于每只眼睛在 $y=0$ 处,y 的投影值都是左眼和右眼视图的等价变换,在齐次坐标下,由以下 4×4 矩阵给出。

$$[S_L] = [Tr_{E_L}] \cdot [P_{rz}] = \begin{bmatrix} 1 & 0 & 0 & 0 \\ 0 & 1 & 0 & 0 \\ 0 & 0 & 1 & 0 \\ e & 0 & 0 & 1 \end{bmatrix} \cdot \begin{bmatrix} 1 & 0 & 0 & 0 \\ 0 & 1 & 0 & 0 \\ 0 & 0 & 1 & \frac{-1}{d_e} \\ 0 & 0 & 0 & 1 \end{bmatrix} = \begin{bmatrix} 1 & 0 & 0 & 0 \\ 0 & 1 & 0 & 0 \\ 0 & 0 & 1 & \frac{-1}{d_e} \\ e & 0 & 0 & 1 \end{bmatrix}$$

$$[S_R] = [Tr_{E_R}] \cdot [P_{rz}] = \begin{bmatrix} 1 & 0 & 0 & 0 \\ 0 & 1 & 0 & 0 \\ 0 & 0 & 1 & 0 \\ -e & 0 & 0 & 1 \end{bmatrix} \cdot \begin{bmatrix} 1 & 0 & 0 & 0 \\ 0 & 1 & 0 & 0 \\ 0 & 0 & 1 & \frac{-1}{d_e} \\ 0 & 0 & 0 & 1 \end{bmatrix} = \begin{bmatrix} 1 & 0 & 0 & 0 \\ 0 & 1 & 0 & 0 \\ 0 & 0 & 1 & \frac{-1}{d_e} \\ -e & 0 & 0 & 1 \end{bmatrix}$$

其中，$[Tr_{E_L}]$ 和 $[Tr_{E_R}]$ 分别是投影 E_L 和 E_R 的中心平移。因此，通过使用 4×4 矩阵变换对场景进行转换并同时显示两幅图像，得到了一个立体投影。

2. 四种虚拟现实系统

在虚拟环境系统中，计算机产生的感官印象传递给人类的感官印象，这些印象的类型和质量决定了 VR 中的沉浸感和存在感。理想情况下，高分辨率和高质量的信息应该呈现给所有用户的感官。此外，环境本身应该对用户的行为做出现实的反应。然而，实际情况与这种理想情况大不相同。许多应用程序仅刺激一种或几种感觉，通常使用低质量和不同步的信息。根据 VR 系统提供给用户的沉浸感程度，可将其分为桌面虚拟现实系统、沉浸式虚拟现实系统、增强虚拟现实系统和分布式虚拟现实系统。

（1）桌面虚拟现实系统　桌面虚拟现实系统又被称为世界之窗（WoW）系统，这是最简单的虚拟现实应用程序类型。它使用传统的显示器来显示世界的图像（通常是单屏的），不支持其他感官输出。

桌面虚拟现实系统（Desktop VR）基本上是一套基于普通 PC 的小型桌面虚拟现实系统。它使用 PC 或初级图形 PC 工作站产生仿真，采用计算机显示器作为用户观察虚拟环境的窗口。用户坐在显示器前，戴着立体眼镜，利用位置跟踪器、数据手套或者 6 个自由度的三维空间鼠标等设备，操作虚拟场景中的各种对象，可以在 360°范围内浏览虚拟世界。然而，在该系统中，用户是不完全投入的，因为即使戴上立体眼镜，屏幕的可视角也仅有 20°~30°，仍然会受到周围现实环境的干扰。

桌面虚拟现实系统虽然缺乏头盔显示器的投入效果，但已经具备了虚拟现实技术的技术要求，并且其成本低很多，所以目前应用较为广泛。例如，学生可在室内参观虚拟校园、虚拟教室或虚拟实验室等；虚拟小区、虚拟样板房不仅为买房者带来了便利，也为商家带来了利益。桌面虚拟现实系统主要用于计算机辅助设计、计算机辅助制造、建筑设计、桌面游戏、军事模拟、生物工程、航天航空、医学工程和科学可视化等领域。

（2）沉浸式虚拟实现系统　沉浸式系统是 VR 系统的终极版本。该系统能够根据用户的位置和方向，使用户完全沉浸在计算机生成的世界中。该系统可以通过听觉、触觉和感觉接口进行感官增强。

沉浸式虚拟现实系统（Immersive VR）是一种高级的、较理想、较复杂的虚拟现实系统。它采用封闭场景和音响系统将用户的视觉和听觉与外界隔离开，使用户完全置身于计算机生成的虚拟环境中，用户通过利用空间位置跟踪器、数据手套和三维鼠标等输入设备输入相关数据和命令，计算机根据获取的数据测得用户的运动和姿态，并将其反馈到生成的视景中，使用户产生一种身临其境、完全投入和沉浸其中的感觉。

1）沉浸式虚拟现实系统的特点。

① 具有高度的实时性。即当用户转动头部时，空间位置跟踪设备及时检测并输入计算机，由计算机计算，快速地输出响应的场景。为使场景快速、平滑地连续显示，系统必须具有足够小的延迟，包括传感器的延迟、计算机计算延迟等。

② 具有高度的沉浸感。沉浸式虚拟现实系统必须使用户依据相应的输入和输出设备与真实世界完全隔离，不受外界的干扰，完全沉浸在虚拟环境中。

③ 具有先进的软、硬件。为了提供"真实"的体验，应尽量减少系统的延迟，必须尽可能利用先进的、相容的硬件和软件。

④ 具有并行处理的功能。这是虚拟现实的基本特性，用户的每一个动作都涉及多个设备的应用。例如，手指指向一个方向并说"去那里"，会同时激活三个设备：头部跟踪器、数据手套及语音识别器，产生三个同步事件。

⑤ 具有良好的系统整合性。在虚拟环境中硬件设备相互兼容，并与软件系统很好地结合，相互作用，构造一个灵活、灵巧的虚拟现实系统。

2）沉浸式虚拟现实系统的类型。

常见的沉浸式虚拟现实系统有头盔式虚拟现实系统、洞穴式虚拟现实系统、座舱式虚拟现实系统、投影式虚拟现实系统和远程存在系统等。

① 头盔式虚拟现实系统。该系统采用头盔显示器实现单用户的立体视觉、听觉的输出，使人完全沉浸在其中。

② 洞穴式虚拟现实系统。该系统是一种基于多通道视景同步技术和立体显示技术的房间式投影可视协同环境，可提供一个房间大小的四面（或六面）立方体投影显示空间，供多人参与，所有参与者均完全沉浸在一个被立体投影画面包围的高级虚拟仿真环境中，借助相应的虚拟显示交互设备（如数据手套、力反馈装置、位置跟踪器等），获得一种身临其境的高分辨率三维立体视听环境和 6 个自由度的交互感受。

③ 座舱式虚拟现实系统。座舱是一种最为古老的虚拟现实模拟器。当用户进入座舱后，不用佩戴任何显示设备，就可以通过座舱的窗口观看一个虚拟世界。该窗口由一个或者多个计算机显示器或者视频监视器组成，用来显示虚拟场景。这种座舱给参与者提供的投入程度类似于头盔显示器。

④ 投影式虚拟现实系统。该系统是通过一个或多个大屏幕投影来实现大画面的立体视觉和听觉效果，使多个参考者同时具有完全投入的感觉。

⑤ 远程存在系统。远程存在是一种远程控制形式，用户虽然与某个真实现场相隔遥远，但可以通过计算机和电子装置获得足够的感觉现实和交互反馈，恰似身临其境，并可以介入对现场进行遥控操作。此系统需要一个立体显示器和两台摄像机生成的三维图形，这种图像使参与者有一种深入的感觉，观看的虚拟境界更清晰、更真实。

（3）增强式虚拟现实系统 增强式 VR 系统也称为叠加式 VR 系统。该系统允许用户对现实世界进行观察的同时，通过穿透型头戴显示器将计算机虚拟图像叠加在现实世界之上，为参与者提供与他所看到的现实环境有关的、存储在计算机中的信息，从而增强操作员对真实环境的感受，因此又被称为补充现实系统。

增强虚拟现实系统（Aggrandize VR）的产生得益于 20 世纪 60 年代以来计算机图形学技术的迅速发展，是近年来国内外众多研究机构的研究热点之一。它是借助计算机图形技术和可视化技术产生现实环境中不存在的虚拟对象,并通过传感技术将虚拟对象准确"放置"在真实环境中,借助显示设备将虚拟对象与真实环境融为一体,并呈献给参与者一个感官效果真实的新环境。因此增强虚拟现实系统具有虚实结合、实时交互和三维注册的新特点。

常见的增强虚拟现实系统主要包括基于台式图形显示器的系统、基于单眼显示器的系统、基于光学透视式头盔显示器的系统和基于视频透视式头盔显示器的系统。

增强现实是虚拟环境与真实世界之间架起的一座桥梁。因此,增强现实的应用潜力相当巨大,在尖端武器、飞行器的研制和开发、数据模型的可视化、虚拟训练、娱乐与艺术等领域具有广泛的应用,而且由于其具有能够对真实环境进行增强现实输出的特性,在医疗研究与解剖训练、精密仪器制造和维修、军用飞机导航、工程设计和远程机器人控制等领域具有比其他 VR 技术更加明显的优势。

与其他各类 VR 系统相比,补充现实式的虚拟现实不仅是利用 VR 技术来模拟现实世界、仿真现实世界,而且要利用它来增强参与者对真实环境的感受,也就是增强现实中无法感知或不方便的感受。在增强式虚拟现实系统中,虚拟对象所提供的信息往往是用户无法凭借自身的感觉所能感知到的深层次的信息。增强式系统最常见的是:一个眼睛看到显示屏上的虚拟世界;另一个看到的则是真实的世界。

(4) 分布式虚拟现实系统 分布式虚拟现实(Distributed Virtual Reality,DVR)系统是计算机网络技术、通信技术、仿真技术和虚拟现实技术等多学科交叉结合的产物。在 DVR 系统中,多个地理位置不同的参与者终端同处于一个虚拟环境中,彼此之间通过网络进行实时交互协作,具有良好的可扩展性。在 DVR 中,每个参与者都以"替身"的形式出现。替身的行为由参与者本身的行为决定,并且通过消息传送机制将参与者的行为和虚拟环境状态的变化更新到其他节点中。所有参与者共享信息,并对同一个虚拟世界进行观察和操作,以达到协同工作的目的。

分布式虚拟现实系统具有以下特征:
1)共享的虚拟工作空间。
2)伪实体的行为真实感。
3)支持实时交互,共享时钟。
4)多个用户以多种方式相互通信。
5)资源信息共享,允许用户自然操作环境中的对象。

目前,分布式虚拟现实系统在远程教育、科学计算可视化、工程技术、建筑、电子商务、交互式娱乐和艺术等领域都有着广泛的应用前景。利用它可以创建多媒体通信、设计协作系统、实景式电子商务、网络游戏和虚拟社区全新的应用系统。

DVR 系统有四个基本组成部件:图形显示器、通信和控制设备、处理系统和数据网络。

分布式虚拟现实系统是基于网络的虚拟环境,在这个环境中,位于不同物理环境位置的多个参与者或多个虚拟环境通过网络相连接。根据分布式系统环境下所运行的共享应用系统的个数,可把 DVR 系统分为集中式结构和复制式结构。

在集中式结构中,组成虚拟世界的所有对象(也称数据库)是完全相同的,虽然不同的参与者可以观看虚拟空间的不同部分,但在局部数据库中装入的却是相同的对象。中心服务器上运行一份共享应用系统。中心服务器的作用是对多个参与者的输入/输出操作进行管理,允许多个参与者进行信息共享。集中式结构的一个优点是结构简单;另外,由于同步操作只在中心服务器上完成,因而实现比较容易。集中式结构的缺点是,对网络通信带宽有较高的要求。

这是因为输入和输出都要广播给其他所有工作站。所有的活动都要通过中心服务器来协调，这样，当参与者人数较多时，中心服务器往往会成为整个系统的瓶颈。另外，由于整个系统对网络延迟十分敏感，并且高度依赖中心服务器，因而这种结构的系统坚固性就不如复制式结构。

复制式结构是在每个参与者所在的机器上复制中心服务器，这样，每个参与者都有一份共享应用系统。服务器接收来自于其他工作站的输入信息，并把信息传送到运行在本地机上的应用系统中，由应用系统进行所需的计算并产生必要的输出。它的优点是所需网络带宽较小。并且，由于每个参与者只与应用系统的局部备份进行交互，所以交互式响应效果好。但它比集中式结构复杂，在维护共享应用系统中的多个备份的信息或状态一致性方面比较困难，需要有控制机制来保证每个参与者得到相同的输入事件序列。

目前，DVR 技术主要被用于两方面：一是军事仿真领域，国内外已经有很多成熟的系统，例如，美国的 DIS 系统、俄罗斯的 T72 坦克训练模拟器、北京航空航天大学的飞行员模拟训练系统等；二是网络游戏，与一般应用在民用领域不同的是，网络游戏着重强调了用户的沉浸感和场景的复杂度，一般都采用了 C/S 结构，对用户的硬件条件要求较高。

10.3.3　增强现实系统的组成

一个完整的 AR 系统通常由虚拟图形渲染模块、摄像机定位模块、三维注册模块和现实模块组成。这四个模块各有分工，虚拟图形渲染模块主要用于生成虚拟场景，摄像机定位模块用于对真实场景进行定位，虚拟和真实场景的合成由三维注册模块实现，现实模块用于显示合成后的图像。根据四种系统结构顺序的不同，AR 增强现实技术有三种常用的系统。

1. Monitor-based 系统

在 Monitor-based（基于计算机显示器）系统中，摄像机摄取的真实场景图像输入到计算机中，与计算机图形系统产生的虚拟景象合成，并输出到计算机显示器，用户从显示器上看到最终的增强场景图片，如图 10-12 所示。它虽然不能带给用户多少沉浸感，但却是一套最简单、实用的 AR 实现方案。由于这套方案对硬件要求很低，因此被实验室中的AR 系统研究者们大量采用。

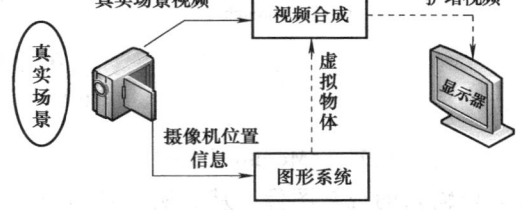

图 10-12　Monitor-based 系统原理

2. Video See-through 系统

头盔式显示器（Head Mounted Displays，HMD）被广泛应用于虚拟现实系统中，用以增强用户的视觉沉浸感。增强现实技术的研究者们也采用了类似的显示技术，这就是在 AR 中广泛应用的穿透式 HMD。根据具体实现原理又划分为两大类，分别是基于视频合成技术的穿透式 HMD（Video See-through HMD）和基于光学原理的穿透式 HMD（Optical See-through HMD）。Video See-through HMD 是将摄像机移动产生的图形数据、计算机产生的虚拟的物体和真实场景的视频进行合成，经过头盔式显示屏进入人眼。其系统原理如图 10-13 所示。

3. Optical See-through 系统

在上述的两套系统实现方案中，输入计算机中有两个通道的信息，一个是计算机产生的虚拟信息通道，一个是来自于摄像机的真实场景通道。而在 Optical See-through HMD 实现方案中去除了后一个通道，真实场景的图像经过一定的减光处理后，直接进入人眼，虚拟通道的信息经投影反射后再进入人眼，两者以光学的方法进行合成，如图 10-14 所示。

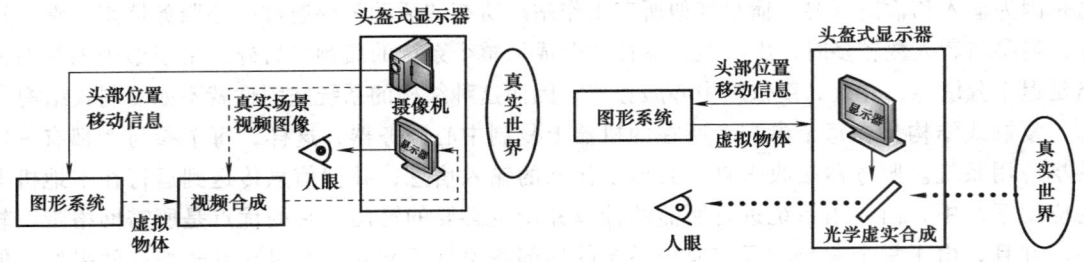

图 10-13　Video See-through HMD 系统原理　　　图 10-14　Optical See-through HMD 系统原理

4. 三种系统的比较

三种系统在性能上各有利弊。如图 10-15 所示，在基于 Monitor-based 和 Video See-through 显示技术的 AR 实现中，都通过摄像机来获取真实场景的图像，在计算机中完成虚实图像的结合并输出。整个过程不可避免地存在一定的系统延迟，这是动态 AR 应用中虚实注册错误的一个主要产生原因。但这时由于用户的视觉完全在计算机的控制之下，这种系统延迟可以通过计算机内部虚、实两个通道的协调配合来进行补偿。而在基于 Optical See-through 显示技术的 AR 实现中，真实场景的视频图像传送是实时的，不受计算机控制，因此不可能用控制视频显示速率的办法来补偿系统延迟。

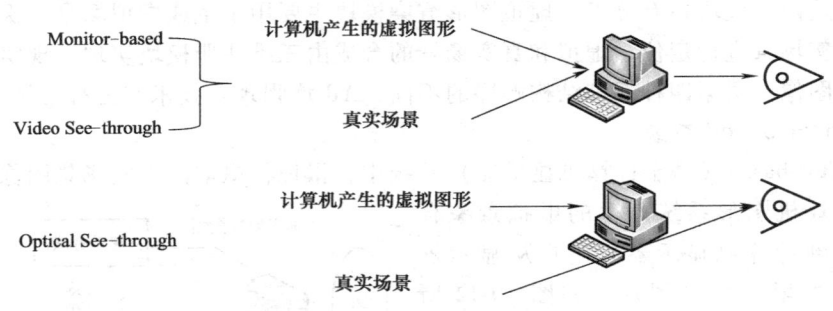

图 10-15　三种系统结构比较

但是，在基于 Monitor-based 和 Video See-through 显示技术的 AR 实现中，可以利用计算机分析输入的视频图像，从真实场景的图像信息中抽取跟踪信息（基准点或图像特征），从而辅助动态 AR 中虚实景象的注册过程。而基于 Optical See-through 显示技术的 AR 实现中，可以用来辅助虚实注册的信息只有头盔上的位置传感器。

10.3.4　虚拟现实系统的组成

首先，来简要地了解一下虚拟现实系统的基本组成。图 10-16 描述了人机交互循环中最重要的部分，这些循环是每个沉浸式系统的基础。用户配备了头戴式显示器、跟踪器和可选的操作设备（如三维鼠标、数据手套等）。当用户行走、头部旋转（即改变观测点）时，描述他/她行为的数据将从输入设备传输到计算机。计算机实时处理信息并生成适当的反馈，通过输出显示传递

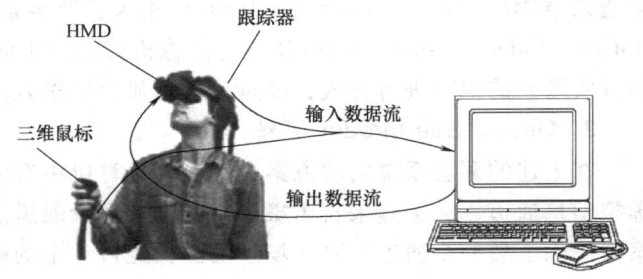

图 10-16　虚拟现实应用程序的基本组件

给用户。一般来说，输入设备负责交互，输出设备对浸入感和软件进行正确控制和同步整个环境。

1. 输入设备

输入设备确定用户与计算机通信的方式。在理想情况下，所有这些设备在一起，应该使用户的环境控制尽可能直观和自然，但是，目前的技术还不够先进，不足以支持这一点，仅仅能够在某些非常有限的情况下，达到自然性。一般来讲，输入设备包括位置和方向跟踪设备、眼动追踪设备、3D 输入设备和台式计算机输入设备。

（1）位置和方向跟踪设备　虚拟现实系统所需的最低信息是用户头部的位置和方向，这是正确渲染图像所必需的。此外，还可以跟踪身体的其他部位，例如手部信息（允许交互），以允许图形用户表示等。

三维对象具有六个自由度（DoF）：位置坐标（x、y 和 z 偏移）和方向（偏航、俯仰和滚动角度）。每个跟踪器必须支持这些数据及其子集。通常有两种类型跟踪器：提供绝对数据（总位置/方向值）的跟踪器和提供相对数据（基于上次状态的更改数据）的跟踪器。6DoF 跟踪器的重要属性是：

1）更新速率：指每秒测量次数（以 Hz 为单位测量）。更新速率越高，可更顺畅地跟踪移动，但也需要更多的处理。

2）延迟：用户的实际（物理）操作与表示此操作的报表（传输开始的一个信号标志）的传输开始之间的时间差（通常以 ms 为单位）。此值越低越有助于提高性能。

3）精度：报告位置和方向的误差测量值。通常以绝对值定义（通常以 mm 为单位表示位置，以 ° 为单位表示方向）。该值越小意味着准确性越高。

4）分辨率：指跟踪器可以检测到的位置和方向的微小变化。该值越小意味着性能更好。

5）范围：代表跟踪器可以测量的位置和方向，以及跟踪器的角覆盖。

除了这些属性之外，如设备的易用性、尺寸和重量等也十分重要。这些属性将进一步用于确定不同类型的跟踪器的质量和有用性。

（2）眼动追踪设备　眼动跟踪设备允许从用户的目视角度正确呈现图像。眼动跟踪的优点是可以提供运动视差提示，从而改善深度感知。眼睛的视觉敏锐度随弧距离与视线的距离而变化，这意味着图像不需要在整个显示区域具有相等的分辨率和质量。位于视线远点的对象可以粗略表示，因为用户不会注意到它。因此，这可能导致渲染成本的显著降低。

常用眼动追踪技术如下：

边缘跟踪：虹膜和 Sclera（边缘）之间的尖锐边界很容易识别。红外 LED 和光晶体管安装在用户的眼镜上，用于监控虹膜和 Sclera 的红外点反射，以确定注视方向。该技术提供了良好的精度（1°~3°），但限制了竖直方向眼动（通过极端竖直方向眼动的肢体部分被眼睑遮蔽，阻碍精确测量）。

图像跟踪：使用摄像机和图像处理技术来确定注视方向。该技术提供了良好的精度，通常为 1°。

电图：使用眼睛旁边的电极测量角膜和视网膜之间的电位差。通常，记录的电位非常小，在 15~200μ 的范围内。这种方法有一个缺点是容易受到外部电磁干扰和肌肉作用的影响。

角膜反射：使用光晶体管分析凸角表面的斜体光束反射。这种方法具有相对良好的精度

(0.5°~1°），但它需要复杂的校准，覆盖相对较小的眼动区域，并且对角膜形状变化、泪液和角膜散光的变化非常敏感。

（3）3D 输入设备　除了捕获用户移动的跟踪器外，虚拟现实系统还包括许多其他输入设备，使人机交互更加轻松、直观。为了完全的行动自由，三维输入设备似乎是最自然的。

数据手套：数据手套是最常见的三维输入设备，可以检测手指的关节角度。手指弯曲的测量是在光纤传感器（如 VPL DataGlove）、箔应变技术（如 Virtex CyberGlove）或电阻传感器（如美泰 PowerGlove）的帮助下完成的。使用数据手套的用户可以比使用 3D 鼠标的用户拥有更丰富的交互，因为，数据手套配有一个跟踪器，该跟踪器连接到用户的手腕上，以测量其位置和方向。

数据手套的一个明显扩展是覆盖用户整个身体的数据套装。这个方向的第一步是用最少的传感器捕捉整个身体的运动。人体跟踪技术应用的一个例子是虚拟演员在电影中的实时动画。

灵巧操纵器：某些应用（如远程手术）需要极其精确的控制。数据手套往往不足以满足这些要求，因此许多灵巧的操纵器被开发出来。例如，主操纵器、来自犹他大学的灵巧手大师（DHM），由 EXOS 进一步开发的 DHM。主操纵器是一个相对简单的设备，它仅支持 9DoF 控制和力反馈。它使用电位计测量弯曲角度。灵巧手大师是精密设备，它可以跟踪每个手指的三个关节角度（每个手指 4DoF，整个手总共拥有 20DoF）。此外，由于使用了霍尔效应传感器，它们保证对弯曲角度进行高精度测量（误差幅度为 1°，而手套为 5°~10°）。

（4）台式计算机输入设备　除了复杂而昂贵的 3D 输入设备之外，许多特殊的桌面工具也非常流行。它不像 3D 输入设备那样能提供良好的、直观的控制和沉浸感，但使用方便、简单且相对便宜。Space Ball 是一个简单的 6DoF 输入设备，用户可以用手抓住球并操纵它。该设备测量球的平移力和旋转力矩，并将数据发送到计算机。同时，Space Ball 还内置了额外的按钮来增强交互性。

2. 输出设备

输出设备负责向用户呈现虚拟环境，它们有助于帮助用户产生身临其境的感觉，其中包括视觉、听觉或触觉显示。目前的技术水平不允许以完美的方式刺激人类感官，因此，虚拟现实系统输出设备远不理想，它们很重、质量低、分辨率也较低。事实上，大多数系统都支持视觉反馈，只有部分系统通过听觉或触觉信息来增强视觉反馈。

（1）视觉输出设备　不同类型的 VR 系统（从桌面到完全沉浸式）使用不同的输出视觉显示。它们可能因标准计算机监视器而异。下面介绍 VR 中常用的几种显示器。

3D 眼镜：3D 眼镜是最简单的 VR 系统，该设备仅使用监视器向用户显示场景。然而，通过使用 LCD 快门眼镜添加立体视图，可以增强"窗口进入世界"模式。LCD 快门眼镜支持使用顺序立体声的三维视图，即当显示器上显示正确的图像时，它们会依次关闭和打开眼镜视图。另一种解决方案是使用投影屏幕而不是 CRT 监视器。在这种情况下，光会发生偏振，廉价的偏振眼镜可用于为每个眼睛提取正确的图像。3D 眼镜可以添加头部运动跟踪，以支持用户使用运动视差深度提示，并提高呈现图像的逼真性。

环绕声显示器：大型投影屏幕是标准桌面监视器的替代品，它们不仅提供了更好的图像质量，而且具有更宽的视野，因此对 VR 应用非常有帮助。沉浸式需求可以通过 CAVE（Cave Automatic Virtual Environment）式的显示器满足，用户被多个平面屏幕或一个圆顶屏幕包围。这种投影系统的缺点是，体积大、价格昂贵、易碎，同时需要精确的硬件设置。

HMD：HMD 是包含两个小型 CRT 或 LCD 监视器的头盔，监视器放置在用户眼前。根据用户当前位置和跟踪器测量的方向将图像呈现给用户。由于 HMD 佩戴在用户头上，因此必须满足严格的人体工程学要求，要相对轻、舒适且易于放置。这些要求导致 HMD 的价格和质量差别很大，低成本、低质量的 HMD 约 800 美元，而高质量的 HMD 约 100 万美元。

（2）触觉输出设备　人类感知的触觉感知可分为两种：运动（力）反馈和触觉反馈。运动（力）反馈包括肌肉、关节和肌腱感应的力量。触觉反馈包括通过皮肤的反馈，如触摸感、温度、质地或皮肤表面的压力。

物体放置和操作需要适当的力量，这是人类相当自然的现象。为了提高 VR 交互的自然性，一些设备配备了力反馈。触觉反馈比力反馈更微妙，因此更难人工生成。仿真可以通过振动、充气气泡或电热流体（黏度随应用电场增加的流体）在手套表面下实现。所有这些目前可用的技术无法提供通过皮肤所能够获得的全部感官数据。

（3）听觉输出设备　声音可以提高人的感知能力。作为视觉信息的补充，听觉信息可以提供以下几个能力：

1）额外的数据传递通道。
2）视觉之外的感知能力。
3）提醒或聚焦信号，吸引用户或警告用户。
4）空间方向提示。
5）对许多信息流的并行感知。

在简单的情况下，声音可以指示某些任务或信号的完成，即某些条件已满足（如与对象碰撞、放置实体等），而不会使屏幕变得杂乱无章。此技术已在桌面系统中使用了很长时间，包括单击键盘或桌面声音（包括语音音频），以确认某些操作或系统事件。出于这些目的，单声道就足够了。然而，在 VR 中，更令人信服的三维听觉显示可用于模拟有关环境的距离、方向、材料和空间信息。

3．软件

除了输入和输出硬件，底层软件也起着非常重要的作用。它负责输入/输出设备的管理、分析传入数据并生成适当的反馈。与传统系统不同的是，VR 设备比桌面中使用的设备复杂得多，它们需要极其精确的处理，并将大量数据发送到系统。此外，整个应用程序的运行时间是关键点，软件必须能够对运行时间进行优化，实现输入数据的及时处理，发送到输出显示器的系统响应必须提示，使显示器系统做好下一步的准备，以免破坏沉浸感。

10.4　增强现实与虚拟现实关键技术

增强现实与虚拟现实技术的发展和科技化、智能化发展密切相关，近年来，计算机图形图像技术、空间定位技术、人工智能技术革新，为增强现实与虚拟现实的发展提供了强有力的保障。下面介绍增强现实与虚拟现实的几种关键技术。

10.4.1　交互技术

交互设计（Interaction Design，IxD 或者 IaD）通常也称为互动设计，是一个可以定义、设计人造系统行为的设计领域。人造系统是指移动设备、软件、服务、人造环境、可佩带装置以及系统的组织结构。交互设计在 AR 技术中起到定义人工系统行为模式的相关界面的作用,即人工产品在特定场景中的反应模式。

与传统智能设备触摸式操作方式不同,增强现实与虚拟现实技术是要呈现一种现实之外的景象。所以,在增强现实与虚拟现实设备之上,几乎没有物理操作按钮。想要得到更好的增强现实体验,交互是重中之重。目前,常用的交互方式主要有语音识别、手势操控和体感操控等。

常用的交互技术包括以下 9 种。

1. 动作捕捉

动作捕捉的原理是在运动物体的关键位置设置跟踪器,经由计算机处理后得到物体的位置信息。然后,通过计算机合成技术,将用户的位置信息和一些虚拟的图像相结合,以达到和用户交互的目的。

专门针对增强现实与虚拟现实的动作捕捉系统,市面上可参考的有 PercepTIon Neuron 全身动捕系统。但是这样的动作捕捉设备只会在特定的超重度的场景中使用,因为其固有的使用门槛,需要用户花费比较长的时间穿戴和校准才能够使用。全身动捕系统的另一个问题在于没有反馈,用户很难感觉到自己的操作是有效的,这也是现阶段动作捕捉交互设计的一大不足。

2. 触觉反馈

触觉反馈主要是通过按钮和振动进行反馈的,主要是通过虚拟现实手柄实现的。目前,三大增强现实与虚拟现实厂商 Oculus、Sony、HTC Valve 都不约而同地采用了虚拟现实手柄作为标准的交互模式——两手分立的、6 个自由度空间跟踪的(3 个转动自由度 3 个平移自由度)、带按钮和振动反馈的手柄。这样的设备显然是用来运行一些游戏类应用以及轻度的消费应用。但是,这样高度特化/简化的交互设备的优势是能够非常自如地在游戏等应用中使用,但是它无法扩展到更加广泛的应用场景。触觉反馈设备如图 10-17 所示。

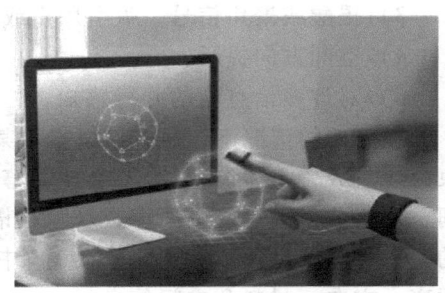

图 10-17　触觉反馈设备示意图

3. 眼球追踪

眼球追踪技术是增强现实与虚拟现实领域最重要的技术。眼球追踪又称注视点追踪,是利用传感器捕获、提取眼球特征信息,测量眼睛的运动情况,估计视线方向或眼睛注视点位置的技术。其原理如图 10-18 所示。研究追踪技术是增强现实与虚拟现实的"心脏",因为

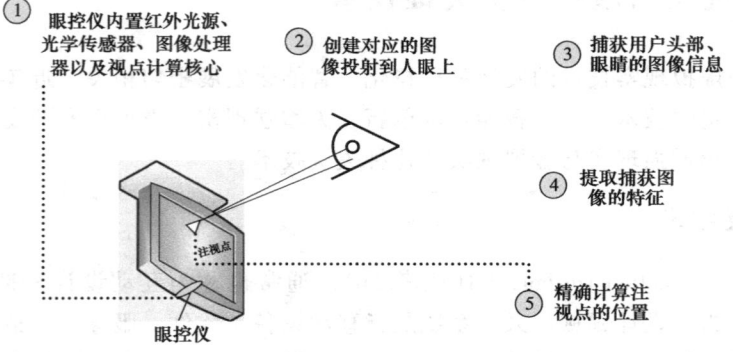

图 10-18　眼球追踪技术示意图

它对于人眼位置的检测，能够为当前所处视角提供最佳的 3D 效果，使增强现实与虚拟现实呈现出的图像更自然、延迟更小、体验感更强。同时，由于眼球追踪技术可以获知人眼的真实注视点，从而得到虚拟物体上视点位置的景深。所以，眼球追踪技术被大部分增强现实与虚拟现实从业者认为将成为解决虚拟现实头盔眩晕问题的一个重要技术突破。尽管众多公司都在研究眼球追踪技术，但目前仍然没有令人满意的解决方案。

超多维（SuperD）公司图形图像算法中心认为，增强现实与虚拟现实的眼球追踪可利用类似 Tobii 眼动仪的设备实现，但前提是要解决设备的体积和功耗的问题。事实上，从眼球追踪技术本身来说，虽然在增强现实与虚拟现实上有一定的限制，但可行性还是比较高的，例如外接电源、将增强现实与虚拟现实的结构设计做得更大等。但更大的挑战在于通过调整图像来适应眼球的移动，这些图像调整的算法目前来说都是空白的。这些算法有两个重要的评价指标：一是图像自然、真实；二是快速、延迟小。这对增强现实与虚拟现实眼球追踪提出了更高的要求。如果达到这两点，增强现实与虚拟现实的沉浸性会再提高一个档次。

4. 肌电模拟

关于肌电模拟，通过一个增强现实与虚拟现实拳击设备 Impacto 来说明。Impacto 结合了触觉反馈和肌肉电刺激来精确模拟实际感觉。具体来说，Impacto 设备分为两部分：一部分是振动马达，能产生振动感，这个在一般的游戏手柄中可以体验到；另外一部分，也是最有意义的部分，是肌肉电刺激系统，通过电流刺激肌肉收缩运动。两者的结合能够给人们带来一种错觉，误以为自己击中了游戏中的对手，因为这个设备会在恰当的时候产生类似真正拳击的"冲击感"。肌电模拟设备如图 10-19 所示。

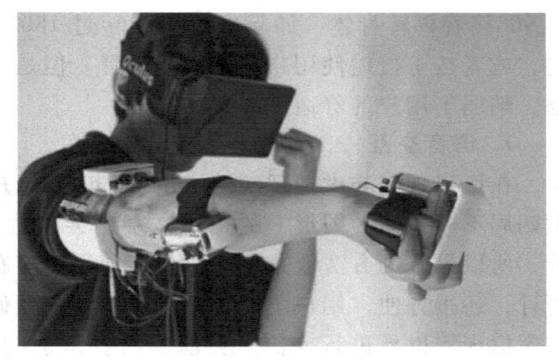

图 10-19　肌电模拟设备示意图

然而，目前的生物技术水平无法利用肌肉电刺激来高度模拟实际感觉。神经通道是一个精巧而复杂的结构，从外部皮肤刺激是不太可能的，但是利用随机的电刺激以使得肌肉运动，并以此作为反馈是一种可行的方式。

5. 手势追踪

使用手势追踪作为交互可以分为两种方式：第一种是使用光学追踪，如 Leap Motion 和 Nimble 这样的深度传感器；第二种是将传感器戴在手上的数据手套。

光学追踪的优势在于使用门槛低，场景灵活，用户不需要在手上穿脱设备。其缺点在于视场受局限，且需要用户付出脑力和体力才能实现交互，使用手势跟踪会比较累而且不直观、没有反馈，这需要良好的交互设计才能弥补。

数据手套一般是指在手套上集成了惯性传感器来追踪用户的手指乃至整个手臂的运动，如图 10-20 所示。它的优势在于没有视场限制，而且完全可以在设备上集成反馈机制（如振动、按钮和触摸）。它的缺陷在于使用门槛较高，用户需要穿脱设备，而且作为一个外设其使用场景还是受局限。不过这些问题都没有技术上的绝对门槛，完全可以利用类似于指环这样的高度集成和简化的数据手套在未来的增强现实与虚拟现实产业中实现，以使得用户可以随身携带并且随时使用。

这两种方式各有优劣，可以预见，在未来，这两种手势追踪在很长一段时间会并存，用

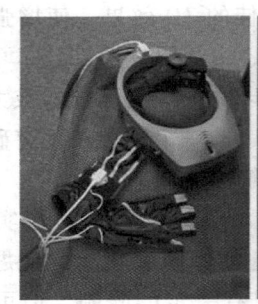

图 10-20　数据手套设备示意图

户在不同的场景（以及不同的偏好）使用不同的追踪方式。

6. 方向追踪

方向追踪可以用来控制用户在增强现实与虚拟现实中的前进方向。行动方向和视觉的相匹配极大地增强了用户的沉浸感。但是，方向追踪技术用于调整用户运动方向的话很可能会遇到转动困难的情况。由于空间限制，用户不能总是坐在 360°旋转的转椅上。例如，头转了 90°接着再转身体，加起来也很难转过 180°。现阶段的解决方案是用户通过遥杆调整方向，或者按下按钮使用户回到初始位置。但是这些方案无法从根本上解决用户运动转向的问题，削弱了用户的舒适性。

7. 语音交互

在增强现实与虚拟现实的海量信息中，用户通常不会理会视觉中心的指示文字，而是环顾四周不断探索。图形上的指示文字还会干扰到他们在增强现实与虚拟现实中的沉浸式体验，所以最好的方法就是使用语音，使得用户在观察周遭世界时不被干扰，交流更加自然。而且，还很方便，用户不需要移动头部，在任何方位任何角落都能和其他用户或者增强现实与虚拟现实世界进行交流。目前的语音识别助手包括微软 Cortana、Google Now、苹果 Siri、亚马逊 Echo 等。但目前识别率不高，只能作为增强现实与虚拟现实设备的辅助操作工具，还达不到增强现实与虚拟现实交互的需求。

8. 传感器

传感器能够帮助人们与多维的增强现实与虚拟现实信息环境进行自然的交互。例如，人们进入虚拟世界不仅仅是想坐在那里，他们也希望能够在虚拟世界中到处走走看看。例如万向跑步机，目前 Virtuix、Cyberith 和国内的 KAT 都在研发这种产品。然而，现阶段的万向跑步机实际上并不能够提供接近于真实移动的感觉，用户体验并不好。另外一种利用传感器进行人与增强现实与虚拟现实环境进行交互的技术是将惯性传感器安装在用户脚上代替前进，如 Stompz。再如全身增强现实与虚拟现实套装 Teslasuit，戴上这套装备，可以切身感受到虚拟环境的变化，例如可感受到微风的吹拂，甚至在射击游戏中还能感受到中弹的感觉。

这些都是由设备上的各种传感器产生的，如智能感应环、温度传感器、光敏传感器、压力传感器、视觉传感器等，通过脉冲电流让皮肤产生相应的感觉，把游戏中触觉、嗅觉等各种感知传送到大脑。但是，目前已有的应用传感器的设备体验度都不高，在技术上还需要做出很多突破。

9. 真实场地

真实场地就是造出一个与虚拟世界的墙壁、阻挡和边界等完全一致的、可自由移动的真实场地。例如，超重度交互的虚拟现实主题公园 The Void 就采用了这种途径。它是一个混合现实型的体验,把虚拟世界构建在物理世界之上,让使用者能够感觉到周围的物体并使用真实的道具,如手提灯、剑、枪等。

这种真实场地通过仔细规划关卡和场景设计就能够给用户带来各种外部设备所不能带来的良好体验。但其规模及投入较大,且只能适用于特定的虚拟场景,在场景应用的广泛性上受限。

10.4.2 显示技术

随着增强现实与虚拟现实技术对呈现的图像要求越来越高,效果要求越来越逼真,这两种技术要求有越来越高效的显示技术。依据当前增强现实的显示设备的不同,可将显示技术划分为如下三种:头戴式、手持式和投影式。

1. 头戴式显示

用户将这种类型的显示器戴在头上,显示器在用户的眼前提供图像。有两种类型的头戴式显示技术:光学透视和视频透视。光学透视方法通过半透明反光镜提供增强现实与虚拟现实的覆盖,如图 10-21a 所示。视频透视技术则使用来自头戴式摄像机的视频捕获作为增强现实与虚拟现实覆盖的背景,在不透明显示器上显示,如图 10-21b 所示。

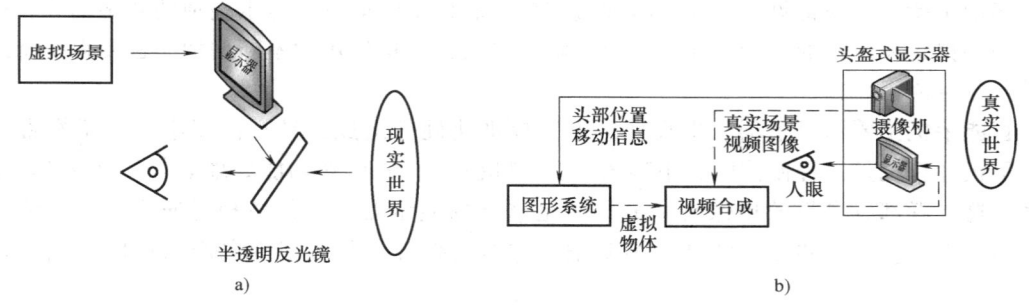

图 10-21 光学透视与视频透视技术原理图

比较光学透视系统与视频透视系统,可以发现,视频透视系统比光学透视系统要求更高,因为它们要求用户在他的头上佩戴两个摄像头并且需要处理两个摄像头以提供增强场景的"真实部分"和虚拟场景。而光学透视采用半透明反光镜技术,允许物理世界的视图通过镜头,并以图形方式叠加信息,反映在用户眼中。另一方面,在视频透视系统中,增强视图已由计算机组成,并允许对结果进行更多控制,从而通过在显示虚拟图像之前将虚拟图像与场景同步来实现对真实场景的定时控制。而在光学透视应用中,现实世界的视图不能被延迟,因此系统中引入了时滞,通过图形和图像处理被用户感知。这导致图像可能不会与它们应该对应的真实对象"附着",看起来不稳定,如抖动或游动。

通过安装在头盔上的微型摄像头,视频透视式头盔显示器可获取外部真实的环境图像,即真实场景的图像通过摄像头来采集进行传递。计算机将所要添加的信息和图像信号进行场景理解和分析后叠加在摄像机的视频信号上,将真实场景与计算机生成的虚拟场景进行融合,最终通过类似于浸没式头盔显示器的显示系统呈现给用户。

虽然视频透视式头盔在显示上不受强光的干扰,具有比较大的视场,但由于真实环境的数据来自于摄像头,因此会导致显示分辨率较低。另一方面,一旦摄像头与用户视点不能保持完全重合,用户看到的视频景象与真实景象将会存在偏差,因此会造成在某些领域(特别是工业、军事等领域)出现一些安全隐患。

光学透视式头盔显示器是基于光学原理来进行运作的，它的基本运作原理是通过安装在眼前的一对半反半透镜融合呈现出真实场景和虚拟场景。与视频透视式不同的是，光学透视式的"实"来自于真实的光源，经过透视光学系统直接进入眼睛，计算机生成的"虚"则经过光学系统放大后反射进入眼睛，最后两部分信息汇聚到视网膜上，从而形成虚实融合的成像效果。

光学透视式头盔相对来说结构简单、分辨率更高，因其能够直接看到外部，真实感和安全性也更强。但是，它存在显示效果会受室外强光影响的缺点。

不难看出，两种方案各有优缺点，如何选择最优方案，目前来看，还应基于实际应用场景来进行判断。

由于光学透射式头盔跟实际场景结合更紧密，其具有真实感更强、选择更多的特点。对于透射式头盔显示器来说，单纯地强调厚薄或者视场大小并没有任何实际意义。这是由于厚度和视场是矛盾的。要做得较薄，方便用户使用和佩戴，视场就必然变小；想要拥有大视场，则其厚度就必然增大，会显得比较笨重，不宜佩戴。另外，长时间佩戴头盔显示装置会引起用户的不适感，并且可能引起头痛，头晕和恶心。

2. 手持式显示

移动手持显示很常见。智能手机通过相应的软件实时取景并显示叠加的数字图像，这就是移动手持式显示器的一般工作。同时，随着平板计算机使用的不断增加，也使得手持式显示设备日益流行。

智能手机主要由显示器、中央处理器等标准化硬件组成，具有体积小、便于携带等优点。平板计算机是一种便捷的、小型的PC，其既拥有PC的多功能处理能力，又比PC轻便许多。这二者都有自带的摄像头和分辨率足够高的显示器，且价格相对便宜，在生活中普及，便于携带。以这些良好的硬件为基础，许多增强现实与虚拟现实产品得以应用于移动手持。

3. 投影式显示

投影式显示是将所需的虚拟信息直接投影到要增强的真实物体上。它包含了最简单的增强现实的方式，就是无须佩戴特殊的眼镜就可以完成增强。日本中央大学研究出的PART-NER增强现实系统可以用于人员训练，并且使一个没有受过训练的人通过系统的提示，成功地拆卸了一台便携式OHP（Over Head Projector）。

头戴投影仪可以把图像以观察者的视线为方向，投影到现实世界的对象上。以宝马的智能眼镜辅助维修为例，将向后反射的物质涂抹在目标对象上，光线会沿着入射角度反射回来，借助使用各自的头戴式显示器系统，不同的图像可同时在同一个投影目标上被多个用户看到。但是头戴投影的显示器存在比较多的缺点，一是不利于多人间的交流，它无法让多个用户针对同一画面进行交流；二是对视力健康会产生一定的影响。因此，目前更广泛使用的还是透视显示器。但透视显示器也并不是最佳选择，它也具有一定的缺陷。

投影仪目前已经在某些增强现实与虚拟现实系统中使用。利用投影仪用户不必佩戴头戴式显示器来观看增强的场景，并且这种基于投影仪的增强现实与虚拟现实配置已被命名为空间增强现实（SAR）。SAR利用视频投影仪、光学元件、全息图、射频标签和其他跟踪技术，直接在物理对象上显示图形信息，而无须用户佩戴或携带显示器，如图10-22所示的全息投影电话键盘。一般的增强现实系统只适合于个人使用，而SAR的不同在于能将增强现实与周围环境相结合，这使得其不仅局限于单个用户。这种技术允许用户之间进行协作，适用于大学或者图书馆，可以同时为一群人提供增强现实信息；还可以将控制组件投影到相应的实体模型上，方便工程师的交互操作。

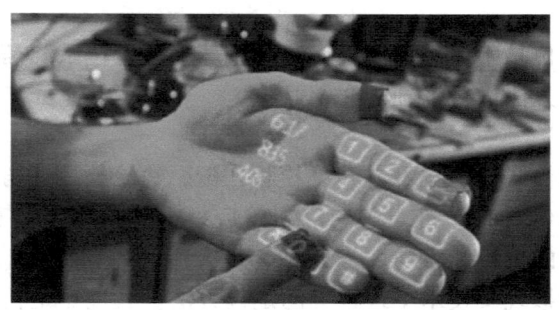

图 10-22　全息投影电话键盘示意图

10.4.3　识别、跟踪和定位技术

实现增强现实与虚拟现实，要生成虚拟事物信息，还要在过程中分析真实的场景和信息。这两步看似简单，其实在实际进行过程中，需要将摄像机获得的真实场景的视频流转化成数字图像，然后通过图像处理技术，辨识出预先设置的标志物。

识别标志物之后，以标志物作为参考，结合定位技术，增强现实程序确定需要添加的三维虚拟物体在增强现实环境中的位置和方向，并确定数字模板的方向。将标志物中的标识符号与预先设定的数字模板镜像匹配，确定需要添加的三维虚拟物体的基本信息。生成虚拟物体，并根据程序标记的对象位置将虚拟物体放置在正确的位置。这其中涉及的识别、跟踪和定位问题，是增强现实与虚拟现实的核心技术之一。

把虚拟物体合并到现实世界中的准确位置以实现虚拟和现实物体的完美结合，这个过程被称为配准。为实现配准，观察者在场景中的位置、观察者头部的角度，甚至运动的方向，必须能够实时地被增强现实与虚拟现实跟踪定位系统监测。以监测为依据，系统按照观察者的视角重建坐标系并决定显示何种虚拟物体。下面介绍增强现实与虚拟现实应用中常用的一些识别、跟踪和定位技术。

1) 图像检测法：使用模式识别技术（包括模板匹配、边缘检测等方法）识别视频图像中预先定义好的标记、物体或基准点，然后根据其偏移和转动角度计算坐标转换矩阵。

2) 光学系统：使用 CCD（Charge Coupled Device）传感器，通过测量各种目标物体和基准上安装的 LED（Light Emitting Diode）发出的光线来测量目标与基准之间的角度，然后通过这个角度来计算出移动目标的运动方向和距离。

3) 全球卫星定位系统（GPS）：用于户外增强现实与虚拟现实系统中跟踪和确定用户的地理位置。

4) 超声波原理：与 GPS 类似，即利用测量接收装置与三个已知超声波源的距离来判断使用者的位置。

5) 惯性导航装置：通过惯性原理来测定使用者的运动加速度。

6) 陀螺仪：用于测定使用者的头部转动的角度，以判定如何转换视场中虚拟景物的坐标和内容。

7) 磁场：通过感应线圈的电流强弱来判断用户与人造磁场中心的距离，或利用地球磁场来判断目标的运动方向。

8）机械装置：利用机械装置各个节点之间的长度和节点连线间的角度来定位各个节点。

在上述八种跟踪定位技术中，图像检测法和全球卫星定位系统是实现跟踪定位的两种主要方法。下面对这两种方法进行详细的介绍。

1. 图像检测法

图像检测法是使用模式识别技术（包括模板匹配，边缘检测等方法），识别获得的数字图像中预先设置的标志物或是基准点、轮廓，然后根据其偏移距离和偏转角度计算转化矩阵，最终确定虚拟物体的位置和方向。

这是增强现实与虚拟现实技术中最常见的定位方法。其优点是精度高且不需要其他的设备。在模板匹配时，系统会预先存储许多种模板，用来和图像中检测到的标志物进行匹配，以计算定位。简单的模板匹配可以提高图像检测的效率，这也为增强现实的实时性提供了保障。通过计算图像中标志物的偏移和偏转，模板匹配也能够做到三维虚拟物体的全方位观察。模板匹配一般用于对特定图片三维成像，设备通过扫描特定的图片，将这些图片中的特殊标志位与预先存储的模板匹配，即可呈现三维虚拟模型。边缘检测可以检测出人体的一些部位，同时也可以跟踪这些部位的运动，将其与虚拟物体无缝融合。例如，要实现真实的手提起虚拟的物体，摄像机可以通过跟踪用户手的轮廓和运动方式来调整虚拟物体的方位。

虽然图形检测法简单、高效，但其也有不足的地方。图像检测法多用于相对理想的环境以及近距离的环境，这样获得的视频流和图像信息会清晰，易于进行定位计算。而如果在室外环境中，光线的明暗、物体的遮挡，以及聚焦问题，使得增强现实系统不能很好地识别出图像中的标志物，或是出现和标志物相似的图像，这样都会影响增强现实的效果。这时，就需要辅助配合其他跟踪定位法。

2. 全球卫星系统定位法

全球卫星系统定位法是基于详细的 GPS 信息进行跟踪和确定用户的地理位置信息的一种方法。当用户在现实中行进时，可以利用这些定位信息，纠正用户摄像机的方向误差，准确地将虚拟信息和虚拟物体调整到环境和周围人的角度。因为智能移动设备，如智能手机具有支持基于 GPS 定位法的增强现实系统的基本组件，即摄像机、显示屏、GPS 功能、信息处理器、数字罗盘等，并把它们有效地集成为一体，因此这种跟踪定位法多用于智能移动设备上。一种称为增强现实浏览器的应用程序，主要就是应用了这种方法。增强现实浏览器能够在智能手机上运行，它可以连接互联网，搜索相关的信息，然后让用户在真实的环境中看到相关的信息。增强现实浏览器能够让用户了解到摄像机摄取范围内的几乎所有事物信息，例如，找到一家距离很近但是被遮挡住的餐厅，或是获取用户对一家咖啡馆的评价。

这种定位方式适合于室外的跟踪定位，可以克服在室外环境中由于光照、聚焦等不确定因素对图像检测法造成的影响。

其实在增强现实系统实际运用的环境中，往往不会用单一的定位方法来定向、定位。例如，增强现实浏览器也会运用图像检测法来检测一些特定的符号，如 QR 码，识别出 QR 码再进行模板匹配，即可为用户提供信息。

单一的技术在应用过程中难达到完美的效果，因此各种跟踪定位技术构成的混合系统在现实生活中应用得更为广泛。在户外增强现实与虚拟现实系统中，美国哥伦比亚大学选择采用差分 GPS、电子罗盘和倾角计组成的混合跟踪定位系统来判断用户在校园中的位置、视野的方向和头盔的倾角。南澳大学在其一系列基于 Tinmith 框架的应用中，如 Quake 游戏和户外交互试验中也都使用 GPS、电子罗盘和基于标记的视频检测相结合的方法，以保证在其中一种检测设备失灵的情况下仍能准确地定位。

10.4.4 界面可视化技术

为了使显示器能够更好地呈现信息，让用户和增强现实与虚拟现实有效交互，目前增强现实与虚拟现实技术的界面可视化技术有两种研究态势：一种是融合不同的设备，取长补短发挥优势；另一种是开发专业界面让现实和虚拟无缝对接。这两种方式在信息的显示方面都有以下问题需要解决。

1) 错误估计的可视化。增强现实与虚拟现实系统定位错误很难避免，解决方式有两种：一种是在屏幕中的错误区域内手动描绘对象，这需要精确测量和跟踪错误源头；第二种是当虚拟内容被真实对象遮挡时，可采用淡出技术沿着遮挡的轮廓进行修补，使得定位错误减少，显得更加精确。通常来说，第二种方法应用得更加普遍。

2) 数据密度。如果虚拟信息过多则会影响用户对于现实的判断，因此研发者常常会使用基于空间交互模型的方法，把所显示的信息量减少到最小，只在视图中保留最重要的信息。这种做减法的操作是平衡现实与虚拟，以达到最好视觉效果的重要步骤。

3) 真实感描绘。自动获取环境的光照和反射信息是增强虚拟对象绘制质量的关键。目前有三个方法：第一，基于图像的绘制，指直接从拍摄的图像合成新视点的视图，具有显示速度快、真实感强的特点；第二，动态范围的光照获取，动态范围是指摄像设备对物体光照反射的适应能力，该方法根据亮度及色温的变化范围去模拟真实场景下的对象；第三，使用模型估计光照参数，通过建模的方法去计算相关的参数来模拟真实效果。

10.5 增强现实技术与虚拟现实技术在工业领域的应用

随着增强现实与虚拟现实技术日益成熟，增强现实与虚拟现实技术在娱乐、游戏、教育等领域的应用日益广泛，在体量庞大的工业领域也逐渐崭露头角。增强现实与虚拟现实应用在工业领域中可应对多种不同的场景需求，因此应用范围很广。目前，增强现实与虚拟现实在许多工业企业已经展开应用。在工业领域中增强现实与虚拟现实技术有几大关键能力：信息可视化、指示与指导、通信能力、智能交互。

下面主要针对增强现实技术在教学与培训、生产与制造、仓储与拣货/分拣装配、数据采集与管理以及维修与售后几方面进行介绍。

1. 教学、培训

当增强现实与虚拟现实技术应用于教学与培训领域时，可以作为培训内容的载体和现场实操反馈工具，从而提高教学与培训的效率。

增强现实与虚拟现实技术应用于教育领域，可以将文字和图片立体化，进而增加阅读的互动性和趣味性。对于学生来说，如果通过增强现实设备，教科书里的每个场景都能展现在眼前，从海底到宇宙再到各种各样的小动物，并且能够给人一种伸手触摸的感觉，这将大大提高学生的学习兴趣和教学效果。近些年，国内不少创业者把目光瞄向了早教类产品的增强现实，通过手机上 APP 扫描设定好的图片，进而在一定程度上产生超越现实的感官体验。

在工业领域，有大量的工人需要操作类培训。传统的培训方式效果有限，企业花费高昂的培训费用，但培训一直存在学习者无法做到即学即用等痛点。

人类获取的信息 70% 来源于图像，传统的培训方式多采用文字指导、现场教学和视频培训，这样的方式分割了培训的内容和实际操作，使得培训的效果没法很好地记录和反馈，而且增加了培训老师的人力成本。以上问题可通过增强现实与虚拟现实技术得到很好的解决。增强现实与虚拟现实的辅助课件只需将图片、视频、语音进行简单的编辑（旋转、拖动标记一些简单符号或工具），就能简单、快捷地制作好实用的课件。这种可半自动生成实战型指引内容或课件，使得教学形式不再刻板单一，在使用中进行学习，大大提高了培训效果，通过增强现实与虚拟现实的辅助培训，让培训人员增强了体验感，操作的效果可以得到实时反馈，大幅缩减了培训支出。如图 10-23 所示，工人佩戴增强现实与虚拟现实眼镜，由系统指导所有的标准操作步骤，使学习场景与工作场景无限接近直至重叠，直接解决"学时不能用，用时不能学"的问题，极大地提高培训的用户体验。

图 10-23　工人佩戴 AR 眼镜进行培训

如图 10-24 所示，对于发动机内、外的动态结构和工作原理展示，可以用增强现实与虚拟现实很好地呈现出来，有利于销售人员做推广，虚实融合也十分逼真。

如图 10-25 所示，在电机培训时，戴上增强现实眼镜以后，可以在眼前显示已经加载好的教程，这样不需要看厚厚的手册，就可以了解工业品的使用。增强现实与虚拟现实还可以取代说明书，帮助新手快速掌握操作要点。

图 10-24　发动机内、外结构和工作原理的动态展示

图 10-25　增强现实与虚拟现实电机操作说明

西门子与增强现实与虚拟现实眼镜制造商 Daqri 合作对燃气涡轮发动机组装人员进行培训，由于增强现实与虚拟现实眼镜会在组装人员眼前显示组装步骤，一个新人只要在 45min 就能完成一堂原本需要一天时间的训练课程，减少了培训时间。

2. 生产与制造

增强现实与虚拟现实技术应用在生产与制造过程中能够起到快捷、精准制造产品的作用。能够直观地呈现出操作步骤和工艺，为操作工人提供更加直观的工艺指导，而不再只是去阅读复杂、枯燥的作业指导书和图纸。以飞机组装机翼过程为例，组装机翼部分共需 50 道工序，涉及 30 个零部件，若在组装过程中发生错误，会造成严重的后果和损失。但是组装信息经由增强现实与虚拟现实处理,代替了工人的思考,甚至不需要记忆,错误率可得到很大程度的减少。目前,具有增强现实技术的谷歌眼镜已经在波音公司的生产线上被大规模投入使用,谷歌眼镜可配合工人来组装飞机线束。在传统的组装过程中,工人们需要对照飞机内部结构指令手册或 PDF 图才能逐步完成线束的组装和连接,客机机身内部的线束错综复杂,使得工作流程特别烦琐,稍不留神就会出错。使用谷歌眼镜后,工人们就无须拿着手册和计算机在机舱中到处跑,谷歌眼镜可投射出各个细节部分的组装方式以协助工作。使用谷歌眼镜后,工人组装线束的错误率降低了 50%,时间缩短了 25%。

除了波音公司,通用电气也将增强现实与虚拟现实技术用于机械组装。通用电气全球研究中心实验室经理 Matteo Bellucci 指出,增强现实实验的早期结果证实这种技术可以在生产中减少错误的发生,并提高产品质量。涡轮机工厂的工人在生产过程中需要对燃气轮机的喷嘴进行 100 多次的测量以确保质量,这项工作需要人工将测量结果输入电子表格中。这个任务非常烦琐,而且容易出错。而在使用增强现实与虚拟现实技术之后,工人可以通过增强现实与虚拟现实设备去观察到需要测量的位置,设备会自动识别并进行测量。当测量完成之后,设备显示区域附近的红色将变为绿色,同时测量数据将以无线方式传送给计算机数据库。如果测量数据不符合要求,则会通知工人再次测量。在实验中,工作人员进行测量所需时间从 8h 压缩到 1h,成效显著。

除了用于产品的制造过程,增强现实与虚拟现实技术还可用以进行设备状态监测,如图 10-26 所示。增强现实与虚拟现实眼镜是设备状态监测的绝佳搭档,有了增强现实与虚拟现实眼镜,肉眼就能实时看到设备的工作状态。不仅能看到表面的,还能看到内部的,更能预测设备什么时候会出故障、哪个部件出故障,这些以前靠经验才能得出的判断,现在有了科学、直观的佐证。

图 10-26 增强现实与虚拟现实眼镜对设备进行监测

2018 年,在浙江中烟工业有限责任公司宁波卷烟厂卷包车间,增强现实眼镜有了现实应用。通过在现实的设备运行环境中,叠加虚拟的设备运行状态数据(包括当前的和历史的),将设备状态监测系统以 3D 全息图像的形式呈现出来。为满足更直观、更快速预测设备故障的需求,宁波卷烟厂对设备状态监测系统做了进一步升级,将增强现实技术与监测系统原有的云计算、大数据、人工智能相融合,只要戴上眼镜即可查看设备的历史维保信息、设备生产牌号、产量、车速等,并能准确预测即将发生的故障。此举在给人带来良好沉浸式体验的同时,有效解决了设备管理的难题。更直观、更便捷、可视化的增强现实与虚拟现实技术,将进一步驱动设备全生命周期管理的技术革新,极大提高生产率。

3. 仓储与拣货/分拣装配

对于企业的物流仓储过程,仓库运营大约占企业全部物流成本的 20%,而从货架上取货大约占仓库运营成本的 65%。当增强现实技术被应用于仓储过程中时,增强现实设备会提前告知用户仓库存取的货物种类、地点,并且自动记录,同时也可以定时对货物进行盘点。整个过程都是基于增强现实的 MRO 工业品/产品视觉分拣,通过增强现实实现备品/备件、产品等的视觉分拣,提高仓储物流效率。利用增强现实技术,仓储运营的效率相比以前提升了 15%~25%，错误率很低，接近 0。

目前，在物流仓储过程中，很多公司都在开发 Pick by Vision（目光拣货）技术。在仓库作业中，最难的点在于拣货和复核。因此，可以看到在拣货作业有很多技术应用，如 Pick by Paper（按纸质拣货单拣货）、Pick by RF（用无线射频枪拣货）、Pick by Light（按电子标签拣货）、Pick by Voice（按声音拣货），增强现实与虚拟现实技术的使用使 Pick by Vision 成为可能。应用该技术，用户可以通过箭头导航指到相应的拣选货位，然后准确显示用户需要拣选的数量，完成拣选后，用户确认完成拣货，整个过程十分简单、高效。

增强现实技术应用在装配和分拣过程中也可以大幅提高工作效率。邮递和物流集团 DHL 通过实践发现，增强现实分拣技术让效率提升了 15%，将培训和装配时间缩短了 50%。基于增强现实的可视化辅助装配，对高精尖结构复杂设备进行可视化辅助装配，可以提高装配效率和质量。例如 Oglass 智能眼镜，可以将飞机维修工作程序或者工卡导入增强现实智能眼镜工作辅助系统内，结合增强现实技术将工作过程和要求可视化、流程规范化，从而提高效率、降低成本、避免重复劳动。

4. 数据采集与管理

采集基于增强现实的生产数据，可以为数字化运维提供必要的数据支持。利用增强现实可穿戴设备可以实现生产一线人员作业实时信息采集，包括视频、音频、图像等，为企业大数据战略积累大量的数据，为工厂的数字化运维提供必要、可靠的操作数据。

基于增强现实的透明管理，管理人员可以实现现场和远程绩效透明管理。增强现实技术作为业务管理平台，可对流程管理和现场施工进行及时、有效的管理。增强现实头盔的摄像头可以以第一人称视角进行拍摄，对工人的操作进行实时记录，这样便于产品品控、流程管控、记录现场维修和故障原因追踪。这些数据还可以承载业务管理的功能，能够对现场的操作习惯进行分析、绩效考核、行为预测等。相较传统的以表单的记录模式，流程和现场管理更为优化合理并且高效。Oglass 智能眼镜应用于航空智能维修工作辅助项目时，管理人员通过智能终端设备，可以同时和维修计划系统、工时工卡管理系统、航材系统对接，对工作过程中从人到物的各个环节加以控制和管理，保证工作的高效率和结果的高质量。该工作辅助系统还可以用于对员工做绩效和技能考核。

5. 维修与售后

利用增强现实技术可以更方便地维修与维护设备。保障设备的稳定运行，及时、便捷地维修与维护设备对于制造企业尤为重要。然而，随着设备的集成度与复杂度越来越高、现场环境越来越复杂，维修与维护已经成为日益严峻的问题。维修人员要识别不同品牌、型号的部件，诊断故障，使用合适的工具，采取针对性的维修方法，更换与修理相应的部件，这对维修人员有着较高的要求，需要大量经验的累积。即使如此，低效率、高出错率的问题还是频繁出现。操作人员的经验缺乏使得设备的维修与维护变得越来越困难。借助增强现实技术就能够使复杂设备的维修与维护变得直观、方便，可以帮助企业应对上述挑战，从而转变原有的设备维修与维护的方式，提升效率，保障质量。

为了评估在飞机维修中引入增强现实的效果，博洛尼亚大学在 2019 年对其拥有的塞斯纳 337 通用飞机进行了增强现实维护的案例研究。在此案例中，增强现实用于将各种信息流叠加到外部视图摄像机上，包括 CAD 模型、符号、文字以及操作员可以按下的按钮。增强现实设备可以在要构建外部场景的视频流上投影要维护组件的 3D CAD 模型。该案例中使用的硬件由 Hololens 眼镜以及可选的手持式控制器组成。利用该设备，博洛尼亚大学在增强现实中执行了塞斯纳 337 通用飞机主齿轮门的拆卸与维护的实验。图 10-27 显示了塞斯纳 337 通用飞机主齿轮门的位置、具体形状及原始塞斯纳插图零件目录。

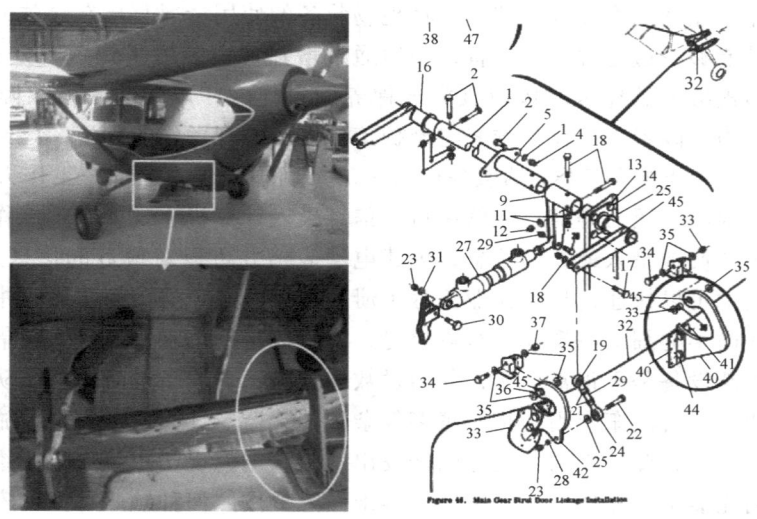

图 10-27　塞斯纳 337 通用飞机主齿轮门及其插图零件目录

当维修人员对飞机进行维护时，要维护设备的 CAD 模型会叠加到 HoloLens 摄像机的实时视频流中，以帮助维修人员检测零件。通过操作 Hololens 眼镜中的不同菜单按钮，来选择所需要的操作任务，如图 10-28 所示。

图 10-28　HoloLens 眼镜中显示飞机维护菜单选项

选择特定的维护任务后，菜单上将列出要执行的阶段列表。该部分的编号和名称的按钮会被标注。当任务的某个阶段需要在特定零件上进行操作时，虚拟标签、CAD 模型和箭头会叠加到场景中，以支持用户检测组件并给出正确的操作方法，如图 10-29 所示。

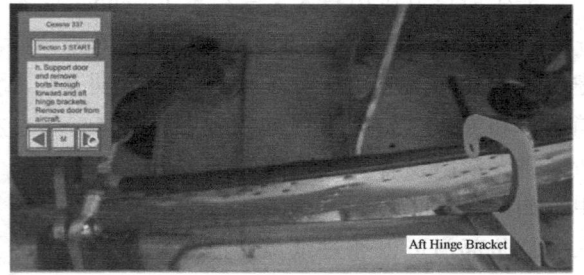

图 10-29　HoloLens 眼镜中显示飞机维护的正确操作方法

与使用纸质手册相比，利用增强现实技术，维修人员的工作量大大减少，在操作的准确性和节省执行任务的时间方面具有显著的优势。对于需要复杂操作的大型商用飞机/直升机，这种优势会更加显著。在这个案例中，利用增强现实技术，维修人员节约了 27% 的维修时间。

早在 20 世纪 90 年代初，美国波音公司就已经将增强现实技术应用于飞机制造中的电缆连接和接线器的装配中。美国 Daqri 在 2016 年 1 月份举行的 CES 大会上推出了一款工业应用的头戴式头盔，能利用增强现实技术，将现场装备的使用情况直接在穿戴人员的视线前方动态呈现，人员能够一边巡视厂房设备，一边通过增强现实装置来快速找出有异常的设备，甚至设备还能够提醒人员什么时候应该完成保养维护作业，以预防事后故障而导致产线停摆。富士通公司为了改善工厂设备维修与维护工作人员的现场作业环境，已经将增强现实技术应用于自身的设备点检与 24×7 的服务运营中。采用增强现实之前，工作人员通常要在点检单上手动记录温度、压力等信息，然后再将信息录入计算机。现如今，工作人员可以在现场通过触摸屏很方便地录入最新的信息，创建电子表格并可以对最近的信息进行实时共享。通过增强现实技术可以快速地显示作业流程手册的数据、故障检测历史数据中的产品库存水平等数据。任何微小的细节在现场进行点检时，都可以得到记录。工作人员借由增强现实技术，能够轻松判断设备是否正常运转，并通过数据分析，对设备及时进行预防性维护。

在汽车行业，随着汽车应用到越来越多复杂的传感器、计算机和安全设施，汽车的维修变得不再那么容易。为此，宝马公司专门开发出了一款增强现实眼镜，汽车维修人员戴着眼镜就可以看到高亮显示的零件，计算机会告诉维修人员按照何种顺序，如何安装。维修人员佩戴的眼镜上的小型屏幕让维修人员可以在真实的环境下看到计算机生成的图片。

除设备维护外，增强现实技术的远程指导功能可以维保调试生产现场设备、提供远程辅助和远程售后服务。Oglass 智能眼镜在电力系统的远程作业和巡检上就有非常成功的应用案例。当遭遇紧急事故，且巡检人员以其自身的能力和现有的数据信息无法解决现场问题时，第一视角的现场情景可通过巡检人员的智能眼镜摄像头传送到远程专家处，专家可对现场巡检人员进行"现场指导"，沟通和交流成本大幅缩减。

施乐公司采用增强现实设备让现场工程师与专家之间建立通信，而不是像以前一样提供传统的维修手册和电话连线。维修成功率因此提升了 67%，而工程师的效率跃升了 20%。与此同时，解决问题的平均时间缩减了约 2h，提升了人工效率。如今，施乐公司正在使用 AR 技术让客户与远程专家直接交流。客户在没有现场帮助的情况下解决问题的概率提升了 76%，不但为公司节省了大量差旅费用，也缩短了客户的停工时间，客户满意度提升到了 95%。

6. **虚拟现实技术在消防方面的应用**

卡尔斯鲁厄应用技术大学根据 Rosenbauer Karlsruhe GmbH & Co. KG 公司的消防车对虚拟现实技术的应用进行了研究，该公司是消防车和灭火与防灾系统的领先制造商。一般来讲，消防设备装在消防车的各种设备箱中，如图 10-30 所示。大型消防车建成后，只有消防部门可以通过纸质产品目录来固定不同设备（例如电锯、斧头、消防车、软管等）的存放位置。这种情况一次又一次地延迟了将消防车交付消防部门的时间，并带来

图 10-30 有消防设备的消防车

了与之相关的负面影响（例如，代价高昂的后期变更以及合同罚款）。卡尔斯鲁厄应用技术大学研究的目的是开发基于虚拟现实的配置器，该配置器使确定消防设备位置与生产消防车

脱钩。此外，基于虚拟现实的配置器应能够在现实环境中进行认知使用。

在研究开始时，卡尔斯鲁厄应用技术大学与 Rosenbauer 的销售工程部门和不同的消防部门一起组织了几次研讨会，以分析当前的配置过程，并确定基于虚拟现实的认知配置应用程序所需的功能。

1）虚拟现实库：该库包含所有装备消防车的消防配件。附件基于分类系统进行组织。该库提供了搜索功能，可以使用不同的搜索条件（例如、附件类型、尺寸、名称、ID 等）找到所需的附件。

2）设备棚的配置：使用此功能可以定义设备棚的布局。通过直观的可视化，测量和交互功能确定棚中架子的数量、布置和大小。

3）设备放置：包括检测功能，可避免设备放置位置不正确。

4）设备重量的确定：此功能允许根据定义的配置计算设备重量。将确定的重量与允许的重量进行比较，如果超重，则显示警告消息。

5）重心和轴重的确定：根据定义的设备配置，可以在 VR 应用程序中计算消防车不同轴的重心和负荷。这些信息对于车辆设计和销售过程至关重要。因此，在早期产品生命周期早期的配置过程中，可以确定销售与设计之间的冲突和差异。

6）创建物料清单：此功能可根据配置将设备清单（物料清单）导出为 Excel 清单。清单包含有关附件的 ID、名称、重量和供应商的信息。确定配置过程后，可以将物料清单转发给采购部门以订购所需的消防设备，并转发给生产部门以安排组装过程。

为了评估开发的虚拟现实应用程序，卡尔斯鲁厄应用技术大学举办了一个由 Rosenbauer 的销售工程部门和消防部门作为客户的研讨会。在该研讨会期间，消防部门使用虚拟现实应用程序来配置消防车的设备。之后，将配置结果发送给销售工程师，以评估其在进一步的业务流程中的可用性。对于虚拟现实应用程序的主要反馈包括以下几方面：

1）可用性和认知能力：虚拟现实应用程序的功能直观，并且用户与虚拟现实控制器可实现交互功能。

2）虚拟现实环境：具有高再现能力的、逼真的虚拟现实环境，能进行交互而不受任何限制。

3）组态过程的影响：附件的组态过程可以以现实和互动的方式完成，配置结果可以实时显示和评估。在产品生命周期早期的配置过程中，可以确定设计需求与客户需求之间的冲突。创建的物料清单以及计算出的车辆重量和车轴负载对于设计、生产和购买过程都是有用的信息。

4）已实现的虚拟现实应用程序的弱点：基于虚拟现实的配置器仅允许单用户应用程序。在实际流程中部署虚拟现实应用程序需要多用户参与，因此销售工程师和客户（消防部门）不可以同时沉浸在虚拟现实环境中，并一起配置消防车。

同时，卡尔斯鲁厄应用技术大学应用虚拟现实技术开发了一套消防员救援平台培训应用程序，如图 10-31 所示，为了给消防员提供新的培训选择和可能性。

消防员救援平台基于虚拟现实的培训应用程序必须具有真实功能、交互性和逼真的培训环境，还必须能够设置不同级别的压力，这样，消防员可以在不同的现实条件下训练。为了满足这些要求，虚拟现实培训应用程序具有以下功能：

1）具有不同救援情况的消防车的负载：此功能使消防员能够选择和加载模型范围的消防车，包括具有特定应力水平的所有设备和救援情况。因此，消防员具有更大的灵活性，可以使用不同的救援平台模型来对各种情况进行训练。

2）用于处理消防车支架的人机接口（HMI）：处理（出入）消防车支架的所有必要功能均在虚拟现实环境中实现，并且可以使用虚拟现实传感器技术通过手和手指运动来调用 Leap Motion。有了它，就可以实现和真实的用户交互。Leap Motion 是 Leap 公司制造的体感控制器，它能够捕捉到三种运动信息：手指（及手持物）的运动、手掌的运动、手掌球（手的弧面模拟的球体，带有球心位置和半径信息）。另外，它还可以通过两只手的相对运动生成平移、旋转和缩放信息。

3）用于救援平台操作的 HMI：包括救援平台所有操作功能的控制单元在虚拟现实应用程序中实现。功能的调用也可以通过传感器跟踪的手指以简明的方式进行。

4）用于消防车控制的操纵杆：操纵杆是一种外部输入/输出控制单元，如图 10-32 所示。操纵杆对应于真实的消防员控制单元，其中包含为消防车支撑和救援平台运动提供的所有必要功能。使用操纵杆可以保证消防员训练的高效性。

图 10-31　基于 VR 的消防员救援平台培训应用程序

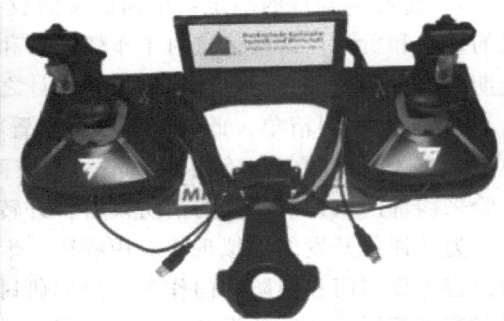

图 10-32　基于虚拟现实的 Firefighter Rescue 培训应用程序操纵杆

卡尔斯鲁厄应用技术大学开发的虚拟现实培训应用程序目前已提供给位于德国西南地区的消防部门，供消防员培训时使用。特别是虚拟现实技术的高度沉浸性与操纵杆控制单元和传感器跟踪手指的结合，提供了一种可靠的训练方式。

7. 虚拟现实技术在工业设计方面的应用

为了结合人类（自适应智能）和机器人的优势（更高的运动精度和身体限制），美国肯塔基大学提出了一种虚拟现实人类机器人协作焊接系统，该系统允许机器人彼此协作完成焊接任务。在该系统中，研究人员提出了一种常见的焊接方法——编织气体钨极电弧焊（GTAW）。带有焊炬的 6 自由度（6DoF）机器人 UR-5 是编织焊接的最终执行者。研究人员建立了一个基于 HTC VIVE 的虚拟焊接环境，使操作员可以通过运动跟踪的耳机观察工作现场，而无须亲自进行现场操作。机器人由操作员根据观察到的每个工作场景通过运动跟踪手柄完成控制。这种远程操作方式使操作员可以根据需要自适应地自由调节焊接速度，而不会遭受现场危险。

焊接在工业制造中起着极其重要的作用。在大多数实际应用中，焊接机器人和焊接操作员是焊接任务的两个主要执行者。与人类相比，由于真空、压力、温度、辐射、毒物和疲劳等环境危害，机器人具有更高的运动精度、稳定性和更少的物理限制。点焊、螺柱焊、电弧焊和激光焊等焊接方法，已经成功地实现了自动化，提高了生产率。根据国际机器人联合会（IFR）的数据，在工业机器人中，焊接机器人完成的任务百分比已超过 50%。但是，当前的焊接机器人是经过预编程的，仅在高度结构化的工作环境中有效。这些焊接机器人可以执行机器人编程人员教示的预定义动作，也可以执行脱机编程生成的预定义动作，当面对因工件变化、不良装配或工业环境中发生的其他常见因素引起的不可预料的干扰时，这些预定义动作效果不佳。

为了提高焊接品质，将传感器（如超声波传感器、弧光传感器、热传感、音频传感器和视觉传感器）应用于实时监测和控制焊接过程。在这些工作中，第一步通常是识别并提取特征以表征焊缝熔深状态。然后，开发并应用控制算法，以确保焊缝处于完全熔透状态，这是决定焊缝机械性能（强度、耐腐蚀能力和使用寿命）的关键因素。但是，这些传感和控制方法尚未得到广泛应用。由于不规则电弧变化、强烈电弧辐射、噪声、电磁和其他因素的干扰，监测到的特征信息通常不准确。此外，由于焊接过程的复杂性，焊接过程模型是不平衡的物理化学过程，其中金属加热，通过复杂的热—机械—冶金耦合反应形成焊缝局部熔化和凝固。最后，由于固有的动力学、非线性、焊接过程的时间变化，也难以设计适当的控制算法。这三个弱点严重限制了全智能焊接机器人在实际制造中的广泛应用。

相比之下，熟练的焊接操作员（人工焊工）尽管会受到工作干扰，但在感知、分析和整合焊接过程中的信息后，通过自适应地调节焊枪运动，仍然可以表现良好。这就是为什么熟练的焊工通常是关键焊接承担者的原因。然而，在进行现场焊接任务时，人类通常暴露在有害烟雾、气体和弧光辐射之中。与焊接机器人相比，焊工在对焊炬移动进行精确、反复的长期控制方面也表现不佳。同时，美国焊接协会指出，全球熟练焊工的短缺迫在眉睫。由于人类和机器人自身的优缺点，因此将两者优点结合起来可以帮助解决焊接过程中的问题。为了实现高效焊接的目标，已经开发了基于虚拟现实的人机协作焊接系统，并以案例研究的方式提出了一种通用的焊接方法——GTAW。

在这套协作系统中，操作员负责根据观察到的焊接现场控制焊炬沿焊缝行进。这是当前焊接机器人无法完美解决的最具挑战性的问题，并且所展示的智能性和适应性也是评估人类焊工技能水平的主要标准。焊枪的轨迹规划和移动是由机器人完成的，因为机器人具有更高的运动精度，比人类具有更好的稳定性和耐久性。焊接机器人轨迹计划和运动的基本问题是焊缝跟踪，即当焊缝偏离预期计划时，机器人需要具备修改轨迹的能力。已经提出了一些感应方法来实现这一目标，包括电弧感应、视觉传感、超声波感应、电磁感测、红外线检测和触觉感测。通过使用这些感应方法，提取特征信息，进一步识别接缝位置。如果存在偏差，机器人会调整其轨迹。在所有这些感应方法中，仅电弧感应不需要额外的传感器，因为它们通常嵌入在焊接电源中，这降低了系统的复杂性和成本。另外，通过电弧感应收集电弧电压和焊接电流数据不会产生任何干扰，并且在所有传感方法中具有最高的鲁棒性。

在 GTAW 中，钨电极比 GMAW 中的填充焊丝电极坚硬得多，并且不会变形。因此，电弧传感器仅用于 GTAW 的高度跟踪，而不是接缝跟踪。因此，虚拟现实系统将重点放在新型协作焊接方法在 GTAW 编织应用上，在该系统中，通过 6 自由度机器人将钨电极跨接缝编织在焊缝上。作为焊接中最具挑战性的部分，焊炬沿着焊缝的自适应行进速度调整是由操作员完成的。为了保护人类免受焊接制造中产生的有害物质的伤害，沿着焊缝行进的机器人由人类通过虚拟现实焊接环境控制。

如图 10-33 所示，拟议的虚拟现实人机协作焊接系统是一种电子物理系统（CPS），人与机器人可以协作完成焊接任务。实现了基于客户级 VR 硬件 HTC VIVE 系统的虚拟焊接环境，UR-5 机器人携带焊炬并作为最终的焊接执行者。

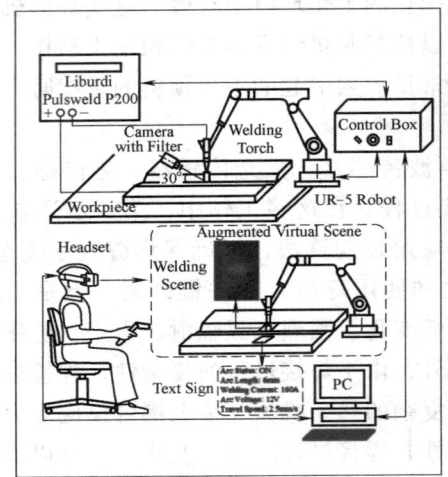

a) 系统配置示意图　　　　　　b) 使用VR头戴式显示器远程控制机器人

图 10-33　虚拟现实人机协作焊接系统

　　实验结果表明，人机协作焊接克服了人机交互的缺点。通过使用具有自动焊缝跟踪功能的机器人编织，人机协作焊接继承了机器人焊接的优点，克服了手工焊接的缺点，即编织不准确和工作疲劳。手工编织会导致焊缝宽度不一致，范围在 7~9mm 之间。在人机协作焊接中，这种不一致性从 2mm 减少到 0.5mm，这是由于机器人编织可以提供更稳定和准确的运动轨迹，而人为协作也确保了与手动焊接类似的适应能力。通过操作员来调节行进速度，从而获得一致的焊缝。因此，人机协作焊接系统结合了手工焊接和机器人焊接的优点，并且所焊接的工件具有比人工或机器人单独完成更好的性能。

参 考 文 献

[1]　施琦，王涌天，陈靖．一种基于视觉的增强现实三维注册算法［J］．中国图象图形学报，2002（7）：5．

[2]　AZUMA R, BAILLOT Y, BEHRINGER R, et al. Recent advances in augmented reality［J］. IEEE Computer Graphics and Applications，2001，21（6）：34-47.

[3]　张海生，范颖．"互联网+教育"时代的学习新形态：主要类型、共性特征与有效实现［J］．中国远程教育，2018（10）：24-34.

[4]　周勇，倪乐融，李潇潇．"沉浸式新闻"传播效果的实证研究：基于信息认知、情感感知与态度意向的实验［J］．现代传播（中国传媒大学学报），2018，40（5）：31-36.

[5]　王圣洁．虚拟现实技术在博物馆展示设计中的应用研究［D］．无锡：江南大学，2018.

[6]　何聚厚，梁瑞娜，肖鑫，等．基于沉浸式虚拟现实系统的学习评价指标体系设计［J］．电化教育研究，2018，39（3）：75-81.

[7]　褚乐阳，陈卫东，谭悦，等．重塑体验：扩展现实（XR）技术及其教育应用展望：兼论"教育与新技术融合"的走向［J］．远程教育杂志，2019，37（1）：17-31.

[8]　孔少华．从 Immersion 到 Flow experience："沉浸式传播"的再认识［J］．首都师范大学学报（社会科学版），2019（4）：74-83.

[9]　周逵．沉浸式传播中的身体经验：以虚拟现实游戏的玩家研究为例［J］．国际新闻界，2018，40（5）：6-26.

[10]　赵润泽．虚拟现实沉浸式艺术交互形式研究［D］．西安：西北大学，2018.

[11] 罗娟. 沉浸式新媒体艺术视域下的互动体验性展示空间设计探索与实践 [D]. 昆明：云南艺术学院，2018.

[12] 朱淼良，姚远，蒋云良. 增强现实综述 [J]. 中国图象图形学报. 2004，9（7）：767-774.

[13] 王红，刘素仁. 沉浸与叙事：新媒体影像技术下的博物馆文化沉浸式体验设计研究 [J]. 艺术百家，2018，34（4）：161-169.

[14] 吴南妮. 沉浸式虚拟现实交互艺术设计研究 [D]. 北京：中央美术学院，2019.

[15] 冯鑫森. 移动增强现实技术研究 [D]. 成都：西南科技大学，2016.

[16] 张志祯. 虚拟现实教育应用：追求身心一体的教育：从北京师范大学"智慧学习与VR教育应用学术周"说起 [J]. 中国远程教育，2016（6）：5-15+79.

[17] 杜江，杜伟庭. "VR+新闻"：虚拟现实报道的尝试 [J]. 青年记者，2016（6）：23-24.

[18] 高义栋，闫秀敏，李欣. 沉浸式虚拟现实场馆的设计与实现：以高校思想政治理论课实践教学中红色VR展馆开发为例 [J]. 电化教育研究，2017，38（12）：73-78；85.

[19] 孙振虎，李玉荻. "VR新闻"的沉浸模式及未来发展趋势 [J]. 新闻与写作，2016（9）：29-32.

[20] 喻国明，谌椿，王佳宁. 虚拟现实（VR）作为新媒介的新闻样态考察 [J]. 新疆师范大学学报（哲学社会科学版），2017，38（3）：15-21+2.

[21] 齐越，马红妹. 增强现实：特点、关键技术和应用 [J]. 小型微型计算机系统，2004（5）：900-903.

[22] 姜荷. VR虚拟现实技术下影像表现形式的可行性分析及对电影产业格局的冲击与挑战 [J]. 当代电影，2016（5）：134-137.

[23] 高清范VR. VR虚拟现实最强技术汇总：动作、眼球追踪强势上演 [EB/OL]. （2016-01-29）[2020-01-04]. http://www.sohu.com/a/57163805_374283.

[24] 张珊珊. 虚拟现实新闻的现在与未来 [J]. 新闻界，2016（3）：14-20.

[25] 方楠. VR视频"沉浸式传播"的视觉体验与文化隐喻 [J]. 传媒，2016（10）：75-77.

[26] CARMIGNIANI J，FURHT B，ANISETTI M，et al. Augmented reality technologies, systems and applications [J]. Multimedia Tools and Applications，2011（1）：341-377.

[27] 柳祖国，李世其，李作清. 增强现实技术的研究进展及应用 [J]. 系统仿真学报，2003，20（2）：222-225.

[28] 武娟，刘晓军，庞涛，等. 虚拟现实现状综述和关键技术研究 [J]. 广东通信技术，2016，36（8）：40-46.

[29] 李苗. AR：场景互动神器 [M]. 北京：社会科学文献出版社，2016.

[30] 朱瑞军，李少辉，王磊. VR和AR及MR技术在矿山工程中的应用研究 [J]. 中国矿山工程，2018（5）：4-7.

[31] 工程师飞燕. AR在制造领域应用持续成长 [EB/OL]. （2018-06-22）[2021-09-10]. http://m.elecfans.com/article/696104.html.

[32] 波特，赫普曼. AR到底有什么用？这都不懂你就OUT了 [EB/OL]. （2018-01-10）[2021-09-10]. https://www.hbrchina.org/2018-01-10/5817.html.

[33] E-万物皆可元宇宙. AR技术有望为制造业和物流业带来深刻改变 [EB/OL]. （2017-11-13）[2021-09-10]. https://www.toutiao.com/a6487805795076407822/.

[34] 胡德喜. 浅谈AR在设备故障诊断及教学上的运用 [J]. 铜业工程，2017（6）：94-96.

[35] CERUTI A，MARZOCCA P，LIVERANI A，et al. Maintenance in aeronautics in an Industry 4.0 context：the role of Augmented Reality and Additive Manufacturing [J]. Journal of Computational Design and Engineering，2019，6（4）：516-526.

[36] 徐恒. 增强现实，智能制造技术之星 [J]. 中国电子报，2015（11），10.